ŒUVRES
DE
LOUIS RACINE.

TOME DEUXIÈME.

PARIS.

LE NORMANT, IMPRIMEUR-LIBRAIRE,

RUE DES PRÊTRES SAINT-GERMAIN-L'AUXERROIS.

1808.

ŒUVRES

DE

LOUIS RACINE.

POÉSIES

SUR

DIFFÉRENS SUJETS.

LETTRE

DE L'AUTEUR

AUX LIBRAIRES. *

Puisque vous croyez, Messieurs, que l'Edition de Hollande peut faire quelque tort à la vôtre, parce que le Libraire d'Amsterdam, pour augmenter la sienne, y a rassemblé quelques pièces fugitives, et imprimées dans leur temps, je ne dois pas m'opposer au dessein que vous avez de faire usage du même bien, qui me paroît cependant n'en être un ni pour vous ni pour moi. Quelques-unes de ces pièces sont des fruits de ma jeunesse, et je n'ai aucune gloire à en attendre; mais heureusement aussi je n'ai point à craindre qu'elles m'attirent le moindre reproche. Comme il ne m'est échappé dans aucun temps de ma vie

* Cette lettre de Louis Racine a été écrite en 1757.

aucun vers ni licencieux ni satirique, je n'aurai jamais à rougir de mes ouvrages que devant les Muses.

J'ai l'honneur d'être, etc.

ODE I.*

En 1720.

Charme de mon loisir et de ma solitude,
Que les grands à l'envi m'appellent auprès d'eux,
On ne me verra point chercher la servitude
    Lorsque je suis heureux.

Faut-il courir si loin, insensés que nous sommes,
Pour trouver ce bonheur que nous désirons tous?
Retranchons nos désirs; n'attendons rien des hommes,
    Et vivons avec nous.

Déjà trop accablés de liens nécessaires,
Pourquoi grossir encor la source de nos pleurs?
Epargnons-nous du moins tous les nœuds volontaires,
    Ménageons nos douleurs.

Qu'un lâche adulateur chaque jour importune
Le maître dont il peut essuyer la fierté,
Je n'irai point à ceux qu'élève la fortune,
    Vendre ma liberté.

---

* Le sujet de cette Ode est un mot de Zénon sur ce vers de Sophocle: *L'homme libre en entrant chez les rois, en sort esclave.* Zenon répondoit: *S'il y entre véritablement libre, il n'en sortira point esclave.* Ce mot est rapporté par Plutarque dans son Traité sur la manière d'étudier les poètes.

Dans les palais des rois un coup d'œil nous captive :
L'homme y va follement chercher un heureux sort ;
En entrant il le perd, libre quand il arrive,
    Esclave quand il sort.

Le sage toutefois ne pourra jamais l'être.
Pour l'homme vraiment libre il n'est point de lien ;
Au milieu de la cour il peut vivre sans maître :
    Lui seul il est le sien.

Ni l'or, ni les honneurs ne le rendent fidèle ;
La vertu qui le guide est son unique appui :
Quand il arrive au Louvre, il y monte avec elle ;
    Elle en sort avec lui.

Il sert sans intérêt ceux que la terre adore :
Ce qu'ils ont à donner ne flatte point ses vœux ;
Il n'en désire rien, et lui seul les honore,
    S'oubliant auprès d'eux.

Lorsque l'air est serein, il prévoit la tempête :
L'air se trouble, la nuit ne peut l'intimider.
Sans changer de visage, il entend sur sa tête
    Le tonnerre gronder.

La solide grandeur dont l'éclat l'environne,
Dans sa disgrâce encor répand un plus grand jour :
Nous le félicitons quand la cour l'abandonne ;
    Et nous plaignons la cour.

Frappé d'une peinture et si rare et si belle,
Si quelqu'un croit qu'ici j'invente ce tableau,
Qu'il te regarde, Alcandre,* il verra le modèle
    Qui conduit mon pinceau.

Ah, si par leur vertu et leur douceur extrême,
Comme toi, tous les grands enchantoient l'univers,
Que je perdrois bientôt la liberté que j'aime,
    Pour courir dans leurs fers !

Mais plutôt qu'ébloui d'une vaine opulence,
Je recherche un honneur d'amertume rempli ;
Je veux, loin des palais, vivre dans le silence,
    Et mourir dans l'oubli.

Oui, mon obscurité fera mon assurance ;
J'y braverai du sort le caprice inconstant :
Tranquille, délivré de crainte et d'espérance,
    Pauvre et toujours content.

Apollon quelquefois viendra dans ma demeure ;
Les muses m'offriront leurs charmes innocens :
Douces divinités, c'est pour vous qu'à toute heure
    Fumera mon encens.

Que de momens heureux se passeront à lire
Des Romains et des Grecs les aimables écrits !
Moi-même j'oserai répéter sur ma lyre
    Ce qu'ils m'auront appris.

---

* Le chancelier d'Aguesseau.

Et dans l'instant fatal où la Parque ennemie
Coupera de mes jours le fil délicieux,
Sans accuser la mort, sans regretter la vie,
    Je fermerai les yeux.

ODE II,

En 1722.

Au service du Dieu qui préside aux richesses
   Quand tu me vois entrer, *
Crois-tu qu'il m'éblouisse, et que de ses promesses
   Je me laisse enivrer?

Ce Dieu n'est pas le mien : celui de l'harmonie
   Eut mon premier encens.
Nourrisson des neuf sœurs, au maître d'Uranie
   J'offris mes vœux naissans.

A la cour d'Apollon, les cœurs pleins de noblesse
   Dédaignent les présens
Qu'attendent aux genoux de l'aveugle déesse
   De lâches courtisans.

Ce dédain généreux, pour prix de mes offrandes,
   Il sut me l'inspirer.
Il fait des dons plus grands à des âmes plus grandes :
   Je n'y puis aspirer.

Honteuse ardeur, qu'en nous le froid de la vieillesse
   Semble encor ranimer ;

---

* Louis Racine venoit d'être nommé inspecteur général des fermes du Roi en Provence.

Soif infame de l'or, aux rives du Permesse
>J'appris à te calmer.

Si pour l'or, diras-tu, mon âme peu commune
>Avoit tant de mépris,
Me verroit-on choisir la route où la fortune
>Place ses favoris?

Non, je ne choisis pas : je vais où l'on m'appelle;
>La raison m'y résout.
Qu'aurois-je à craindre? Une âme à ses devoirs fidelle
>Est la même partout.

Chargé de recueillir les tributs qu'il impose,
>Qu'Aristide* a d'éclat!
Sans regret, sans murmure, en ses mains on dépose
>Ce qu'on donne à l'Etat.

D'Athènes par ses soins les revenus grossissent
>Sans augmenter le sien.
Il laisse à ses enfans, que les peuples nourrissent,
>Son nom seul pour soutien.

---

* *Chargé de recueillir*, etc. Il falloit imposer une taxe pour subvenir aux frais de la guerre. Aristide fut chargé de l'imposer, de la recevoir et de l'administrer. Dans un pareil emploi, il ne gagna d'autres richesses que les cœurs des peuples. Thémistocle entendant louer sa fidélité dans l'administration des finances, dit par une froide plaisanterie, qu'on pouvoit également louer un coffre qui ne retient rien de ce qu'il reçoit.

Peut-être que trop loin ce héros de la Grèce
  Poussa l'austérité :
Le sage doit peut-être, ainsi que la richesse,
  Craindre la pauvreté.

Abandonnez, ô Dieux, à l'affreuse indigence
  Ceux que vous haïssez ;
Mais ne me livrez pas à la folle opulence,
  Si vous me chérissez.

Vainement Lucullus de ses salons superbes
  Me vante les festins,
Quand Horace m'appelle, et m'offre avec ses herbes
  Le moins rare des vins.

Charmé de la vallée où l'Anio serpente, *
  Tibur est tout son bien :
A son puissant ami son âme trop contente
  Ne demande plus rien.

Oui, quand je sers le Dieu que partout on adore,
  Je n'en veux pour faveur
Qu'un jardin, quelques champs, et quelques bois encore
  Asile d'un rêveur.

---

* *Charmé de la vallée où l'Anio serpente, etc.* La maison de campagne d'Horace étoit entre Tibur et la plaine Sabine. C'est pourquoi il lui donne ces deux noms. *Nec potentem amicum ampliora flagito, satis beatus unicis Sabinis.*

Que ce boiteux si lent arrive et satisfasse
      Mes souhaits empressés ;
Alors on m'entendra m'écrier comme Horace :
      O Plutus, c'est assez !

D'un pénible travail, solitude que j'aime,
      Un jour console-moi ;
Fixe ma vie errante, et me rends à moi-même
      En me rendant à toi.

ODE III,

Adressée, en 1730, à M. D.

A L'HYMEN asservi, je ne suis point encore
  De ces fers étonné ;
Et le poids de ma chaîne est si doux, que j'ignore
  Si je suis enchaîné.

« Tu l'apprendras, dit-on ; ce joug d'abord enchante ;
  » L'Hymen paroît l'Amour. »
Pourquoi m'intimider ? Sous ce Dieu que je chante,
  J'ai vécu plus d'un jour.

Oui, l'on a vu l'hiver sur la triste nature
  Deux fois s'appesantir,
Depuis que l'on me voit esclave sans murmure,
  Epoux sans repentir.

Hymen, je te l'avoue, à ta fête pompeuse
  Je me sentis troubler :
Je portai tes flambeaux d'une main courageuse,
  Mais non pas sans trembler.

Je soupirois encor, secrétement rebelle,
  En acceptant tes nœuds,
Vers cette liberté, dont je te renouvelle
  Le sacrifice heureux.

Hymen, ô doux hymen, achève ton ouvrage,
     Remplis tous mes souhaits :
De l'amour de sa mère, un fils, le tendre gage,
     Comblera tes bienfaits.

Ah, si dans ce moment il me crioit « mon père! »
     Sur mes genoux assis,
O grands Dieux, à ce nom, que d'une ardeur sincère
     Je répondrois « mon fils ! »

Je crois le voir, c'est lui, c'est mon sang, mon image;
     J'y trouve tous mes traits :
Compagnon de ses jeux, sans rougir de mon âge,
     Avec lui je renais.

Est-ce à moi d'en rougir, quand je vois dans la Grèce
     Ce héros si vanté,
Risible cavalier, * sans perdre sa sagesse,
     Perdre sa gravité.

Mais tandis que mon cœur s'égare par avance
     Dans ces transports charmans,
Quelle terreur oppose à ma douce espérance
     De noirs pressentimens ?

Ce fils si demandé, l'objet de tant de joie,
     Mon appui, mon bonheur,
Dans son courroux, hélas, si le ciel me l'envoie,
     Sera mon déshonneur.

* *Risible cavalier, etc.* On trouva Agésilas à cheval sur un bâton au milieu de ses enfans.

Ah, d'un stérile hymen quand vous osez vous plaindre,
    Mortels impatiens,
Avez-vous oublié que l'hymen est à craindre
    Jusque dans ses présens?

Vertueux Antonin, pleure, malheureux père,
    Ta triste dignité :
Comment a pu sortir cet enfant de colère
    D'un sang si respecté?

Que le mien, quel qu'il soit, au milieu de sa course
    S'arrête en ce moment,
Plutôt que de le voir, infidèle à sa source,
    Couler indignement.

Mais pour toi dont le sang jamais ne dégénère,
    D.... ne crains rien :
Tu recevras des Dieux, digne fils de ton père,
    Un fils digne du sien.

L'aigle de Jupiter, le ministre intrépide
    De son foudre vengeur,
Ne fut jamais ton père, oiseau foible et timide,
    Colombe sans vigueur.

ODE IV,

A deux Poètes qui se déchiroient mutuellement dans leurs vers. *

O discordes vraiment funestes !
Esprits divins, âmes célestes,
Quel exemple nous donnez-vous ?
Quoi, semblables aux dieux d'Homère,
La jalousie et la colère
Vous déshonorent comme nous !

Faut-il donc que de nos foiblesses,
De nos méprisables bassesses
De si grands cœurs soient infectés ?
Enfans d'Apollon, si vous l'êtes,
Quel est l'outrage que vous faites
Au sacré nom que vous portez !

D'une âme que le ciel inspire,
La colère, honteux délire,
Doit-elle troubler la raison ?
Laissez sa fureur indomptée
Aux vils mortels que Prométhée
Forma du plus épais limon.

Ce fut lui-même, je l'avoue,
Après avoir pétri la boue,

---

* J. B. Rousseau et Lamothe.

ODES.

Source de ses longs regrets,
Qui pour ennoblir son ouvrage,
Y plaça la fierté sauvage
Du roi terrible des forêts.

Que du ciel la foudre l'écrase,
Ou plutôt que sur le Caucase
Il reste attaché pour jamais ;
Que son vautour et que ses chaînes
Soient les longues et justes peines
Des affreux dons qu'il nous a faits.

Cruels enfans d'un cruel père,
Notre héritage est la colère,
Source éternelle de malheurs :
Vous le savez, tristes Atrées,
Thiestes, Œdipes, Térées,
Maisons fécondes en douleurs.

Tu l'appris, misérable reine,
Quand tes fils aux bords de l'Ismène
S'arrachèrent tous deux leurs jours :
Tu l'appris, voisin du Scamandre,
Lorsque dans les monceaux de cendre
Tu vis les restes de tes tours.

Quelle déplorable famille !
Je vois le père avec la fille
Se suspendre à des nœuds mortels.
Je vois l'ennemi des Lycambes,

Du triomphe de ses ïambes,
Repaître ses regards cruels.

Que dans ces nœuds lui-même expire,
Celui qui de l'aimable lyre
Fait un instrument de fureur.
O poètes, les dieux propices
Vous font naître pour nos délices ;
Ne devenez pas notre horreur !

Les Muses ne songent qu'à plaire ;
Dans leur paisible sanctuaire
On ne respire qu'un air doux :
Par leurs présens remplis de charmes,
Veulent-elles donner des armes
Pour nous déchirer entre nous ?

Règne chez les rois de la terre,
Règne cette honteuse guerre !
Près d'eux redoutons nos égaux :
Ces faveurs dont ils enrichissent
Les premiers qui les leur ravissent,
Les enlèvent à leur rivaux.

Mais en vain le ciel vous honore,
A ses dons je prétends encore,
Et comme vous j'ose y courir.
Content qu'il vous en favorise,
Je ne crains point qu'il les épuise :
Il enrichit sans s'appauvrir.

Varius en brigue les grâces,
Pollion marche sur ses traces ;
Et Virgile guide leurs pas :
Il n'est jaloux que d'une place
A côté de son cher Horace,
A la table de Mécénas.

Despréaux ce censeur rigide
Des écrits de notre Euripide,
Lui soumet les siens à son tour :
Amis, compagnons de fortune,
Leur gloire à tous deux est commune
Au Parnasse comme à la Cour.

Corneille, Molière, Chapelle,
Admiroient ce couple fidèle.
La Fontaine fut cher à tous.
Eh, qui n'eût aimé La Fontaine !
Qui n'eût dépouillé toute haine
A l'aspect d'un mortel si doux !

Nous pleurons ces hommes sublimes :
Faut-il sur de telles victimes
Que la mort étende ses coups ?
O mort, quand tes fureurs cruelles
Nous ravirent ces grands modèles,
Quel vuide tu fis parmi nous !

Le Dieu du Parnasse leur maître,
Qui pour lui les avoit fait naître,

A rappelé tous ces héros.
Dans son temple qui les rassemble,
L'amour qui les unit ensemble,
Fait leur bonheur et leur repos.

Sans que ce Dieu des rangs décide,
Au-dessus d'Eschile, Euripide
Après Sophocle prend le sien.
Il n'est plus de jalouse guerre;
Et des souillures de la terre
Leurs cœurs ne conservent plus rien.

C'est là qu'avouant la foiblesse
Qui lui causa quelque tristesse,
Corneille embrasse son rival.
Ce rival hautement publie
Qu'il n'auroit point sans Athalie
L'honneur de marcher son égal.

Imitez en tout leur exemple,
O vous, qui comme eux dans ce temple,
De l'oubli voulez triompher :
Quand la jalousie en vos âmes
Veut allumer ses sombres flammes,
Soyez prompts à les étouffer.

Des Muses sacrés interprètes,
Montrez-nous des âmes parfaites
Par vos écrits et par vos mœurs ;
Et puisqu'en vous un Dieu réside,
Faites connoître qu'il préside,
Et sur vos vers et sur vos cœurs.

ODE V.

Plaintes d'un homme tourmenté par une maladie cruelle.

Réveillés par l'aimable aurore,
Les oiseaux chantent leurs plaisirs;
Et moi, je me réveille encore
Pour recommencer mes soupirs.
L'astre pompeux qui sort de l'onde,
Et ramène la joie au monde,
Ne me ramène que mes pleurs :
Ce beau jour rend à la nature
Toute sa riante parure,
Et ne me rend que mes douleurs.

O mort, achève mon supplice,
C'est ton dernier coup que j'attends !
Frappe, frappe : par quel caprice
Me fais-tu languir si long-temps ?
Qu'ai-je donc fait ; et pour quel crime
Sur ta gémissante victime
Tiens-tu toujours ton bras en l'air ?
Trop heureux, qui réduit en poudre
Par ton apoplectique foudre,
N'en a point vu partir l'éclair !

Mais quels nuages m'obscurcissent ! *
Mes cris ont-ils touché les dieux ?
Oui, je meurs ; mes pieds s'affoiblissent ;
Un voile s'étend sur mes yeux.
O doux terme d'un long martyre !
Je languis, je tombe, j'expire ;
Prends, Atropos, prends ton ciseau :
Coupe ce fil ; ta sœur t'avoue....
Non, la cruelle le renoue,
Et tourne encore mon fuseau.

Fameux coupable, qu'au Tartare
Devore un avide vautour,
Ainsi malgré toi se répare
Un cœur qu'il ronge nuit et jour.
Ton sein fécond pour les supplices,
Au juste vengeur de tes vices
Fournit un repas éternel.
Mille vapeurs que je rassemble
Me déchirent toutes ensemble :
Un seul vautour est moins cruel.

Et toi, ** dans ton désert aride
Par des ingrats abandonné,
Du funeste présent d'Alcide
Dépositaire infortuné,

---

* *Mais quels nuages m'obscurcissent, etc.* Puissent ceux qui diront que cette peinture est outrée, ne reconnoître jamais, par leur expérience, la fausseté de leur critique !

** Philoctète.

ODES.

Du moins dans ta caverne affreuse
Parut une âme généreuse
Qu'attendrirent tes longs malheurs :
Tu vis pleurer Néoptolème ;
Et moi, je vois mes amis même
Rire à mes yeux de mes douleurs.

Ils osent appeler folie
La cause de mon désespoir,
Et ma sombre mélancolie
Ne peut pour moi les émouvoir.
Un cœur sensible est-il si rare ?
Age de fer, siècle barbare,
Siècle où l'homme est dénaturé !
Ah, cruels, respectez mes peines !
Apprenez, âmes inhumaines,
Que tout malheureux est sacré.

Mais par quel zèle téméraire
Cherchez-vous à me dissiper ?
C'est m'affliger que me distraire :
Mon chagrin seul peut m'occuper.
Que près de moi, celui qui m'aime
M'attriste, en s'attristant lui-même :
Qu'il entretienne mes soupirs.
Mon âme à ses tourmens en proie,
Dans l'amertume met sa joie,
Et mes larmes sont mes plaisirs.

Quand sur la terre criminelle,
Et dévouée au châtiment,

De nos maux la foule cruelle
Se répandit en un moment :
Le jour fatal qu'Epiméthée,
Plus curieux que Prométhée,
Reçut Pandore et son présent,
Nous conservâmes l'espérance ;
La mort, terme de la souffrance,
Nous ouvrit son sein bienfaisant.

« Eh quoi, dit le ciel implacable,
» Leurs tourmens peuvent donc finir !
» Inventons un mal redoutable
» Qui ne cesse de les punir.
» Que l'art de le calmer échappe
» A tous les secrets d'Esculape,
» Ils n'en pourront jamais guérir ;
» Ce mal leur sera plus funeste
» Que ni la fièvre, ni la peste :
» Ils n'en pourront jamais mourir. »

Savoir souffrir est le remède :
N'espérons point d'autre secours.
Ce mal terrible qui m'obsède,
Eternel tyran de nos jours,
Jaloux ennemi dont la rage
Souvent de l'âme la plus sage
Obscurcit le rayon divin,
Supplice honteux qui dégrade,
Est le désespoir du malade,
Et l'opprobre du médecin.

Si du moins de son long outrage,
Par les Muses j'étois vengé;
Si ces vers étoient leur ouvrage,
Je me sentirois soulagé.
Mais, ô comble de ma disgrâce,
J'approche à peine du Parnasse,
Qu'Apollon s'écrie en courroux :
« Chassez, chassez ce téméraire,
» O filles du ciel! Que vient faire
» Un hypocondre parmi nous? »

ODE VI,[*]

Sur la suspension d'armes, en 1736, lorsque notre armée étoit près d'investir Mantoue.

Dans ces retraites fortunées,
Séjour de gloire et de repos,
Où par la vertu couronnées
Règnent les âmes des héros,
Près du Permesse, au milieu d'elles,
Le chœur des Filles immortelles
Chantoit les armes des François,
Peuple célèbre d'âge en âge,
Par son intrépide courage,
Et par son zèle pour ses rois.

« Ce peuple venge un roi qu'il aime,
» Disoit Calliope à ses sœurs :
» Contemplez sa valeur extrême,
» Quel amour enflamme leurs cœurs !
» L'aigle superbe est alarmée.... »
De Richelieu l'âme charmée
S'émeut au bruit de ses chansons :
Elle entend parler de vengeance,

---

[*] Le lieu de la scène, dans cette ode, est le temple de la Gloire, placé sur le Parnasse, près du Dieu qui dispense l'immortalité. Tous les grands hommes ont aimé les Muses : *Carmina amat quisquis carmine digna gerit.*

Elle se flatte que la France
N'a point oublié ses leçons.

Cependant Virgile s'écrie :
« La douleur n'est donc que pour moi ?
» O Mantoue, ô chère patrie,
» Ces guerriers vont fondre sur toi.
» Ton lac te rend inaccessible,
» Mais quel obstacle est invincible
» A leur étonnante valeur ?
» Philisbourg pourra te l'apprendre :
» Le Rhin qui voulut le défendre *
» N'en fit que hâter le malheur. »

« Rassure-toi, tout est tranquille,
» Lui répond le dieu des neuf sœurs ;
» Moi-même j'ai craint pour ta ville ;
» Je plaignois l'objet de tes pleurs.
» Mais un jeune et nouvel Auguste
» Eteint le courroux le plus juste,
» Et vient encore de ses mains
» Fermer le temple redoutable,
» D'où la Discorde impitoyable
» Souffloit la mort sur les humains.

» Déjà par ses complots terribles
» Elle ébranloit tous les Etats ;
» Et les peuples les plus paisibles

* *Le Rhin qui voulut le défendre*, etc. Les débordemens du Rhin furent des obstacles que surmonta le courage des assiégeans.

» S'animoient au bruit des combats :
» Dans une querelle étrangère
» Ils vouloient mêler leur colère,
» Tout étoit prêt à s'enflammer;
» Et peut-être d'une étincelle
» Le feu d'une guerre cruelle
» Alloit pour jamais s'allumer.

» Faut-il donc que le fer décide
» De tous les différends des rois,
» Et que Mars, arbitre homicide
» Soit le seul qui prouve leurs droits ?
» Juge affreux qui les autorise !
» Au moindre intérêt qui divise
» Ces foudroyantes majestés,
» Bellone porte la réponse ;
» Et toujours le salpêtre annonce
» Leurs meurtrières volontés.

» Puisse un roi, l'amour de la terre,
» Leur servir d'exemple aujourd'hui!
» Contraint de prendre son tonnerre,
» Il n'a frappé que malgré lui.
» A sa douceur rendez hommage,
» Tristes victimes de l'orage,
» C'est vous qui l'avez excité.
» Forcé de punir cette audace,
» Si ce prince enfin vous menace,
» Pourquoi l'avez-vous irrité ?

ODES.

» C'en est fait, il daigne suspendre
» Ces armes que vous redoutez :
» Consolez-vous, il va vous rendre
» Les places que vous regrettez.
» Relevez toutes vos barrières ;
» L'ardeur d'étendre ses frontières
» N'a point animé ses projets :
» Cessez enfin, cessez de craindre,
» Vous n'aurez jamais à vous plaindre
» Que de n'être point ses sujets.

» Avancez l'instant favorable
» Qui rendra l'univers heureux ;
» Et d'une paix si désirable
» Hâtez-vous de serrer les nœuds.
» De ces conférences fertiles
» En débats toujours inutiles,
» Epargnez les froides longueurs.
» Laissez, laissez à la prudence
» Du Mentor si cher à la France, *
» Le soin de réunir les cœurs.

» Dans les travaux inévitables
» Dont les monarques sont chargés,
» Par des ministres respectables
» Heureux ceux qui sont soulagés !
» Mais le ciel qui les leur prépare,
» Réserve le don le plus rare

---

* Le cardinal de Fleuri.

» Pour un monarque bienfaisant :
» Son attentive Providence
» Au fameux père de la France *
» Donne un d'Amboise pour présent.

» Exempt de faste et d'avarice,
» Ce fut lui, qui simple en ses mœurs,
» Par sa douceur et sa justice
» Grava son nom dans tous les cœurs.
» Est-ce encor lui que l'on admire ?
» Quel sage dans le même empire,
» Range aussi les cœurs sous sa loi !
» Il étend plus loin sa puissance,
» Il force à la reconnoissance
» Jusqu'aux ennemis de son roi.

» Faut-il s'étonner s'ils méprisent
» Les richesses et les palais,
» Ces hommes qui s'immortalisent
» Par la grandeur de leurs bienfaits ?
» Qu'ont-ils besoin qu'un édifice
» Sur son fastueux frontispice
» Porte leurs noms pour ornement ?
» Ils vivront assez dans l'histoire :
» Le bien public est de leur gloire
« L'inébranlable fondement. »

De ces paroles retentirent
Les échos du sacré vallon,

---

* Louis XII.

Et tous les héros applaudirent
A la louange d'Apollon.
Le seul Armand,* en sa présence,
Dans un respectueux silence,
Etouffa son jaloux tourment.
Sa cendre ici-bas fut troublée,
Et de son pompeux mausolée
Sortit un long gémissement.

* Le cardinal de Richelieu.

ODE VII,

Sur l'Harmonie.

Fille du Ciel, mère féconde
Des innocentes voluptés ;
Lien des cœurs, âme du monde,
Souveraine des volontés ;
Par toi seule, aimable Harmonie,
Euterpe, Erato, Polhymnie,
De leurs concerts charment les dieux ;
Chez les hommes, c'est ta puissance
Qui de la farouche ignorance
A détruit l'empire odieux.

Pour une vile nourriture,
Pour les plus honteux intérêts,
Jadis errans à l'aventure,
Ils s'égorgeoient dans les forêts.
De leurs déserts tu les arraches,
De leurs vils glands tu les détaches,
Ils se rassemblent à tes sons ;
Et dans l'enceinte de ces villes
Qu'élèvent les pierres dociles,
Ils vont écouter tes leçons.

Aux pieds du fils de Calliope
Tu tiens les tigres enchaînés ;

Tu

Tu fais du haut du mont Rhodope
Descendre les pins étonnés.
Par toi conduit jusqu'au Ténare,
Il attendrit ce cœur barbare
Que n'ont jamais touché nos pleurs;
Mégère même est immobile,
Et, dans le Tartare tranquille,
Suspend les cris et les douleurs.

Mais qui peut compter tes merveilles,
Enchanteresse de nos sens?
Si je languis, tu me réveilles;
Je vis au gré de tes accens.
Tyrtée enflamme mon courage;
Il chante : je vole au carnage,
Bellone règne dans mon cœur;
Anacréon monte sa lyre :
Mes armes tombent, je soupire;
Et le plaisir est mon vainqueur.

Par quel art le chantre d'Achille
Me rend-il tant de bruits divers?
Il fait partir la flèche agile*
Et par ses sons sifflent les airs.
Des vents me peint-il le ravage?
Du vaisseau que brise leur rage,
Eclate le gémissement;
Et de l'onde qui se courrouce
Contre un rocher qui la repousse,
Retentit le mugissement.

* Iliade, l. 1.

S'il me présente ce coupable *
Qui, dans l'empire ténébreux,
Roule une pierre épouvantable
Jusqu'au sommet d'un mont affreux ;
Ses genoux tremblans qui fléchissent,
Ses bras nerveux qui se roidissent,
Me font pour lui pâlir d'effroi :
Le malheureux enfin succombe,
Et de la roche qui retombe
Le bruit résonne jusqu'à moi.

Par la cadence de Virgile
Un coursier devance l'éclair ;
Souvent, prêt à suivre Camille,
Comme elle, je me crois en l'air ;
Du bœuf tardif que rien n'étonne,
Et qu'en vain son maître aiguillonne,
Tantôt je presse la lenteur :
Et tantôt d'un géant énorme,
La masse lourde, horrible, informe,
M'accable sous sa pesanteur.

Qu'avec plaisir je me délasse **
Sous ces arbres délicieux,
Que la main d'Horace entrelace
Par des nœuds qui charment mes yeux !
Leurs branches se cherchent, s'unissent,
S'embrassent et m'ensevelissent
Dans l'ombre que font leurs amours ;

* Odyssée, l. 11.
** L. 2. Ode 3.

Tandis que l'onde fugitive
D'un ruisseau que son lit captive,
Murmure de ses longs détours.

Dans l'Italie et dans la Grèce,
La langue riche en tours heureux,
N'offroit, nous dit-on, que noblesse,
Que mots sonores et nombreux.
Chaque syllabe mesurée,
Par sa courte ou lente durée,
Conspiroit aux plus beaux accords;
Pour nous les Muses plus sévères
Ont, par des bornes trop austères,
Rendu timides nos transports.

Quelle humeur triste et dédaigneuse
Nous dégoûte de notre bien?
Notre langue est riche et pompeuse
Pour quiconque la connoit bien;
Et moins brillant par le génie,
Qu'aimable par son harmonie,
Notre Malherbe sut cueillir
Ces feuilles si vertes, si belles, *
Dont les couronnes immortelles
Empêchent *son nom de vieillir.* **

Mais quoi, le fer brille à ma vue,
Et de morts les champs sont couverts,

* Vers de Malherbe.
** *Idem.*

L'aigle par l'aigle est abattue *
On combat pour choisir ses fers!
Rome déchire ses entrailles, **
Quels meurtres! Que de funérailles!
Paix sanglante, ouvrage d'horreur!
Que de cris percent mon oreille!
Plein d'effroi, j'admire Corneille,
Et je me plais dans ma terreur.

Toi qui rends à la tragédie
L'ornement pompeux de ses chœurs,
Ta muse encore plus hardie,
D'un saint trouble remplit nos cœurs.
Je te suis jusqu'à la montagne,
Où Dieu que sa gloire accompagne, ***
Vient dicter ses commandemens :
Frappé du bruit de son tonnerre,
Je crois sentir trembler la terre
Sur ses antiques fondemens. ****

Au moindre zéphyr, dont l'haleine
Fait rider la face de l'eau, *****
L'aimable et tendre La Fontaine
M'intéresse pour un roseau.
Mais s'il appelle la tempête
Contre cette orgueilleuse tête

---

* Vers de Cinna.
** *Idem.*
*** Premier chœur d'Athalie.
**** Vers d'Athalie.
***** Fable du Chêne et du Roseau.

ODES.

Qui veut en braver les efforts,
Quelle chute! Quelle ruine!
Le chêne qu'elle déracine
Touchoit à l'empire des morts *

Que j'aime la voix languissante, **
Qui laisse tomber foiblement
Ces mots dont la douceur m'enchante,
Et qui coulent si lentement!
O grand peintre de la mollesse,
J'aime encor jusqu'à ta vieillesse,
Lorsqu'après dix lustres pesans
Amassés sur ta tête illustre,
Elle jette un onzieme lustre
Qu'elle *surcharge de trois ans*.

Si le maître de notre lyre ***
Aujourd'hui chante loin de nous,
Dans l'air étranger qu'il respire,
Ses accords n'en sont pas moins doux.
Non, la veine de notre Alcée
N'a point encore été glacée
Par la froideur de ces climats,
Où si souvent de la Scythie,
Le fougueux époux d'Orithie ****
Rassemble les tristes frimats.

---

* Vers de La Fontaine.
** Episode de la Mollesse, dans le Lutrin de Boileau.
*** Boileau, Epître à ses vers.
**** Vers de J. B. Rousseau, alors exilé.

Telle est la noble poésie
Que nos Muses nous font goûter,
Qu'à son tour avec jalousie
Homère pourroit écouter.
Ne regrettons point le Méandre :
La Seine nous a fait entendre
Quelques cygnes mélodieux ;
Mais par tout ils ont été rares :
Si les dieux étoient moins avares,
Leurs dons seroient moins précieux.

Amateurs des pointes brillantes,
Des jeux d'esprit et des éclairs,
Toutes ces beautés pétillantes
N'imortalisent point nos vers.
Mais une constante harmonie,
A la raison toujours unie,
De l'oubli nous rendra vainqueurs.
Qu'elle soit l'objet de nos veilles :
C'est l'art d'enchanter les oreilles
Qui fait la conquête des cœurs.

EPITRES

SUR L'AME

DES BÊTES.

AVERTISSEMENT

Sur les deux Epîtres suivantes.

Je puis bien, à la tête de ces deux épîtres, m'appliquer, à cause de l'obscurité de la matière que j'y traite, ces paroles de Cicéron sur une autre matière : « Je l'expli-
» querai comme je pourrai, non en prononçant des
» oracles certains, comme un autre Apollon, mais en
» suivant, comme un foible mortel, la conjecture la plus
» probable. » *Ut potero explicabo, non tamen ut Pythius Apollo, certa ut sint et fixa quæ dixero, sed ut homunculus, probabiliorem conjecturam sequens.* Tuscul. I.

Tout est obscur pour nous; et la question dont je vais parler, une des plus obscures de la philosophie, doit du moins servir, comme beaucoup d'autres, à humilier notre esprit curieux. C'est la réflexion que fait Bayle [*] :
« Les actions des Bêtes, dit-il, sont peut-être un des
» plus profonds abymes sur quoi notre raison se puisse
» exercer; et je suis surpris que si peu de gens s'en
» aperçoivent. »

Le petit nombre de ceux qui s'en aperçoivent, prouve le grand nombre de ceux que le préjugé entraîne. Loin de connoître la difficulté de cette matière, on ne soupçonne pas même qu'elle puisse faire naître une difficulté. Nous voyons dans les Bêtes et dans les hommes plusieurs actions semblables.

Nous ne doutons pas que comme ces actions sont en nous une suite de nos pensées, elles ne soient aussi dans les Bêtes

[*] Dictionn. article Barbe.

que nous croyons sensibles au plaisir et à la douleur, une suite de leurs pensées. Quelques-unes des Bêtes paroissent nous aimer, et sont certainement aimées de nous : pourrions-nous prodiguer notre amour à une matière insensible? Les Bêtes ont donc une âme suivant le préjugé des sens ; et suivant un autre préjugé, leur âme, moins noble que la nôtre, est d'une autre nature. Montaigne n'y mettoit point de différence ; mais heureusement, du moins, peu de gens ont pour la condition humaine ce mépris qu'avoit Montaigne. Peu jaloux de l'empire que, selon lui, l'homme s'arroge sur la terre et sur les animaux, *il étoit*, disoit-il, *tout prêt à s'en démettre*. Nous avons ordinairement plus de fierté, et nous voulons conserver le rang de supériorité que la raison nous donne sur les animaux. Ainsi nous leur donnons une âme ; mais cette âme n'est point raisonnable comme la nôtre.

Voilà ce que nous pensons quand nous n'écoutons que nos préjugés ; et voilà aussi ce que presque tous les philosophes de l'antiquité ont pensé. Il en faut excepter la secte Pythagoricienne, qui croyoit que les mêmes âmes communes aux Bêtes et aux hommes, passoient par une circulation continuelle du corps d'une Bête dans celui d'un homme, et du corps d'un homme dans celui d'une Bête. Ce système de la métempsycose, que Pythagore avoit pris des anciens Brachmanes, quelque absurde qu'il soit, prouve que ces philosophes étoient persuadés que l'âme par sa nature est un être immortel. Les autres philosophes n'ayant pas une idée claire de la distinction des deux substances, raisonnoient comme le peuple, croyoient les âmes des Bêtes fort inférieures aux nôtres ; mais ne doutoient pas que les Bêtes n'eussent une âme. Elles avoient, suivant les stoïciens, l'impétuosité des passions, mais non pas les passions, parce que toutes les passions, même celles qui dérangent la raison, supposent la raison. *Quamvis rationi inimica sit ira*, dit Sénèque, *nunquam tamen nascitur, nisi ubi rationi locus est.* Plutarque, dans le traité qu'il a composé sur cette matière, n'en examine pas le fonds. Il examine seulement si les animaux terrestres ont plus de sagacité que les animaux aquatiques. Il introduit deux avocats qui plaident l'un contre l'autre. Chaque plaidoyer est appuyé sur des faits, ou très-faux, ou très-incertains; et le juge décide que ces deux avocats, en se réunissant, sont très-propres à combattre ceux qui soutiennent que les animaux n'ont point d'intelligence.

On dispute sur le sentiment de saint Augustin, parce que, comme il n'a pas traité en philosophe cette question qu'il appelle une des obscurités de la nature, *obscura naturæ*, il ne s'est pas expliqué clairement. Quand il dit cependant, *vita Brutorum est spiritus vitalis, constans de aëre et sanguine, animalis sed sensibilis, memoriam habens, intellectu carens, cum carne moriens, in aëra evanescens*, il ne dit rien qui ne puisse convenir à la matière. Les animaux ayant comme nous un cerveau, du sang, des esprits, etc., ils ont une espèce de mémoire par les traces formées dans leur cerveau que réveillent les sons, ou les objets qui les ont formées; et quand saint Augustin parle d'une vie composée de chair et de sang qui s'évapore dans les airs, on doit être certain qu'un aussi grand métaphysicien n'entendoit pas un être spirituel. Enfin, de son grand principe sur lequel j'appuie ma seconde épître, on doit tirer comme une conséquence certaine, que les Bêtes n'ont rien que de matériel.

Quoique la bonne philosophie nous le persuade, cependant l'écrivain espagnol qui osa le premier n'en faire que des automates, n'eut point de sectateurs, et son système qu'il ne sut pas bien défendre ne fit aucun bruit. Mais ce même système, soutenu depuis par les principes de Descartes, fit en peu de temps d'étonnans progrès; et tous les plus fameux philosophes l'embrassèrent. Il faut avouer que ces progrès se sont ralentis dans la suite : il semble même aujourd'hui que l'ancien préjugé veuille reprendre le dessus; nos sens nous y ramènent toujours; et lorsque nous voyons dans les Bêtes une si parfaite imitation de nos sentimens, nous ne pouvons nous résoudre à croire que cette imitation ne soit qu'un mécanisme ; nous allons jusqu'à nous imaginer que nous risquerions pour nous-mêmes en admettant la possibilité d'un mécanisme semblable à la pensée ; mais nous nous trompons beaucoup. « Quel intérêt avons-nous, dit » M. Arnaud, lettre 468, que les Bêtes ne soient pas » des machines? L'art de Dieu en paroît plus merveilleux, » si tout se fait en elles par ressort; mais on pourra » croire qu'il en est de même des hommes. Ceux qui le » croiront, pourront-ils le croire sans penser? Dès qu'ils » pensent, ils ne sont donc plus des machines. »

Quoique ce parti soit le meilleur à suivre, je ne le prétends pas exempt de grandes difficultés : de quelque côté qu'on se tourne, on trouve un abyme ; mais l'abyme est bien plus grand pour ceux qui font les Bêtes pensantes, que pour ceux qui en font des automates. Les derniers n'ont que leurs sens à combattre, et sont tout au plus dans l'impuissance d'expliquer un mécanisme, dont les ressorts nous sont inconnus. Les premiers, que la raison combat à tout moment, sont dans l'impuissance d'expliquer la nature de l'âme. Par quel principe feront-ils agir les Bêtes?

Recourir à *l'instinct*, c'est réveiller le Péripatétisme, et se contenter d'un mot vuide de sens. Dire avec l'auteur du *Voyage du Monde de Descartes**, que l'âme des Bêtes n'est ni matière, ni esprit, mais un être mitoyen, c'est-à-dire qu'entre être et n'être pas, il peut y avoir un milieu. L'âme plastique que leur donne Hartsoëker est aussi peu intelligible. Leur donner un être immatériel, mais mortel, un être qui pense, mais qui ne raisonne pas, comme l'auteur d'un livre sur ce sujet imprimé en 1728, c'est leur donner une âme qui n'est point une âme, de même que ceux qui leur donnent une âme sensitive, terme qu'ils ne peuvent expliquer. Dire avec Locke, « qu'on » ne sait pas s'il n'y a point quelque être purement maté- » riel qui pense, parce qu'il n'est peut-être pas plus dif- » ficile à Dieu d'ajouter à la matière une faculté de pen- » ser, que d'y ajouter une substance pensante, » c'est admettre un *peut-être* plus inconcevable que la question même. S'imaginer que les animaux sont autant de diables incorporés, et que par une étrange métempsycose, qui durera jusqu'au jour du jugement, ils commencent dans ce corps leur supplice éternel, on sent assez que cette opinion, quoique très-commode pour répondre à plusieurs difficultés, est exposée à tant d'autres, qu'elle ne peut être soutenue sérieusement ni par un philosophe, ni par un théologien : aussi l'écrivain qui l'a avancée, ne l'a-t-il proposée que sous le titre d'*Amusemens philosophiques*.

* Le P. Daniel.

M. Bossuet, dans son Introduction à la philosophie, s'étend beaucoup sur cette matière; mais il paroît n'avoir voulu que défendre la supériorité de la nature humaine. Il prouve combien il est impossible que le même principe qui agit en nous, fasse agir les Bêtes ; et quand il s'agit d'expliquer le principe qui agit en elles, il expose les différens sentimens, et ne décide pas. Honfroy Ditton, Anglais, à la fin de son Traité sur la Religion chrétienne, examine la même question, et n'hésite pas à donner aux Bêtes une âme semblable à la nôtre. Mais que devient-elle après la destruction du corps ? Il ne répond à cette difficulté qu'en avouant qu'il n'y peut répondre. « J'a-
» voue ingénuement mon ignorance, nous dit-il: comme
» je ne puis savoir quelle fin Dieu s'est proposée en
» créant les Bêtes, et les usages qu'il en fait, je ne sais
» non plus de quelle manière il dispose de leurs âmes,
» après la séparation du corps. Tout cela est couvert
» pour moi d'épaisses ténèbres. Encore un coup j'avoue
» mon ignorance. »

J'avoue aussi la mienne quand il s'agit d'expliquer le mécanisme des animaux ; mais cette ignorance ne m'empêche pas de croire qu'ils n'agissent que mécaniquement. Je puis, à l'exemple de Ditton, agiter la même question à la suite de mon poëme sur la Religion : elle y est d'autant mieux placée, que le sentiment que je soutiens, est fondé sur les principes que j'ai établis dans le deuxième chant sur la nature de l'âme, et sur la cause de nos malheurs. Il est vrai que dans ces épîtres je ne parle plus si sérieusement, parce que le sujet ne l'exige pas, et que le système Cartésien, quoique le plus conforme à la raison, ne doit point être soutenu comme une vérité incontestable. Lorsque je fis ces épîtres, il y a plusieurs années, je n'avois pas intention de faire un ouvrage sérieux, ni même de le rendre public. Il fut imprimé sans ma participation ; et les auteurs du Journal de Paris, dans l'extrait qu'ils en donnèrent au mois de juin 1730, ayant paru soupçonner en moi des sentimens que je n'ai point, je me suis vu dans l'obligation, ou de corriger, ou de m'expliquer : ce qui m'a fait faire des changemens si considérables, que l'ouvrage n'est presque plus le même.

Après avoir travaillé sur cette matière, j'eus envie de savoir quel sentiment avoit suivi M. le cardinal de Polignac dans son Anti-Lucrèce. Il m'honora de la réponse suivante, dont la lecture fera plus de plaisir que n'en peut faire celle de mes vers.

A Anchin, 5 février 1719.

« Je vous suis bien obligé, Monsieur, de la pièce que
» vous m'avez envoyée. Si madame la duchesse de N....
» plus capable qu'une autre d'en bien juger, ne se rend
» pas à vos raisons, n'en accusez que la force des préven-
» tions, qui feront toujours regarder le sentiment Car-
» tésien comme un paradoxe, malgré la plus solide
» métaphysique.

» Puisque vous voulez savoir la route que j'ai prise
» dans mon ouvrage sur cette matière, je vous dirai
» qu'après le cinquième livre, où je prouve la spiritua-
» lité de notre âme, j'en ai fait un tout entier pour ré-
» pondre à l'objection des Bêtes, seul refuge des liber-
» tins. Il m'a paru qu'on ne pouvoit pas démontrer qu'elles
» n'ont aucune pensée, parce qu'il ne seroit pas impos-
» sible que Dieu les eût créées pensantes ; mais seule-

» ment que leurs opérations peuvent se faire sans con-
» noissance, et qu'il est même plus vraisemblable qu'elles
» n'en ont point ; qu'ainsi cette question de fait, si les
» Bêtes pensent ou non, étant pour le moins douteuse,
» tandis qu'il est certain que l'homme pense, c'est une
» absurdité visible dans le raisonnement, d'objecter contre
» un fait certain, un fait qui ne l'est pas ; d'où je conclus,
» qu'ayant démontré que tout être pensant est incorporel,
» la comparaison de la Bête à l'homme ne peut pro-
» duire que ce dilemme : Ou elle pense, ou elle ne pense
» point : si elle pense, son âme est spirituelle ; si elle
» ne pense point, elle ne peut être comparée à l'homme
» qui pense très-certainement ; au lieu que les libertins
» sont obligés de faire ce syllogisme vicieux et ridicule :
» La Bête pense aussi-bien que l'homme ; cependant l'âme
» de la Bête est matérielle, est mortelle ; donc celle de
» l'homme l'est aussi.

» Ils triomphent ordinairement de cette conséquence,
» et ne s'apperçoivent pas qu'elle est tirée de deux pro-
» positions entièrement incertaines, pour ne pas dire
» fausses. Or est-il permis en bonne dialectique de prou-
» ver ce qui est en question, par quelque chose de plus
» obscur encore que ce qui est en question ? La philo-
» sophie apprend qu'une âme qui pense est spirituelle
» et immortelle ; mais la Philosophie n'apprend pas
» que les bêtes pensent, puisqu'il y a plus de rai-
» sons contre que pour. Elle n'apprend pas non plus que
» leur âme soit mortelle ; car par la raison naturelle
» nous n'en savons rien, ni par conséquent qu'elle soit
» matérielle ; mais la philosophie démontre, comme j'ai
» dit, que si la Bête n'est que matière, elle ne pense
point,

» point, et que sa machine étant détruite, tout est dé-
» truit en elle, hors les corpuscules, qui peu à peu se
» joignent à d'autres corps, et se divisent suivant les
» lois du mouvement.

» Voilà, Monsieur, le plan que je me suis fait, après
» y avoir bien rêvé. Je délivre par-là mes démonstra-
» tions de l'immortalité de l'âme, qui me paroissent
» évidentes, de la nécessité où se mettent les Cartésiens
» de combattre des préjugés qu'il est difficile de déra-
» ciner, et contre lesquels on n'a point d'autre certitude
» ni d'autre évidence que celle du principe général et
» bien établi, que tout ce qui pense est immatériel et
» immortel de sa nature. Personne n'est à vous, Mon-
» sieur, plus parfaitement que

LE CARDINAL DE POLIGNAC.

Note sur cette Lettre.

Lorsqu'en 1747, l'Anti-Lucrèce parut, j'y retrouvai les argumens que m'avoit annoncés M. le cardinal de Polignac en 1719, et j'eus la satisfaction de voir que je m'étois rencontré avec lui en plusieurs endroits. Il traite cette question avec beaucoup plus d'étendue, puisque mes deux Epîtres ne contiennent pas cinq cents vers, et que son sixième livre en contient quinze cent soixante. Quelque long qu'il soit, il n'ennuie pas, et même est un des plus agréables de l'ouvrage par la variété des peintures, dont quelques-unes sont d'une grande beauté. On ne peut se lasser de lire celle de la perdrix, qui élevée au sortir de l'œuf dans une cage, et n'ayant jamais vu son semblable, voit tout-à-coup un mâle élevé de la même façon. Sa surprise à cette vue, sa prévoyance quelque temps après à préparer son nid, la timide attention avec laquelle, quand elle veut couver, elle se pose sur ses œufs, etc., vers 1100 : toutes ces petites choses, décrites en si beaux vers, cessent d'être petites, parce que la poésie les ennoblit.

M. le cardinal de Polignac, en admirant ces actions des animaux, loin d'en conclure qu'ils ont une âme, fait remarquer qu'ils agissent sans jamais avoir été instruits; qu'ils font tous, en tout temps, les mêmes choses, et que cette uniformité dans leurs actions prouve qu'elles ne sont pas la suite de leurs pensées : ainsi, quoiqu'il ne décide pas la question, il paroît toujours favorable au système cartésien.

Quelques mois après que mes deux Epîtres eurent paru, en 1747, M. le cardinal Quirini, bibliothécaire du Vatican et évêque de Bresse, m'honora d'une lettre datée de Bresse le 21 août de la même année. Par cette lettre, qu'il a fait imprimer dans un de ses ouvrages adressés à M. le marquis Rinuccini, il fait entendre qu'après avoir été sur cette matière cartésien dans sa jeunesse, il a changé de sentiment par cette raison que les animaux paroissent sensibles aux plaisirs, *puisqu'ils se livrent*, dit cette Eminence, *à la gourmandise comme les hommes, jusqu'à des excès nuisibles à leur conservation*. Je crois qu'un Cartésien bien affermi dans ses principes, pourroit répondre à cette difficulté.

EPITRE I

SUR L'AME DES BÊTES.

A Madame LA DUCHESSE DE N....

A quel honteux affront m'allez-vous exposer,
Et quelle loi, Duchesse, osez-vous m'imposer?
Pourrez-vous sans colère écouter un système
Dont cent fois la rigueur m'a révolté moi-même?
Laissez-moi bien plutôt renfermer en secret
Les dures vérités que je crois à regret.
Mais déjà mon refus commence à vous déplaire.
Je vais donc révéler, philosophe sincère,
Mes sentimens affreux, barbares, inouis :
Souvenez-vous du moins que je vous obéis.

    Lorsque des préjugés brisant la longue chaîne
Ma raison libre enfin, me parle en souveraine,
Ce chien qui suit mes pas (Duchesse, plaignez-moi:
Je le répète encore à regret, je le crois),
Ce chien ne m'offre plus qu'une trompeuse image
De la fidélité qui paroît son partage.
Insensible automate, il me suit sans me voir;
Il fait mes volontés sans jamais les savoir.
Sans colère il s'irrite, il gémit sans se plaindre;
Sans m'aimer il me flatte, et me fuit sans me craindre.*

---

* « La crainte des périls, dit le cardinal de Polignac, *Ant.-Luc.*,

Le sang fait tout en lui, seul maître de son corps, *
Sans qu'une âme préside au jeu de ses ressorts.
Si, dans quelques momens, touché de ses caresses,
D'un cœur prêt à l'aimer j'écoute les foiblesses;
Si dans les châtimens qu'il me paroît souffrir,
Par ses cris douloureux je me laisse attendrir,
Descartes, ou plutôt la raison me rappelle,
Et dictant contre lui sa sentence cruelle,
Le déclare *machine*.... A ce mot quel courroux
En des yeux menaçans change ces yeux si doux!
Vous vous troublez... « Qui moi? Perdez cette espérance
» On ne s'irrite point contre l'extravagance;

liv. VI, est la crainte de la mort : or, les animaux, qui ne savent point ce que c'est que la mort, ne peuvent la craindre. »

Nam timor est odium mortis, quæ creditur instans;
Nulla viva modo norunt animalia mortem :
Ignoti nullus timor est, ut nulla cupido.
Idcirco fugiunt, quoniam fugere illa necesse est.

* Les objets extérieurs qui agissent sur les Bêtes comme sur nous, peuvent les faire agir de même sans qu'une âme y ait part. Pour le concevoir, faisons réflexion à trois choses qui se passent en nous consécutivement : 1°. L'impression de l'objet extérieur sur l'un de nos organes ; 2°. la sensation qui suit cette impression; 3 . le raisonnement qui suit la sensation. L'air agité frappe notre oreille : la sensation du son en est la suite ; et notre raison juge de la qualité du son. Mais si le son annonce un grand péril très-prochain, notre corps a pris la situation convenable à la défense ou à la fuite, avant que notre raison en ait jugé. Supposons encore qu'un homme affamé découvre une pierre et un pain : chaque objet fait sur ses yeux en même temps une même impression, que ne suit pas une même sensation ; mais avant tout raisonnement, l'homme a couru au pain par une propension secrète entre l'objet extérieur et sa faim. Ce n'est pas sa raison qui l'a fait courir ; ce n'est pas non plus elle qu'il faut admirer, mais la sagesse de celui qui a fait la machine : il peut avoir fait des machines que les objets extérieurs fassent agir comme nous, sans que la raison ait part à leurs actions. Ces réflexions sont de M. Bossuet, dans son Introduction à la Philosophie.

» Et mon juste mépris vous met au rang des fous.
» Philosophe et rimeur, quels titres contre vous! »
Poursuivez : amoureux d'honorables injures,
J'offre à la vérité ces délices si pures ;
Et d'un ingrat mépris dussiez-vous m'accabler,
Pour défendre nos droits, j'ose encor vous parler.
Oui, c'est de l'homme ici que je plaide la cause ; *
Et pour lui-même enfin, contre lui je m'oppose.
Pouvez-vous consentir qu'à nos fers destinés,
D'indignes animaux à la terre bornés, **
Partagent avec nous cette clarté divine,
Qui nous rappelle à tous notre illustre origine ?
Consultez la raison : son oracle éternel
Vous dira, comme à moi, que notre être immortel,

* Notre préjugé est si fort, que celui qui, devant nous, plaide la cause des Bêtes contre nous, a plus beau jeu que celui qui plaide la nôtre. Un Cartésien nous ennuie, et Montaigne nous amuse quand il se dépeint jouant avec sa chatte, sans savoir si c'est lui qui se joue d'elle, ou si c'est elle qui se joue de lui. Il s'oublie jusqu'à prétendre que si nous sommes les seuls qui possédons l'avantage de penser, cet avantage qui nous est vendu bien cher, est la cause de tous nos maux. Madame Deshoulières a dit de même aux animaux :

> Cependant nous avons la raison en partage,
>   Et vous en ignorez l'usage.
> Innocens animaux, n'en soyez point jaloux :
>   Ce n'est point si grand avantage, etc.

Peut-on, comme Montaigne et Madame Deshoulières, employer son esprit à avilir sa raison ?

** D'indignes animaux à la terre bornés, etc.

Ils ne sont occupés que de la vie présente, ce qui fait dire si agréablement au cardinal de Polignac :

> *Nec plus, quam satis est ad vitam, nec minus optant*
> *O physici ! O verè sapientes, atque beati !*
> *O Epicurea dignissima turba palæstra !*

L'âme, rayon de Dieu, son souffle, son image,
Est un don qu'il n'a fait qu'à son plus bel ouvrage. *
De ce Dieu, dites-vous, les dons sont différens :
Quand pour nous sa bonté prodigue les plus grands,
Aux plus vils animaux, en biens inépuisable,
Il accorde au lieu d'âme un *instinct* admirable.
Qui peut... Je vous arrête, et ferme sur ce point,
Je proscris un vain nom, un être qui n'est point.
Oui, quand de la raison j'approche la lumière,
Je n'en puis voir que deux, l'*esprit* et la *matière*. **
De ces êtres divers, l'homme, assemblage heureux,
Par des liens secrets les réunit entre eux :
La matière, être épais, étendu, divisible ;
L'esprit, être pensant, simple, pur, invisible.
Par ce guide immortel dont l'homme est honoré,
Un stupide animal peut-il être éclairé ?
Vous n'osez soutenir une erreur si grossière ;
Mais s'il n'est point ce guide, il n'est donc que matière.

* La création des animaux est rapportée dans la Genèse bien différemment de celle des hommes. Dieu dit aux eaux de produire les poissons et les oiseaux, et à la terre de produire les animaux qui habitent sur elle. A l'égard de l'homme, il le forme lui-même, et lui inspire un souffle de vie, *spiraculum vitæ* : c'est ce souffle qu'il n'a point inspiré aux animaux.

** Nous ne concevons que deux substances : cependant le Journal de Paris, juin 1730, m'objecte sur cet endroit, « que Dieu a pu former une » infinité de substances différentes, et ne s'est pas engagé de rien créer sans » en donner à l'homme la connoissance. » J'ignore, je l'avoue, tous les êtres que Dieu a créés ; mais quelque substance qu'il ait tirée du néant, il faut ou qu'elle soit pensante, ou qu'elle ne le soit pas : par conséquent mon raisonnement subsiste toujours. Dieu a créé ou des esprits non unis à des corps comme les anges, ou des corps non unis à des esprits comme tous les objets matériels que nous voyons, ou des esprits unis à des corps comme les hommes.

Je triomphe ; et déjà mon premier argument
Dans votre esprit troublé porte l'étonnement.
  « Sans chercher, dites-vous, la gloire d'y répondre,
» J'argumente à mon tour, et je vais vous confondre :
  » Parcourez d'un coup d'œil tous ces appartemens,
» De la cire et du miel édifices charmans :
» Comptez les magasins de cette mouche habile,
» Digne de nos regards et des vers de Virgile.
» Tous ces bruyans sujets si soumis à leur roi, *
» A vos subtilités répondent mieux que moi.
» Contemplez des fourmis la prévoyance active ;
» Admirez des oiseaux la prudence attentive.
» Pourquoi dans les rochers, les arbres, les buissons, **
» Vont-ils si loin de nous cacher leurs nourrissons ?
» Nous les avons contraints à devenir si sages ;
» Et notre cruauté les a rendus sauvages.
» Puisqu'ils savent nous craindre et prévoir leur malheur,
» Cette crainte est leur gloire, et notre déshonneur. ***

* La mouche à miel que Virgile appelle *Roi*, doit maintenant être appelée *Reine*. On a reconnu qu'elle étoit femelle ; et l'on croit même que chaque essaim n'a que cette femelle ; mais je fais parler une dame suivant l'opinion commune.

** Les animaux, dit-on, agissent conséquemment à leurs besoins. On en peut dire autant des plantes. De combien d'enveloppes couvrent-elles leurs graines ! Tout paroît intelligent dans la nature, parce que tout est fait et conduit par une intelligence suprême. L'intelligence est toujours dans l'ouvrier, et n'est pas toujours dans l'ouvrage.

*** « Les oiseaux, dit Montaigne, peuvent-ils plancher leurs palais de
» mousse et de duvet, sans prévoir que les membres tendres de leurs petits
» y seront mollement ? Notre art est foible à les imiter. » En prouvant trop pour eux, on prouve contre eux. Leur art est admirable, mais toujours le même. A tout âge un oiseau, dans tout pays, fait la même chose. Une hirondelle jeune ou vieille, en France ou à la Chine, construit son nid de la même façon. Son art ne vient donc pas de son expérience, ni de l'étude, ni de la raison. C'est ce que le cardinal de Polignac a dit dans ce vers :

  Arguit in fabro, non in se machina mentem.

» Le fol amour, suivi de ses transports terribles,
» Entre aussi quelquefois dans ces âmes paisibles :
» La colombe elle-même apprend à s'irriter.
» J'entends d'un peuple entier la discorde éclater,
» Une Hélène a soufflé cette ardeur meurtrière ;
» Plus d'un héros pour elle a mordu la poussière ;
» Et l'oiseau dont le chant, noble cri du réveil,
» Doux salut de l'aurore, appelle le soleil,
» Souvent à haute voix célèbre sa victoire, *
» Tandis qu'abandonnant ses amours et sa gloire,
» Le vaincu prend la fuite, en détournant les yeux
» Vers les antiques toits, palais de ses aïeux.
» Insectes, moucherons, respirent tous la guerre ;
» Et de leurs grands débats veulent remplir la terre.
» Ils ont, pour attaquer, leurs glaives et leurs dards ;
» Ils ont, pour se cacher, leurs camps et leurs remparts.
» Vengeur de la patrie, un courageux Pompée **
» Veut ravir à César sa puissance usurpée,

* *Sæpe duobus*
Regibus, incessit magno discordia motu, etc.
VIRG.

Dans ces vers pompeux de Virgile on croit voir nos guerres, quoiqu'il ne parle que de celles des abeilles. C'est ce que fait si bien observer Montaigne, toujours content quand il peut humilier l'homme. « Dans ces vers, » dit-il, je crois voir l'ineptie et la vanité humaine. Un dépit, une ja- » lousie domestique, causes qui ne devroient pas émouvoir deux haran- » gères à s'égratigner, est l'âme de ces grands troubles. Ce furieux, monstre » à tant de bras et tant de têtes, c'est toujours l'homme, foible, cala- » miteux et misérable. Ce n'est qu'une fourmilière émue et échauffée : *It* » *nigrum campis agmen*. Qu'on leur jette un peu de poussière, comme » aux mouches : voilà toutes nos enseignes, nos légions et le grand Pompée » lui-même rompu et fracassé. »

** Vengeur de la patrie, un courageux Pompée, etc.

Le cardinal de Polignac, dans son *Anti-Lucrèce*, liv. VI, compare les combats du lion à ceux de César.

Prosilit ad prædam rapidus leo, Cæsar ad orbis

» Guerre plus que civile, où du combat fatal
» Mars, l'homicide Mars, vient donner le signal.
» Le sang coule, et bientôt le destin fait entendre
» *Ce qu'il a résolu du beau-père et du gendre.* *
» Mais ce n'est point toujours par des exploits si grands
» Qu'ils terminent entre eux leurs nobles différends :
» Loin du bruit de Bellone, en d'obscures retraites,
» Ils savent méditer des trahisons secrètes.
» Un fil industrieux, perfidement tissu,
» Arrête dans les airs un ennemi déçu ;
» Et ta toile, ** Arachné, quoi que l'on nous raconte,
» Même après ton supplice, à Minerve fait honte.
» Ne sera-t-elle aussi qu'automate à vos yeux ?
» Proscrivez seulement par ce titre odieux,
» La bête *** (qui voudroit en prendre la défense ?)
» Dont le nom méprisable annonce l'ignorance ;

Imperium : finis, fateor, diversus utrique :
At non dissimules pugnæ, labor unus et idem,
Quo cœnam fera, quo regnum sibi comparat heros.

Et au vers 175, il rapporte ces combats qu'il a vus dans l'Ukraine entre ces animaux, qui sont une espèce de renards :

Vidi belligeras acies et castra ferarum, etc.

* Vers de Corneille dans la Mort de Pompée.

** La toile de l'araignée est un ouvrage admirable. On la peut connoître par la dissertation savante qu'a faite M. le premier président Bon : *spretæ novus ultor Arachnes.*

*** Nous aurions honte de donner une âme à des reptiles, à des moucherons, etc. ; il faut cependant faire ce présent à tous les animaux, ou le refuser à tous, comme le dit le cardinal de Polignac :

Omnibus aut nullis mens est. Si mentis honores
Concedas aquilis, et habebunt ostrea mentem.

Donnerons-nous une âme à ces insectes qui vivent encore long-temps quoiqu'on leur ait coupé la tête, et dont chaque partie coupée paroît vivante ? Et combien d'âmes faudra-t-il donner aux polypes qui se multiplient à mesure qu'on les coupe, de façon que chaque partie coupée devient un

» Celle qui tout un jour rumine dans un pré,
» Ou l'immonde animal par le Juif abhorré.
» Mais de nos actions l'imitateur habile,
» En tours ingénieux le singe si fertile;
» Le renard * qui s'échappe aux chiens qu'il a trompés,
» Tous deux dans votre arrêt sont-ils enveloppés?
» Quoi, n'épargnez-vous point la triste Philomèle?
» Ah, cruels, entendez gémir la tourterelle,
» Et du cerf aux abois considérez les pleurs !
» Mais vous êtes, hélas, plus durs que les chasseurs !
» Pourquoi chercher si loin des objets de tendresse?
» Contemplez seulement ce chien qui me caresse. **
» Avouez, si pourtant vous connoissez l'amour,
» Qu'il a bien de mon cœur mérité le retour.

autre animal entier et vivant? Ce fait, si inconcevable et si certain depuis que les observations de M. du Trembley et de M. de Réaumur le confirment, déroute sur le système de l'âme des Bêtes, tous les philosophes, excepté les Cartésiens.

* Montaigne parle après Plutarque de renards, qui en s'avançant sur une rivière glacée, prêtent l'oreille à chaque pas pour écouter si l'eau ne coule point; ce qui leur fait juger si la glace est assez forte pour les porter, suivant ce raisonnement: « ce qui fait du bruit remue, ce qui
» remue n'est pas gelé, ce qui n'est pas gelé est liquide, ce qui est liquide
» ne porte pas. » Avant de faire raisonner ainsi le renard, il faut être assuré du fait; et malgré l'autorité de Plutarque, il est fort douteux.

** Il faut avouer que les chiens étonnent souvent un philosophe. Montaigne admire avec raison ceux qui conduisent les aveugles. Ils savent s'arrêter aux portes où leurs maîtres doivent demander l'aumône; ils savent leur faire éviter les embarras des rues; et quoiqu'un espace soit assez large pour eux, ils n'y passent point, s'il n'est assez large pour leurs maîtres. Les choses surprenantes que font ces animaux sont les fruits des leçons qu'on leur a données: mais comment les leur a-t-on données? Avec un bâton. On instruit les hommes avec la parole: on s'adresse à la raison. On instruit les animaux avec le bâton, parce qu'on s'adresse à la machine, dans laquelle on ne veut que faire des impressions assez fortes pour y rester toujours.

» A mes commandemens quelle oreille attentive!
» Fut-il obéissance et plus prompte et plus vive?
» Je l'appelle, il accourt; je me lève, il me suit;
» Je m'arrête, il attend; je le chasse, il s'enfuit;
» Ses soupirs, son œil triste, et sa tête baissée,
» Expriment sa douleur, et prouvent sa pensée.
» Un rival indiscret ose-t-il me flatter?
» Sa jalouse fureur brûle de l'écarter.
» Je m'éloigne : quel trouble, et quelle impatience!
» Que de gémissemens pour un moment d'absence!
» Je reviens : quels transports, que de soins empressés!
» Transports toujours nouveaux, soins désintéressés.
» Ardent, soumis, fidèle, il m'aime, sans prétendre
» *Que quelque heure à me voir, et le reste à m'attendre.* »
Duchesse, à m'émouvoir vous travaillez en vain.
Songez qu'un philosophe armé d'un cœur d'airain,
Sans que jamais respect, ni prière le touche,
Suit d'un pas obstiné sa vérité farouche.
Tous ces faits merveilleux, je les sais, je les crois;
Ils m'étonnent : c'est tout ce qu'ils peuvent sur moi. **
Surpris d'une machine à mes yeux si parfaite, ***
J'en rapporte la gloire à la main qui l'a faite.
J'en cherche les ressorts, et moins je les puis voir,
Plus j'en dois admirer l'auteur et son pouvoir.

* Vers de J. Racine, dans Bérénice.

** Ils m'étonnent : c'est tout ce qu'ils peuvent sur moi.
C'est tout ce que dit aussi le cardinal de Polignac :
Ista vides, miraris; et ipse admiror; at ultrà
Prosequor, et miranda magis mihi causa videtur.

*** Surpris d'une machine, à mes yeux si parfaite.
Tout l'artifice, comme dit le cardinal de Polignac, est dans les ressorts:
Omne est arcanum in fabricâ.

Quand d'une montre encor j'ignorerois l'ouvrage,
Quoiqu'elle offre à mes yeux une aiguille si sage,
Dont chaque pas égal, juste règle du temps,
M'avertit d'en saisir les rapides instans ;
Et quoique le marteau qu'elle renferme en elle,
Dans tous les coups qu'il frappe à l'aiguille fidelle,
Vingt fois me les répète, et réponde à mes doigts, *
Dont l'importunité l'interroge vingt fois ;
Croirai-je qu'en son sein c'est une âme qui veille,
Pour satisfaire ainsi mes yeux et mon oreille ?
Non, non, lorsque je suis servi par un acier
Qu'a façonné la main d'un artisan grossier,
Et quand, sous des doigts morts une bouche sans vie **
Fait soupirer la flûte avec tant d'harmonie,
Que de cuivre et de bois l'automate formé,
Par l'amant de Syrinx me paroît animé,
Je vois dans l'animal avec moins de surprise,
Tous les effets d'un sang que son feu subtilise.
Tantôt ce sang rapide, à l'âme obéissant, ***
Allume dans nos yeux un regard menaçant ;

* Vingt fois me les répète, et réponde à mes doigts, etc.

Le cardinal de Polignac, dont je n'avois pas vu l'ouvrage quand je fis ces vers, avoit dit la même chose en meilleurs vers, en prenant la montre pour comparaison. 1. 6. v. 1280.

Mentem inventoris certè laudabit et artem
Consiliumque fabri, thecâ non quærit in ipsâ.
Quanquam opus eximium, quanquam ingeniosa reperta
Miratur, digitoque premens interrogat horam.

** Le Flûteur Automate, ouvrage de M. Vaucanson, qui a fait voir jusqu'où l'homme pouvoit porter le mécanisme. Ne soyons donc pas surpris que des machines dont Dieu a disposé les ressorts soient si admirables.

*** Nous éprouvons dans les passions violentes, que toutes les parties de notre corps s'entr'aident mutuellement, et concourent à la conservation du tout.

Et tantôt sur nos fronts fait rayonner la joie,
Egalement docile à l'âme qui l'envoie.
Eh, que dis-je? Souvent trop prompt à nous trahir,
Ce sang à l'âme même ose désobéir.
En vain l'homme outragé veut étouffer sa rage:
Un torrent qui bouillonne enflamme son visage;
Et s'il veut, quand il craint, affecter la valeur,
Son sang qui s'en retire, y laisse la pâleur.
Des secrets sentimens qu'excite la nature,
Sur nous, et malgré nous, éclate la peinture.
Dans les dangers pressans, le corps sait précéder
Notre âme, qui n'a pas le temps de commander. *
Pour défendre mon œil qu'attaque la poussière, **
Un muscle sans mon ordre en baisse la paupière.
L'enfant prêt à tomber étend ses foibles bras :
Ce geste involontaire a suivi son faux pas;
Et la main qui s'expose au coup inévitable,
Prépare pour le front un secours favorable. ***

* Et souvent même malgré elle. Qu'un ami approche sa main de notre visage, comme pour le frapper, quoique nous sachions que ce n'est qu'une feinte, nous fermons les yeux, et nous détournons la tête involontairement.

> *Ignari quid agant et cur, aut quid sit agendum.*
> *Porrectis tamen hi firmant se vectibus, artem*
> *Mechanicam gestu, non cognitione professi.*
> Ant.-Luc.

** Pour défendre mon œil qu'attaque la poussière, etc.

> *In teneros etiam improvisum si quid ocellos*
> *Involet, ea refugit caput, it manus antè, periclum*
> *Avertens, animus quàm sensit opemve ferendam.*
> Ant.-Luc.

*** Il ne sait pas que la tête est la partie la plus importante, et qu'il faut la secourir aux dépens des mains ; mais la nature n'attend ni les réflexions, ni l'âge des réflexions.

D'ignorans porte-faix, pour soutenir leur poids,*
D'un savant équilibre accomplissent les lois.
Quand je vois tant d'humains, que l'âme à peine éclaire,
Je suis prêt à douter qu'elle soit nécessaire. **
Que sert-elle au sauvage enfoncé dans un bois?
Que fait l'être pensant dans un brute Iroquois?
En exemples pareils nos climats sont fertiles :
Dans nos sots villageois que d'âmes inutiles!
Ils labourent leurs champs, ils parlent à leurs bœufs,
Et le soin de penser ne fut point fait pour eux.
Non moins que ses chevaux leur conducteur stupide
Mériteroit souvent et le mords et la bride.
Un manœuvre se lève, et chargeant sur son bras
La règle, le marteau, l'équerre, le compas,
Va tailler lentement la pierre qu'on lui donne :
Courbé sur elle, il frappe, il polit, il façonne;
La nuit vient, il s'endort; et le soleil nouveau
Le rappelle à sa pierre, il reprend son marteau.
Son travail, ou plutôt l'espoir du gain l'enflamme;
Il passe ainsi ses jours : bel emploi pour son âme!

* S'ils portent un fardeau du bras droit, ils étendent le bras gauche, afin d'avoir toujours un même centre de gravité : les parties du corps s'arrangent suivant la manière dont le corps est chargé, et c'est ce que peint le cardinal de Polignac dans les vers suivans :

*Rusticus, urbanus pariter, juvenisque senexque
Corpora cum subito librant, crus, brachia tendunt.*

** Quand je parle ainsi, on ne doit pas me soupçonner de croire que l'âme soit inutile dans quelques hommes. Ce qui est dit pour égayer la matière, ne doit point être pris sérieusement. Boileau parloit-il sérieusement quand il faisoit dire à l'âne :

Ma foi, non plus que nous, l'homme n'est qu'une bête?

La réflexion du Journal des Savans sur cet endroit, m'a obligé de faire cette note.

S'il alloit me répondre : « Et que fais-tu de mieux ?
» De rimes occupé, distrait, sombre, ennuyeux,
» Tu cours après des sons : bel emploi pour la tienne !
» Aucun trouble du moins n'inquiète la mienne.
» De ma tranquillité laisse-moi le bonheur,
» De tes raisonnemens je te laisse l'honneur. »

Mais c'est trop m'écarter, mon sujet me rappelle;
J'y reviens, et conclus que la flamme immortelle,
Qu'enferment des humains les corps les plus épais,
Dans ceux des animaux ne s'allume jamais.

Et d'où vient qu'en effet la longue expérience *
N'augmente point en eux l'adresse et la science ?
Ce vieux chat, vieux rêveur, sans être plus instruit
De ses réflexions ne nous montre aucun fruit.
Du premier coup d'essai, par le même artifice, **
Un oiseau de son nid élève l'édifice ;
Tandis que les travaux, les leçons et les ans,
Ont formé par degré nos esprits ignorans.

* L'invention des arts fait honneur à l'esprit humain. Les animaux, depuis le commencement du monde, n'ont rien inventé ni perfectionné. Les muets du Grand-Seigneur ont un art infini pour se parler par signes : les animaux n'ont point entr'eux ce langage. On objecte qu'on contient les animaux féroces par des exemples de sévérité faits sur leurs pareils. Quelque peuple a fait ces exemples, et s'est imaginé qu'ils étoient utiles; mais cette utilité est-elle bien certaine ?

** Tout animal d'une même espèce, dit le cardinal de Polignac, a les mêmes occupations, et le rossignol chante toujours, dans tous les pays, le même air :

Omnis aves vultur, capit omnis aranea muscas,
Sic Philomela parem terris canit omnibus hymnum,
Hymnum delicias veris.

Et pourquoi, dit-il, le perroquet ne parle-t-il jamais qu'au hasard ?

Temerè ac frustra rogat, et respondet, inani
Garrulitate loquax ?

Quand je vois ce castor qui ne fait que de naître, *
Si savant dans un art dont il n'eut point de maître,
Je ne puis rapporter cet étonnant savoir **
Qu'à de secrets ressorts que le sang fait mouvoir.
Oui, je le crois, Duchesse, et la foi me l'ordonne. ***
Tout prêt à soutenir ce mot qui vous étonne,
De Descartes demain le hardi sectateur
Osera vous montrer, s'érigeant en docteur
(Dût ce titre nouveau mieux prouver sa folie),
Sur la religion sa doctrine établie.

* Pline le naturaliste donne à l'éléphant toutes nos vertus, même celle de la religion : *Proximum est elephas humanis sensibus, quippe intellectus sermonis patrii, amoris et gloriæ voluptas, immo verò, quæ etiam in homine rara, probitas, prudentia, æquitas, religio quoque siderum, etc.* Puisqu'il lui donne nos vertus les plus rares, il le fait plus parfait que nous. Tout ce qu'il en dit est faux.

** Je ne puis rapporter cet étonnant savoir, etc.

M. Arnaud, M. Pascal, et le P. Desmares, furent un jour témoins à Liancourt d'une grenouille qui contrefaisoit la morte lorsqu'un brochet l'approchoit, et s'enfuyoit sitôt qu'il la quittoit : elle fit plusieurs fois la même chose; ce qui fit dire à M. Pascal, *puisqu'elle agit toujours de même, elle agit machinalement.*

*** Il n'est pas nécessaire d'avertir que ce mot n'est pas dit sérieusement : il est vrai néanmoins que la preuve que je vais faire valoir dans l'Epître suivante, est très-forte en faveur du système cartésien.

EPITRE.

EPITRE II

SUR L'AME DES BÊTES.

A Madame LA DUCHESSE DE N....

Je viens renouveler un combat peu commun,
Que ne tenteroit pas mon courage importun,
Si vous étiez semblable à ces femmes frivoles,
Stériles en raisons, fertiles en paroles,
Arbitres d'une robe, et juges d'un ruban,
Qui sans les doux attraits de quelque heureux roman,
Jamais de leurs regards n'honoreroient un livre.
Duchesse, à d'autres soins votre bon goût vous livre :
Dès long-temps attentive à nourrir votre esprit
D'un entretien solide, ou d'un utile écrit,
Vous réparez l'honneur d'un sexe à qui l'usage
Sembloit avoir donné l'ignorance en partage.
  C'est la cause du Ciel que je plaide aujourd'hui,
Et le grand Augustin va me servir d'appui.
  Sous l'empire d'un Dieu tout-puissant, équitable, *
L'innocence est heureuse, et qui souffre est coupable.

---

* C'est ce grand principe que saint Augustin employa si souvent pour prouver le péché originel : *sub Deo justo, nemo miser, nisi mereatur;* principe conforme à ce que dit la Sagesse, c. XII : *ipsum qui non debet puniri, condemnare, exterum æstimas à tuâ virtute;* principe conforme à ce que la raison a dit à ces Païens, qui croyoient que les hommes nais-

Au bien de ses enfans un père intéressé
Punit même à regret quand il est offensé.
A s'armer de rigueur nous l'avons su contraindre :
Fils ingrats, fils pécheurs, est-ce à nous de nous plaindre?
Mais à nos châtimens les animaux unis
Seroient donc à la fois innocens et punis !
En eux je vois la peine, et ne vois point le crime;
Et leur plainte seroit peut-être légitime,
Si connoissant leurs maux, ils élevoient ces cris :
« Victimes du courroux, vils jouets du mépris,
» Quelle est donc ta clémence ou plutôt ta justice ?
» Pourquoi soumis à l'homme, objets de son caprice,
» Sous son règne cruel vivons-nous gémissans,
» D'un maître criminel, esclaves innocens?
» Grand Dieu, prends-tu plaisir à voir des misérables ;
» Par grâce, romps le fil de nos jours déplorables.
» Tu nous les as donnés, retire ton présent :
» Ou rends-nous plus heureux, ou rends-nous au néant. »
Ne me répondez pas qu'ils ont commis peut-être
Quelque antique forfait qu'ils ne peuvent connoître.
Verrions-nous donc entr'eux ce divers traitement, *
Ce partage inégal d'un commun châtiment?

soient pour expier quelque crime commis dans une autre vie ; principe que j'ai fait valoir dans le IIe Chant du Poëme de la Religion, et dans mes deux Epîtres sur l'Homme.

* L'inégalité de nos conditions, et surtout la prospérité des méchans, faisoient souvent murmurer contre la Providence ceux même des Païens qui croyoient à l'immortalité de l'Ame. Il paroît, par Homère et Virgile, qu'ils avoient une bien foible idée du bonheur de l'âme après sa mort : l'honneur de commander aux ombres ennuyoit beaucoup Achille. La Religion Chrétienne, qui fournit une prompte réponse à cette difficulté, nous fait demander tous les jours l'arrivée du règne où l'ordre sera rétabli. Mais si les Bêtes pensent, et n'ont rien à espérer après la mort, comment accorder leurs malheurs et l'inégalité des conditions entr'elles, avec la bonté de Dieu ?

Tout semble rire à l'un, tout conspire à sa joie,
Et l'autre du supplice est l'éternelle proie.
Tandis que ces chevaux, à courir destinés,
Et pour vingt sous par heure au public condamnés,
Attachés nuit et jour à leurs tristes voitures,
Chargés injustement de brutales injures,
Maigres, secs, efflanqués, de coups de fouet meurtris,
D'un harnois déchiré traînant les vieux débris,
N'ont pour mettre à profit l'instant qui les répare,
Que le foin que leur jette une main trop avare,
Le coursier d'un prélat s'engraissant à loisir,
Voit abonder l'avoine au gré de son désir ;
Couché nonchalamment sur une ample litière,
Seulement quelquefois levant sa tête altière ;
Ecumant, frappant l'air d'un fier hennissement,
Sous un poids qui l'honore il marche lentement.
Ce dogue, utile esclave, et garde incorruptible,
Si fidèle à son maître, aux voleurs si terrible,
D'une chaîne accablé, gémit dans sa prison ;
On lui plaint un pain noir, pétri d'orge et de son.
Qu'un astre différent éclaira la naissance
De ce chien, tendre objet de votre complaisance !
Rassasié, content, il dort sur vos genoux ;
Et pour tout dire, enfin, il est aimé de vous.
Le ciel auroit-il pu, juste dans sa vengeance,
Entre des criminels mettre tant de distance ?
Parmi nous, il est vrai, quoique tous condamnés,
Il est des favoris qui semblent épargnés,
Des mortels qu'en tout temps la fortune caresse,
Que sur des lits de fleurs, pleins d'une douce ivresse,
Dans leurs brillans palais endort la volupté :

E 2

Du tonneau d'amertume ont-ils jamais goûté ? *
Le pauvre né pour eux, leur vend ses bras serviles.
L'un brûlé du soleil, rend leurs terres fertiles ;
L'autre de leurs repas médite les apprêts,
Et par des goûts nouveaux en réveille les mets.
Ce désordre m'apprend que d'un juge équitable,
Cette terre n'est point l'empire véritable.
Roi suprême, qui vois tes sujets dans les pleurs,
Tu dois venir un jour terminer leurs douleurs.
Ils attendent ton règne ; et dans cette espérance
Ils ne murmurent pas d'un moment de souffrance.
Mais si le sentiment conduit les animaux ;
S'ils souffrent, quel espoir peut adoucir leurs maux ?
  Croirons-nous qu'un séjour de douceurs éternelles
Doive récompenser leurs âmes immortelles ?
A ce hardi soupçon la foi vient s'opposer.
Je veux bien toutefois encor le supposer.
Mais contre l'homme injuste, et son règne barbare, **
Pour la bête opprimée alors je me déclare.

* Homère place auprès de Jupiter deux tonneaux : celui des biens, et celui des maux. Jupiter ne puise que dans le premier pour les dieux ; et il ne puise que dans le second pour ces mortels que le malheur semble poursuivre à tout moment ; pour tout le reste des hommes il puise en même temps dans les deux tonneaux, ne leur donnant jamais de bien que le mélange des maux n'empoisonne son présent. La fiction d'Homère prouve une chose communément vraie : il faut pourtant excepter quelques hommes, qui, jusqu'à la mort, n'ont presque pas goûté du tonneau d'amertume.

** L'auteur du Spectacle de la Nature prétend que justifier notre empire sur les animaux par ce principe, qu'ils sont des machines, c'est autoriser un droit très-certain par une raison très-incertaine. «Vouloir, dit-il, expli-
» quer l'âme des Bêtes, c'est de la philosophie perdue. Nous voyons que
» Dieu les a faites pour nos besoins ; cela doit nous suffire. C'est pour
» notre avantage qu'elles savent faire certaines choses, et qu'il leur est
» défendu de rien savoir de plus. » Il est bien vrai que si elles avoient une

Rougissons, rois cruels, de tant d'arrêts de mort,
Qui n'ont pour fondement que la loi du plus fort.
Eh, quel droit avons-nous sur des jours respectables? *
Misérables, du moins épargnons nos semblables.
Si l'immortel rayon luit dans les animaux,
Dieu qui les fit pour lui, les rendit nos égaux;
Et partageant entre eux nos caresses sincères,
Nous devons les aimer, et les traiter en frères.
Autrefois, nous dit-on, l'ardente charité
De ce saint si fameux par son humilité, **
De ce père fécond, dont la nombreuse race
A répandu partout le froc et la besace,

raison pareille à la nôtre, nous n'en serions plus les maîtres; mais notre empire sur elles, juste ou non, n'est pas moins cruel pour elles si elles pensent : ainsi ce n'est pas répondre à la difficulté. Il est encore vrai, que vouloir expliquer en détail le mécanisme qui les fait agir, c'est de la philosophie perdue; mais soutenir que le seul mécanisme les fait agir, c'est parler en bon philosophe.

* Eh, quel droit avons-nous sur des jours respectables ?

C'est ce que dit aussi le cardinal de Polignac :

> *Quo jure imbellem populum et nil tale merentem*
> *Per mare, per terras, nunc vi, nunc fraude malignâ*
> *Insequeris captans indefensumque trucidas*
> *Atque voras? Inter lusus, et gaudia ruris*
> *Enumeras belli genus hoc immite, nefandum*
> *Ignavumque? Lupo quare crudelior ipso,*
> *Cui te rivalem præstas eo quem invidus horres,*
> *Non osor feri tutis at æmulus, omne per ævum*
> *Innocens occidere oves, mactare juvencos*
> *Non dubitas, fluit undè tibi tot copia rerum,*
> *Et quibus est post longam operam, non, unica merces?*

** Bayle, à l'article de saint François, raille à ce sujet ce saint si respectable. Il n'est pas étonnant qu'une pieuse simplicité, dont une profonde humilité étoit la cause, soit exposée aux railleries d'un homme du caractère de Bayle.

Aux Bêtes, par amour, prodiguoit ce doux nom :
« Paissez, s'écrioit-il, mon frère le mouton ;
» Mon frère, dans ces bois, paissez en assurance.
» A l'auteur de mes jours vous devez la naissance.
» Bénissons-le tous deux ; vous, cigale ma sœur,
» Par vos sons éclatans célébrez sa douceur. »
Ainsi parloit d'un saint la pieuse foiblesse.
Mais que nous sommes loin de cette humble tendresse,
Nous ingrats, nous souillés du sang de la brebis, *
Qui nous a tant de fois couverts de ses habits !
Les bœufs qui, tous les ans, au laboureur dociles, **
Dans nos champs ont tracé tant de sillons utiles,
Sous l'indigne marteau par notre ordre expirans, ***
Apprennent ce qu'on gagne à servir des tyrans.

* Ovide met cette plainte dans la bouche de Pythagore. *Métamorphoses*, l. xv :

> *Quid meruistis oves, placidum pecus ?*
> *Quid meruere boves, animal sine fraude, dolisque,*
> *Innocuum, simplex, natum tolerare labores ?*

** Plutarque, dans la vie de Caton le censeur, témoigne qu'il ne pourroit se résoudre à abandonner un bœuf qui auroit vieilli en labourant ses terres, « parce que, dit-il, nous ne devons pas nous servir des choses qui » ont une âme, comme nous nous servons des souliers quand ils sont usés, » ne fût-ce que pour nous apprendre à aimer les hommes, et dans ces » petites choses faire l'apprentissage de l'humanité. » La dernière raison est très-sage, et la première est vraie dans le système d'un homme qui croit que les Bêtes pensent.

*** M. l'abbé Desfontaines, lettre 128, examinant cette question, appelle l'opinion Cartésienne *la plus insigne extravagance de l'esprit humain*. Le système que, selon lui, la nature enseigne à tous les hommes, est celui d'un être pensant, mais mortel, d'une âme bornée dans ses opérations, déterminée invinciblement par les objets, incapable de délibération et de liberté. « A l'égard du malheur des Bêtes, il n'intéresse pas, dit-il, la » justice de Dieu. Si quelquefois elles sont malheureuses, ne sont elles pas » dédommagées par les plaisirs des sens, qu'elles goûtent peut-être mieux

Que de meurtres commis pour nos goûts détestables;
Et que d'êtres pensans immolés à nos tables !
De ces arbres épais cet habitant si doux
N'est point dans sa retraite à l'abri de nos coups.
Malheureux l'animal dont la chair délicate
Offre à la volupté quelque attrait qui la flatte ! *
Que dis-je ? L'oiseau même inutile au repas,
Tombe frappé d'un plomb qu'il ne méritoit pas.
Par son vol inégal la rapide hirondelle
Irrite des chasseurs l'adresse criminelle.
Rome voit son palais semé de corps sanglans,
Un empereur poursuit des insectes volans. **
Peut-être qu'adorant la main qui les immole,
D'un si noble trépas la gloire les console.

» que nous? L'un va pour l'autre. » Certainement l'un ne va pas pour l'autre pour ces malheureux chevaux dont j'ai fait la peinture, ni pour ces bœufs qui vont finir à la boucherie des jours qu'ils ont passés à labourer la terre. Mais supposons toutes les bêtes heureuses: se peut-il qu'une âme soit mortelle, incapable de délibération et de liberté, soumise à la matière, et que les plaisirs du corps soient son unique félicité ? Un pareil système avancé sérieusement, *seroit la plus insigne extravagance des préjugés des sens.* Je veux croire que M. l'abbé Desfontaines ne l'a pas sérieusement avancé, et je ne fais cette remarque que pour montrer dans quels abymes on peut se jeter lorsqu'on abandonne le système cartésien ; au lieu que par ce système on sauve la gloire de notre âme, et on justifie la Providence. C'est pourquoi j'ai dit au commencement de la première Épître : *C'est de l'Homme ici que je plaide la cause;* et au commencement de celle-ci : *C'est la cause du Ciel que je plaide aujourd'hui.*

* Pythagore regardoit comme un crime la coutume de se nourrir de la chair des animaux. Ovide lui fait dire:

> *Heu! quantum scelus est in viscera, viscera condi,*
> *Congestoque avidum pinguescere corpore corpus*
> *Alteriusque animantem animantis vivere letho !*

** On rapporte que l'empereur Domitien s'occupoit dans son palais à tuer des mouches

Mais aux lentes douleurs ce dogue dévoué,
Qui sur un échafaud indignement cloué,
Aux cruels écoliers, victime anatomique,
Va de son corps ouvert montrer la mécanique ;
Qui le consolera, lorsque tant de bourreaux
Contemplent avec joie, en suivant leurs ciseaux,
Les mouvemens d'un cœur d'où la rage s'exhale ;
Des intestins fumans le tortueux dédale,
Et ces canaux qu'un lait si prompt à s'écouler
Aux yeux d'Asellius sut enfin déceler? *
Ah, réparons du moins notre gloire offensée,
Et loin des animaux écartons la pensée !
Pour calmer nos remords, et sauver notre honneur,
Croyons que nos sujets ignorent leur malheur.
   Et quoi, s'ils en avoient la triste connoissance,
Ne les verrions-nous pas courir à la vengeance? **
Un seul Cartésien déchiré par leurs dents
Rendroit dans leurs discours les autres plus prudens ;
Et l'auteur d'une secte odieuse et terrible,
N'eût jamais dans son lit fait une mort paisible.
Nous les eussions vus tous de rage transportés,
Sur l'ennemi commun fondre de tous côtés.
Son sang eût effacé ses barbares maximes ;
Et tout le mien sans doute effaceroit mes rimes.

* Savant médecin, qui dans le dix-septième siècle découvrit les veines lactées.

** Pour parler plus sérieusement, il est certain que si les Bêtes paroissent quelquefois donner des marques de pensée, elles donnent ordinairement de grandes preuves de stupidité. Le même animal se laisse prendre plusieurs fois au même piége. Un troupeau de bœufs se laisse conduire à la boucherie par un enfant.

Mais à taut de fureurs dussé-je m'exposer,
Trop heureux si mes vers ont pu vous amuser. *

* Malgré l'esprit philosophique dont se vante notre siècle, le préjugé des sens engage presque tout le monde aujourd'hui à croire que les animaux pensent. Que ceux que les preuves métaphysiques, et celles de morale ne peuvent convaincre que les Bêtes ne sont que des machines, connoissent du moins que cette question est très-difficile à résoudre, et qu'ils en concluent que l'homme n'est qu'ignorance : voilà l'utilité la plus certaine qu'on en puisse tirer, en admirant l'Etre-Suprême qui a créé les animaux, soit qu'on croie qu'ils ont une âme, soit qu'on croie qu'ils n'en ont pas. C'est par cette réflexion que le cardinal de Polignac termine son livre sur cette question :
Sive caventia sensu,
Sive instructa putes, mirare, et numen adori.

AVERTISSEMENT

Sur l'Epître suivante.

Après les premières lectures que je fis du Poëme de la Grâce, plusieurs de ceux qui l'avoient entendu, m'exhortèrent à m'appliquer à la tragédie, qui me fourniroit, disoient-ils, des sujets plus agréables au goût des hommes, et plus convenables à la poésie. Peut-être me serois-je laissé séduire et aurois-je eu la témérité de vouloir approcher du théâtre, dont tant de raisons me doivent éloigner, si des amis plus sincères, en me représentant les grandes difficultés du poëme dramatique, ne m'eussent exhorté en même temps à ne point profaner une muse qui avoit consacré à la Religion les prémices de son travail. Ces sages avis firent impression sur moi, et je m'engageai à les suivre par cette épître, dans laquelle, pour faire voir que les sujets de piété sont les plus dignes des vers, je remonte à la naissance de la poésie, qui, chez tous les peuples, a tiré son origine de la Religion. J'ai placé l'époque de sa naissance au passage de la mer Rouge, parce que nous n'avons point de cantique plus ancien que celui qui fut composé par Moïse après ce grand événement ; et voici comme M. Bossuet parle de ces sortes de cantiques dans son admirable Discours sur l'Histoire Universelle : « Les pères les apprenoient à leurs enfans ; » ils se chantoient dans les fêtes, et perpétuoient la mé- » moire des actions les plus éclatantes : de là est née la » poésie. C'étoit Dieu et ses œuvres merveilleuses qui » faisoient le sujet de ces odes. Dieu les inspiroit lui-même,

» et il n'y a proprement que le peuple de Dieu où la
» poésie soit venue par enthousiasme. »

Cette origine de la poésie prouve combien elle s'est avilie depuis qu'elle a voulu faire de l'amour son objet favori. On ne peut parler ainsi sans passer pour un censeur outré. Les hommes prétendent avoir l'heureux privilége de pouvoir sans danger voir les spectacles les plus tendres, et lire les vers les plus passionnés : cependant Ovide, qui connoissoit assez bien toutes les foiblesses du cœur humain, pensoit différemment. Il ne passera point pour un censeur trop sévère ; et je puis citer son autorité, parce qu'elle est grande sur cette matière : ce qui est condamné par Ovide, est bien condamné. C'est lui qui regarde le théâtre comme un lieu fatal à l'innocence :

> Ille locus casti damna pudoris habet.
> *De Art. am.* 1.

C'est lui-même qui défend la lecture des poètes aussi tendres que lui. C'est Ovide qui avant moi a fait le procès à Sapho, à Catulle, à Tibulle, et qui se l'est fait à lui-même :

> Eloquar invitus, teneros ne tange poëtas :
>   Submoveo dotes impius ipse meas.
> Callimachum fugito, non est inimicus amori,
>   Et cum Callimacho tu quoque, Coe, noces.
> Me certè Sappho meliorem fecit amice,
>   Nec rigidos mores Teïa Musa dedit.
> Carmina quis potuit tutò legisse Tibulli,
>   Vel tua cujus opus Cynthia sola fuit?
> Quis potuit lecto durus discedere Gallo?
>   Et mea nescio quid carmina dulce sonant.
> *De Remed. am. v.* 757.

EPITRE

SUR L'ABUS QUE LES POËTES FONT DE LA POÉSIE.

A M. DE VALINCOUR.

Aux combats de la scène, en vain, cher VALINCOUR,
Des amis trop flatteurs m'excitent chaque jour,
Et m'y font espérer ces éclatans suffrages
Que le public content donne aux jeunes courages;
Quoique de ce discours le charme dangereux
Tente aisément un cœur de la gloire amoureux,
C'est à tes seuls avis que je prête l'oreille.
Loin de porter envie aux rivaux de Corneille,
A tes sages leçons je veux m'assujétir,
Et choisir des travaux exempts du repentir.
  Auroit-il dû jamais alarmer l'innocence
L'art sublime des vers, si pur en sa naissance :
Art divin, qui reçut de tes nobles transports,
Sainte Religion, sa pompe et ses accords ?
  Oui, c'est toi qui de l'homme élevant le génie,
Autrefois enfantas l'admirable harmonie :
Pour honorer le ciel et publier ses dons,
La lyre, sous ta loi, forma ses premiers sons.
Quand les Juifs d'un barbare évitoient la poursuite,
La mer les vit paroître, et la mer prit la fuite.

Pour sauver Israël par des chemins nouveaux,
Le souffle du Seigneur ouvre le sein des eaux :
L'onde reste immobile, et, soudain ranimée,
De la superbe Egypte ensevelit l'armée.
Après ce grand spectacle et ce prodige heureux,
Une divine ardeur s'empare des Hébreux.
Moïse, plein du feu dont son âme est saisie,
Entonne un saint cantique, auguste poésie, *
Qui célèbre le Dieu dont le bras étendu,
Des flots sur le seul Juif tint l'amas suspendu :
Tout le peuple y répond, et sa reconnoissance
Des poétiques chants consacra la naissance.

Des célestes bienfaits le tendre sentiment
Imprime à tous les cœurs ce même mouvement :
Et l'ardeur d'exprimer noblement son hommage,
Des vers au Païen même inspira le langage.
Lorsqu'après son travail le laboureur joyeux,
Dans les jours solennels rendant grâces aux Dieux,
A l'aspect des moissons sous ses toîts amassées
Perdoit le souvenir de ses peines passées,
Docile aux lois d'un art qu'il ne connoissoit pas, **
Sur des tons mesurés il conduisit ses pas ;

---

* Moïse, le plus ancien des poètes, consacra la poésie à la vérité éternelle, plusieurs siècles avant qu'Homère eût entrepris de la consacrer au mensonge.

** C'est ce que dit Tibulle, l. 2. éleg. 1.

> Agricola assiduo primùm satiatus aratro
>   Cantavit certo rustica verba pede....
> Agricola, et minio suffusus, Bacche, rubenti,
>   Primus inexpertâ duxit ab arte choros.

Son oreille attentive à de justes cadences,
Le régla dans ses chants, le guida dans ses danses.
Ainsi la poésie en toute nation
Doit sa naissance illustre à la Religion.
　Mais aux traits de la mère où l'innocence brille,
Qui pourroit aujourd'hui reconnoître la fille ?
Hélas, presque en naissant, loin des yeux maternels,
Elle alla se jeter en des bras criminels;
Non loin de son berceau, déjà défigurée,
Ivre des faux plaisirs, au mensonge livrée,
Et de nos passions trop funeste instrument,
Elle osa nous prêcher le vice effrontément;
Elle mit en tous lieux sa gloire à nous séduire,
Et corrompit des cœurs qu'elle devoit instruire.
Homère le premier, fertile en fictions,
Transporta dans le ciel toutes nos passions.
C'est lui qui nous fit voir ces maîtres du tonnerre,
Ces dieux dont un clin d'œil peut ébranler la terre,
Injustes, vains, craintifs, l'un de l'autre jaloux,
Au sommet de l'Olympe, aussi foibles que nous ;
Et c'est lui-même encor dont la main dangereuse
A tissu de Vénus la ceinture amoureuse.
Les feux qui de Sapho consumèrent le cœur,
Dans ses écrits encore exhalent leur chaleur.
Pour chanter les exploits des héros qu'il admire,
Le foible Anacréon en vain monte sa lyre,
Les cordes sous ses doigts ne résonnent qu'amour.
　Athènes, il est vrai, tu le sais, VALINCOUR,
par ces lâches discours qu'inspire la mollesse,
N'a jamais du cothurne avili la noblesse.

On ne vit point alors des héros languissans,
Sous le poids de leurs fers sans cesse gémissans;
Et l'on n'entendit point sur la tragique scène
D'un amoureux tourment soupirer Melpomène.
Là, de nos passions, pour en purger nos cœurs,
Sophocle dépeignit le trouble et les malheurs;
Là, pour donner du vice une horreur salutaire,
Œdipe vint gémir d'un crime involontaire;
Le chœur y consoloit l'innocent abattu,
Effrayoit le coupable, et chantoit la vertu.

Mais quels chants pouvoit-on attendre de Thalie,
Lorsque d'Aristophane épousant la folie, *
Et par son impudence assurant ses succès,
Elle s'abandonnoit aux plus honteux excès,
Et quand Socrate même essuyoit ses outrages?
Dans un panier risible, au milieu des nuages, **
Quel spectacle de voir enlever ce héros,
Qu'une muse effrontée immole à ses bons mots!
Faut-il s'en étonner, lorsque sa raillerie
Jouoit impunément les Dieux de la patrie;
Quand tout un peuple en foule au théâtre accouroit,
Pour rire de ces Dieux qu'au temple il adoroit?
Rome à peine eut dompté la Grèce par ses armes,
Que la Grèce à son tour la dompta par ses charmes;

* Plutarque dans sa comparaison de Ménandre et d'Aristophane, parle de ce dernier avec un souverain mépris, et appelle sa muse *une courtisane effrontée.*

** Dans la comédie des *Nuées,* Socrate est représenté se promenant au milieu des nuages dans un panier, et s'y nourrissant de fumée. Cette comédie inspira au peuple beaucoup de mépris pour la philosophie de Socrate.

La captive enchaînant ses farouches vainqueurs,
A leurs muses apprit à corrompre les cœurs.
La molle volupté respire dans Tibulle;
Et la pudeur s'alarme au seul nom de Catulle.
Ovide nous apprend le grand art d'allumer
Des feux, déjà sans lui, trop prompts à s'enflammer.
Horace, en nous offrant des images impures,
Déshonore souvent ses plus belles peintures.
En vain par Juvénal le vice est combattu,
Sa trop libre satire irrite la vertu.
Un Pétrone feroit rougir même à Cythère.
A son Domitien Martial cherche à plaire.
Les écrivains de Rome en ressentent les mœurs:
On reconnoît chez eux la cour des empereurs.
Dans ces temps malheureux Vénus avoit des temples.
Le crime autorisé par d'augustes exemples,
Ne paroissoit plus crime aux yeux de ces mortels,
Qui d'un Mars adultère encensoient les autels.
Sur une terre impie, et sous un ciel coupable,
Le chantre des plaisirs pouvoit être excusable.
Cependant aujourd'hui les enfans de la foi,
D'un plus sage transport ont-ils suivi la loi?
Hélas, dressant partout un piége à l'innocence,
Des Romains et des Grecs ils passent la licence!
Je pleure avec raison tant de rares esprits,
Qui pouvant nous charmer par d'utiles écrits,
De ces précieux dons oubliant l'avantage,
Ont souillé des talens dignes d'un autre usage.

Des discours trop grossiers le théâtre épuré,
Est toujours à l'amour parmi nous consacré.

Là de nos passions l'image la plus vive,
Frappe, enlève les sens, tient une âme captive.
Le jeu des passions saisit le spectateur ;
Il aime, il hait, il craint, et lui-même est acteur.
D'un héros soupirant, là chacun prend la place,
Et c'est dans tous les cœurs que la scène se passe.
Le poison de l'amour a bientôt pénétré,
D'autant plus dangereux qu'il est mieux préparé.
Ce feu toujours couvert d'une trompeuse cendre,
S'allume au moindre souffle, et cherche à se répandre.
Gardons-nous d'irriter ce perfide ennemi,
Dans le cœur le plus froid il ne dort qu'à demi ;
Et périsse notre art, que nos lyres se taisent,
Si les sons de l'amour sont les seuls qui nous plaisent.

 Rendons aux vers plutôt toute leur majesté :
De la Religion chantons la vérité.
Rarement, je le sais, par des douceurs pareilles,
Une muse pieuse a charmé les oreilles.
Nos poètes chrétiens presque tous ennuyeux, *
Ont à peine formé des sons harmonieux ;
Mais des poètes seuls accusons la foiblesse :
Aux profanes travaux livrés dans leur jeunesse,

---

* Corneille, qui a traduit l'Imitation, l'Office de la Vierge, plusieurs Pseaumes, et un Poëme latin composé en rimes sur la Vierge, dit dans son avertissement sur cette dernière traduction : « Ce n'est pas sans beaucoup de confusion que
» je me sens un esprit si fécond pour les choses du monde,
» et si stérile pour celles de Dieu. Peut-être l'a-t-il voulu
» pour m'humilier devant lui, et rabattre de cette fierté
» naturelle à ceux qui se mêlent d'écrire, quand ils ont eu
» des succès avantageux. »

Pour réparer enfin leurs vers pernicieux,
Ils ont offert à Dieu, digne offrande à ses yeux,
Les restes languissans d'une veine épuisée, *
Et les froids mouvemens d'une chaleur usée !
  Celui qui montrant Phèdre en proie à ses fureurs,
Pour elle nous força de répandre des pleurs,
Sut depuis, il est vrai, devenu plus grand maître, **
Avec le seul secours d'un enfant et d'un prêtre,
Sur un ouvrage saint attacher tous les yeux,
Et sortir de sa course encor plus glorieux.
Aussi nous peignit-il ce Joad intrépide,
Cet aimable Joas, cette reine homicide,
Sans attendre que l'âge amenant la langueur,
Eût de l'auteur de Phèdre affoibli la vigueur.
Jeune et plein de courage abandonnant la scène
D'où tant de vieux soldats ne s'arrachent qu'à peine,
De ses nobles exploits il suspendit le cours,
Et fuyant les honneurs qui le suivoient toujours,
De bonne heure il chercha cette heureuse lumière,
Qu'on n'aperçoit souvent qu'au bout de sa carrière.
  L'âge peut quelquefois changer un libertin,
Et même réformer la plume d'Aretin. ***

* Brebeuf, Desmarets, Desportes, etc. voulurent, à la fin de leurs jours, réparer les vers de leur jeunesse par des poésies chrétiennes. Mais quelles poésies !

** Il renonça aux tragédies profanes à trente-huit ans, et composa Athalie à cinquante-deux.

*** Quoique M. de la Monnoye, dans ses notes sur Baillet, soutienne que la conversion d'Aretin est une chimère, et qu'il mourut comme il avoit vécu, on regarde communément

L'homme est long-temps trompé par de fausses images;
Mais la mort qui s'approche, écarte les nuages.
Captive jusqu'alors, enfin la vérité
Sort du fond de nos cœurs, et parle en liberté.
On écoute sa voix, on change de langage;
De l'esprit et du temps on regrette l'usage; *
Regrets tardifs d'un bien qui n'est jamais rendu :
L'esprit est presque éteint, et le temps est perdu.
Ne perdons point le nôtre. Heureux dans sa jeunesse,
Qui prévoit les remords de la sage vieillesse !
Mais plus heureux encore qui sait les prévenir,
Et commence ses jours comme il veut les finir.
Ainsi quoiqu'à mes yeux le théâtre ait des charmes,
Je fuis, et ne veux point me préparer des larmes :
Dussé-je y disputer aux plus fameux guerriers,
Il me faudroit enfin pleurer sur mes lauriers.
Si l'auteur de mes jours, cher et parfait modèle,
M'a du feu de son sang laissé quelque étincelle,
Je veux, digne de lui, par des travaux chrétiens,
(Mes sentimens du moins sont conformes aux siens)
Je veux, à toi fidèle, ô vérité divine,
Rappeler l'art des vers à sa sainte origine.
Puisse mon coup d'essai par un succès heureux,
Affermir dans mon cœur ce projet généreux !

sa Paraphrase des Pseaumes de la Pénitence, et plusieurs autres ouvrages de piété qu'il a faits, comme les fruits de sa conversion.

* Quinaut, frappé de la prompte mort de Lulli, témoigna de grands regrets de l'usage qu'il avoit fait de son esprit, et se disposa à mourir chrétiennement.

Par mes premiers accens la Grâce célébrée,
Rend ma timide voix déjà plus assurée.
A ses commandemens ses bienfaits m'ont soumis.
C'est elle à qui je dois tant d'illustres amis
Qui pour mieux me prouver leur sincère tendresse,
Par d'utiles conseils soutiennent ma jeunesse.
C'est elle, Valincour, qui m'entraînant chez toi,
T'inspira l'amitié que tu ressens pour moi.
C'est elle, de mes vers récompense honorable,
Qui conduisit mes pas dans ce lieu respectable,
Où son souffle fécond faisoit toujours fleurir
Ces fruits de la vertu, que rien ne peut flétrir :
Le solide bonheur, la joie inaltérable,
La tranquille constance, et la paix délectable !
O Frêne,* lieu charmant, cher à mon souvenir,
Des biens que tu m'as faits prompt à m'entretenir,
Mon cœur reconnoissant me rappelle à toute heure
Ces jours délicieux coulés dans ta demeure,
Ces exemples si saints, dont j'y fus le témoin ;
Et sans cesse il m'anime à les suivre de loin !

* Maison de campagne du chancelier d'Aguesseau.

AVERTISSEMENT

Sur l'Epître suivante.

Les amateurs de la poésie parurent contens de l'épître de feu M. Rousseau ; ils retrouvèrent tout le feu de sa jeunesse dans plusieurs endroits, et surtout dans la peinture qu'il y fait des esprits-forts :

>Sous ses drapeaux, sous ses fiers étendards,
>L'œil assuré, courent de toutes parts
>Ces légions, ces bruyantes armées
>D'esprits subtils, d'ingénieux Pygmées,
>Qui sur des monts d'argumens entassés,
>Contre le ciel burlesquement haussés,
>De jour en jour superbes Encelades,
>Vont redoublant leurs folles escalades, etc.

Cette même épître ne fut pas reçue moins favorablement de ceux qui conservent un véritable amour pour la Religion ; ils virent avec joie un poëte tel que celui-ci, en prendre la défense, et se faire gloire non-seulement de sa soumission, mais de l'aveu de son changement :

>Dieu brise enfin le funeste cercueil
>Où mon esprit retranchoit son orgueil.
>Je vois, j'entends, je crois, etc.

C'est le même aveu qu'il répète à la fin :

>Tel aujourd'hui dégagé de sa chaîne,
>N'écoute plus que sa voix souveraine,
>Et de lui seul faisant son entretien,
>Voit tout en lui, hors de lui ne voit rien,

> Qui comme vous commençant sa carrière,
> Ferma long-temps les yeux à la lumière,
> Et qui peut-être envers ce Dieu jaloux,
> Fut autrefois plus coupable que vous.

Des sentimens si louables m'engagèrent à faire voir, dans ma réponse, que l'exemple qu'il donnoit, quelque rare qu'il soit aujourd'hui, ne doit point surprendre, puisque les grands hommes sont ceux à qui l'humilité coûte le moins, et que les poètes du siècle précédent, le siècle des grands hommes, ont non-seulement respecté toujours la Religion dans leurs écrits, mais ont prouvé par leurs mœurs, la sincérité de leur respect pour elle. Je remonte ensuite à la source de ce libertinage d'esprit, qui fait tant de progrès : je la trouve dans les écrits de Bayle, qui n'ont fait que des demi-savans, et dans cette nouvelle métaphysique, dont les étranges partisans tantôt, à l'exemple de Locke, n'osent décider si la matière ne peut penser, et tantôt avec M. Pope, décident hardiment que tout est dans l'ordre, et que l'homme est aussi heureux et aussi parfait qu'il doit l'être, quoique rien n'en prouve mieux le désordre et la misère qu'une pareille philosophie.

N'ayant pas le bonheur de pouvoir lire dans l'original les ouvrages de M. Pope, le plus célèbre poète que l'Angleterre ait aujourd'hui, je ne prétends pas attaquer ici ses véritables sentimens, dont je ne puis être certain. Je ne prétends attaquer que ceux qui sont devenus si communs parmi nous depuis la lecture de son *Essai sur l'Homme*, dont les principes n'étant pas assez développés pour nous, sont cause que plusieurs personnes croient y trouver un système, qui n'est peut-être pas celui de l'auteur.

EPITRE

A M. ROUSSEAU.*

De ton zèle contre eux, qu'ils seront étonnés
Ces esprits par l'orgueil dans l'erreur obstinés!
Eh, qui peut mieux que toi, cher Rousseau, les confondre!
Ce n'est qu'en t'imitant qu'ils doivent te répondre.
En vain dans la révolte ils étoient affermis :
Qu'ils tombent tous aux pieds du Dieu qui t'a soumis,
Et ne rougissent point d'avouer leur folie.
Quel esprit sera fier quand le tien s'humilie?
Frappés de ton exemple, attentifs à ta voix,
Qu'ils commencent du moins à douter quand tu crois.
 Ce n'étoit point assez d'adorer en silence
Celui que hautement brave leur insolence ;
Ce n'étoit point assez de renfermer en toi
Le respect que ce Dieu t'inspire pour sa loi;
Tu lui devois encor cet éclatant hommage.
Puissent tes derniers vers, fruit d'un noble courage,
Montrer aux ennemis de la Religion,
Et sa gloire, et la tienne, et leur confusion!
 Elle n'est en effet que honte et que foiblesse,
Cette force d'esprit qu'ils nous vantent sans cesse.
Un grand homme, Rousseau, si l'homme est jamais grand,
Plus il est éclairé, plus il voit son néant.

---

* Cette Epître est la réponse à celle qu'il m'a adressée, et dans laquelle il attaque les esprits-forts.

Il sait qu'il ne sait rien ; il l'avoue ; et sa gloire
Est celle d'écouter quand Dieu parle, et de croire.
Il laisse à l'ignorant la folle vanité,
Et met tout son repos dans son humilité :
Exemple peu commun dans le siècle où nous sommes.
Seroit-il donc passé le siècle des grands hommes?

Et quel temps, nous dit-on, de clarté plus rempli !
Du honteux préjugé l'empire est aboli.
Nos aïeux sous son joug vieillissoient dans l'enfance ;
Aujourd'hui rejetant toute aveugle puissance,
Nous ne faisons sur nous régner que la raison.

Que béni soit le ciel, qui sur notre horizon
Fit lever tout-à-coup ces astres salutaires,
Ce grand jour dont l'éclat n'a point lui sur nos pères.
Goûtons notre avantage, et plaignons leur malheur.
Quels hommes cependant, et quel temps fut le leur !
J'y vois dans son midi le soleil de la France. *

Oui, ce même soleil, si pâle en sa naissance,
De ses nombreux rayons rassemblant la splendeur,
Vient briller à mes yeux dans toute sa grandeur.
Sacy, Nicole, Arnaud, Bossuet, Bourdaloue,
Pour ses Pères encor l'Eglise vous avoue :
Tels furent de sa foi les premiers protecteurs.
Ils revivent en vous ces illustres docteurs,

---

* Que de grands hommes en tous les genres rassemble le siècle de Louis XIV ! On peut bien dire que notre soleil fut alors dans un brillant midi, quoique peu auparavant il eût encore été si pâle. Qu'étoit notre poésie avant Corneille ; et qu'étoit Corneille lui-même dans ses premières pièces ?

Conservant au milieu de vos grâces aimables
De leur antiquité les rides vénérables.
Sur vos graves écrits d'un saint zèle enflammés,
Je me tais, c'est assez de vous avoir nommés.
Et sans peindre Pascal, dont la plume et la vie
Sera dans tous les temps la terreur de l'impie,
Je ne veux m'arrêter qu'à ces esprits charmans,
Agréables auteurs de nos amusemens.

Que de héros! Je crois entendre dans Athènes
Discourir les Platon, tonner les Démosthènes.
Par de nouveaux plaisirs tour à tour enchanté,
Et loin de la tribune au théâtre emporté,
Près de Socrate assis, je trouve Thucydide;
Ils admirent Sophocle, ils aiment Euripide.
De tous côtés alors les chefs-d'œuvre naissoient:
Les juges éclairés qui leur applaudissoient,
Assuroient d'une longue et brillante fortune,
Phèdre, le Misanthrope, Armide, Rodogune. *
O pères trop fameux, que vos noms triomphans
Sont pesans à porter par vos foibles enfans!
A la Religion soyons du moins fidèles:
Cet amour nous rendra dignes de nos modèles.
Cherchoient-ils à briller par d'insolens propos?
Le ciel fut-il jamais l'objet de leurs bons mots?
A-t-on vu dans leurs vers ces sublimes génies,

---

* Les trois pièces que plusieurs personnes regardent comme les chefs-d'œuvre de la tragédie et de la comédie. On regarde aussi Armide comme le triomphe de notre spectacle lyrique, et le chef-d'œuvre de Lulli.

Faire aux dépens de Dieu rire leurs Uranies? *
Le peintre dangereux dont le hardi pinceau **
Du perfide hypocrite entreprit le tableau,
A ses noires couleurs en oppose d'aimables;
Et peint la piété sous des traits véritables:
Peut-être que lui-même il l'admire en secret.
A des sujets honteux se livrant à regret
La Fontaine en gémit : à ses remords rebelle ***
Sa main sert malgré lui sa plume criminelle :
Vrai dans tous ses écrits, vrai dans tous ses discours,
Vrai dans sa pénitence à la fin de ses jours,
Du maître qui s'approche il prévient la justice ;
Et l'auteur de Joconde est armé d'un cilice!
D'Arnaud l'ami constant, le sage Despréaux, ****
Lança ses premiers traits contre les Desbarreaux.

* Epître très-impie d'un auteur qui n'est que trop connu. On ne peut accuser aucun poète fameux du siècle précédent d'avoir fait des vers contre la Religion.

** Puisque Molière, tout criminel qu'il est, n'a rien écrit qui puisse le convaincre d'impiété, pensons de lui le plus favorablement qu'il est possible; et que le portrait qu'il a fait dans le Tartufe, Act. I, Sc. 5, de la vraie piété, nous fasse croire qu'intérieurement il respectoit l'original.

*** Lorsqu'il s'écrie : *O combien l'homme est inconstant, divers, foible, léger! etc.* Jamais on ne vit des mœurs plus simples, ni un cœur plus sincère. On lit le détail de sa conversion, dont le P. Pouget fut le ministre, dans l'Histoire de l'Académie Française. M. l'abbé d'Olivet dit avoir vu le cilice qu'on trouva sur lui après sa mort, et fait de La Fontaine ce grand éloge, que *dans toute sa vie, il n'avoit jamais songé à tromper en rien, ni Dieu, ni les hommes.*

**** M. Brossette, dans les notes sur la Satire première, dit

Couronné par les mains d'Auguste et d'Emilie,
A côté d'A Kempis Corneille s'humilie. *
Toi qui peignis Monime et ses tendres douleurs,
Tu te fis à toi-même un crime de nos pleurs. **
Pour nous avoir coûté tant de larmes aimables,
On t'en a vu sur toi verser de véritables.
Puissent ceux qu'au théâtre entraîne un même attrait,
S'ils imitent ta faute, imiter ton regret !

O France, riche alors en âmes si parfaites,
Oui, la Religion captivoit tes poëtes.
Faut-il s'en étonner ? L'honneur, la bonne foi,
L'austère probité fut leur première loi.
Dans leurs écrits charmans, auteurs inimitables,
Et dans un doux commerce hommes toujours aimables,
Colbert, à double titre épuisant ses faveurs,
Récompensoit en eux les talens et les mœurs.

que Boileau dans les derniers vers désigne Desbarreaux, et qu'il retrancha de ce portrait d'un libertin quelques vers qui parurent trop hardis à M. Arnaud.

* Il paroît lui-même avoir voulu s'humilier, puisqu'il dit au Pape dans son Epître dédicatoire : « La traduction » que j'ai choisie, par la simplicité de son style, ferme la » porte aux plus beaux ornemens de la poésie, et, bien loin » d'augmenter ma réputation, semble sacrifier à la gloire du » souverain auteur, tout ce que j'en ai pu acquérir en ce » genre d'écrire. »

** *Postquam profana tragœdiarum argumenta tractasset, musas tandem suas uni Deo consecravit, omnemque ingenii vim in eo laudando contulit, qui solus laude dignus est.* Ces paroles de son épitaphe faite par Boileau, font connoître les sentimens des deux poëtes.

Ils ne prétendoient pas qu'un accès près des Muses,
A des vices honteux pût fournir des excuses.
Tous les dons de l'esprit, quel que soit leur pouvoir,
N'affranchissent jamais le cœur de son devoir.
Vertueux citoyens, amis tendres, leur zèle
Fit régner même entr'eux une paix éternelle :
Leur estime sincère en étoit le lien.
Qu'aisément, cher Rousseau, l'honnête homme est Chrétien

 Ranimez un moment votre illustre poussière,
O morts ! Si vous daignez revoir notre lumière,
Sortez de vos tombeaux, et considérez-nous.
Morts fameux, dans nos traits vous reconnoissez-vous ?
Vos fils.... Vous retombez, vous ne pouvez le croire.
Qui nous a donc changés ? Trop d'amour pour la gloire.
Loin de suivre vos pas, les voulant devancer,
Nous crûmes follement vous pouvoir effacer.
Vous paroissez sans art : vos enfans plus habiles
Cherchèrent des beautés moins simples, moins faciles.
Et de toujours briller l'ambitieux espoir
Amena l'esprit faux, suivi du faux savoir.
L'amour d'un vain éclat, séduisante parure,
Emporta notre esprit plus loin que la nature.
Loin d'elle rien n'est beau. L'art plaît en l'imitant.
Le merveilleux sans elle éblouit un instant ;
Mais par elle tout vit, tout charme, tout réveille,
Et la simplicité devient une merveille.

 Un excès plus fatal emporta la raison,
Qui, lasse de chérir son heureuse prison,
Pour vouloir tout apprendre, osa d'un pas rebelle
Sortir du cercle étroit que Dieu trace autour d'elle ;

Plutôt que d'y rentrer, s'égarant pour jamais,
Elle espéra, malgré tant de brouillards épais,
Etendre son empire en étendant sa vue.
La nuit l'enveloppa : sa fierté confondue,
Au lieu de s'enrichir, perdit son propre bien ;
Et l'œil toujours ouvert, voyant tout, ne vit rien.
Dans ce trouble, usurpant son nom et sa puissance,
Compagne du déisme et de la tolérance,
Par l'orgueil soutenue et par la volupté,
Sur un trône éclatant monta l'impiété.

Un mortel préparoit la voie à ses conquêtes,
Et prompt à lui fournir des armes toutes prêtes,
A Rotterdam pour elle ouvrit son arsenal.
De toute vérité ce dangereux rival,
Guerrier infatigable et propre à tout combattre,
Peu jaloux d'élever, toujours jaloux d'abattre,
Ne se plaisoit qu'à voir argumens terrassés,
Disputeurs en déroute, et partis renversés.
Ainsi d'un œil content, Marius dans sa fuite,
Contemploit les débris de Carthage détruite.
Détestable plaisir, cœur cruel, homme affreux
Qui regarde avec joie un objet malheureux.
Notre fier conquérant, ravageur de systèmes,
Ne traînoit après lui que doutes, que problèmes,
Sophismes captieux, longues digressions,
Amas d'autorités, foule d'objections.
Ce merveilleux Protée, adroit à nous surprendre,*
Infidèle aux drapeaux qu'il paroissoit défendre,

---

* Bayle, qui de Protestant se fit Catholique, et retourna

Adversaire du camp qu'il avoit protégé,
Et souvent déserteur aussitôt qu'engagé,
Forma plus d'un nuage à force de poussière,
Qu'il fit presque voler jusques à la lumière.
Combien de raisonneurs dont l'étonnant orgueil
S'enfla dans son informe et critique recueil;
L'ardeur de disputer veut au moins pour amorce
De l'érudition quelque légère écorce;
Mais l'étude est pénible et le fruit en est lent.
Que Bayle fut commode au lecteur indolent!
Tout s'y trouve : science, histoire, longs passages,
Grave métaphysique et galans badinages.
Bientôt à décider son disciple hardi,
Ayant tout parcouru, crut tout approfondi.

ensuite à la Religion Protestante, non-seulement a su par sa manière de raisonner, éblouir les esprits superficiels, mais il a su paroître rempli d'une vaste érudition, à ceux qui n'approfondissent point. Lorsque son Dictionnaire parut, M. l'abbé Renaudot, chargé d'en faire son rapport à M. le Chancelier, en donna son jugement par un écrit, dans lequel il avança sans crainte, que Bayle n'avoit lu les anciens que dans les citations des modernes; et que dans les articles d'érudition un peu recherchée, il faisoit plus de fautes que le Moréri qu'il critiquoit. Quoiqu'un pareil reproche dût piquer un homme qui se donnoit pour savant critique, Bayle dans une réponse à ce jugement, s'efforce de se justifier sur les impiétés et les obscénités; mais à l'article de la science, il paroît baisser pavillon devant M. l'abbé Renaudot; il avoue qu'il ne fournit aux vrais savans que *des compilations indigestes, et assez crues*. Ce sont ses termes. Ce Dictionnaire, où l'on trouve tant d'articles inutiles, et où l'on ne trouve pas tant d'articles importans, peut bien être appelé un *recuil informe*.

D'innombrables

A M. ROUSSEAU.

Enfin chez l'imprimeur la gémissante presse
Vit sortir de son sein las d'enfanter sans cesse;
D'innombrables journaux, dont le fécond progrès
Changea les ignorans en savans par extraits.
　Dès long-temps la Tamise au trouble accoutumée,
Fut par un nouveau trouble elle-même alarmée.
L'âme, dès sa naissance, en guerre avec le corps,
Dans ses droits cependant paisible jusqu'alors,
Pensoit seule, et jamais n'avoit eu cette crainte
Qu'à son grand privilége on dût porter atteinte.
Son rival lui prétend disputer ses honneurs,
Et fait parler pour lui de subtils chicaneurs.
L'âme dans ce reproche ne craint point qu'on décide:
Son droit n'est point douteux, mais son juge est timide.
Locke pèse, examine ; et pour trop balancer,*
Trouve la cause obscure, et n'ose prononcer.
Cruelle modestie, ô fatale lumière !
O mer, entre elle et nous oppose ta barrière !
Vœux tardifs : à nos yeux elle vint se montrer !
Elle étoit étrangère, il fallut admirer.
Peu contens de nos biens, nous vantons ceux des autres.

---

* Non-seulement Locke a nié les idées innées, et a soutenu que toutes venoient des sens; non-seulement il a soutenu que l'âme ne pensoit pas toujours, et que la pensée étoit à l'âme ce que le mouvement étoit à la matière; mais sur la question, si la matière peut penser ou non, il est resté indécis, par respect, a-t-il dit, pour la puissance de Dieu. « Que savons-» nous, selon lui, si Dieu ne peut pas la rendre pensante ? » Par conséquent sommes-nous capables de connoître si un » être purement matériel pense ou non ? » Qu'une telle modestie peut mener loin !

Nos voisins autrefois vantoient aussi les nôtres.
Eprise du plus grand de nos méditatifs,*
Londres applaudissoit à ces spéculatifs,
Qui dans le sein de l'être en qui tout est visible,
Contemploient l'étendue, immense, intelligible,
Archétype, en qui seul je vois, sans le savoir,
Les objets qu'ici-bas de mes yeux je crois voir.
Tout change. La raison change aussi de méthode.
Ecrits, habillemens, systèmes, tout est mode.
 L'homme dans tous les temps déplora ses malheurs.
Rousseau, tu l'appelois *un miroir de douleurs*.
Et quand pour son portrait tu peignis la souffrance,
Il n'y trouva que trop sa triste ressemblance.
Il se trompoit lui-même ; et son peintre nouveau **
De cet objet de pleurs fait un riant tableau.

* La métaphysique du P. Mallebranche a été long-temps très en règne en Angleterre. Aujourd'hui Locke domine. Dans un livre de M. Voltaire, qui a fait beaucoup de bruit, les raisonnemens du P. Mallebranche sont appelés des *illusions sublimes*. La mode change.

** J'ai parlé dans le Poëme de la Religion, Chant deuxième et Chant cinquième, des malheurs de l'homme, dont le péché originel est la cause. Je ne soupçonne pas M. Pope de ne pas admettre cette source du désordre ; mais comme ses principes ne la supposent pas, on pourroit croire que suivant son système, l'homme innocent seroit tel qu'il est aujourd'hui, sujet aux infirmités, à la mort, aux combats de la cupidité, à l'importunité des passions. « Certainement, disoit
» saint Agustin aux Pélagiens qui soutenoient cette erreur,
» si un peintre s'avisoit de faire un pareil tableau du Paradis
» terrestre, quand même il y mettroit une inscription, qui
» de nous croiroit voir un Paradis ? Qui croiroit même que
» le peintre s'est trompé ? Nous dirions tous qu'il a voulu se

« Eh, pourquoi, nous dit-il, rêveurs atrabilaires,
» Vous plaire à vous former des maux imaginaires ?
» La plainte a-t-elle donc tant de charmes pour vous ?
» Pourquoi soupçonner Dieu d'un bizarre courroux ;
» Et critiques chagrins de l'ouvrage d'un père,
» Où son amour éclate, y chercher sa colère ?
» Heureux membre d'un tout sagement ordonné,
» Au bonheur général chaque être est destiné.
» Il n'est point de désordre : et des mains de son maître
» L'homme est sorti parfait autant qu'il le doit être.
» Tout conspire pour lui, jusqu'aux séditions
» Qu'élèvent si souvent de folles passions. *
» Reconnoissez, ingrats, que leurs secrets ravages
» Vous emportent au bien par d'utiles orages :
» Tels, en se disputant le royaume des airs,
» Par leurs affreux combats les vents servent les mers. »
 Philosophes profonds, vos chimères sont belles.
Quels cœurs ne vont s'ouvrir à ces douces nouvelles ?

» moquer. » *Certè si talis Paradisus pingeretur, nullus diceret esse Paradisum, nec si suprà legisset hoc nomen inscriptum. Nec diceret errasse pictorem, sed planè agnosceret irrisorem.* Op. imp. l. 3.

 * Si par ce mot on n'entend que nos inclinations, il est vrai qu'elles sont utiles, nécessaires et louables suivant leur objet. Mais comme on entend ordinairement par ce mot les mouvemens violens qui emportent l'âme, et qu'elle a beaucoup de peine à retenir, l'homme n'est-il pas bien malheureux d'avoir à soutenir contre lui-même une guerre continuelle ? Et doit-on s'étonner que la morale chrétienne nous ordonne toujours de résister à nos passions, puisque la morale païenne l'a ordonné tant de fois ? Tout sage doit, comme dit Horace, *responsare cupidinibus.*

Eh quoi, lorsque la paix dans le mien veut entrer,
Il se plaint, et c'est lui que j'entends soupirer!
Qu'il se taise à l'instant, votre honneur le demande;
Qu'il soit heureux enfin quand Pope le commande.
Malgré lui, malgré moi serois-je mécontent?
Pour ce cœur toutefois dans ses plaintes constant,
J'appelle en vain la joie : il la repousse encore.
Calmez ces passions dont l'ardeur le dévore;
Et loin de me vanter leurs utiles combats,
Délivrez-moi plutôt d'un bien dont je suis las.
L'instant qui nous délivre, est l'instant du naufrage:
Je le sais; mais, hélas, ennuyé de l'orage,
Irai-je demander mon repos à la mort?
Savans navigateurs, si c'est là votre port,*
L'asile est plus affreux pour moi que la tempête.
Que Lucrèce, s'il veut, à sa lugubre fête
Invite parmi vous son fameux traducteur,
Qui d'un maître si cher parfait imitateur,

---

* Pline le naturaliste, qui seroit bien mieux surnommé le misantrope, dit que le pouvoir de se donner la mort, est le plus grand présent que la nature nous ait fait, *quod homini dedit optimum, in tantis vitæ pœnis;* et il s'étonne qu'on ait donné l'épithète de *funestes* aux plantes qui empoisonnent; « parce que, dit-il, notre condition est telle, que » pour les plus heureux même, la mort est un port. » *Quoniam ea vitæ conditio est, ut mori plerumque etiam optimi portus sit.* L. 25. c. 3. Où conduit l'esprit d'irréligion, qui étoit celui de Pline? Lucrèce, le prédicateur de l'Impiété, se tua à quarante-quatre ans, et Creech fameux en Angleterre par sa traduction de Lucrèce, se pendit à quarante ans.

Dans un lien tissu par la mélancolie,
Immole sa jeunesse au dégoût de la vie.
Pour moi, peu curieux de ce tragique honneur,
Je tremble à vos sermons, apôtres du bonheur;
Et quand l'impiété qui vante son breuvage,
Cher et dernier espoir des cœurs qu'elle encourage,
Distilleroit pour moi tout le suc des pavots,
Je laisse son nectar à ses tristes héros.
Aujourd'hui, direz-vous, par nos pures lumières
Nous voulons dissiper ces vapeurs meurtrières,
Que peuvent élever dans les foibles mortels
Vos rigoureux Pascal, misantropes cruels, *
Qui ne parlent jamais que de crime et de peine,
Ne nous donnent pour nous que mépris et que haine.
Eh., pourquoi dégoûter les humains de leur sort?
Entretenons plutôt l'erreur qui les endort.
N'en écartons jamais, imprudemment sévères,
L'orgueil et le mensonge, enchanteurs nécessaires.
« Oui, pour attacher l'homme à sa condition, **
» Sans cesse à ses côtés marche l'opinion,

* Ce reproche de sévérité et de misantropie qu'on a fait particulièrement à M. Pascal, et qu'on peut faire également à tant d'autres écrivains, est si injuste, qu'il ne mérite pas d'être réfuté. Mais d'où vient l'acharnement des esprits-forts contre M. Pascal? Ne vient-il pas du chagrin qu'ils ont d'avoir contre eux l'exemple d'un génie si supérieur?

** Ceci est encore tiré de l'*Essai sur l'Homme*. Qui auroit cru que nous eussions tant d'obligations à l'opinion, à la vanité, à l'erreur? Si notre bonheur consistoit à ignorer nos malheurs, le désordre en seroit encore plus grand, et nous n'en serions que plus à plaindre, suivant cette belle parole de S. Augustin: *Quid miserius misero non miserante seipsum?*

» Dont l'art inépuisable en utiles merveilles,
» Sait flatter le savant dans ses pénibles veilles,
» Consoler l'ignorant dans son repos honteux,
» Faire danser l'aveugle et chanter le boiteux.
» Nous lui devons enfin ce nuage admirable,
» Que soulève et grossit, complaisant charitable,
» L'orgueil toujours fécond en charmantes vapeurs,
» Le plus cher des amis, le plus doux des trompeurs. »
 De la félicité voilà donc nos seuls gages :
La vanité, l'erreur, des vapeurs, des nuages !
Quoi, vous que la raison éclaire de si près,
Vous pour qui la nature a si peu de secrets,
Vous n'y découvrez point pour nous d'autres richesses !
De nos enfans plutôt reprenons les foiblesses.
Ne sont-ils pas heureux lorsqu'une goutte d'eau,
Que leur souffle pénètre au bout d'un chalumeau,
A l'aide d'une pâte à s'étendre docile,
Etale la grandeur de son globe fragile,
Vuide ouvrage du vent, que le vent va briser ?
L'homme, à tout âge enfant, ne doit que s'amuser.
Badinage ou travail, qu'importe ce qu'il aime,
Pourvu qu'il se dérobe à l'ennui de soi-même !
Si telle est selon vous la route du bonheur,
Laissez-moi m'affliger, j'aime mieux ma douleur.
J'aime mieux, de mes maux parcourant l'étendue,
A l'objet qui m'attriste accoutumer ma vue ;
Ou plutôt, j'aime mieux, plein d'un esprit flatteur,
Me jeter dans le sein de mon consolateur.
 Oui, l'homme est malheureux ; dès long-temps tu l'éprouves ;
Et son consolateur, cher Rousseau, tu le trouves :

C'est celui qu'imploroit d'une mourante voix
Ce saint roi de Juda dont ta lyre autrefois *
Par des sons si touchans accompagnoit les larmes.
C'est celui qui souvent prend contre nous les armes,
Et qui par ses rigueurs préparant ses bienfaits,
Nous livre des combats pour nous rendre la paix.**
Peut-être que ce Dieu s'apprête à te la rendre :
Contre ses ennemis tu viens de le défendre.
Nous admirons ces vers qui les ont terrassés :
Puissent-ils par lui-même être récompensés !
Que pour premier bienfait sa clémence attendrie,
Au gré de mes désirs te rende à ta patrie.
D'un mortel courageux la patrie est partout ;
Mais ton courage enfin n'est-il donc pas à bout ?
Que tant d'amis pour toi qui soupirent sans cesse,
Doivent de tes marais t'augmenter la tristesse !
Qui t'y retient encore, ô cher infortuné ?
Reviens, c'est trop souffrir : quel courroux obstiné,
Tant de gloire et d'exil ne doit donc pas éteindre ;
Et sous tant de lauriers quel foudre peux-tu craindre ?

* Le cantique d'Ezéchias, dont M. Rousseau a fait une belle traduction.
** Lorsque j'achevai cette Epître, le bruit couroit que M. Rousseau étoit près de revenir dans sa patrie; il fit en effet un voyage à Paris, où il ne se montra qu'à quelques amis. Ce fut alors que je le vis pour la première et la dernière fois.

AVERTISSEMENT

Sur les deux Epîtres suivantes.

La raison, comme je l'ai fait voir dans le Poëme de la Religion, nous conduit à la foi, en nous faisant sentir la nécessité d'une révélation. Lorsque nous demandons à cette raison, qui nous rappelle sans cesse à un Etre suprême, pourquoi l'ouvrage de cet Etre tout-puissant est sujet à tant de désordre, elle est contrainte d'avouer qu'elle ne peut répondre à une demande si bien fondée : elle reconnoît le désordre, et ne peut qu'en soupçonner la cause. Quelque crime a sans doute irrité l'ouvrier contre son ouvrage ; mais quel est ce crime ?

La variété des matières que me fournissoit le Poëme de la Religion, ne m'a pas permis de développer cette preuve incontestable du péché originel, autant qu'elle mérite d'être développée : c'est ce que je fais dans ces deux épîtres, en faisant voir que l'homme n'est point dans l'ordre, puisqu'il est *malheureux* et *méchant.*

Je n'ai pas besoin de prouver ces deux tristes vérités : l'Histoire Universelle est l'histoire des malheurs et des crimes des hommes ; et la poésie nous occupe toujours de ces deux objets. Nos malheurs et nos crimes fournissent les sujets des poëmes épiques et tragiques. Je ne veux que prouver par ces deux vérités celle de notre dégradation. Si nous sommes malheureux et méchans, nous sommes dans le désordre ; si nous sommes dans le désordre nous ne sommes donc plus dans l'état où Dieu nous plaça d'abord. Si nous n'y sommes plus, nous avons mérité de le perdre par quelques crimes; et puisque nous sommes criminels, la Religion qui nous apprend le crime, et qui nous conduit à la guérison, est donc la véritable.

L'origine du mal physique et moral n'a jamais pu être connue sans la révélation. Cicéron éclairé par l'évidence même des choses, * *Cicero ipsâ rerum evidentiâ ductus*, reconnut le desordre, et se douta de la cause. L'état de souffrance dans lequel naissent les enfans, lui fit conclure qu'ils naissoient sous un ciel irrité, *sub Deo irato nasci oportere*; et en disant qu'ils venoient sur la terre expier quelque crime commis dans une autre vie, il alloit jusqu'où l'on peut aller avec les seules lumières de la raison.

Plusieurs autres philosophes ne furent pas aussi sensés que Cicéron. L'ancien système des deux principes, attribué à Zoroastre, système qui admet deux causes, l'une du bien, l'autre du mal, causes coéternelles et indépendantes l'une de l'autre, fut très-répandu dans l'orient. Héraclite croyoit expliquer la difficulté en comparant l'harmonie du monde à celle d'une lyre, qui rend une harmonie produite par plusieurs cordes montées sur des tons différens. Maxime de Tyr, Platonicien, croyoit que les maux n'étoient pas dans l'intention de l'ouvrier, mais qu'ils étoient nécessaires pour la conservation de l'ouvrage, parce que la destruction des parties fait subsister le tout. Suivant ce principe, le Créateur n'est plus un Être tout-puissant.

Chrysippe dans un ouvrage sur la Providence, dont Aulu-Gelle rapporte un long passage, 1. 6, prétendoit que le désordre n'étoit pas conforme au dessein primitif de l'ouvrier, mais une suite de l'ouvrage. « Nos maladies ,

---

* S. Aug.

« disoit-il, furent une suite du premier dessein par le-
« quel nous devions jouir de la santé. Il en fut de même
« des vertus : de la source qui devoit les produire,
« sortirent les vices par une affinité contraire. » Quoique
ces paroles aient fort peu de sens, il plaît à Bayle, en
les citant à l'article de Chrysippe, d'y joindre cette réflexion : « Je ne pense pas qu'un Païen ait pu rien dire
« de plus raisonnable dans l'ignorance où il étoit de la
« chute du premier homme, chute que nous n'avons pu
« connoître que par la révélation, et qui est la vraie
« cause de nos misères. »

Cette opinion qui paroît si raisonnable à Bayle, est aussi incompréhensible que celles de Zoroastre, d'Héraclite et de Maxime de Tyr. Ces anciens philosophes aimoient mieux, comme la plupart des nôtres, débiter de grands mots qui n'expliquent rien, que d'avouer leur ignorance. Ceux qui pensèrent comme Cicéron furent les plus raisonnables.

Cette grande difficulté ayant été résolue par la Religion Chrétienne, ne devoit plus être agitée. Cependant, comme les absurdités plaisent aux hommes, les Manichéens réveillèrent le système des deux principes, qui reprit par eux une nouvelle vigueur; et les Pélagiens qui se trouvèrent engagés à nier le péché originel, se trouvèrent par conséquent engagés à soutenir que nous étions aujourd'hui dans le même état où Dieu nous avoit mis d'abord; que la douleur, l'ignorance, la concupiscence et la mort n'étoient point les peines d'un péché, mais les suites naturelles de la condition humaine, et l'apanage d'un être composé d'un corps et d'une âme. Ces deux sectes puissantes et nombreuses furent foudroyées par saint Augustin.

Cet étonnant génie, aussi profond métaphysicien que grand saint, fit voir aux Manichéens l'impossibilité de deux principes coéternels; prouva aux Pélagiens que sous un Dieu juste, la créature n'est point malheureuse sans l'avoir mérité, et leur montra que leur opinion sur l'état présent de l'homme étoit non-seulement contraire à la révélation, mais à ce que la raison avoit dit aux Païens éclairés.

Rien ne rend plus méprisable ceux qui parmi nous rejettent les lumières de la Religion, que la manière dont ils parlent sur cette question. Ils n'ont garde de penser comme Cicéron : ils aiment mieux, en répétant les principes des Héraclites et des Chrysippes, s'envelopper dans les mêmes ténèbres. Ils soutiennent qu'il n'y a aucun désordre; que tout subsiste par un combat élémentaire, et que la discorde fait l'harmonie du tout. Ces esprits superficiels qui en débitant des principes inintelligibles, croient paroître d'abstraits métaphysiciens, interprétèrent en leur faveur plusieurs endroits de l'*Essai sur l'Homme*, par M. Pope, et voulurent nous persuader que ce poëte célèbre pensoit comme eux. J'avoue que je me laissai entraîner à le croire, ce qui fut cause que j'attaquai dans le Poëme de la Religion, Chant II, et surtout dans mon Epître à M. Rousseau, ce principe *Tout est bien*, dont quelques personnes abusoient. La candeur, vertu naturelle aux grands génies, avec laquelle M. Pope me déclara ses sentimens dans sa lettre *, me fit repentir de lui en avoir soupçonné d'autres. Cette lettre nous doit persuader que dans son ouvrage, il n'a jamais entendu parler de l'ordre

---

* Voyez dans cette édition les Lettres de Louis Racine.

primitif, mais d'un ordre proportionné à une nature dégradée.

Des sentimens si conformes à la Religion ne sont pas ceux que j'attaque : j'attaque ces systèmes contraires à la raison, dans lesquels on avance que comme nos connoissances dépendent des organes des corps, les maladies de l'âme comme celles du corps, sont une suite de l'humanité. « Les hommes sont ce qu'ils doivent être, répète-
» t-on souvent, ils sont faits, comme les animaux et les
» plantes, pour croître, vivre un certain temps, produire
» leurs semblables et mourir : de tous les animaux ils sont
» les plus heureux. »

* Homère pensoit le contraire quand il fait dire à son Jupiter, que de tous les animaux que nourrit la terre, l'homme est le plus malheureux. Pline et Cicéron ont pensé de même. La raison qui nous instruit de nos misères, nous fait verser des larmes que la Religion vient essuyer. Il est donc important de prouver par ces misères même, la vérité d'une Religion, qui peut seule nous consoler. Voilà l'objet de ces deux épîtres.

Dans la première, je montre par les maux du corps qui ne finissent qu'à la mort, et par les maux de l'âme, l'ignorance et la concupiscence, que nous ne sommes pas dans l'ordre. Comment une créature si malheureuse est-elle l'ouvrage de la souveraine bonté ?

Dans la seconde, je prouve que nous ne sommes pas dans l'ordre par la plus horrible de nos passions, qui nous porte au barbare plaisir de nous entre-détruire : passion qu'enfante l'orgueil. Comment une créature si criminelle est-elle l'ouvrage de la souveraine sainteté ?

* Iliade 17.

Convaincu de la vérité de ces belles paroles de saint Léon : *Deus omnipotens et clemens, cujus natura bonitas, cujus voluntas potentia, cujus opus misericordia*, etc. comme l'homme dans l'état où je le vois, ne me paroît pas un ouvrage de la miséricorde de Dieu, j'en conclus qu'il a offensé sa justice.

EPITRE I

SUR

L'HOMME.

A M. LE CHEVALIER DE RAMSAY.

Que l'homme est malheureux, et que d'un Dieu terrible *
Sur les enfans d'Adam la colère est visible !
Que l'homme est malheureux ! Pourquoi le répéter ?
Le seroit-il assez pour en pouvoir douter ?
Rarement il y pense, et souvent il l'ignore. **
Peut-il l'être à ce point ? Il l'est bien plus encore.
« Qu'avons-nous donc perdu, nous dit-il quelquefois ?
» Et pourquoi voulons-nous que déchus de nos droits
» Nous soyons ici-bas d'illustres misérables ?
» Jamais de plus d'honneur nous ne fûmes capables. ***
» Des peines aux plaisirs nous passons tour-à-tour.
» Tout change : c'est la loi. La nuit succède au jour.
» Les temps les plus sereins sont suivis des orages.
» La terre languiroit sous un ciel sans nuages ;

* *Jugum grave super filios Adam.* Eccl. 40.

** *Miserum te, si sentis ; miseriorem, si non sentis.* Cic. Phil. 2. C'est ce qu'on peut dire à bien des personnes ; mais que dire à celles qui avancent les principes que je vais attaquer ?

*** Il est inutile de citer les ouvrages d'où je tire ces principes devenus si communs : ces ouvrages sont assez connus.

» Ces moissons l'ornement de nos riches vallons ,
» Non moins que des zéphyrs veulent des aquilons.
» Oui, de tout l'univers, le désordre est la vie,
» Et la discorde même enfante l'harmonie.
» Mortels, à votre état conformez vos désirs,
» Dieu vous appelle à lui *par la voix des plaisirs.* »
Et moi j'entends tonner la voix de la vengeance.
La nature à mes yeux n'étale que souffrance,
Et me rappelle à Dieu par un cri de douleur.
Cette plaintive voix, tu l'entends dans ton cœur
CHER RAMSAY: ta raison contrainte de se rendre
A l'aveu d'un forfait qu'elle ne peut comprendre ,
Te dit, ainsi qu'à moi, que l'ordre est renversé,
Et que nous naissons tous sous un ciel courroucé.
Je vais ici la suivre, et soutenu par elle,
Remonter au forfait que la foi nous révèle.
 Qui jamais de nos lois n'offensa l'équité,
N'a rien à redouter de leur sévérité.
Parmi tous ces forçats, gémissans dans les chaînes,
Est-il un innocent, compagnon de leurs peines,
Qui, les mains sur la rame, et les pieds dans fers,
De son arrêt injuste importune les mers?
Ils sont tous sur leurs bancs attachés par leurs crimes.
Entrons, pour contempler de plus tristes victimes,
En ces vastes maisons, où dans l'infirmité
Languissent ceux qu'afflige encor la pauvreté.
O nature, en ces lieux quand tu te considères,
Toi-même, tu frémis de toutes tes misères !
Que de larmes, de cris et de gémissemens!
Là, sur un lit cruel, lorsque de ses tourmens

Brille

Brille à ses tristes yeux l'appareil redoutable, *.
Le malade attaché, d'une voix lamentable
Implore le secours de la terrible main,
Qui s'ouvrant par le fer un périlleux chemin,
Arrache quelquefois et la pierre et la vie.
Du courageux martyr l'espérance est ravie.
Qu'attendoit-il? La mort sur lui levoit son bras;
Il vouloit la contraindre à reculer d'un pas:
Le vieillard à ce prix achète une journée.
C'est là qu'on voit encor la femme infortunée
Succombant sous un long et douloureux effort,
Mourir pour mettre au jour un sujet de la mort.
A combien de malheur notre sort nous expose!
Sous un Dieu de bonté quelle en est donc la cause?
La moindre des douleurs est toujours un tourment.
Un tourment n'est-il pas toujours un châtiment? **

* Saint Augustin, Lett. 127, fait la même réflexion sur ces terribles opérations : *Quibus cruciantur doloribus, qui curantur à medicis et secantur! Numquid ut non moriantur, sed ut aliquanto seriùs moriantur. Multi cruciatus suscipiuntur certi, ut pauci dies adjiciantur incerti*, etc.

** La moindre incommodité afflige la nature. La seule pituite, suivant Horace, humilie le Stoïcien. Toute peine que souffre l'homme est la peine de l'image d'un Dieu. Souffre-t-elle ce qu'elle n'a point mérité, dit S. Aug. op. imp.? *Omnis pœna hominis est pœna imaginis Dei. Quis dubitet quod injustè inferatur pœna imagini Dei, nisi hoc culpâ meruerit?* S. Augustin se fait faire l'objection tirée des douleurs que les animaux paroissent souffrir; et après avoir répondu qu'on ne peut fonder un argument sur une question si obscure, il ajoute, toujours ferme sur son principe, ou que les animaux ne souffrent point, où qu'ils ont mérité de souffrir:

Si nous sommes punis, nous sommes donc coupables.
O mort qui viens finir des jours si déplorables,
Que ne nous parois-tu comme un charme à nos maux,
Plus doux qu'un doux sommeil après de longs travaux!
O mort toujours terrible, ô mort toujours cruelle,
Si dans son désespoir quelque brave t'appelle,
Viens, approche, il frémit, il recule d'effroi,
Et n'ose seulement fixer les yeux sur toi! *
Par l'intrépidité dont il prend sa ciguë,
Le martyr de l'orgueil croit éblouir ma vue;
Mais je n'admire en lui que cette fermeté,
Que devant des témoins soutient la vanité.
Nul de nous, de sang froid, avouons-le sans honte,**

Quid mihi est, in hâc re, scrutari obscura naturæ, cùm inde nostra causa non pendeat? Si muta animantia nihil doloris patiuntur, argumentum tuum nullum est.... si patiuntur, pœna, nisi culpa præcederet, justa esse non posset.

* *Le soleil et la mort ne peuvent se regarder fixement*, dit M. de la Rochefoucault, qui prouve fort au long que nous ne la méprisons jamais sincèrement. « Contentons-nous, » dit-il, de faire bonne mine. » Socrate tâcha de faire bonne mine; mais comment pouvoit-il ne pas craindre intérieurement, lui qui n'étoit pas certain de l'immortalité de l'ame? « Sans le christianisme, dit encore M. de la Rochefoucault, » le mépris d'une mort assurée, est plutôt extravagance, que » grandeur d'ame. »

** On a vu des mourans dire des bons mots; et des malheureux avant leur supplice danser sur l'échafaud. Ils ne cherchoient qu'à ne point envisager la mort. Les guerriers ne l'envisagent pas quand ils vont aux plus grands périls. Les hommes risquent aisément leur vie, qui est leur bien le plus cher; mais ils ne comptent que risquer ce bien, et espèrent toujours ne le point perdre.

N'envisage la mort. César veut la plus prompte. *
Quand on va cesser d'être et qu'on n'en doute point, **
Il n'est plus, cher ami, de héros sur ce point :
Mécénas pense mieux que Sénèque et Montaigne.***
Mais d'où vient cette horreur, ô mort, qui t'accompagne ?
Nous nous lassons de tout ; nos plaisirs ont leur fin.
Les convives contens sortent d'un long festin,

* *Celerem subitamque,* disoit cet homme, dont l'ambition avoit avancé la mort de tant de milliers d'hommes. Montaigne dit de même : « Heureuse la mort qui ôte le loisir aux » apprêts de tel équipage. » Quand on n'attend point une autre vie, César et Montaigne ont raison, et Sénèque a tort de dire : *Totá vitá discendum est mori.* Cela n'est vrai que pour les Chrétiens.

** M. du Guay-Trouin parlant dans ses Mémoires d'une occasion, où le conseil de guerre décida qu'il ne falloit point donner sur l'ennemi, ajoute cette réflexion remarquable dans un homme comme lui : « Je mourrai persuadé que dans les » occasions où le péril est grand, c'est au commandant à dé- » cider, sans assembler de conseil. Autrement la nature qui » abhorre sa destruction, suggère imperceptiblement à la plu- » part des conseillers, tant de raisons plausibles sur les incon- » véniens à craindre, que le résultat est toujours de ne point » combattre, parce que la pluralité des voix l'emporte. »

*** Dans les douleurs les plus cruelles il se console pourvu qu'il vive, *vita dum superest bene est.* Ce mot qui paroit à Sénèque *turpissimum votum,* est conforme au desir de la nature, et les grands raisonnemens de Sénèque et de Montaigne sont contraires au bon sens. « La mort, dit Montaigne, ne vous » concerne ni mort ni vif : vif, parce que vous êtes ; mort, » parce que vous n'êtes plus. » Beau raisonnement ! Il dit encore : « Tant de milliers d'hommes enterrés avant nous, » nous encouragent d'aller trouver une si bonne compagnie. » Belle consolation !

Et l'homme n'est jamais rassasié de vivre : *
Sa faim renaît sans cesse, et sans cesse il s'y livre.
Puisqu'il est né mortel, devroit-il s'effrayer
D'un tribut qu'à toute heure un mortel peut payer ?
　Fatal tribut du crime, et non de la nature ; **
Elle n'acquitte point la dette sans murmure.
L'enfant même d'un jour, frappé d'un coup mortel,
Nous crie en expirant : « Je suis né criminel. »
　Quand pour me préparer à ce coup, dont l'attente
Rend à tous les plaisirs mon âme indifférente,
D'utiles vérités je cherche à me remplir ;
Quels voiles ténébreux viennent m'ensevelir !
Des intérêts du corps à toute heure occupée,
Et dans la nuit des sens mon âme enveloppée,
Elle-même souvent, malgré tous ses efforts,
Tombe, s'appesantit, s'éteint, et devient corps.
Funeste aveuglement, déplorable ignorance !
O toi qui de mon cœur est la seule espérance,
O Dieu, que mon amour a tant de fois cherché,

---

　* Pherès, dans l'Alceste d'Euripide, fait bien connoître que les vieillards sont encore plus attachés à la vie que les jeunes gens. L'arbre qui a jeté de profondes racines est plus difficile à arracher.

　** Voilà par quelle raison nous craignons tous la mort : elle est contraire à la nature. *Mors malum contra naturam.* S. Aug. Le péché l'a fait entrer dans le monde. Puisqu'elle est contraire à la nature, elle est pour elle un supplice. *Si anima à corpore separari naturaliter non vult, ipsa mors pœna est.* S. Aug. On a dit, il y a long-temps, que le corps et l'âme étoient deux amis qui ne pouvoient vivre ensemble, et deux ennemis qui ne pouvoient se quitter.

Si j'étois innocent me serois-tu caché?
Dans un corps, dira-t-on, cette âme emprisonnée,
De son aveuglement doit-elle être étonnée?
Et c'est de ce supplice et de cette prison
Que mon étonnement demande la raison.
L'Etre immortel soumis à l'être périssable! *
L'Etre noble asservi sous l'être méprisable!
De l'ouvrage d'un Dieu la parfaite beauté
Ne m'annonce que paix, harmonie, unité.
Ordre dont le modèle est la beauté suprême,
Charmant concert qui prend sa source dans Dieu même.
Quelle harmonie, ô ciel, lorsque je trouve en moi
Cette loi de mes sens qui s'oppose à ta loi!
Quelle unité, grand Dieu, lorsqu'en moi je rassemble
Deux êtres qui jamais ne s'accordent ensemble!
L'un et l'autre indignés de leurs étroits liens,
L'un de l'autre ennemis, ils sont tous deux les tiens.

* L'ordre est dérangé, dit saint Augustin, quand ce qui est plus parfait est soumis à ce qui l'est moins : *Non ordo appellandus est ubi deterioribus meliora subjiciuntur.* Le crime est la cause de ce dérangement. L'Homme n'a pas obéi à son maître; il ne mérite plus que son corps soit soumis à son âme. *Injustum erat ut obtemperaretur à servo suo, qui non obtemperarat Domino suo.* Lucrèce a trouvé cette désobéissance un désordre incompréhensible dans l'union de l'âme et du corps.

> Quid diversiùs esse putandum est
> Aut magis inter se disjunctum discrepitansque,
> Quam mortale quod est immortali atque perenni,
> Junctum in concilio sævas tolerare procellas?

Lucrèce a raison de désapprouver cette étonnante société : mais elle ne prouve pas que l'âme soit mortelle; elle prouve que l'âme est maintenant dans un état de punition.

Le crime a changé l'ordre : à tes lois infidelle
L'âme trouve à ses lois son esclave rebelle,
Et ne mérite plus l'honneur de commander.
 Je le sais; mais, hélas, pour mieux me dégrader,
Il m'entraîne ce corps, quand il me tyrannise,
A de honteux plaisirs que mon ame méprise.
De leurs charmes en vain j'enivrerois mon cœur,
Un bonheur méprisé n'est jamais un bonheur. *
Oui, dans son paradis, le Musulman lui-même
S'écrieroit : « Que d'ennui dans la gloire suprême !
» Si telle est, Mahomet, notre félicité ,
» Que tes amis sont las de l'immortalité ! »
Lorsque dans ces tranports, malgré leur violence, **
Nous fuyons d'un témoin l'importune présence,

---

 * *Beata vita, si non amatur, non habetur.* S. Aug. L'Homme malgré les attraits des plaisirs des sens, les trouve méprisables, et y renonce souvent pour des plaisirs qui flattent son orgueil, comme pour acquérir de la gloire par les armes, ou par les sciences, et même pour une gloire moins éclatante. Le jeune homme qui veut, dit Horace, remporter le prix de la course, *abstinuit venere et vino.*

 ** L'Hyppolyte d'Euripide dit, en parlant de Vénus : *Je hais une déesse qui a besoin des ténèbres.* Diogène prétendit qu'on ne devoit point chercher ces ténèbres; et comme il savoit donner à ses principes extravagans une couleur de raison, *insanire cum ratione*, il fondoit son impudence sur des raisonnemens spécieux ; mais il n'a persuadé personne, parce que la pudeur n'est une suite ni des préjugés, ni de l'éducation, ni des raisonnemens. Les Sauvages mêmes en observent quelques lois; et on n'a jamais vu des peuples imiter des animaux chez lesquels la concupiscence, comme dit saint Augustin, ne répugne pas à la raison, parce qu'ils n'en n'ont

Reconnoissons en nous ce reste de grandeur.
Non, nous n'avons point fait les lois de la pudeur.
Au haut du mont Ida, quel nuage admirable,
Au soleil tout-à-coup devient impénétrable ?
Sage Homère, tu veux cacher à tous les yeux, *
Le souverain du monde et la reine des cieux.

Rougissons des fureurs d'une brutale ivresse ;
Mais quand à nos plaisirs préside la sagesse, **
Sur notre front encor pourquoi te répands-tu,
Rayon de l'innocence, éclat de la vertu,
Précieuse rougeur à t'allumer si prompte ?
Tu viens apprendre à l'homme, et sa gloire et sa honte.

point. *Libido in belluis non repugnat rationi, quâ carent.* Les païens prétendoient que les chrétiens commettoient dans l'ivresse les crimes les plus honteux ; cependant malgré leur ivresse, au rapport des païens même, ces crimes étoient ensevelis dans les ténèbres. *Everso et extincto conscio lumine, impudentibus tenebris*, etc. Minut.

* « Eh quoi, à la face du ciel et de la terre, dit Junon à
» Jupiter ! Iliad. 14. Que deviendrai-je si on nous aper-
» çoit ? Je n'aurois jamais le front de retourner dans
» notre palais. » Jupiter lui répond qu'il va faire naître un nuage d'or, que le soleil ne pourra pénétrer.

** Pourquoi rougir de ce qui est permis et même ordonné ? Parce que, comme dit saint Augustin, depuis le désordre causé par le péché, l'ame a honte de tout transport qui l'opprime, *opprimens cogitationem turbulento impetu voluptatis.* Le plaisir même de boire et de manger devient honteux quand il va jusqu'à l'excès, parce qu'alors, comme dit Horace, il humilie la partie divine qui est en nous. *Affigit humo divinæ particulam auræ.* Cicéron, dans ses Offices, prouve admirablement contre les Stoïciens, que les lois de la pudeur sont dans la nature ; mais il ne savoit pas qu'elles n'y étoient pas avant le péché. Adam et Eve *non erubescebant.* Gen. 3.

4

Ainsi donc, cher ami, lorsque de tous côtés
Ce corps est assiégé par tant d'infirmités,
Quand rhume, asthme, vapeurs, catarre, épilepsie,
Goutte, fièvre, langueur, gravelle, hydropisie,
Fléaux que je ne puis nommer sans t'effrayer,
Semblent, pour nous punir, prêts à se relayer;
Il faut de toutes parts que notre âme affligée,
Cette âme dans un corps heureusement plongée,
En craigne les plaisirs non moins que les douleurs.
Et l'homme dans le sein du trouble et des malheurs
Veut se croire à sa place et dans toute sa gloire!
 Non, non, ce n'est pas toi, Ramsay, qui le peux croire:
Tu vois dans quel abyme il est précipité,
Et ton illustre ami n'en a jamais douté.*
En vain, et je lui dois cet hommage sincère,
De son abstrait système abuse un téméraire,
Qui veut nous éblouir par l'éclat d'un grand nom.
Loin de moi pour toujours un injuste soupçon.
Je puis avec Pascal, sans être misantrope,
M'attrister du désordre; et je puis avec Pope,
Sans vouloir remplacer par une fausse paix
Une utile tristesse et de sages regrets,
Reconnoître celui dont la bonté suprême
Met un ordre nouveau dans le désordre même: **

---

 * M. Pope, dont j'ai parlé dans mon avertissement sur ces deux épitres, vivoit encore lorque je composois cet ouvrage. Sa mort a suivi de près celle de M. de Ramsay.

 ** La maxime fondamentale du système de Pope est celle-ci: *Tout est bien.* Puisqu'il fait cependant la description d'un état d'innocence, selon lui-même, *tout a été mieux ;* ce qui

Celui qui, tendre père, ainsi que Dieu vengeur,
Ne nous punit jamais dans toute sa rigueur.
S'il ne nous aimoit plus, si sa main paternelle
Cessoit de soutenir une race infidelle,
Que serions-nous, hélas! Je vais te le montrer.
Admirons, et jamais ne cessons d'admirer
Ce que la terre entière à toute heure publie :
La divine sagesse et l'humaine folie.

n'empêche pas qu'il ne puisse dire encore *tout est bien*, parce que Dieu se sert des maux, ou pour punir les pécheurs, ou pour purifier les justes.

Voilà, selon moi, la meilleure manière d'entendre Pope, qu'on doit expliquer favorablement, lorsqu'on est certain que ses intentions ont été pures. Un homme qui, sans aucun intérêt particulier, m'a écrit la lettre que j'ai publiée; un homme qui a toujours professé, quoiqu'en Angleterre, la Religion catholique, dans laquelle on sait qu'il est mort, peut-il être soupçonné d'avoir voulu répandre, par ses vers, les maximes de l'impiété? Je rends l'hommage que je dois à sa mémoire, sans approuver son ouvrage, qui n'étant qu'un amas de principes abstraits, souvent obscurs, quelquefois inintelligibles, à en juger par la traduction en prose qui doit être littérale, écrit d'ailleurs dans un style dénué d'images et de descriptions agréables, ne me paroît du côté de la poésie, ni du côté de la doctrine, devoir s'attirer de zélés partisans parmi nous.

EPITRE II

SUR

L'HOMME.

A M. LE CHEVALIER DE RAMSAY.

Tout mortel en naissant apporte dans son cœur
Une loi, qui du crime y grave la terreur.
Mais si pour conserver ce rayon salutaire,
De la société le lien nécessaire,
Par de secondes lois si nos devoirs connus,
Si de fréquens avis, d'exemples soutenus,
Ne font, par un concours d'heureuses influences,
Germer de nos vertus les tardives semences,
Cher Ramsay, que bientôt, père de tous forfaits,
L'orgueil (étoit-ce ainsi que Dieu nous avoit faits?)*
Va jeter dans ce cœur de funestes racines!
Que ce champ produira de ronces et d'épines!
 Et quand nos maux communs nous devroient réunir,
Pourquoi l'un contre l'autre armés pour nous punir,

---

* « L'Homme, dit M. Pascal, fut créé avec deux amours :
» l'un pour Dieu, l'autre pour soi-même. Par le péché, il
» perdit le premier amour; et le second s'est étendu et dé-
» bordé dans le vuide que l'amour de Dieu avoit quitté. » Voilà
l'origine de cet amour déréglé de notre excellence. Nous nous
élevons un temple dans notre cœur, et nous nous plaçons sur
l'autel; prêts à sacrifier à l'idole quiconque lui veut refuser
l'encens. De-là tous nos crimes.

Voulons-nous donc hâter la vengeance céleste ?
L'homme est toujours pour l'homme un ennemi funeste.
Quels perfides complots, quels barbares transports,
Que d'horreurs, cher ami, que de sang, que de morts,
Quels crimes, qu'à regret on est forcé de croire,
Offre le genre humain dans sa tragique histoire ! *

Autrefois dispersés, féroces et muets, **
Les hommes, nous dit-on, errans dans les forêts,

* M. Rollin, dans son Avant-Propos de l'Histoire des Successeurs d'Alexandre, se plaint de « n'avoir plus à montrer la » nature humaine que par des endroits qui la déshonorent, et » de ne pouvoir semer des agrémens dans une narration qui » n'offre qu'une uniformité de vices et de forfaits. » Cette réflexion si belle, seroit également bien placée à la tête de toute l'histoire. Les beaux siècles de la Grèce offrent comme les autres une suite de crimes. Alexandre, dans le peu de temps qu'il a vécu, a parcouru la terre pour la remplir de meurtres.

** *Mutum et turpe pecus unguibus*, etc. Horace et Lucrèce font cette même peinture des premiers hommes. Comment peut-on l'accorder avec celle de l'âge d'or ? J'ai dit dans le troisième chant du Poëme de la Religion, que la tradition des premiers événemens du monde fut l'origine des fables. Le Paradis terrestre donna lieu à la fiction de l'âge d'or. Les crimes de Caïn, qui fut long-temps errant, suivant Josephe, à la tête d'une troupe de brigands, firent dire que les premiers hommes avoient été errans et meurtriers. Enfin, dans la Grèce, les premiers habitans furent véritablement sauvages. Platon parle d'une comédie de son temps, intitulée *Les Sauvages*. Orphée adoucit, dit-on, les mœurs de ces premiers hommes. Les anciens habitans de la Germanie, nos ancêtres, dont Tacite décrit les mœurs, étoient presque sauvages. Il est dit dans les écrits d'un disciple de Confucius, que le roi Yao rassembla les hommes épars dans les forêts. Ainsi il y a eu des sauvages à la Chine, comme en Grèce, ce qui arriva quand les hommes, au temps de Phaleg, se dispersèrent sur la terre.

Quoiqu'ils n'eussent encor que leurs ongles pour armes,
Les remplisssoient de cris, de meurtres et d'alarmes ;
Et ce qu'étoient alors nos sauvages aïeux,
Une fille en nos jours la fait voir à nos yeux.*
Ce n'étoient point des mots qu'articuloit sa bouche :
Il n'en sortoit qu'un son, cri perçant et farouche.
Des vivans animaux que déchiroit sa main,
Les morceaux palpitans assouvissoient sa faim.
Dès l'enfance elle erra de montagne en montagne,
Et souilla ses déserts du sang de sa compagne.
Pourquoi l'immola-t-elle à ses propres fureurs ?
Quel intérêt si grand vint séparer deux cœurs
Qu'unissoient leurs forêts, leur âge et leurs misères ?
Reconnoissons les mœurs de nos antiques pères.

Oui, quand même un Orphée eût pu dans les cités
Par sa lyre entraîner ces animaux domptés ;
Qui croira que long-temps des sons les captivèrent ?

* Cette étonnante fille, triste exemple de ce que nous serions sans l'éducation et la société, fut trouvée par hasard, il y a environ quinze ans, près de Châlons en Champagne, et est maintenant dans un couvent de cette province. Après toutes les peines que l'on a prises pour adoucir sa férocité, elle en conserve quelques restes dans les regards et les manières : elle n'aime ni notre nourriture, ni la société, où elle ne reste que par obéissance à Dieu. La religion dont elle est instruite, l'empêche, dit-elle, de retourner dans les bois. Comme elle y avoit été abandonnée dès la plus tendre enfance, elle ignore où elle est née, et se souvient seulement d'avoir tué une compagne de sa solitude. C'est tout ce qu'elle a pu raconter de son histoire.

Les menaçans arrêts qui sur l'airain brillèrent, *
Les chaînes, les prisons, les gibets, les tourmens,
De la société furent les fondemens.
Les rois, les magistrats dans un état paisible,
Marchèrent précédés de leur pompe terrible
De soldats, de licteurs, de glaives, de faisceaux :
Car que nous serviroient les lois sans les bourreaux ?

Allons-nous donc enfin dans le sein de nos villes,
Loin des affreux combats couler des jours tranquilles ?
Quand nos princes entre eux auront réglé leurs droits,
Qu'une éternelle paix soit le fruit de leurs lois. **
Non, non, cherchons plutôt tant de sujets de guerre,
Que toujours notre sang puisse engraisser la terre.
Hâtons-nous d'inventer par un sublime effort,
L'art de multiplier les foudres de la mort.
Du cruel javelot, de la flèche homicide, ***
Le vol à notre gré n'est point assez rapide :
Sous nos béliers, les murs tombent trop lentement,
Et notre catapulte écrase foiblement.

* Non verba minantia fixo
Ære legebantur,

dit Ovide de l'Age d'or.

** Depuis l'établissement des Empires, le monde n'a jamais été sans guerres. Tacite dit des anciens Germains, qu'ils aiment mieux répandre leur sang que de labourer la terre. *Arare terram non tam facilè persuaseris quàm vulnera mereri.* Nous connoissons des peuples dont la profession est de s'engager aux autres puissances, afin de combattre pour elles. La guerre est leur métier.

*** Flèches, javelots, dards, frondes, catapultes, balistes, tours roulantes, chariots armés de faulx, scorpions, feux grégeois, etc. Que de machines meurtrières ont précédé notre

Servez-nous mieux, pierriers, carcasses, coulevrines,
Mortiers, bombes, canons, infernales machines,
Renversez ces remparts, rompez ces bataillons,
Et soumettez ces mers à nos fiers pavillons.
Abordons au milieu de vos sombres nuages ;
Embrasons, arrachons mats, voiles et cordages ;
Que par vous, et le fer, le vent, le feu, les eaux,
La mort de tous côtés entre dans ces vaisseaux.
Quelles raisons d'Etat causent tant de ravages ?
Hélas, quelles raisons arment tous ces Sauvages ?
Errans, nus, quels Etats ont-ils à limiter ?
Des bornes d'un désert veulent-ils disputer ?
Une éternelle haine est leur seul manifeste. *
Au malheureux captif cette haine est funeste,
Lorsque le jour marqué pour les tourmens vengeurs,
Jour de gloire et de joie, assemble ses vainqueurs,
Quand, jaloux de paroître insensible victime,

artillerie ! Quoiqu'il n'ait rien manqué aux anciens pour ravager les villes et détruire les hommes, on doit cependant regarder comme un malheur l'invention d'un art qui contribue à les détruire plus promptement. Milton feint que notre artillerie fut inventée par Satan dans le combat qu'il excita dans le ciel. L'Arioste suppose que Roland ayant trouvé une arquebuse dont se servoit un scélérat, la jeta dans la mer en disant : « Je te rends à l'enfer dont tu es sortie. » Plusieurs siècles après, cette arme fut retrouvée. « Arme détestable,
» s'écrie l'Arioste, par toi toute gloire est anéantie, la va-
» leur devient inutile, et le plus lâche est souvent le vain-
» queur du plus brave. »

* Deux nations de sauvages sont entr'elles en guerre, par la seule raison qu'elles ont toujours été en guerre.

Avec un ris forcé lui-même il les anime. *
Il voit son corps par eux lentement déchiré,
Par eux chaque lambeau promptement dévoré;
Tandis que de ce sang arrosant sa mamelle,
La mère à ses enfans qu'elle rend dignes d'elle,
Offre un lait qu'elle change en suc de fureur.
Quel courroux, ou plutôt quel prodige d'horreur!
Quand nul frein ne l'arrête, il en est donc capable
L'Homme, l'être pensant, l'animal raisonnable!
Et vous Domitien, Caligula, Néron, **
Vous qui fîtes frémir la terre à votre nom,
De tant de doux plaisirs, quand l'empire du monde
Vous offre à tout moment une source féconde,
Bourreaux de vos sujets, pourquoi dans vos transports,
N'aspirer qu'au plaisir de régner sur des morts?

De ces monstres affreux que veux-je ici conclure?
Le penchant où conduit la coupable nature.
Qui veut lâcher la bride à son emportement,
S'il peut tout ce qu'il veut, devient monstre aisément.

---

* Ces cruautés inconcevables sont attestées par tous les voyageurs. Il y a eu de tous temps des antropophages; il y en avoit encore du temps d'Aristote en Grèce : il en parle, Polit. 8. Ces peuples ont donné lieu aux fictions d'Homère sur les Lestrigons et les Cyclopes. A tant d'horreurs ajoutons les sacrifices de victimes humaines, communs chez toutes les anciennes nations.

** A ces monstres de Rome ajoutons les Denys de Syracuse, les Phalaris d'Agrigente, les Alexandre de Phéres, les Hérode, en Judée, tant de souverains dans la Turquie et dans la Perse, un Christiern en Danemarck, un Pierre-le-Cruel, etc.

Le plus doux des mortels aime à voir du rivage *
Ceux qui, prêts à périr, luttent contre un orage.
Sur l'objet dont l'horreur me devoit écarter,
Par un charme secret je me sens arrêter.
L'infortune d'autrui semble nous satisfaire;
Et souvent dans le meurtre on se plaît sans colère.
A notre honte, ainsi qu'à celle de nos lois,
Quels spectacles, quels jeux régnèrent autrefois!
Rome qui prodiguoit par un mépris bizarre
A tout peuple étranger le titre de barbare,
Ne repaissoit ses yeux que des pleurs des mortels,
Et de sang inondoit ses théâtres cruels.
Là, sous les dents des ours l'esclave méprisable
Ne sait que faire entendre une voix lamentable :

* C'est la réflexion de Lucrèce :

> Suave, mari magno turbantibus æquora ventis,
> E terrâ magnum alterius spectare laborem, etc.

Ce n'est pas que les gens raisonnables aiment à voir souffrir les autres; mais, comme dit le même Lucrèce : *Quibus ipse malis careas quia cernere suave est*, on aime à voir les malheurs dont on est exempt. Un criminel qu'on fait mourir sur un échafaud ne manque jamais de spectateurs. « Dans l'adver- » sité même de nos amis, dit M. de la Rochefoucauld, nous » trouvons toujours quelque chose qui ne nous déplaît pas. » Ce plaisir, dans lequel celui de la tragédie prend sa source, fait faire à Montaigne cette réflexion : « Notre être est cimenté » de qualités maladives, l'ambition, la jalousie, l'envie, la » vengeance, voire et la cruauté, vice si dénaturé. Car au » milieu de la compassion nous sentons au-dedans quelque » aigre-douce pointe de volupté maligne à voir souffrir au- » trui, et les enfans la sentent. » Les enfans en effet aiment à détruire, et à faire souffrir les animaux plus foibles qu'eux.

Mais

Mais le gladiateur, mieux instruit à mourir, *
Semble, percé de coups, expirer sans souffrir.
Si la nature en lui plus long-temps vigoureuse,
En retardant sa mort la rend plus douloureuse ;
De son corps engraissé par un doux aliment,
Si le sang plus épais coule plus lentement,
Hâtez-vous d'applaudir, dans une joie égale,
Vous graves sénateurs, et toi jeune vestale.

Pour calmer cette horrible et longue passion,
Qu'il a fallu de temps à la Religion ! **
Et vous, de notre foi premiers dépositaires,
Vous que nous révérons sous le nom de nos pères,
Que de larmes, hélas, il vous en a coûté,
Pour rappeler enfin l'homme à l'humanité !
Ne vit-on pas encore chez nos pieux ancêtres,
Dans nos moindres procès, dans ceux même des prêtres, ***

---

* Les maîtres de ces malheureuses victimes leur apprenoient non-seulement à combattre, mais à expirer avec grâce. On les instruisoit de la manière dont ils devoient tomber, lorsqu'ils étoient blessés mortellement. On les nourrissoit avec des pâtes et des alimens propres à les tenir en embonpoint, afin que leur sang coulât plus lentement, et que leur agonie fût plus longue. Le plaisir des vestales à ces affreux spectacles est décrit ainsi :

> At quoties victor ferrum jugulo inserit, illa
> Delicias ait esse suas, pectusque jacentis
> Virga modesta jubet converso pollice rumpi, etc.

** Malgré les défenses de Constantin et d'Honorius, et malgré celles de l'Eglise, ces spectacles durèrent en Italie jusqu'à Théodoric.

*** On a quelquefois obligé les prêtres et les moines, intéressés dans quelque accusation, à fournir des champions pour se

Nos braves en champ clos, d'un et d'autre côté,
Courir, le fer en main, cherchant la vérité?
« Forçons Dieu, disoient-ils, à rompre son silence:
» Il doit dans les combats soutenir l'innocence.
» Eprouvons qui de nous il voudra protéger:
» C'est en nous égorgeant qu'il faut l'interroger. »
　En vain plus d'une loi nous défend la vengeance :
Le fer nous suit toujours; et pour nous dès l'enfance*
L'instrument du courroux devient un ornement,
Que le foible vieillard traîne encor follement.
Que fait-il entre amis cet ornement funeste?
Il attend l'imprudence ou d'un mot ou d'un geste.
Si je n'avois, hélas, à craindre que ce fer !
Mais ces coups médités dans la nuit de l'enfer,
Que ne soupçonne point un cœur noble et sincère,
Et qu'enfonce la main que l'on croit la plus chère;
Ces éloges flatteurs, ces doux embrassemens,
Ces services promis avec tant de sermens,
De si tendres discours dont la douceur m'entraîne,
Ce voile d'amitié que couvre tant de haine....
Ah, daigne par pitié m'attaquer sans détour !
Cruel, romps ton nuage et m'écrase au grand jour.
Crois-tu que je me plaise, en mon humeur chagrine,
A ne voir que malheur, que désordre et ruine?

battre à leur place. Ces combats étoient autorisés par nos rois et nos magistrats; et avant que d'entrer dans le champ de bataille, on disoit des oraisons destinées à de pareilles occasions.

　* On sait que cette coutume n'étoit pas en usage chez les Romains : les César et les Pompée alloient dans Rome sans armes.

Mes yeux sont plus contens, cher Ramsay quand je vois
Des objets consolans, des hommes tels que toi.
Du torrent débordé quel que soit le ravage,
Le ciel a ses amis qu'il sauve du naufrage.
Nous les reconnoissons à cette douce paix
Que celle de leur âme étale sur leurs traits ;
A ce front, qui d'abord annonce la présence
Et la sérénité de l'heureuse innocence.
Ils sont l'honneur de l'homme : on peut à leurs discours,
Sans craindre un repentir, se confier toujours.
L'aimable vérité sur leurs lèvres assises,
En bannit l'art qui trompe et même qui déguise.
Il n'est point dans leurs cœurs de replis tortueux.
Hélas, nous naissons tous pour être vertueux !
Le chemin aplani sans cesse nous appelle.
Eh, pourquoi s'égarer quand la route est si belle ?*
De notre vrai bonheur un ennemi jaloux
A sans doute établi son règne parmi nous.
C'est celui dont Milton, qu'admire ta patrie,
Peint sous des traits si forts l'implacable furie.

 Avant qu'il eût fondé son trône en ces bas lieux,
Prince impur, autrefois l'un des princes des cieux,
Il osa de Dieu même envier la puissance ;
Et voulant égaler, las de l'obéissance,
Celui qu'impunément on ne brave jamais,
Il alluma la guerre au séjour de la paix.

---

 * La nature, dit Quintilien, l. 12, nous porte à être vertueux : *Natura nos ad mentem optimam genuit.* Pourquoi donc le nombre des méchans est-il si grand ?

Déjà le ciel trembloit; et les anges fidèles
Voyoient marcher contre eux les légions rebelles.
L'Eternel se leva : Satan du haut des airs
Comme l'éclair qui fuit, tomba jusqu'aux enfers.
Accablé du tonnerre, interdit, immobile,
Pour la première fois sa rage fut tranquille.
Mais bientôt dans l'horreur de ces gouffres brûlans,
Tournant de tous côtés ses yeux étincelans,
Il relève à la fin sa tête infortunée,
Que par des coups profonds la foudre a sillonnée.
O surprise! O douleur! Il voit autour de lui
Ses soldats (désormais quel sera son appui?)
Compagnons de sa chute, ainsi que de son crime,
Sans mouvement, sans voix, étendus sur l'abyme.
Que lui peut-il rester qu'un désespoir affreux?
Il le sait : cependant sur son front ténébreux
Il ose rappeler l'audace et l'insolence,
Et rompre par ces mots ce lugubre silence :
 « Chérubins (car toujours ce grand nom vous est dû),
» Archanges consternés, qu'avez-vous donc perdu?
» Un combat : au hasard on en doit l'avantage.
» L'irréparable perte est celle du courage :
» Le mien est invincible; et dans ce cœur altier,
» Amis, rassurez-vous, je le sens tout entier.
» Qu'avez-vous donc perdu? Quelques trônes peut-être.
» Mais assis dans le ciel n'aviez-vous pas un maître?
» Nos trônes sont ici. Les enfers sous nos lois,
» Seront des cieux pour nous quand nous y serons rois.
» D'innombrables sujets quelle moisson s'apprête !
» Ma valeur vous promet une prompte conquête.

» Aux enfans de la terre, anges, vous le savez,
» Dieu destine les biens dont il nous a privés.
» De cet arbre naisssant corrompons la racine,
» Et de toute la race infectons l'origine.
» Ces nouveaux favoris, l'objet de tant d'amour,
» Qui devoient dans le ciel nous remplacer un jour,
» Peupleront avec nous ces gouffres redoutables.
» Malheureux et méchans, à nous-mêmes semblables,
» De folles vanités j'enivrerai leurs cœurs,
» Et je leur fermerai les yeux sur leurs malheurs.
» Que celui dont la haine aujourd'hui nous outrage,
» Méconnoissant bientôt son infidèle ouvrage,
» Soit contraint d'avouer que je suis son rival.
» S'il est le Dieu du bien, je suis le Dieu du mal.
» Je veux que par un coup qui couronne mon crime,
» La terre soit mon temple, et l'homme ma victime.
» Je semerai les maux dont je suis tourmenté :
» La haine, la fureur, l'orgueil, la cruauté.
» Voilà mon paradis. Je mets ma gloire à nuire ;
» Je ne puis désormais me plaire qu'à détruire. »
 Il annonçoit ainsi ses funestes projets :
Nous n'en avons que trop affermi le succès.
Il frémit cependant, au milieu du ravage
Retenu par la main que sait mettre à sa rage,
Celui qui doit enfin l'enchaîner pour jamais; *
Celui qui doit confondre, en ramenant la paix,

---

* Les païens ont eu quelque idée de cette vérité. Les Mages de Perse admettoient deux dieux, l'un bon et éternel, nommé *Orosmades*; l'autre mauvais et créé, nommé *Arimanius*. Une opposition continuelle devoit régner entre eux jus-

Les soupçons qu'aujourd'hui forme notre ignorance.
En attendant ce jour, courons plein d'assurance
Dans le sein de ce Dieu qui protége les siens,
Et des maux les plus grands tire les plus grands biens.

qu'à la fin du monde. Alors, après un jugement universel, chacun de ces dieux devoit avoir pour toujours son empire et ses sujets séparés.

RÉFLEXIONS

SUR

LA POÉSIE.

PRÉFACE.

Quand j'appris qu'on imprimoit en Hollande un Recueil de mes ouvrages, j'écrivis au libraire pour le prier de n'y point insérer mes Dissertations imprimées dans les Mémoires de l'Académie des Belles-Lettres, parce que j'avois dessein d'y faire quelques changemens. La lettre arriva trop tard, et le libraire avoit déjà fait usage de trois de ces Dissertations : ce qui m'obligea à donner une nouvelle attention aux autres.

En examinant ces pièces que j'avois oubliées depuis vingt-cinq ans, je sentis qu'après un si long intervalle, on étoit capable d'être le censeur de soi-même : je remarquai tant de choses à réformer dans mes productions, que non content d'y faire des corrections considérables, j'en ai changé la forme, et je les ai mises dans un ordre qui compose une suite de Réflexions générales sur la Poésie.

Je prends mes principes dans les sources qui me paroissent les meilleures : dans Aristote, Horace, Cicéron, Quintilien, Boileau, etc.; et je tire mes exemples, le plus qu'il m'est possible, des Poètes de l'antiquité, sur-tout d'Homère, le maître de la Poésie.

Je me trouve quelquefois obligé de parler, et même de citer les vers d'un autre Poète, très-connu parmi nous : je ne crains point qu'on me fasse des reproches, lorsque je n'en parle que quand mon sujet m'en présente naturellement les occasions, puisqu'on pourroit me pardonner de les chercher; et si même j'entreprenois, par un ouvrage particulier, de le défendre contre tant de critiques dont nos écrivains modernes l'honorent tous les jours, on pourroit seulement me dire, lorsque je le défendrois avec plus de zèle que de raison, *fallit te incautum pietas tua;* mais en même temps on excuseroit mon zèle. Je ne me livrerai cependant à ce zèle si permis, que quand les matières que je vais traiter m'y engageront; et de quelque manière que ses ouvrages soient attaqués, je n'entreprendrai jamais un écrit qui ait pour unique objet la défense d'un Poète, qui, indifférent pendant sa vie aux divers jugemens qu'on portoit de ses pièces, recommandoit à son fils la même indifférence. « Quand » vous trouverez dans le monde, lui disoit-il, des » personnes qui ne vous paroîtront pas estimer mes » tragédies, et qui même les attaqueront par des » critiques injustes, pour toute réponse, contentez- » vous de les assurer que j'ai fait tout ce que j'ai » pu pour plaire au public, et que j'aurois voulu » pouvoir mieux faire. » C'étoit à mon frère aîné que cet avis s'adressoit. Lorsqu'un père si modeste nous fut enlevé par la mort, j'étois encore dans cet âge où, quoiqu'on soit prodigue de ses larmes, on n'a pas assez de raison pour en donner aux véritables malheurs.

REFLEXIONS
SUR
LA POÉSIE.

CHAPITRE PREMIER.

Défense de la Poésie.

J'entreprends d'abord de réconcilier la Poésie avec ces personnes respectables, mais trop sévères, qui la condamnent comme dangereuse pour les mœurs, ou qui du moins la méprisent comme toujours frivole. Je n'entreprends pas de justifier les Poètes, je me chargerois d'une mauvaise cause. Je ne veux que justifier la Poésie. Si elle est devenue semblable à cette terre dont parle Homère, terre qui étoit si féconde en plantes salutaires et en poisons; et si les poisons y sont devenus plus communs que les bonnes plantes, c'est la faute de ceux qui ont semé dans son sein, ce qu'elle n'étoit pas destinée à produire. Les Poètes qui ont transporté des plantes pernicieuses et étrangères, sont d'autant plus coupables, qu'ils se sont vantés * d'être *les favoris du ciel,* ** d'être inspirés par un *Dieu qui habitoit toujours en eux,* *** d'être enfin des *hommes sacrés* dont les Dieux avoient un soin particulier. Horace nous atteste le soin que les Dieux prenoient de lui. Lorsqu'il doit être écrasé par la chute d'un arbre, l'arbre prêt à tomber est soutenu par le Dieu Faune, le Ode 17. l, 2.

---

* Sunt et commercia cœli. *Ovid.*

** Est Deus in nobis : agitante calescimus illo. *Id.*

*** At sacri vates, et Divûm curâ vocamur. *Id.*

^{Ode 7. l. 2.} protecteur des Poëtes. Quand à la sanglante journée de Philippes, il prend la fuite en abandonnant son bouclier, Mercure, autre Dieu protecteur des Poëtes, l'enlève dans ^{Ode 4. l. 4.} un nuage. Dans son enfance il s'endormit au milieu des serpens et des ours sans aucun danger, parce que des ^{Ode 22. l. 1.} pigeons vinrent le couvrir de myrthes et de lauriers. Enfin, lorsqu'il se promenoit seul dans une forêt, un loup plus terrible que tous les monstres de l'Afrique, s'enfuit dès qu'il le vit.

Malgré tous ces protecteurs que les Poëtes ont dans le ciel, ils se sont attiré sur la terre beaucoup d'ennemis. Le plus respectable de leurs anciens adversaires est Platon. Il les bannit de sa république sans faire grâce à Homère dont il étoit l'admirateur et l'imitateur. Homère, à la vérité, sera congédié avec de grands honneurs : on le conduira aux portes de la ville, couvert de parfums, et couronné de fleurs; mais enfin il sera renvoyé comme les autres. Ce règlement de Platon est approuvé par Cicéron, à qui les Poëtes paroissent d'autant plus dangereux, que « leurs vers qui restent, dit-il, dans la » mémoire, amollissent * les âmes, et font perdre à la » vertu tous ses nerfs. »

Puisque les anciens Poëtes, beaucoup moins voluptueux que leurs successeurs, ont été regardés par des Païens sévères, comme des corrupteurs, nous ne devons pas être surpris de les voir condamnés par de sages Chrétiens. M. Bossuet qui les accuse de ne songer qu'à plaire, fait le procès à un des plus sages **, en disant que Virgile, tantôt décrit en vers magnifiques le système de Platon sur le système du monde, et tantôt débite en beaux vers le système d'Epicure sur le concours fortuit des atômes. « Il » lui est indifférent, ajoute M. Bossuet, d'être Platoni-

---

* Molliunt animos, et nervos omnes virtutis elidunt.
** Traité de la Concupiscence.

» cien ou Epicurien : il a contenté l'oreille, il a étalé le
» beau tour de son esprit, le beau son de ses vers, et
» la vivacité de son expression : en voilà assez pour la
» Poésie. » Le même M. Bossuet fait un crime à Boileau
de la Satire sur les Femmes, et lui reproche même celle
sur l'Homme, l'accusant de dégrader l'homme. Un anglais
a fait imprimer à Londres, depuis quelques années, un
ouvrage dont l'objet est de prouver que les Poètes sont
les ennemis de la raison et des mœurs. Le frère de Mad.
Dacier fit imprimer en 1697 un Traité contre la Poésie,
qu'il intitula: *De futilitate Poetices*.

Je crois devoir soutenir la cause d'un art qui fait tant
d'honneur à l'esprit humain; et pour suivre un ordre dans
tout le bien et le mal qu'on en peut dire, je vais d'abord
rapporter les raisons sur lesquelles ses ennemis se fondent,
pour prouver qu'elle est dangereuse, ou du moins frivole.
Je répondrai à ces deux accusations, en avouant
qu'on peut les faire justement contre plusieurs Poètes ;
mais qu'elles ne doivent jamais tomber sur la Poésie.

§. I. *Première accusation contre la Poésie : elle corrompt les cœurs par des peintures dangereuses.*

Les Poètes, dit-on, avouent eux-mêmes qu'ils ne peuvent plaire qu'en corrompant les cœurs. Ce n'est, a dit l'un d'eux, qu'à ces peintures dangereuses que les vers doivent leur fortune :

> Castum decet esse pium, Poetam
> Ipsum; versiculos nihil necesse est,
> Qui tum denique habent salem et leporem
> Si sint molliculi, et parum pudici.   Catulle.

Ovide, dans l'épître qu'il adresse à Auguste pour se justifier, fait valoir cette même raison : « On ne peut, dit-
» il, se dispenser de parler d'amour : Virgile même,

» l'heureux auteur de votre Enéide, chante les amours
» d'Enée et de Didon ; et ce morceau de son ouvrage
» est celui qu'on lit avec le plus d'ardeur. »

>Ille tuœ felix Æneïdos auctor
>Contulit in Tyrios arma virumque toros ;
>Nec legitur pars ulla magis de corpore toto
>Quàm non legitimo fœdere junctus amor. *Trist. l. 2.*

Les Poètes se sont vantés d'avoir donné aux hommes les premières leçons de la société et de la vertu. Quelles vertus pouvoient annoncer leurs divinités, qui étoient les modèles de tous les crimes ? La Junon d'Homère n'est pas fort respectable, quand elle prend la ceinture de Vénus ; et Homère ménage bien peu Mars et Vénus dans le récit de leur aventure. Les Poètes bucoliques ne parlent que d'amour ; et le théâtre d'Athènes, dont on vante la pureté, ne fut-il pas souillé par un Aristophane ?

Les Poètes latins furent non-seulement plus voluptueux que les Poètes grecs ; mais tous, excepté Térence et Virgile, se donnèrent une entière licence. La liberté de leurs premiers spectacles fut appelée *Fescennina licentia*. Aux obscènes comédies de Plaute, succédèrent les mimes, et ces jeux infâmes que le prince * osoit autoriser de sa présence, comme Ovide le dit à Auguste. ** Plus les pièces composées pour ces jeux étoient criminelles, plus elles coûtoient d'argent au préteur qui les achetoit. *** La tragédie elle-même fut infectée, comme le dit encore Ovide. Que d'impuretés dans Catulle, Horace, Martial, etc. !

En quittant les Poètes païens, on devroit espérer plus de pudeur dans leurs successeurs. Cependant qui choisiroit-t-on entre les Poètes chrétiens fameux, pour aller plaider la cause de la Poésie devant Platon et Cicéron ?

---

* Hæc tu spectasti, spectandaque sæpe dedisti. *Trist. l. 2.*
** Tantaque non parvo crimina prætor emit.
*** Est et in obscœnos deflexa tragœdia risus.

Pétrarque ne nous entretient que de son amour : combien de sonnets pour nous répéter que rien n'est si charmant que sa chère Laure! Si le Dante ne s'est pas amusé à des descriptions de tendresse, son Poëme en est-il plus utile pour les mœurs ? Il s'y livre tout entier à sa vengeance. Cet ouvrage, d'une nature bizarre, qu'il a intitulé, *Comédie de l'Enfer, du Purgatoire et du Paradis*, et qui renferme de grandes beautés, est une satire continuelle des ennemis de la faction qu'il avoit embrassée. Il n'épargne ni les souverains pontifes, ni les rois. Sa Béatrix moralise d'une manière fort obscure : et Virgile, son conducteur, est tout ensemble Païen et Chrétien. Le Virgile ancien plaçoit à l'entrée des Enfers, et loin de l'Elisée, ceux qui avoient été homicides d'eux-mêmes ; celui-ci fait entendre que Caton a laissé à Utique sa dépouille mortelle, qui deviendra brillante au jour du jugement. Les graves réflexions que l'Arioste met à la tête de chacun de ses chants, perdent sous la plume de l'Arioste, toute leur gravité.

Le Tasse pouvoit bien dire comme l'Arioste, qu'il chantoit les Armes et les Amours, les Dames et les Guerriers, *gli Armi, gli Amori, le Donne, i Cavalieri, io Cantò*. Que de descriptions amoureuses dans un sujet chrétien! Sans parler de son Renaud, quel est son Tancrède? Ce héros se vante de ne porter l'épée * que pour J. C. Cependant, quand il se trouve enfermé, il ne regrette ni le camp des Chrétiens, ni la vue du soleil, mais la vue de Clorinde qu'il appelle son vrai soleil. Le Tasse devoit se contenter de remplir d'amour la Poésie pastorale, et respecter davantage la Poésie Epique.

Il est inutile de s'arrêter à nos Poëtes français. Comment

---

* Quel Tancredi io sonò, ch' il ferro cinse
Per Christo sempre, è fu di lui campione.

toutes nos Muses ne seroient-elles pas dévouées à l'amour, puisque notre Melpomène en est presque inséparable, et que nous pouvons bien appliquer à notre tragédie ces vers d'Ovide sur la tragédie latine :

> Omne genus scripti gravitate tragœdia vincit :
> Hæc quoque materiam semper amoris habet.

Que diroit Cicéron s'il se trouvoit parmi nous à ce spectacle, où l'on exécute en musique une bizarre espèce de tragédie; et si après avoir entendu répéter tant de fois que la jeunesse doit profiter du printemps, et que la sagesse est ennuyeuse, il voyoit enfin danser des vieillards, chantant ces paroles si peu convenables à l'âge des réflexions :

> Pour le peu de bon temps qui nous reste,
> Rien n'est si funeste
> Qu'un noir chagrin, etc. ?

Ce seroit bien alors, qu'étonné d'entendre à tout âge prêcher la même morale, il s'écrieroit : *O præclaram emendatricem vitæ Poeticam !* « O la belle réformatrice des mœurs que la Poésie ! » Il faisoit cette exclamation, en trouvant dans une comédie cette maxime : *L'amour est le plus grand des Dieux* ; et il ajoutoit : « Il faut bien pardonner » ce désordre à la comédie, sans quoi l'on n'en auroit » point. » Ce mot de Cicéron dispense de parler des comédies : on voit assez de quelle morale elles sont remplies.

§. II. *Seconde accusation contre la Poésie : elle nourrit l'esprit de fables et de fictions frivoles.*

Quand la Poésie, disent encore ceux qui la méprisent, ne seroit pas dangereuse pour les mœurs, elle seroit toujours

jours frivole, puisqu'elle ne cherche son merveilleux que dans les fables :

> Le mensonge et les vers, de tout temps sont amis.

Ce vers de Lafontaine est conforme à ce que les anciens ont pensé.

Socrate s'entretenant avec ses amis le jour de sa mort, leur disoit, qu'obéissant à des inspirations divines qui lui ordonnoient de s'attacher à la musique, il avoit dans sa prison composé des vers en l'honneur du Dieu dont on célébroit la fête; mais qu'ensuite convaincu que pour être Poète, il faut composer non des raisonnemens, mais des fables, il avoit mis en vers celles d'Esope, parce qu'il étoit incapable d'en inventer lui-même. Plutarque qui rapporte ces mêmes paroles de Socrate, les confirme en disant : « On connoît en effet des sacrifices sans danse et » sans musique; mais on ne connoît pas de Poésie sans » fable. »

Les Poètes, qui se sont vantés d'avoir été les premiers législateurs, se sont aussi vantés d'avoir été les premiers théologiens. Etranges théologiens qui ont répandu sur la terre les aventures scandaleuses de ces Dieux qu'ils avoient inventés ! Homère qui les a chargés de tant de crimes, a par cette raison mérité l'indignation de Platon, dit Cicéron, *meritò displicuit viro gravi, divinorum criminum Poeta confictor.* Ces Dieux, si méprisables dans Homère, sont-ils plus estimables chez les autres Poètes ? Qui peut sans horreur entendre Vénus, dans le prologue de l'Hippolyte d'Euripide, déclarer que, pour se venger d'un mortel qui la méprise et qui préfère le culte de Diane au sien, elle va perdre Phèdre, quoiqu'innocente et fidèle à son culte ?

> « Ni son respect pour moi, ni sa fidélité
> » N'appaiseront mon cœur contre un autre irrité :

» Oui, Phèdre périra malgré son innocence;
» Ses jours ne me sont pas si chers que ma vengeance. »

Quoique tous les plaisirs soient faits pour ces immortels, le nectar le plus doux pour eux, est toujours la vengeance. Quelle est la cause du sacrifice d'Iphigénie? Agamemnon a tué par imprudence une biche consacrée à Diane : toute l'armée sera punie de la faute de son roi, si Diane n'est appaisée par le sang d'une princesse innocente! Pourquoi Ulysse souffre-t-il tant de maux, et voit-il périr tous ses compagnons? Ils ont mangé les bœufs du Soleil! Que voit-on dans toute l'Enéide? La reine du ciel attachée comme une furie à persécuter un héros fameux par sa piété, pour un crime, si c'en est un, qu'il n'a pas même commis; mais il est Troyen, et c'est un Troyen qui a donné le prix de la beauté à la Déesse de la beauté! Junon, indignée de ne l'avoir point eu, veut même, après la ruine de Troie, perdre tout ce qui reste de Troyens. Ne vaut-il pas mieux ne pas parler de la Divinité, que de la présenter sous de pareilles images?

Ne croyons point que les Poètes aient eu dessein de nous instruire, ils n'ont voulu que nous amuser par des fables : c'est leur profession. Un Poète doit créer : son nom signifie créateur. Ainsi abandonnant les préceptes aux philosophes, et les faits aux historiens, il invente des fables.

Les Poètes chrétiens ont, par cette ambition de créer, renchéri sur leurs prédécesseurs, en ajoutant aux extravagances de l'ancienne Mythologie, celles de la Mythologie moderne. Ces châteaux enchantés, ces magiciens, ces fées, toutes ces aventures écrites, dit-on, par l'archevêque Turpin : celles de Roland; l'Achille moderne; celles d'Angélique moins sage que l'ancienne Hélène; celles des Paladins de la cour de Charlemagne; les faits du roi Arthus, et des chevaliers de la Table Ronde, ainsi que des Amadis, toutes ces histoires fabuleuses, fondées sur quelques faits véritables, comme celles de la Mythologie ancienne, furent les productions de l'ignorance pendant la longue éclipse que souffrit la lumière des lettres. Lorsque les nations du Nord eurent répandu partout la barbarie, les Poètes les adoptèrent, et y trouvèrent un fonds très-favorable pour eux. Les prodiges nouveaux furent plus étonnans que les anciens. Ce n'étoient plus des hommes protégés par les Dieux comme autrefois, mais des héros couverts d'armes enchantées : un seul homme mettoit en fuite une armée ; rien ne résistoit à ces fameuses épées, *Durandal, Bélisarde* ; une lance d'or renversoit tout ce qu'elle touchoit ; un anneau rendoit invisible, et le son d'un cor mettoit tout le monde en fuite. Quel ennemi terrible que ce géant dont parle l'Arioste ! Il ramassoit dans les combats tous les membres qu'on lui coupoit, et les remettoit à leur place. Quand on lui coupoit la tête, il la cherchoit sur le sable, et la remettoit sur son cou, ou bien il couroit après l'ennemi qui l'emportoit, et vouloit crier au voleur, oubliant qu'il n'avoit pas sa bouche. O la solide nourriture de l'esprit, que la Poésie !

Non contens de débiter de pareilles folies, les Poètes s'avisèrent d'en faire un horrible mélange avec la gravité de la Religion chrétienne. Persuadés que tout leur est permis, ils oublièrent qu'Horace met des bornes à cette permission, *sed non ut placidis coeant immitia.* Quel mélange moins permis que celui de la vérité sainte et du mensonge burlesque ! Après qu'on a, dans le Tasse, accompagné à une procession Godefroy qui chante les Litanies, on est transporté dans le palais d'Armide ; et lorsqu'on voit Renaud au sortir de ce palais aller à confesse, on voit Pierre l'Hermite son confesseur lui donner l'absolution de tous les péchés qu'il y a commis : absolution qu'il donne sans délai, et sans examiner si le cœur de son pénitent est sincèrement changé.

On tâche d'excuser les Poëtes païens en donnant à leur fictions extravagantes le nom d'*Allégories*; mais peut-on excuser de même nos Poëtes? L'allégorie de la Jérusalem délivrée, quoique expliquée par le Tasse lui-même, est ridicule. Les défenseurs du Camoëns ont beau nous dire que, par Vénus qui protége les Portugais, il faut entendre la Religion chrétienne qu'ils devoient établir dans les Indes, et que Bacchus leur ennemi, est le démon : ce sérieux de l'explication ne sauve pas l'extravagance de la fiction. C'est par une allégorie également absurde, qu'ils veulent expliquer cette île enchantée, et plus voluptueuse que le palais d'Armide, où se fait l'union des Portugais avec les Néréides. On ne peint point la vertu sous les couleurs du vice.

Nulle allégorie ne peut justifier le mélange que fait l'Arioste du sacré et du profane. Lorsqu'Astolphe est emporté dans les airs sur son char ailé, qui peut s'attendre à le voir arriver au Paradis terrestre? Il y est reçu comme un hôte d'importance par Élie et par Énoch, qui après avoir donné d'abord d'excellente avoine à l'Hyppogrife, donnent au maître des fruits si délicieux, que le bon paladin trouve que nos premiers pères ne furent pas si coupables, lorsqu'ils succombèrent à la tentation d'en manger :

> Di tal sapor, ch' à suo giudicio, senza
> Sensa, non sono i duo primi parenti
> Se per quei fur' si poco ubedienti.

C'est avec la même hardiesse que ce Poëte compare l'Ange Gabriel, qui a oublié une partie de la commission que le Père Eternel lui a donnée, à un bon domestique qui a plus d'amour que de mémoire. L'Ange se rappelle ses ordres, et va chercher la Discorde. Il la trouve qui préside à un chapitre de moines assemblés pour une élection : pendant que les moines se jettent à la tête leurs bréviaires, l'Ange prend le bâton de la croix, et le casse sur la tête de la Discorde.

Qui croiroit trouver cette même profanation des choses saintes dans le Marini ? Son Poëme sur les Amours de Vénus et d'Adonis, n'a aucun rapport avec la Religion chrétienne : dans ce Poëme cependant, Vénus en parcourant l'Asie, verse des larmes à la vue de ces beaux pays, dont un jour le Turc s'emparera, pour y établir le Croissant sur les débris de la Croix. Quel sujet de larmes pour Vénus !

Cette alliance du sacré et du fabuleux se trouve chez presque tous les Poètes ; et les plus sages ont du moins conservé toujours les noms des divinités païennes : Neptune, Jupiter, Vénus, Bacchus, Apollon, reviennent sans cesse dans leurs vers. Pourroit-on les empêcher d'invoquer Apollon et les Muses ? Leur interdire tous ces noms, ce seroit leur interdire la poésie : elle est donc bien frivole ?

Voilà les deux accusations qu'on fait contre elle, et que j'ai mises dans toute leur force. Je vais y répondre.

ARTICLE PREMIER.

Réponse à la première accusation : la Poésie peut plaire sans corrompre les cœurs par des peintures dangereuses.

Il suffit pour justifier la Poésie, de rappeler son premier âge : il fut très-glorieux pour elle ; mais, à la vérité, il ne fut pas long.

Le plus ancien et le plus sublime de tous les prophètes, Moïse, et après lui David et les prophètes consacrèrent la Poésie à la vérité. Même chez les peuples plongés dans l'idolâtrie, elle peut encore être appelée la fille de la Religion, puisqu'elle naquit des transports que la reconnoissance inspire à la vue de ces bienfaits que nous sentons ne pouvoir tenir que d'une puissance et d'une bonté divine. Tibulle * en rapporte cette origine. On en donne une autre encore plus ancienne, lorsqu'on dit que les Poëtes retirèrent les hommes des forêts. Mais sans s'arrêter aux merveilles qu'on raconte d'Orphée et d'Amphion, nous pouvons assurer que les premiers Poëtes ont été les premiers théologiens, les premiers législateurs, les premiers philosophes et les premiers historiens.

> Fuit hæc sapientia quondam
> Publica privatis secernere, sacra profanis, etc. Hor.

Solon, le grave Solon, mit en vers ses lois. Les anciens Romains, dans leur repas, chantoient des cantiques sur les exploits des grands hommes**. Numa encouragea les Poëtes à composer des hymnes sacrées. Les Bardes, tant révérés par les Gaulois, chantoient sur la lyre des vers héroïques composés sur les actions des hommes illustres. Strabon rapporte que les Turdetains ***, qui passoient pour les peuples les plus sauvages de l'Espagne, se vantoient d'avoir leurs sciences et leurs lois écrites en vers depuis six mille ans. Les Germains, selon Tacite, avoient d'anciens vers qui leur tenoient lieu d'annales. On observe la même chose des Goths et des Danois; et même, au rapport des Espagnols, cette coutume étoit établie chez les Américains. Les Arabes, avant Mahomet, n'avoient d'autres écrits que leur histoire mise en vers, et pleine

---

* Agricola assiduo primùm satiatus aratro
Cantavit certo rustica verba pede,
Et satur arenti primùm est modulatus avena
Carmen, ut ornatos diceret ante deos.

** Cicer. de cl. Orat.

*** Æn. Marc. l. 15.

de fables. Leur Poésie ne consistoit que dans des figures hardies, et dans quelques cadences dans les périodes. On sait qu'en Grèce les ouvrages en vers ont été plus anciens que les écrits en prose. Des cinq livres classiques qui ont une si grande autorité chez les Chinois, le second n'est composé que d'Odes et de Poëmes, qui, selon le témoignage de Confucius, contiennent les principes de la morale et des lois ; le troisième de ces livres est un recueil d'Odes composées, dit-on, par Fohi même, celui que les Chinois regardent comme leur premier roi. Ces Odes sont fort obscures, et Confucius qui tâcha de les interpréter, en rapporta tout le sens à des principes de physique, et à des principes de morale.

Par ses premiers travaux la Poésie mérita ses premiers honneurs :

> Sic honor, et nomen divinis vatibus, atque
> Carminibus venit. Hor.

Voilà le premier âge de la Poésie, et le temps de sa gloire, qui changea quand elle approcha de la cour des rois, c'est-à-dire quand elle s'associa au plaisir et à l'intérêt :

> Gratia regum
> Pieriis tentata modis, ludusque repertus. Hor.

Les Poètes cependant, quoiqu'appelés à la cour, remplirent d'abord un honorable ministère, s'il est vrai, comme le dit Homère dans l'Odyssée, qu'Egysthe ne put triompher de la pudeur de Clytemnestre, qu'après avoir écarté d'elle ce Musicien-Poète, qu'Agamemnon en partant de Troie, avoit laissé auprès d'elle, et qui la soutenoit dans la vertu par ses chants : les chants des Poètes étoient donc alors bien différens de ceux qu'ils ont composés depuis pour plaire aux princes et aux princesses. Lorsqu'ils se virent engagés à les amuser, ils furent moins empressés qu'auparavant à composer des Hymnes pour les Dieux. Ils s'attachèrent à l'imitation, qui produisit d'abord la Poésie épique.

Homère qui en donna le modèle, connoissant bien que l'utile doit toujours accompagner l'agréable, non-seulement prit pour fondement de ses deux Poëmes, deux points de morale convenables à l'état où étoit alors la Grèce, mais il sema ces deux Poëmes de tant d'instructions convenables à tous les hommes, qu'il a été appelé le philosophe des Poëtes.

Il ne s'amuse point à des peintures voluptueuses, quoiqu'il en trouve tant d'occasions dans ses récits, comme l'île de Calypso, le palais de Circé. On n'y voit point, comme dans le Tasse, des héros languissans dans les chaînes de l'amour. S'il fait chanter les amours de Vénus et de Mars, c'est à la table d'Alcinoüs, pour montrer que de pareils chants ne conviennent que chez le roi d'un peuple plongé dans la mollesse et l'oisiveté.

Je ne prétends pas excuser Homère en tout. Il est vrai qu'il fait faire à Vénus auprès d'Hélène un personnage fort odieux, et que sa Junon, quand elle prend la ceinture de Vénus, n'est pas fort respectable : il semble, par une raison que je dirai dans la suite, qu'il ait voulu rendre ses Dieux méprisables. Ses héros sont toujours bien plus estimables; et Hélène paroît plus sage que Vénus. Lorsqu'elle est au haut de la tour, *Iliade* 3, et que Priam lui demande les noms des chefs de l'armée grecque qu'il découvre de loin, Hélène après avoir gémi de sa faute, qui est la cause des malheurs de Troie, lui répond :

« Mon crime devant vous me condamne à me taire ;
» Mais puisqu'il faut enfin, Seigneur, vous satisfaire,
» Ce guerrier dont l'éclat vous frappe avec raison,
» Est le chef des guerriers, l'illustre Agamemnon.
» Il est aussi grand roi que vaillant capitaine.
» Il étoit mon beau-frère. O malheureuse Hélène !

» C'est ce nom, (puis-je vivre, hélas! et le penser ?)
» Ce nom qu'il ne m'est plus permis de prononcer. »

Quelle horreur Homère nous donne des crimes, quand il fait parler ainsi Jupiter dans l'assemblée des Dieux, au sujet de la mort d'Egysthe! ODYSSÉE, *l.* 3.

« Tandis que les mortels par d'insolens blasphèmes
» Osent de leurs malheurs nous accuser nous-mêmes,
» Leurs folles passions précipitent leurs pas
» Vers des maux que les Dieux ne leur destinoient pas.
» Egysthe servira d'exemple aux adultères.
» N'avoit-il pas reçu nos avis salutaires,
» Quand Mercure par nous vers lui fut députe ?
» Mais Mercure par lui ne fut point écouté :
» Par une mort sanglante il a payé sa dette ; *
» La justice suprême est enfin satisfaite. »
« Périssent comme lui tous ses imitateurs,
» Dit la sage Minerve, etc. »

Ce Mercure envoyé du ciel pour avertir Egysthe de ne point commettre le crime, est cette loi naturelle qui instruit tous les hommes qu'une telle action est un crime qui les rendra comptables à la divine justice.

Les héros d'Homère ont de grands défauts, mais ils les avouent, et reconnoissent que les Dieux les punissent justement. Lorsque le fier Agamemnon est humilié par le malheur, Nestor lui rappelle l'offense qu'il a faite à Achille. Agamemnon touché de ce reproche lui répond, ILIADE 9 :

Oui, la vérité sort de ta bouche sincère,
D'Achille injustement j'enflammai la colère.

* Ce que je dis en deux vers, Homère le dit bien mieux en un demi-vers : ὧν δ' ἀποπάντ' ἀπέτισε, « il a payé tout ce qu'il avoit accumulé. » J'imiterai quelquefois des endroits des Poëtes grecs, pour orner ces réflexions par des vers français; mais je ne prétends pas, dans une traduction, rendre toute la beauté des originaux. Je sens combien je suis toujours au-dessous. Je n'en accuse ni notre rime, ni notre langue.

« Ma fierté m'emporta : j'en rougis aujourd'hui.
» Je devois ménager un héros tel que lui.
» Un homme aimé des Dieux vaut lui seul une armée ;
» De ces Dieux maintenant la justice animée
» Pour venger ce héros, punit mon peuple et moi. »

Quoiqu'Homère chante les armes et les combats, on voit ce qu'il pense de ces fureurs dans cette apostrophe au Dieu de la guerre :

« Mars, homicide Mars, arbitre des batailles :
» Toi dont le bras cruel renverse les murailles ;
» Dieu que nourrit le sang, destructeur des mortels ; etc. »

Toujours sage, et vrai dans ses conseils, quand il fait exhorter Télémaque à soutenir sa naissance, il a attention aussi de ne lui pas donner trop de vanité :

« Télémaque, songez quelle est votre naissance ;
» Le sang dont vous sortez soutient mon espérance ;
» Et si d'Ulysse en vous je ne voyois le fils,
» Je craindrois que mes vœux ne fussent point remplis.
» Toutefois, pardonnez ces paroles sincères,
» Peu d'enfans aujourd'hui ressemblent à leurs pères.
» Ils dégénèrent tous, etc. » ODYSSÉE 3.

Les Poëtes qui ont suivi Homère n'ont pas tous été si sages que lui. Les deux Odes qui nous restent de Sapho doivent nous convaincre que tous ses vers brûloient du feu qui consumoit son cœur : et qu'attendre autre chose d'une fille qui, lasse de chanter sa passion à celui qu'elle ne put attendrir, se précipita dans la mer ?

Lorsqu'Hypparchus, fils de Pysistrate, envoya à Anacréon un vaisseau de cinquante rames avec des lettres pour l'inviter à venir à Athènes, en l'assurant que sa vertu y trouveroit des admirateurs, une pareille ambassade faite à un homme qui ne chantoit que l'amour et le vin, fut fatale à la Poésie. Ceux qui la cultivoient trouvèrent qu'il étoit plus facile et plus avantageux d'amuser que d'instruire : alors ils s'attachèrent davantage à l'imitation; et la poésie dramatique n'eut pas dans sa naissance l'instruction pour objet. Quelle morale pouvoient prêcher des jeunes gens qui, pleins de vin, et barbouillés de lie, parcouroient les bourgades dans les tombereaux ? Ceux qui peu de temps après donnèrent à la tragédie sa véritable forme, se rappelèrent leur premier devoir. Il est vrai que la comédie se sentit plus long-temps de la débauche où elle avoit pris naissance; mais enfin Ménandre la réconcilia avec la sagesse.

Je ferai voir dans la suite que Pindare a donné de mauvais exemples aux Poëtes ; mais il ne leur a pas du moins donné celui d'avilir la Poésie lyrique par des sujets indignes d'elle. Nous pouvons juger par ce qu'Horace dit de ses Odes, dont nous avons perdu une grande partie, que tous les sujets qu'il avoit traités convenoient à l'élévation de l'Ode.

La Poésie bucolique paroît n'avoir eu d'autre objet que l'amusement, peut-être parce qu'elle fait parler des gens dévoués à l'oisiveté. D'ailleurs les auteurs des petits ouvrages furent ceux qui se donnèrent le plus de licence; mais il resta toujours pour constant que les grandes productions de l'esprit, les Poëmes épiques et dramatiques, devoient tous tendre au même but, c'est-à-dire, à rendre les hommes meilleurs. Aristote en a établi le précepte conforme aux exemples d'Homère, de Sophocle et d'Euripide.

Il faut avouer que ce précepte fit peu d'impression sur les Poëtes latins. Les spectacles des Romains commencèrent au milieu d'une licence très-grossière. Leurs Stoïciens leur disoient qu'il n'y avoit rien d'obscène en soi-même. Auguste faisoit lui-même des vers très-libres, et il est étonnant que Térence et Virgile aient été si sages dans un siècle si corrompu. Le reproche qu'Ovide fait à Virgile est injuste. Virgile a dépeint l'amour comme on doit dépeindre les passions criminelles. Didon intéresse le lecteur, *qui condamne sa faute en partageant ses larmes.*

Les Poëtes chrétiens de l'Italie méritent le reproche qu'on leur fait. Quoiqu'on ait dit du Dante qu'il est aussi pur pour les mœurs que pour le langage, sa Muse chrétienne et profane n'inspire pas pour les grands sujets qu'elle traite, le respect qu'ils doivent imprimer. Je comparerai sa plume au pinceau de Michel-Ange dans son tableau du Jugement Dernier. Ce n'est pas ainsi que Raphaël traite les grands sujets.

L'amour fidèle et chaste de Pétrarque semble mériter qu'on lui pardonne d'en parler toujours ; mais il mérite bien mieux son pardon par la sincérité de son repentir. Ce Poëte honnête homme, mais que sa tendresse rendit malheureux, devint indifférent à tout après la mort de Laure. Les honneurs que lui offroient le pape et l'empereur ne le touchèrent point : il vécut dans la retraite, et exprima ses véritables sentimens dans ce beau sonnet qu'on a placé à la tête des autres, dans lequel il avoue que le fruit de ses jeunes erreurs est la honte, le repentir, et l'entière conviction que tout ce que le monde a de charmant n'est qu'un songe :

> Del mio vaneggiar vergogna è'l frutto
> E'l pentirsi, è 'l cognoscer chiaramente
> Che quanto piace al mondo, è breve sogno.

Pétrarque ne disoit, même en vers, que ce qu'il pensoit.

Nos Poëtes français se sont conformés au goût d'une nation chez laquelle la galanterie a toujours régné : ils ont chanté l'amour. Si nous eussions eu de bons Poëtes dans le temps de nos tournois, que de vers de galanterie nous seroient restés ! Quoiqu'ils chantent l'amour depuis long-temps, *cui non dictus Hilas !* le sujet est inépuisable pour eux. Le sage Boileau lui-même a eu la foiblesse de les autoriser par ces vers, dont il m'a avoué que son ami M. Arnaud lui avoit toujours fait un sévère reproche :

> Je ne suis point pourtant de ces tristes esprits
> Qui bannissent l'amour de tous chastes écrits ;
> D'un si riche ornement veulent priver la scène ;
> Traitent d'empoisonneurs, et Rodrigue et Chimène, etc.

La contagion générale n'a pas empêché le succès d'Esther et d'Athalie. Si à ces tragédies, ainsi qu'aux Poésies de Boileau, on ajoute les Poëmes d'Homère et de Virgile, les tragédies de Sophocle et d'Euripide, les Odes de Pindare, et une grande partie des Poésies d'Horace, de même qu'une grande partie des Poésies de Rousseau, et les Fables de La Fontaine, ces ouvrages dont la réputation est si constamment établie, prouvent que la Poésie peut plaire sans corrompre les cœurs.

Je puis même avancer qu'elle n'est jamais plus heureuse que quand elle joint l'utile à l'agréable. Sans parler du succès qu'ont eu parmi nous Polyeucte et Athalie, ni de l'estime que les Anglais font de leur Milton, il est certain que les Odes que Rousseau a tirées des Pseaumes, sont les ouvrages qui lui ont fait le plus d'honneur; et que s'il étoit possible en parlant des Poètes utiles aux mœurs, de nommer Molière, on pourroit dire que ses deux plus sages comédies, les Femmes Savantes, et le Misantrope, sont ses plus parfaites. Ceux qui condamnent la Poésie en général, comme pernicieuse, sont donc aussi injustes que s'ils condamnoient la peinture à cause de l'abus que tant de peintres en ont fait.

Cette comparaison fournit quelquefois des armes aux ennemis de la Poésie. « Les tableaux de dévotion, disent-» ils, plaisent à tous ceux qui aiment la peinture, et qui

» s'y connoissent; mais les vers de dévotion ennuient
» jusqu'aux amateurs de la Poésie. Pour admirer le tableau
» de la Transfiguration, peint par Raphaël, il n'est pas né-
» cessaire d'être Chrétien, il suffit d'être homme; il n'en
» est pas de même d'une Poésie chrétienne. Toute Poésie
» qui n'excite pas nos passions, nous paroît froide. »

Ceux qui parlent ainsi ne font pas attention que le plaisir de la Poésie, comme celui de la peinture, est produit en nous par l'imitation, et que tout ce qui est bien imité nous plaît. La tragédie d'Athalie attache et intéresse ceux sur qui les vérités de la Religion ne font aucune impression, de même qu'un beau tableau sur un sujet saint attache les yeux d'un homme très-indifférent au sujet. Quand un voluptueux admire la pudeur peinte sur le visage de la sainte Vierge par Raphaël, ce n'est pas de la pudeur dont il est touché, il admire la vérité de l'imitation; et par cette raison il préfère ce tableau à d'autres tableaux dont les sujets sont conformes aux inclinations de son cœur, lorsqu'ils ne sont pas peints par d'habiles maîtres, parce qu'alors l'imitation ne s'y trouve pas.

Il en est de même de la Poésie. Le lecteur le plus voluptueux s'ennuie en lisant la description du Jardin de Vénus faite par le Marini, parce qu'au lieu de la vérité, il n'y trouve que le faux; et ce même homme ne se lassera point de lire la description du Paradis terrestre, faite par Milton, parce que cette description lui paroît vraie. Heinsius a si bien imité dans les vers suivans, les deux mouvemens contraires qui agitoient en même temps la sainte Vierge, à la vue de son divin enfant, que Balzac a eu raison de dire que Raphaël, ni Michel-Ange n'avoient jamais peint une si belle Nativité, et que la peinture parlante l'emportoit sur la muette :

Oculosque, nunc huc pavida, nunc illuc jacit,
Interque matrem virginemque hærent adhuc

Suspensa matris gaudia, et trepidus pudor.
Videt micantes igne cœlesti genas
Suique similes.... ille complexum petens
Et è pudico dulce subridens sinu
Matrem fatetur : illa non nollet quidem
Et esse sentit ; casta sed pietas tenet,
Totiesque matrem sancta virginitas subit,
Quoties amori vela permisit suo, etc.

Les exemples des beaux vers sur des sujets saints, sont plus rares que les beaux-tableaux sur de pareils sujets, parce que les Poètes n'ont ordinairement fait des vers chrétiens, qu'après avoir épuisé leur feu dans des sujets très-différens ; au lieu que les grands génies qui ressuscitèrent la peinture en Italie, consacrèrent leurs talens à des sujets de piété pour la décoration des églises, et pour contenter les papes dont ils attendoient leur récompense. La Poésie peut traiter les mêmes sujets avec succès. *Le Paradis perdu* en est un exemple. On peut reprocher de grands défauts à Milton ; mais on n'a rien à lui reprocher sur les mœurs : il a tâché de rendre au Poëme épique cette majesté que le Tasse n'a pas assez respectée. Si la peinture de la tendresse se trouve dans Milton, c'est celle de la tendresse conjugale dans l'état d'innocence. Si l'on y trouve aussi la peinture de nos affreuses passions, de l'orgueil, de la vengeance, de la colère, elles y sont dépeintes dans les auteurs mêmes de ces passions, dans ces malheureux esprits qui les allument en nous ; et cette peinture ne peut que nous en inspirer l'horreur.

ARTICLE SECOND.

Réponse à la seconde accusation : la Poésie peut plaire sans nourrir l'esprit de fables et de fictions.

Comme les hommes ont autant de froideur pour la vérité que d'ardeur pour le mensonge, les Poètes qui, pour les rendre attentifs à l'instruction, non contens de les attirer par les charmes de l'harmonie emploient encore les attraits de la fiction, ne sont point condamnables quand ils ont recours à des fictions innocentes; mais ils sont encore plus estimables quand ils savent plaire sans ce secours; et la Poésie n'en a pas besoin, puisque dans son premier âge elle ne l'employa pas. Elle ne parla au peuple de Dieu, que de la Divinité; elle en voulut aussi parler aux autres peuples: et ce fut cette union qu'elle eut avec leur religion, qui la rendit amie des fables, qui composoient le corps de leur religion. Ces fables, respectables au peuple par leur antiquité, pouvoient paroître également respectables aux Poëtes, qui, chez des peuples infectés du mensonge, respiroient le même air, et se croyoient obligés de composer des Hymnes à l'honneur de ces Dieux, dont ils trouvoient le culte établi; ils pouvoient aussi mépriser intérieurement ces fables et ces Dieux; mais ils devoient dans leurs écrits respecter la religion établie : et comment les Poëtes n'auroient-ils pas suivi le torrent, puisqu'il entraîna tant de graves philosophes?

Les divinités fabuleuses ne sont donc pas sorties du cerveau des Poëtes, comme on dit que Minerve sortit du cerveau de Jupiter. Quelques-unes de ces divinités sont si anciennes, qu'il est impossible d'en découvrir l'origine d'une manière certaine; et nous sommes contraints d'avouer, à la honte de notre raison, que la naissance de l'idolâtrie a suivi de près celle du monde. On adora d'abord les astres; le culte des héros morts commença bientôt après; et l'histoire des aventures merveilleuses de ces hommes divinisés, fut un mélange de mensonges et de vérités obscurcies; c'est ce mélange que le chancelier Bacon appelle *le reste précieux d'un meilleur temps, et le souffle agréable d'un vent éloigné qui entra tout*

à

à coup dans les flûtes * *grecques.* Ce vent éloigné venoit de l'Egypte qui répandit les fables dans la Grèce, où elles trouvèrent un climat si favorable, que quoiqu'elles y fussent transplantées, elles y prirent bientôt une nouvelle naissance. Hérodote avoue que les Grecs reçurent des Egyptiens la connoissance des douze grands Dieux.

La fable, pareille à la renommée qui passant de bouche en bouche s'accroît par ses mensonges, *sua per mendacia crescit,* n'eut pas de peine à s'accroître chez un peuple né menteur. La fureur de faire des Dieux s'empara des hommes. Jupiter recevoit tous les jours à sa table quelque nouveau venu. La mer, les rivières, les fontaines, les forêts eurent leurs divinités. Chaque arbre eut la sienne. Les Muses allèrent s'asseoir sur le Parnasse, et Apollon se mit à leur tête. Les Poëtes ne firent que fortifier le crédit de fables plus anciennes qu'eux, en les embellissant de nouveaux ornemens.** « Ils n'ont pas inventé » les choses, dit Lactance; mais aux choses déjà faites » ils ont ajouté une certaine couleur. » Des opinions répandues leur ont donné matière à les enrichir de fictions. Ils n'ont pas inventé, par exemple, un Tartare et des Champs-Elysées; cette opinion venoit de l'Egypte : la trouvant établie, ils ont fait une description des Enfers ; ils ont mis un Cerbère à la porte ; ils y ont établi un roi des ombres, des juges, des furies, et différens supplices. C'est ce que dit Ovide dans la douzième élégie du troisième livre, et ce que j'ai dit après lui dans le deuxième chant du Poëme de la Religion, pour montrer le mélange que les Poëtes ont fait du mensonge et de la vérité:

> Pluton fut leur ouvrage; et leurs mains, je l'avoue,
> Etendirent jadis Ixion sur sa roue, etc.

* Reliquiæ sacræ, et auræ tenues meliorum temporum, quæ in Græcorum fistulas inciderunt.

** Non enim res ipsas finxerunt Poetæ; sed rebus gestis addiderunt quemdam colorem. LACT.

Hésiode qui trouva un grand nombre de Dieux honorés dans son pays, rassembla les prétendus titres de leurs divinités, et tâcha de débrouiller leurs obscures généalogies. Homère embellit son Poëme du récit de leurs aventures, et se servit de ces Dieux, qu'il méprisoit peut-être secrètement, et qu'il vouloit rendre méprisables, comme de personnages allégoriques.

On sait combien les Orientaux ont toujours aimé les allégories, les paraboles et les énigmes. Cet amour passa, comme les fausses divinités, de l'Egypte dans la Grèce. Les philosophes même faisoient un grand usage des fables allégoriques : Platon nous en a laissé quelques-unes. Les Poëtes, qu'on nommoit *les Sages* par excellence, et qui n'écrivoient pas pour le profane vulgaire, renfermoient des vérités sous des voiles. Voilà ce qui a fait dire que la Poésie ne devoit pas être sans fables. Les esprits éclairés pénétroient le sens mystérieux de ces allégories, que les esprits grossiers prenoient à la lettre. Ceux qui ont voulu si long-temps après, comme Porphire et madame Dacier, percer ces antiques obscurités, ont souvent perdu leur peine ; mais quoique nous ne puissions pas toujours lever ces voiles, nous devons assez estimer Homère pour être convaincus qu'un aussi grand génie ne s'amusoit pas à entasser contes sur contes. Quelques-unes de ces allégories, dont la vérité morale est claire, comme celle de Circé et celle des Sirènes, nous prouvent que toutes les fictions sont allégoriques ; et lorsqu'Homère se servoit des Dieux de cette manière allégorique, il faisoit entendre aux personnes éclairées ce qu'il pensoit de ces Dieux.

Les Poëtes avoient, comme les philosophes, un peuple superstitieux à ménager : ils n'eussent pas osé contredire des opinions anciennes. Mais Virgile fait assez entendre ce qu'on doit penser de sa description des Enfers, lorsqu'il fait sortir Enée de ces Enfers par la porte d'ivoire, c'est-à-dire, par celle des songes faux, et lorsque dans le vestibule des Enfers il dépeint un orme antique, vaste retraite des songes.

> In medio ramos, annosaque brachia pandit
> Ulmus opaca, ingens, quam sedem somnia vulgo
> Vana tenere ferunt, foliisque sub omnibus hærent.

Cet orme antique et épais est l'image de la Religion païenne et de la Poésie d'Homère et de Virgile. Les songes et les allégories y habitent partout, et sont cachés dans leurs vers, comme dans les feuilles de cet orme, *foliisque sub omnibus hærent.*

Il est donc certain que les Poëtes, en racontant les aventures des Dieux, ou les racontoient comme véritables, si quelques-uns d'eux ont été assez simples pour penser comme le peuple, ou s'en servoient comme de voiles mystérieux, et jamais dans le dessein de remplir leurs Poëmes de mensonges. Ceux qui, sans l'ornement de la fiction, mirent en vers des sujets de morale et de physique, furent regardés comme Poëtes aussi bien que les autres. Alcée, qui n'employoit jamais de personnage feint, a mérité que sa lyre fût appelée une lyre d'or. Lucrèce, quoiqu'il ne parle que de la physique, se vante de parcourir les sentiers du Parnasse, *avia Pieridum peragro loca.* Virgile ne demande aux Muses que la connoissance* des secrets de la nature, des éclipses, des tremblemens de terre, etc.; et dans le festin de Didon, tandis qu'il met l'Amour sur les genoux de cette reine, il fait chanter

---

* Me verò primum dulces ante omnia Musæ.
. . . .
Accipiant, cœlique vias et sidera monstrent,
Defectus solis varios, lunæque labores;
Unde tremor terris, etc. *Georg.*

à son musicien, non des airs tendres, ni des fables, * mais les merveilles de l'univers.

Virgile étoit donc persuadé qu'un récit d'aventures fabuleuses n'étoit pas nécessaire à la Poésie ; et il est grand Poète dans ses Géorgiques, malgré le sentiment de Castelvetro, qui, dans son Commentaire sur la Poétique d'Aristote, prétend que la physique ne peut être l'objet de la Poésie, *qui a été inventée, ce* sont ses termes, *non pour instruire, mais pour amuser les esprits grossiers de la multitude ignorante.* Un homme fait peu d'honneur à l'art même dont il donne les préceptes, quand il en parle de cette façon : il devoit penser que cet Aristote dont il veut expliquer la Poétique, fonde ses préceptes sur la nécessité d'instruire les hommes, et non sur celle de les amuser par des fables. Mais je traiterai particulièrement cette matière, lorsque dans la suite j'examinerai la nature de la Poésie didactique.

Les premiers Poètes chrétiens sont bien plus condamnables que leurs prédécesseurs, puisque quand ils adoptèrent les extravagances de la Mythologie moderne, ils ne purent les débiter comme des vérités, elles sont trop contraires à la vraisemblance, ni comme des allégories, elles sont trop absurdes. Mais ils sont presque excusables lorsqu'ils ont associé ces folies avec les vérités saintes; ils ne péchoient pas par mépris pour la religion : telle étoit la simplicité de leur temps ; ils imitoient ces chevaliers de nos anciens romans, qui étoient tout à-la-fois très-galans et très-dévots, et qui accordoient toutes leurs passions avec la Religion. Parce que Pétrarque vit Laure, pour la première fois, le jour du Vendredi saint, ce poète d'ailleurs si sage, croit pouvoir pieusement relever cette circonstance. « Il alloit, dit-il, sans armes et sans défense,

---

* Hic canit errantem lunam, solisque labores,
 Unde hominum genus, etc. Æn., *lib.* 1.

» imitant la consternation de la nature. Le jour que l'A-
» mour l'a attaqué, l'Amour n'a pas eu de peine à triom-
» pher de lui. » Après la mort de Laure, quoique devenu plus grave, il fait encore la même faute dans ses
Triomphes : lorsqu'il voit l'Amour traînant à son char
tous ses captifs, avec Hélène, Hermione, Junon, Jupiter
et tant d'autres, il voit aussi David, Salomon, Abraham,
et ce bon patriarche « qui, quoique trompé, dit-il, ne
» regretta pas les quatorze ans qu'il avoit servi pour ob-
» tenir Rachel. »

La pieuse simplicité de ces temps a fait tomber dans
des fautes pareilles plusieurs peintres, et quelques-uns
même des plus fameux. Les peintres et les Poètes devenus plus sages, ont renoncé à cette alliance monstrueuse
du sacré et du profane; mais ils ont toujours conservé la
liberté d'introduire les divinités fabuleuses dans les sujets
qui les peuvent recevoir, et je crois que les personnes
qui leur en font un crime poussent trop loin la sévérité :
je ne suis pas indulgent pour eux; mais je crois pouvoir
dans cette occasion prendre leur parti contre deux illustres
écrivains. C'est ce que je vais faire dans une courte digression.

§. *Si les Poètes peuvent aujourd'hui rappeler dans leurs
vers les noms des divinités païennes.*

Lorsque la lecture des excellens ouvrages de l'antiquité
fit renaître les lettres dans l'Europe, ceux qui se formèrent
le goût sur ces écrits se crurent obligés, quand ils écrivoient dans la langue latine, de n'employer que les mots
autorisés par les auteurs du siècle d'Auguste. Plusieurs
même s'en firent une loi si étroite, que pour désigner les
mystères de notre religion, ils se servoient de termes
consacrés aux mystères du paganisme. Ils conservèrent
les noms des Dieux dans les occasions où ces noms leur

parurent nécessaires, comme ceux de Cérès et de Bacchus, pour désigner le pain et le vin. Un de ces Poètes exprimoit ainsi le mystère de la consécration :

> Deus æthere ab alto
> Exiguum castæ Cereris descendit in orbem.

Un autre disoit, en parlant de Jésus-Christ à table avec les Apôtres :

> Tum Christus sociis Bacchum Cereremque ministrat.

Dans une tragédie de Buchanam, un juif parle à saint Jean-Baptiste de Cerbère, du Ténare, des Euménides. Tous ces noms parurent aux Poètes les termes de leur langue. Mars fut toujours pour eux le Dieu de la guerre; Vénus la déesse des Amours; et Minerve celle de leur art. Comment pourroient-ils s'adresser à Apollon et aux Muses s'ils se soumettoient à l'autorité de M. Bossuet et de M. Rollin, qui ont voulu proscrire ces noms fabuleux ?

M. Bossuet fit un crime à Santeuil d'avoir nommé Pomone dans une pièce de vers sur les Jardins. Santeuil parut s'avouer criminel, par respect pour un si grand évêque, quoiqu'innocent devant les Muses, disoit-il, *etiam absolventibus Musis*. C'est avec plus de sincérité que M. Rollin, dans son Traité de la manière d'étudier les Belles-Lettres, s'avoue coupable, et témoigne son repentir du même crime, où l'exemple des autres l'entraîna dans sa jeunesse. « Employer ainsi, nous dit-il, les noms des ennemis du » Dieu véritable qui lui ont disputé long-temps la Divi-» nité, c'est irriter le Dieu jaloux, et anéantir dans le » langage le fruit de la victoire de Jésus-Christ. »

Le nom de M. Rollin, qui doit avoir tant de crédit sur tout le monde, en a un plus particulier sur moi. Elevé par lui, et accoutumé dès l'enfance à respecter son autorité, je n'ose ici le contredire que parce que son scrupule ne me paroît pas fondé, et que je trouve que Boileau prend un sage milieu quand il dit :

> Ce n'est pas que j'approuve en un sujet chrétien
> Un auteur à la fois idolâtre et païen ;
> Mais dans une riante et profane peinture,
> De n'oser de la fable employer la figure,
> D'ôter à Pan sa flûte, aux Parques leurs ciseaux....
> C'est vouloir à l'esprit plaire sans agrément.

Nous devons donc distinguer les sujets qui ont rapport à la Religion, de ceux qui n'y ont aucun rapport. Les premiers, sans être même des sujets chrétiens, sitôt qu'ils ont le moindre rapport à la Religion, rejettent tous ces noms ; les seconds les admettent aussi innocemment que poétiquement. La sagesse de Boileau nous sert d'exemple. Dans son Epître à M. de Lamoignon, sur les plaisirs de la campagne, il parle du blé, des fruits et du vin, sous leurs noms poétiques :

> Attendre que Cérès ait fait place à Pomone...
> Quand Bacchus comblera de ses nouveaux bienfaits...

Mais dans son Epître à M. Arnaud, il n'emploie pas les mêmes termes :

> Le blé pour se donner sans peine ouvrant la terre...
> La vigne offroit partout des grappes toujours pleines.

Le sujet du Lutrin n'intéresse pas la Religion, mais la suppose : l'action se passe entre des chanoines dans une église. Boileau n'y introduit ni Mars, ni Vénus, mais la Discorde, la Mollesse, la Volupté, la Charité. Il personnifie nos vertus et nos vices ; il personnifie aussi l'Aurore :

> L'Aurore cependant d'un juste effroi troublée,
> Des chanoines levés voit la troupe assemblée.

Mais ce n'est plus cette Aurore fabuleuse qui est ridiculement nommée par le Dante, *la concubina di Titon antiquo.* L'Arioste, plus hardi que le Dante, ose nous dire que « l'Aurore en sortant des bras de son vieux » époux, dont après tant d'années elle n'est point lasse, » aperçut le disciple bien-aimé de Jésus-Christ. »

> Lasciando gia 'Aurora il vecchio sposo
> Ch' ancor per lunga eta mai non l'increbbe,
> Se vede in contra ne l'uscir del' letto
> Il discipolo di Dio tanto diletto.

Je regarde les noms des divinités païennes comme un langage poétique qui ne peut faire sur nous aucune impression dangereuse ; mais quand ces noms offrent des images contraires les unes aux autres, le Poète se fait tort à lui-même dans l'usage qu'il en fait. Si l'auteur d'Esther, qui dans le prologue fait dire à la piété,

> Et l'Enfer couvrant tout de ses vapeurs funèbres,
> Sur les yeux les plus saints a jeté ses ténèbres,

eût fait sortir ces vapeurs du Styx ou de l'Achéron, il eût fait la même faute que Santeuil, lorsqu'il dit en louant M. Bossuet sur ses travaux contre les Hérétiques :

> Tartareæ pestes rupto ex Acheronte profectæ
> Terribilem sensere.

L'hérésie ne sort point de l'Achéron ; mais Santeuil étoit attaché à tous ces noms heureux dans les vers. Il avoue que malgré la défense de M. Bossuet, il ne pourra jamais s'empêcher d'appeler le feu Vulcain, le froment Cérès, et la pluie Jupiter.

> Ignem, Mulciberum, Cererem frumenta vocabo,
> Et pluviam in terras, dum cadit unda, Jovem.
> Si decora hæc tollas, sine vi, sine pondere carmen
> Lectori fesso tædia mille feret.

Quand les Poètes ne feront point d'autre crime on sera indulgent pour eux : tous ces noms, dans les sujets qui n'ont aucun rapport avec la Religion, peuvent être regardés comme un innocent badinage. Que le P. Rapin, en chantant les jardins, explique par de gracieuses fictions quelle est la cause de la pâleur de la violette, et de la rougeur de l'hyacinte; ou que M. Huet, par des fables ingénieuses, explique quelques merveilles de la nature, les divinités que leur Muse introduit dans de pareils sujets, ne me paroissent déshonorer ni les caractères des auteurs, ni leurs ouvrages.

CONCLUSION.

Tout ce que je viens de dire pour la défense de la Poésie, rend encore plus condamnables les Poëtes qui ont avili leurs talens, et surtout les Poëtes chrétiens, qui n'ont songé à plaire que par des peintures dangereuses, ou par des fables frivoles. Mais le crime des Poëtes n'est pas celui de la Poésie. J'ai fait voir que dans son origine elle avoit été uniquement attachée à la Religion, que l'instruction des hommes avoit été son grand objet; et par l'exemple de quelques Poëtes fameux qui ont dignement rempli leur ministère, j'ai montré que la Poésie pouvoit plaire sans corrompre les cœurs, et sans le secours du mensonge.

C'est donc injustement que Platon s'est déclaré contre elle; et sa sévérité est d'autant plus étonnante, que lui-même est appelé l'Homère des Philosophes, à cause de la Poésie répandue dans son style. Il avoit dans sa jeunesse composé un grand nombre de vers, quelques tragédies, et même il avoit tenté le Poëme Epique; mais il sacrifia, dit-on, tous ces ouvrages à la philosophie. Quelques anciens cependant ne donnent pas un si beau motif à ce sacrifice: ils racontent que Platon forcé de reconnoître combien Homère lui étoit supérieur, fut découragé, et que parodiant ce vers d'Homère, *Iliade* 18, quand Thétis demande des armes à Vulcain pour Achille : *Vulcain, sers promptement Thétis dans son besoin*, il dit en jetant tous ses vers dans le feu: *Vulcain, sers promptement Platon dans son besoin;* et qu'ensuite choisissant un genre dans lequel il pût exceller, il s'attacha à la philosophie. Peut-être conserva-t-il quelque chagrin contre la Poésie qui ne lui avoit pas été favorable, et chercha-t-il à la rabaisser par un reste de mauvaise humeur, dont les grands hommes ne sont pas exempts.

On ne peut attribuer la sévérité de M. Bossuet qu'à ses grands sentimens de religion. Ne pousse-t-il pas cependant la sévérité trop loin quand il dit que Boileau, dans sa Satire sur l'Homme, *attaque en forme la raison sans songer qu'il dégrade l'image de Dieu?* Le Poëte fait bien connoître dans cette Satire qu'il ne parle pas sérieusement.

En même temps que je crois qu'on peut perdre d'agréables momens dans la lecture des Poésies innocentes, je ne puis qu'admirer celui qui ne voulant s'occuper que de saintes vérités, néglige tout ouvrage qui n'a pas la religion pour objet; et j'avoue qu'à ses yeux le livre d'Homère, quoique le plus précieux ouvrage de l'esprit humain, comme l'a dit Pline, *pretiosissimum humani ingenii opus*, n'est cependant qu'un livre, suivant les termes de saint Augustin, agréablement frivole, *dulcissimè vanus*. Mais comme ces personnes si parfaites et si heureuses ne doivent pas condamner celles qui se délassent en lisant des Poésies sages, elles ne doivent pas mépriser la Poésie en général.

Horace dit qu'un Poëte doit être le premier précepteur d'un enfant : c'est à lui à former cette langue novice; à inspirer à cette tendre oreille de l'aversion pour les discours déshonnêtes, et à écarter les passions dangereuses de ce jeune cœur.

> Os tenerum pueri balbumque Poëta figurat,
> Torquet ab obscœnis jam nunc sermonibus aurem,
> Mox etiam pectus præceptis format amicis,
> Asperitatis et invidiæ corrector et iræ, etc.

Voilà ce que peu de Poètes sont capables de faire, et voilà cependant le principal objet de la Poésie. Soit qu'elle donne des préceptes comme la Lyrique et la Didactique; soit que, comme l'Epique et la Dramatique, elle donne des exemples par l'imitation d'actions véritables ou feintes, elle doit toujours avoir pour but de rendre les hommes meilleurs, et ne doit jamais peindre nos passions que pour nous apprendre à modérer celles dont l'excès est dangereux, ou à fuir celles qui sont criminelles. C'est de cette seule Poésie que j'ai entrepris la défense.

CHAPITRE II.

DE L'ESSENCE DE LA POÉSIE.

Après avoir réconcilié, comme je l'espère, la Poésie avec ses ennemis les plus redoutables, je vais m'occuper de ses différentes beautés, et en chercher la source dans la nature.

Les peuples les plus barbares ont eu toujours une espèce de Poésie et une espèce de musique; parce que la nature a donné à tous les hommes, et même aux animaux, des oreilles sensibles à l'harmonie. C'est en chantant que les nourrices appaisent les cris de leurs nourrissons; c'est en chantant que l'artisan s'anime dans son travail. A ces oreilles sensibles à l'harmonie, la nature a ajouté en nous, pour le bien de la société, un cœur si sensible aux passions, que l'homme est comme une lyre dont chaque corde toujours tendue est prête à répondre à la plus légère impression. Nous avons en même temps un esprit toujours avide d'apprendre, et curieux de nouveautés.

Il n'est donc pas étonnant qu'on ait rendu de tout temps de grands honneurs à la Poésie. Quels hommes pourroient être insensibles aux douceurs d'un langage qui sait tout à-la-fois charmer nos oreilles, émouvoir nos cœurs, contenter notre esprit, et entretenir notre curiosité? C'est par-là que les Poëtes ont trouvé le secret infaillible de nous plaire, en même temps qu'ils flattent nos oreilles par la cadence harmonieuse des vers. Tantôt en nous communiquant les transports qui les animent, ils remplissent nos cœurs de sentimens agréables; tantôt par une fidelle imitation, souvent plus agréable que la présence des objets imités, ils contentent notre esprit qui se plaît à juger de la vérité de l'imitation, et tantôt ils nourrissent notre curiosité par des fictions amusantes.

La Versification, l'Imitation, la Fiction, l'Enthousiasme, sont donc les principaux ressorts qui rendent la Poésie vivante; mais comme ils ne l'animent pas toujours tous ensemble, je vais chercher la cause principale de son empire sur nous, et tâcher de faire connoître quel est ce caractère qui n'est propre qu'à elle, et qui la distingue essentiellement de la prose.

Quoique la Versification soit toujours nécessaire, et que le peuple donne communément le nom de Poète à tout homme qui fait des vers, ce glorieux titre ne s'acquiert pas si aisément. La science de renfermer des mots dans une certaine mesure, n'a rien de grand ni d'admirable. Quelque étroite que soit la gêne de la versification, elle ne procure aucune gloire à celui qui sait uniquement s'y asservir : l'écrivain le plus médiocre s'y habitue sans peine; le Poète le plus sublime s'y soumet aussi, parce qu'on est toujours obligé d'obéir aux lois de son art. Mais ce n'est pas à cette obéissance qu'il doit sa grandeur :

> Neque enim concludere versum
> Dixeris esse satis.

Je ne m'arrêterai pas à prouver que l'Imitation, quoiqu'elle soit un des grands charmes de la Poésie, n'est pas seule ce qui fait son pouvoir : on n'en peut douter. Quoique la comédie soit une imitation des actions et des passions humaines, plusieurs personnes, comme dit Horace, disputent même à la comédie le nom de Poëme, parce que son style n'a ni force ni élévation :

> Quod acer spiritus ac vis
> Nec verbis, nec rebus inest, nisi quod pede certo
> Differt sermoni sermo merus.

L'élévation qui règne dans Platon et dans Démosthène feroit regarder leur style comme une Poésie, plutôt que le style des Poètes comiques, qui n'est différent du style ordinaire, dit Cicéron, que parce qu'il est composé de petits vers : *Nihil aliud est quotidiani dissimile sermonis, nisi quod versiculi sint.*

J'ai fait voir dans le chapitre précédent que c'étoit peu connoître la grandeur de la Poésie que de la croire inséparable des fables, et qu'elle peut aisément se passer de la Fiction, si par ce mot on entend les Fictions de récit *.

Puisque la Fiction ni l'Imitation ne sont point essentielles à la Poésie, et qu'on ne doit pas non plus prodiguer le nom de Poète à ceux qui ne savent que faire des vers, il me reste à chercher quel est celui à qui on ne peut refuser ce titre :

> Ingenium cui sit, cui mens divinior, atque os
> Magna sonaturum, des nominis hujus honorem.

On doit donner ce titre honorable, suivant Horace, à celui qui a un génie divin, et une bouche capable de faire entendre de grandes choses.

Il faut, suivant Pétrone, que le Poète parle un langage entièrement éloigné du langage du peuple, en sorte qu'il puisse s'écrier : « loin d'ici profane Vulgaire. » *Sumendæ voces à plebe summotæ, ut fiat : odi profanum vulgus.* Le

---

* Dans le chapitre sur la poésie didactique, je ferai voir qu'il faut distinguer la Fiction de récit et la Fiction de style, et qu'il n'y a point de Poésie sans la Fiction de style.

langage Poétique est bien plus éloigné du langage ordinaire dans les langues anciennes que dans les nôtres : j'en examinerai les raisons dans la suite. Cette manière de parler, différente de la manière vulgaire, donna à la Poésie une élévation que les anciens regardèrent comme une fureur divine, à laquelle ils donnèrent le nom d'enthousiasme. Cicéron s'excusant auprès de son frère de n'avoir pas composé les vers qu'il lui avoit demandés, lui dit que l'enthousiasme lui manque : *Abest* ἐνθουσιασμὸς

Nous pouvons, en nous servant du même terme, regarder l'enthousiasme comme l'essence de la Poésie; mais pour ne nous pas contenter d'un mot vague, il faut en même temps déterminer l'idée que nous y devons attacher.

Comme il paroît que Platon, dans le dialogue qu'il a intitulé *Ion*, n'a d'autre but que de railler un rapsode, nous regardons comme un jeu d'esprit ce qu'il met dans la bouche de Socrate sur l'enthousiasme. Si l'on en croit ce philosophe, ce n'est point l'art qui conduit les Poètes, c'est un souffle céleste qui les emporte. Semblables aux Corybantes et aux Bacchantes qui ne dansent qu'au moment où leur esprit est aliéné, les Poètes ne peuvent chanter qu'au moment où une fureur pareille les saisit. Cette fureur leur est inspirée par les Muses : ils l'inspirent à leur tour à ceux qui les écoutent; et de même qu'une pierre d'aimant communique sa vertu aux anneaux qu'elle attire, en sorte que ces premiers anneaux en attirent d'autres, et forment une chaîne suspendue à la pierre; ainsi l'homme qui récite bien les vers d'un grand Poète, inspire à ses auditeurs le feu dont il est saisi : ce feu lui est inspiré par le Poète dont il récite l'ouvrage, et le Poète l'avoit reçu d'un Dieu; en sorte que de chaque auditeur, si l'on remonte à celui qui récite les vers et à celui qui les a composés, l'on trouve une longue chaîne, dont le dernier anneau est suspendu à un Dieu.

Platon, après avoir plaisanté dans ce discours, parle sérieusement dans le *Phædrus*, lorsqu'il dit: « Quiconque » sans être en fureur, ἄνευ μανίας, approche de la Poésie, » persuadé que l'art seul le soutiendra, ne fera jamais » rien que d'imparfait. La Poésie d'un homme de sang-» froid disparoît devant celle d'un furieux. » Cicéron étoit dans le même sentiment, lorsqu'il disoit que toutes les autres sciences ont besoin des préceptes et de l'art; que le Poète seul tire toute sa force de la nature, de son génie, et de quelque inspiration céleste: *Poetam naturâ ipsâ valere, et mentis viribus excitari et quasi divino quodam spiritu afflari.* * Cette idée faisoit regarder les Poètes comme des personnes sacrées, et ils eurent grand soin de confirmer une opinion si avantageuse pour eux.

Sans m'arrêter à ce qu'ils ont dit de leur ivresse causée par les eaux de l'Hippocrène, et des nuits qu'il passoient à dormir sur le Parnasse; en même temps que je crois pouvoir avancer que l'essence de la Poésie consiste dans l'*enthousiasme*, loin de regarder cet enthousiasme comme l'effet d'une inspiration divine, je ne le regarde que comme un effet naturel des passions humaines; et c'est par cette raison qu'il est absolument nécessaire à la Poésie, qui est toujours le langage de quelque passion.

Pour en être convaincu, il suffit de considérer l'état violent où nous nous trouvons quand une passion nous agite, et le langage rapide et hardi, conforme à cet état: langage que la nature nous inspire, comme je l'expliquerai plus au long quand je parlerai du style figuré.

Ceux qui sont nés avec une forte et heureuse imagination, avec ce que nous appelons le génie, savent imiter ce langage rapide des passions: la vivacité qui les transporte comme hors d'eux-mêmes leur inspire alors de su-

* Pro Archia Poëtâ.

blimes

blimes pensées. Les paroles conformes à ces pensées, les expressions nobles et hardies, s'arrangent toutes seules dans une cadence harmonieuse, comme ces pierres, qui, au rapport des Poètes, marchant en cadence au son de la lyre d'Amphion, s'élevoient en ordre, et formoient les murs de Thèbes. Une méditation profonde, éclairée par une raison scrupuleuse, ne produiroit pas de pareils miracles. Aussi les vers qui sont le fruit de cet enthousiasme ont une beauté dont celle de la prose n'approche jamais; et quand on les lit, on se sent échauffé du même feu qui échauffoit le Poète quand il les composoit.

Voilà ce que Platon et Cicéron ont appelé fureur et inspiration divine, et ce que nous appelons enthousiasme et verve. Comme dans cet état le sang est dans un mouvement extraordinaire, et que l'ivresse poétique ressemble en quelque façon à l'ivresse naturelle, on a dit que Bacchus étoit le Dieu des Poètes, et que les vers composés par des buveurs d'eau, *quæ scribuntur aquæ potoribus*, ne pourroient être bons. Mais malgré l'éloge qu'Horace fait du vin, parmi les Poètes fameux je ne connois qu'Eschyle dont il soit dit, dans Athénée, qu'il étoit ivre quand il écrivoit ses tragédies. Si le fait est vrai, il n'est pas étonnant qu'elles exercent la patience des savans qui veulent les entendre.

Le mouvement violent des esprits animaux étant voisin de leur désordre et du trouble dans toute la machine, on a accusé de folie les Poètes, et tous ceux qui se livrent aux ouvrages de l'Imagination. Descartes rapporte dans une de ses lettres, que pendant l'accès d'une fièvre violente, il se trouva disposé à faire des vers : ce qu'il attribue au mouvement déréglé des esprits animaux pendant l'accès de la fièvre. Il n'est point de grand génie, suivant Sénèque, sans quelque mélange de folie, *nullum magnum ingenium sine aliquâ mixturâ dementiæ*. Si l'on excepte le

Tasse, qu'on dit avoir été sujet à de fréquens accès de folie, en trouvera-t-on quelqu'autre exemple parmi les grands Poëtes et les grands peintres? On a vu d'excellens Poëtes si sages dans la conduite de leur vie, et si sobres dans l'usage du vin, qu'on doit être persuadé que l'enthousiasme qui fait les Poëtes, n'est que ce feu d'imagination qui s'allume en eux, et qui ressemble à celui que la nature allume en nous dans le moment des passions ; et l'on ne sera point étonné que le langage poétique soit celui des passions, si l'on fait attention que les passions ont donné naissance à la Poésie.

La Joie fut la première passion qui inspira les Poëtes. *Carmina proveniunt animo deducta sereno* *. Comme elle inspira les danses et les chants, on chercha des paroles propres à ces chants : les hommes, après avoir recueilli, comme dit Horace, les biens de la terre,

<blockquote>
Condita post frumenta, levantes tempore festo
Corpus, et ipsum animum, etc.
</blockquote>

célébrèrent les bienfaits du ciel : de là naquit la Poésie lyrique, dont les premiers cantiques furent consacrés aux louanges des Dieux. Ainsi il ne faut pas s'étonner que Bacchus, le Dieu de la Joie, soit celui des Poëtes, *adsit lætitiæ Bacchus dator*.

La Tristesse inspire aussi le langage poétique, parce que l'âme plongée dans la douleur, la dépeint par les expressions les plus fortes. Tous les malheureux exagèrent la grandeur de leur affliction, et ne croient pas l'exagérer : ils s'imaginent que tous les objets qui les environnent la partagent avec eux. Moschus, pleurant la mort de Bion, s'imagine voir pleurer avec lui les oiseaux, les arbres, les fontaines, et toute la campagne. Le berger qui, dans une églogue de Virgile, déplore la mort

---

* Ovide.

de Daphnis, s'imagine que les lions, les montagnes, les forêts, pleurent Daphnis comme lui:

> Daphni, tuum Pœnos etiam ingemuisse leones
> Interitum, montesque feri, silvæque loquuntur.

La mort d'Adonis tant pleurée, donna apparemment naissance, chez les Païens, aux premiers cantiques de deuil. Il nous reste le petit Poëme de Bion sur cette mort. Simonide fit des vers si tristes, qu'on les appela *Lamentations*, et que Catulle les nomme des larmes, *mœstius lacrymis Simonideis*. Ovide par ses *Tristes* tâche de se consoler de son exil; et dans cet ouvrage il s'abandonne moins que dans les autres à la vicieuse fécondité de son esprit, quoique souvent il s'y abandonne encore plus que la tristesse ne le permet.

L'Admiration a produit différentes espèces de Poésie. Le Poète même qui écrit dans le genre didactique, quoiqu'il paroisse plus tranquille que les autres, ne débite pas froidement des préceptes ou des raisonnemens; mais transporté d'admiration pour quelques merveilles de la nature, ou pour quelques vérités importantes, il les chante aux hommes comme inspiré. Que Columelle écrive sur l'agriculture, il écrit en style simple des choses simples. Que Virgile en parle en vers, c'est un Poète qui chante: *Hinc canere incipiam*. Il invoque les Dieux, dont l'inspiration lui est nécessaire, parce que ce sont leurs présens qu'il va chanter, *munera vestra cano*.

L'admiration des grandes actions des héros a produit une plus grande Poésie. La lyrique les chanta d'abord: les Poètes voulurent ensuite les faire connoître, ou par le récit, ou par la représentation: ce qui donna naissance à la Poésie épique et à la dramatique. Homère semble né pour chanter les exploits, *Regumque, Ducumque, et tristia bella*. Quelles images lui inspire son admiration pour ses héros! Quand il voit Hector qui marche au combat avec les Troyens, il voit avec eux Bellone et Mars. Bellone conduit le soldats; Mars devance ou suit Hector comme son égal :

> On s'avance, l'horreur règne de toute part.
> Du côté des Troyens volent Bellone et Mars :
> Bellone est à leur tête, et marche la première;
> Mars dont on voit briller la lance meurtrière,
> Tantôt précède Hector, et tantôt suit ses pas. *Il.* 5.

Quand il voit Agamemnon au milieu de ses troupes, il voit dans un seul homme trois grands Dieux :

> Parmi tous ces guerriers dont la marche est si fière,
> D'Agamemnon leur roi brille la tête altière.
> Il a de Jupiter le front et les regards,
> La force de Neptune, et la taille de Mars. *Il.* 3.

Lorsque dans l'enthousiasme qu'excite en lui la force de son admiration, il dépeint deux armées prêtes à combattre, dans ces deux armées dont il admire également la valeur, il ne voit que divinités; ce sont elles qui conduisent tout, et qui font tout mouvoir :

> Tandis que des Troyens Mars enflamme le cœur,
> Minerve dans les Grecs souffle une égale ardeur.
> Ces deux divinités entraînent à leur suite
> Leur cortége cruel, la terreur et la fuite,
> Et du Dieu des combats la compagne et la sœur,
> La Discorde qui sait, sous un air de douceur,
> Perfidement cacher son courroux implacable,
> Et foible quelque temps, tout-à-coup redoutable,
> A les pieds sur la terre et le front dans les cieux.
> On la voyoit alors d'un pas audacieux
> Porter dans tous les rangs la fureur du carnage,
> Se nourrissant des maux que préparoit sa rage.
>
> Du terrible combat par les Dieux ordonné,
> L'instant arrive enfin, le signal est donné;
> Et sur son ennemi chaque guerrier s'élance.
> On voit homme contre homme, et lance contre lance.

> Des mourans, des blessés, des vainqueurs, des vaincus
> Les cris mêlés dans l'air ne se distinguent plus,
> Et de ruisseaux de sang la terre est inondée, etc.

Homère dans son enthousiasme se transporte au milieu des combattans, et nous y transporte avec lui.

Il est honteux pour les Poètes que la colère les ait si souvent inspirés : elle fit remporter à Archiloque un cruel triomphe ; elle a fourni à Juvénal ses mordantes hyperboles, *facit indignatio versum*. Quoique Boileau se soit appliqué ce vers, sa colère fut bien plus innocente, elle n'attaqua que les mauvais vers ; mais combien de nos Poètes moins sages que lui, se sont livrés à un cruel et honteux emportement, et que de fiel a coulé de leurs plumes ! Ils ont bien fait voir qu'ils n'avoient pas des âmes divines, et que le ciel ne les inspiroit pas.

De toutes les passions fécondes en Poètes, il n'en est point de comparable à celle de l'amour : elle est inépuisable. Properce ne doit ses vers ni à Calliope, ni à Apollon ; il doit tout son esprit à celle qu'il aime :

> Ingenium nobis ipsa puella facit.

Martial, pour faire des vers dignes de l'immortalité, ne demande qu'un objet capable de le charmer :

> Si victura petis carmina, da quod amem.

Pétrarque, en se plaignant de l'amour, reconnoît qu'il lui doit sa gloire, et que sans cette passion il n'eût jamais été qu'un homme vulgaire, *un' huom' del vulgo*.

Croirions-nous devoir à l'amour le sublime Corneille ? Il nous l'apprend lui-même :

> Charmé de deux beaux yeux, mon vers charma la cour ;
> Et ce que j'ai de nom, je le dois à l'amour.
> J'adorai donc Philis ; et la secrète estime
> Que ce divin esprit faisoit de notre rime,
> Me fit devenir Poète aussitôt qu'amoureux, etc.

L'amour a fait des Poëtes jusque dans l'Amérique ; et Montaigne rapporte quelques paroles de la chanson d'un Cannibale, qui loin d'être barbare, lui paroît *tout-à-fait Anacréontique*.

<small>L. 1. c. 30.</small>

La Poésie sainte, la plus ancienne et la plus sublime de toutes, est aussi le langage de ces mêmes passions, excepté de l'amour criminel : les cantiques des Prophètes et les Pseaumes sont des cantiques de joie, de tristesse, d'admiration, d'amour pour Dieu, et de colère contre les méchans.

La joie qu'excitoient les grands événemens opérés par la bonté de Dieu en faveur de son peuple, fit naître chez ce peuple la Poésie lyrique, et ces cantiques si communs chez les Hébreux, comme ceux de Moïse, de Débora, de Judith, etc. C'est dans un enthousiasme causé par un transport de joie, que l'auteur du Pseaume 44 s'écrie, en chantant de loin l'union de Jésus-Christ et de son Eglise :

> Tout mon cœur s'enflamme et bouillonne,
> Impatient de retenir
> Ce que l'esprit divin m'ordonne
> De révéler à l'avenir.
> La sainte fureur qui m'anime
> M'inspire un cantique sublime,
> Qu'à mon prince je vais chanter :
> Ma langue, fidelle interprète,
> Avec rapidité répète
> Ce que le ciel veut me dicter.
>
> O le plus beau des fils des hommes, etc.

C'est dans les transports d'une juste colère contre les Juifs, que Moïse, avant que de commencer ce cantique plein de reproches contre eux, qu'il fit étant près de la mort, s'adresse au ciel et à la terre, et impose silence à toute la terre : *audite, cæli, quæ loquor, audiat terra, etc.* paroles si bien rendues dans ce vers d'Athalie :

> Cieux, écoutez ma voix : terre, prête l'oreille.

Quelle colère anime l'auteur du Pseaume 82 contre les ennemis de Dieu! *Deus meus pone illos ut rotam, et sicut stipulam ante faciem venti.*

> Fais que moins stable qu'une roue,
> Ou que la paille dont se joue
> La plus foible haleine du vent,
> Voltige leur âme insensée,
> Et que de pensée en pensée
> Elle s'égare à tout moment.

Il veut que Dieu les confonde. *Imple facies eorum ignominiá... erubescant, et conturbentur, etc.*

> Couvre leurs fronts d'ignominie :
> Que leurs yeux, et que tous leurs traits,
> D'un cœur dont ta paix est bannie
> Révèlent les remords secrets, etc.

La tristesse a souvent inspiré aux Prophètes des cantiques de deuil. C'est dans l'accablement de la plus vive douleur que Jérémie, dans ses lamentations, dépeint Jérusalem assise et baignée dans les larmes, et les chemins de Sion gémissant, parce qu'on ne vient plus aux solennités de la Cité sainte. Quelle tristesse règne dans la première partie du Pseaume 21, dont les premiers mots ont été prononcés par Jésus-Christ expirant sur la croix !

> Mon Dieu, mon Dieu, pourquoi m'avez-vous oublié?

Le feu de l'amour divin brûle dans tous les Pseaumes. Ces saintes chaleurs confiées à la lyre de David, y vivent sans jamais s'affoiblir, *vivunt commissi calores.* Quelle ardeur règne dans le Pseaume 83! Quels transports!

> Oui, tout plein de l'objet que j'aime,
> Mon cœur se trouble, et ma chair même
> Tressaille au nom du Dieu vivant.

Quelles grandes images l'admiration n'a-t-elle pas inspirées aux auteurs des Pseaumes! La traduction de la Vulgate, quelque imparfaite qu'elle soit, n'en a pas éteint toute la chaleur poétique : tantôt le Seigneur est porté dans les nuées ; il marche sur les ailes des vents ; les montagnes se fendent devant lui ; il tient une coupe inépuisable dont il abreuve tous les pécheurs de la terre ; tantôt le soleil à son lever paroît un géant qui entre dans une longue carrière, ce que Rousseau a si heureusement imité :

> L'univers à sa présence
> Semble sortir du néant ;
> Il prend sa course, il s'avance
> Comme un superbe géant.
> Bientôt sa marche féconde
> Embrasse le tour du monde
> Dans le cercle qu'il décrit, etc.

Que ceux qui n'estiment pas les vers de piété reconnoissent la beauté de ceux-ci, celle des chœurs d'Athalie et d'Esther. Et que trouveront-ils de plus sublime dans Pindare, que cette strophe du même Poète !

> O sagesse, ta parole
> Fit éclore l'univers,
> Posa sur un double pole
> La terre au milieu des mers !
> Tu dis : et les cieux parurent,
> Et tous les astres coururent
> Dans leur ordre se placer, etc.

Je puis de tant d'exemples différens conclure que le style poétique est le style des passions. Lorsqu'un discours où règne ce style est encore embelli par l'harmonie des vers, alors il s'appelle Poëme, c'est-à-dire, l'ouvrage par excellence ; et celui qui l'a composé est appelé Poète, nom qui ne signifie pas créateur ou inventeur, comme le pensent quelques personnes, mais seulement ouvrier, comme si l'on vouloit dire l'ouvrier parfait.

Mais comment, dira-t-on, la Poésie peut-elle être le

langage des passions, puisqu'elle est toujours contrainte par la gêne des vers ? Un homme agité par un transport violent ne s'amuse point à mesurer ses paroles, ni à captiver ses mots.

Il faut distinguer dans la Poésie ce qui vient de la nature, et ce qui est ajouté par l'art. La nature inspire d'abord la rapidité du style et la hardiesse des figures : l'art vient ensuite, et pour rendre le style poétique encore plus rapide, et en même-temps plus harmonieux, le resserre dans les bornes de la versification ; et la versification ne fait que perfectionner l'ouvrage de la nature, comme je le ferai voir bientôt.

La Poésie naissante n'a point dû connoître d'esclavage, puisque les lois de l'art n'ont été établies qu'avec le temps et les réflexions. Quintilien nous le dit.[*] Et en effet, quoique quelques savans aient prétendu trouver des règles exactement suivies dans la Poésie des Hébreux, on convient assez généralement aujourd'hui que sa beauté ne consiste que dans la magnificence des pensées ; on remarque seulement dans le style plusieurs rimes, et quelques cadences observées à dessein ; mais on n'y remarque pas de règles constantes. Nous l'admirons cependant, parce que l'essence de la Poésie n'est pas la versification, mais la hardiesse et la vivacité du style.

Qu'on ne me soupçonne pas ici de ne regarder la versification que comme un ornement étranger. Je suis bien éloigné de croire qu'il y ait de la Poésie en prose, et je regarde la versification comme un ornement que l'art doit nécessairement prêter à la nature ; mais il est si évident que la Poésie ne consiste pas dans la versification, que de quelque manière qu'on défigure les ouvrages d'un

---

[*] Poema nemo dubitaverit, imperito quodam initio fusum, et aurium mensurâ, et similiter decurrentium spatiorum observatione esse generatum, mox in eo repertos pedes.

grand Poète, quoiqu'on le mette en pièces dans une mauvaise traduction, cependant on y trouve toujours ce qu'Horace appelle les membres épars d'un Poète déchiré, *disjecti membra Poëtæ.*

C'est ce qu'on trouvera encore dans la traduction que j'ai osé tenter d'un cantique d'Isaïe, quelque foible que soit cette traduction. J'ai dit en traduisant un endroit d'Homère, que je sentois combien je restois au-dessous de mon original; c'est ce que je sens encore mieux, quand je veux imiter quelque endroit de la Poésie de l'Ecriture sainte. Mais je rapporte ce morceau pour donner une idée de l'enthousiasme poétique.

Le Prophète, après avoir prédit aux Juifs leur retour de Babylone, et la punition du vainqueur qui les a tenus en captivité, tout-à-coup les fait parler eux-mêmes, et leur met dans la bouche ces paroles, que dans un transport de joie et d'admiration ils chanteront contre le roi de Babylone, dont ils auront vu la chute. *Isaïe. c.* 14.

Comment est disparu ce maître impitoyable,
Et comment du tribut dont nous fûmes chargés
  Sommes-nous soulagés?
Le Seigneur a brisé le sceptre redoutable
Dont le poids accabloit les humains languissans;
Ce sceptre qui frappa d'une plaie incurable
  Les peuples gémissans.

Nos cris sont appaisés : la terre est en silence,
Le Seigneur a dompté ta barbare insolence,
  O fier et rigoureux tyran.
  Les cèdres même du Liban
  Se réjouissent de ta perte.
« Il est mort, disent-ils, et l'on ne verra plus
  » La montagne couverte
» Des restes de nos troncs par le fer abattus. »

Roi cruel, ton aspect fit trembler les lieux sombres ;
Tout l'enfer se troubla : les plus superbes ombres

Coururent pour te voir.
Les rois des nations descendant de leur trône
T'allèrent recevoir :
« Toi-même, dirent-ils, ô roi de Babylone,
» Toi-même comme nous te voilà donc percé !
» Sur la poussière renversé
» Des vers tu deviens la pâture,
» Et ton lit est la fange impure.

» Comment es-tu tombé des cieux,
» Astre brillant, fils de l'Aurore ?
» Puissant roi, prince audacieux,
» La terre aujourd'hui te dévore.
» Comment es tu tombé des cieux,
» Astre brillant, fils de l'Aurore ? »

Dans ton cœur tu disois : « A Dieu même pareil,
» J'établirai mon trône au-dessus du soleil,
» Et près de l'Aquilon, sur la montagne sainte,
» J'irai m'asseoir sans crainte ;
» A mes pieds trembleront les humains éperdus » :
Tu le disois, et tu n'es plus.

Les passans qui verront ton cadavre paroître,
Diront, en se baissant pour le mieux reconnoître :
« Est-ce là ce mortel, l'effroi de l'univers,
» Par qui tant de captifs soupiroient dans les fers;
» Ce mortel dont le bras détruisit tant de villes,
» Sous qui les champs les plus fertiles
» Devenoient d'arides déserts ? »

Tous les rois de la terre ont de la sépulture
Obtenu le dernier honneur ;
Toi seul privé de ce bonheur,
En tous lieux rejeté, l'horreur de la nature,
Homicide d'un peuple à tes soins confié,
De ce peuple aujourd'hui tu te vois oublié.

Qu'on prépare à la mort ses enfans misérables :
La race des méchans ne subsistera pas ;
Courez à tous ses fils annoncer le trépas ;
Qu'ils périssent : l'auteur de leurs jours déplorables
Les a remplis de son iniquité.
Frappez, faites sortir de leurs veines coupables
Tout le malheureux sang dont ils ont hérité.

Que d'images, que de figures le Prophète rassemble ! On entend parler tour-à-tour les cèdres du Liban, les ombres des morts, les Juifs, le roi de Babylone, et les passans qui trouvent son corps. Ces figures sont si hardies, que l'orateur le plus animé n'oseroit les mettre en usage : la Poésie seule peut les employer.

Les exemples de cet enthousiasme, que je regarde comme l'essence de la Poésie, sont fréquens dans l'Ecriture sainte*. Quel homme doué d'un bon goût, quand même il ne seroit pas plein de respect pour elle, et qu'il liroit les cantiques de Moïse avec les mêmes yeux dont il lit les odes de Pindare, ne sera pas contraint d'avouer que ce Moïse, que nous connoissons comme le premier historien et le premier législateur du monde, est en même temps le premier et le plus sublime des Poètes? Dans ses écrits, la Poésie naissante paroît tout d'un coup parfaite, parce que Dieu même la lui inspire, et que la nécessité d'arriver à la perfection par degrés, n'est une condition attachée qu'aux arts inventés par les hommes. Cette Poésie si grande et si magnifique règne encore dans les Prophètes et dans les Pseaumes. Là brille dans son éclat majestueux cette véritable Poésie qui n'excite que d'heureuses passions; qui touche nos cœurs sans les séduire; qui nous plaît sans profiter de nos foiblesses; qui nous attache sans nous amuser par des contes frivoles et ridicules; qui nous instruit sans nous rebuter; qui nous fait connoître Dieu sans nous le représenter sous des images indignes de la divinité ; qui nous surprend toujours sans nous promener parmi des merveilles chimériques.

---

* M. Rollin (Hist. anc. c. 1. sur les Poètes) m'a fait l'honneur d'y insérer cet endroit, qu'il avoit tiré de ma Dissertation imprimée dans le sixième volume des Mémoires de l'Académie; mais comme il a oublié de me citer, je suis obligé de faire cette note, dans la crainte que quelqu'un ne me soupçonne de copier ici M. Rollin.

Agréable et utile, noble par ses expressions, hardie dans ses figures, admirable par les vérités qu'elle annonce, elle seule mérite le nom de langage divin.

Tout ce que je viens de dire sur la Poésie en général, ne peut être mieux confirmé que par ces paroles de M. Bossuet dans ses Réflexions sur l'Histoire Universelle : « Son style hardi, extraordinaire, naturel toutefois en ce » qu'il est propre à représenter la nature dans ses trans- » ports, qui marche, par cette raison, par de vives et » impétueuses saillies, affranchi des liaisons ordinaires » que recherche le discours uni, renfermé d'ailleurs dans » des cadences nombreuses, qui en augmentent la force, » suspend l'oreille, saisit l'imagination, émeut le cœur, » et s'imprime plus aisément dans la mémoire. »

Ces huit lignes de M. Bossuet contiennent le germe de tout ce que je dirai sur la Poésie. Qui a su en dire tant de choses en si peu de mots, la devoit connoître. Il semble cependant qu'il ait eu toujours quelque mauvaise humeur contre elle : je n'en soupçonnerai pas une raison pareille à celle que la mauvaise humeur de Platon m'a fait soupçonner.

Il ne suffit pas que le style hardi de la Poésie marche par des saillies impétueuses : ce n'est encore que le langage de la nature ; il faut qu'il observe dans sa marche, la mesure et les cadences qui conviennent à chaque nation : c'est le langage de l'art. Celui-là seul est Poète qui sait réunir ces deux langages.

Je vais examiner séparément l'un et l'autre. J'examinerai d'abord ce qui distingue le style de la Poésie du style de la Prose, et ce qui fait que les Poètes ont, pour ainsi dire, une langue particulière. J'examinerai ensuite les lois de la versification.

CHAPITRE III.

DU STYLE POÉTIQUE.

L'expression est l'âme de tous les ouvrages qui sont faits pour plaire à l'imagination. On n'exige de l'historien que la vérité des faits ; on ne demande aux philosophes que la justesse des raisonnemens. Lorsqu'à ces qualités qui sont indispensables pour eux, ils ajoutent celles qui font l'agrément du style, on les lit avec plus de plaisir; mais de quelque façon qu'ils aient écrit, l'utilité qu'on retire de leurs ouvrages oblige à les lire. Il n'en est pas de même de l'orateur et du Poète. L'un veut nous émouvoir pour nous persuader; l'autre veut nous amuser agréablement : il faut que l'un et l'autre nous réveillent continuellement par des impressions qui nous rendent attentifs à ce qu'ils nous disent ; nous ne les écoutons qu'autant qu'ils plaisent à nos oreilles par les charmes de l'expression.

Le succès de leurs ouvrages dépend plus souvent de l'expression que de la régularité du dessein et de la justesse des pensées ; et l'expression est bien plus difficile à trouver pour eux que le reste. Un homme d'esprit peut trouver par la réflexion l'exacte ordonnance d'un sujet, et les pensées convenables à ce sujet; mais la réflexion n'apprend point à les bien exprimer : c'est le don du génie. L'expression distingue le grand génie de l'homme ordinaire, le véritable orateur du discoureur commun, et le Poëte que la nature a formé, de celui qui ne l'est que par art.

Quoique M. Huet, qui avoit une tendresse toute particulière pour Chapelain, ait soutenu que la Pucelle étoit un Poëme admirable pour l'ordonnance, et où toutes les règles de l'épopée étoient exactement observées; quoiqu'il ait témoigné du regret de ce qu'on ne donnoit pas au public la seconde partie de ce Poëme, que Chapelain a achevée, et qu'on conserve manuscrite; le public, loin de la demander, a cessé de lire la première, sans examiner si l'ordonnance étoit régulière ou non. M. Huet a plaidé seul la cause d'un Poëte abandonné; et tout Poëte le sera toujours, quelque sujet qu'il traite, lorsqu'il ne saura pas s'attacher des lecteurs par les grâces de l'expression.

Le style poétique dont je vais parler est différent du style ordinaire par deux caractères principaux :

1°. Par un usage plus fréquent et plus hardi de figures ;

2°. Par un arrangement de mots, qui n'étant point toujours assujetti aux liaisons ordinaires de la prose, forme une langue particulière aux Poëtes. Je parlerai d'abord des figures, et je parlerai ensuite de la langue poétique.

ARTICLE PREMIER.

Du Langage figuré.

Quintilien prétendoit qu'il étoit impossible de terminer la dispute qui régnoit de son temps entre les philosophes et les grammairiens au sujet des figures, en décidant combien on en devoit compter de classes, et combien d'espèces chaque classe devoit renfermer. Scaliger, dans sa Poétique, se vante d'avoir su le premier ranger les figures dans leur classe, ce que jusqu'à lui, dit-il, on n'avoit pu faire, faute de l'esprit philosophique. La grande découverte de Scaliger consiste à faire cette réflexion sur les figures : « Ou elles disent le plus, comme l'*hyperbole;* » ou le moins, comme la *litote;* ou le contraire, comme » l'*antiphrase;* ou une seule chose en plusieurs façons, » comme la *périphrase*, etc. » Suivant cette division, qui ne paroît pas demander un si grand effort de philosophie, il range en différentes classes toutes les figures.

Quand son travail termineroit la dispute dont a parlé Quintilien, l'utilité n'en seroit pas grande. Que nous importe de nommer toutes les espèces de figures, et de leur régler des classes ? Cherchons seulement leur origine et leur utilité.

Aristote* croit trouver leur origine dans cette inclination qui nous porte à admirer tout ce qui est étranger. Les mots figurés n'ayant plus leur signification naturelle, nous plaisent, à ce qu'il croit, par leur déguisement, et nous les admirons à cause de leur apparence étrangère.

Presque tous les rhéteurs définissent les tropes et les figures, *des façons de parler éloignées des façons simples et communes.* M. Rollin répète après Quintilien, qu'elles doivent leur origine à l'indigence des mots propres, et qu'elles ont contribué à l'ornement du discours, de même que les habits qu'on n'a cherchés d'abord que par la nécessité de se couvrir, ont ensuite servi de parure; et il ajoute que « l'ingénieuse adresse qui fait chercher au loin » des expressions étrangères à la place des naturelles qui » sont sous la main, est la cause du plaisir que nous fait » le style figuré.** »

Mais pourquoi nous servons-nous presque malgré nous

---

* Rhét. liv. 3.
** De la manière d'étudier les Belles-Lettres.

de termes figurés en tant d'occasions où les termes naturels ne nous manquent pas? Ces expressions, *une maison triste, une campagne riante, le froid d'un discours, le feu des yeux, etc.* sont à tout moment dans la bouche de ceux qui cherchent le moins de métaphores, et y sont plutôt que les expressions naturelles.

Ce n'est pas non plus la hardiesse d'aller chercher au loin des expressions étrangères, que nous admirons, puisqu'elles cessent de plaire sitôt qu'elles paroissent cherchées au loin. Nous donnons le nom de *nuée* à cet amas de traits que deux armées lançoient autrefois l'une contre l'autre; et cet amas qui obscurcissoit l'air, présente naturellement l'image d'une nuée; mais l'appeler, avec Brebeuf,

> Un nuage homicide, et des meurtres volans,

c'est une hardiesse qui, quoiqu'ingénieuse, déplaît, de même que celle du Marini lorsqu'il appelle le rossignol

> Son volant, voix en plume, et plume harmonieuse;

ou quand il nomme la rose

> L'œil du Printemps, la fleur des fleurs les plus chéries,
> Prunelle de l'Amour, et pourpre des prairies.

Nous condamnons les images que l'esprit va chercher bien loin, et que la nature ne présente pas.

Le sentiment d'Aristote sur les figures a plus de vraisemblance, puisque certains mots doivent quelquefois toute leur grâce à l'air étranger sous lequel on les déguise; et même cet air étranger en fait recevoir qui n'oseroient se présenter sous leur air véritable. Ce mot, *entrailles*, que dans sa signification propre ne veut point recevoir le style noble, où, quoiqu'on dise *percer le cœur, percer le sein,* on ne dit point *percer les entrailles ;* ce mot employé par Corneille dans le style figuré plaît :

> Où Rome par ses mains déchiroit ses entrailles ;

et il exprime la tendresse paternelle dans ces vers que Thésée adresse à son fils :

> Je t'aimois ; et je sens que malgré ton offense
> Mes entrailles pour toi se troublent par avance.

Je ne puis croire cependant, ni avec Aristote, que les figures soient des expressions déguisées pour plaire par leur déguisement, ni, avec Quintilien et M. Rollin, qu'elles soient des expressions que l'indigence des mots propres a fait emprunter, lorsque je fais réflexion que nous parlons sans le vouloir un langage figuré toutes les fois que nous sommes animés par une violente passion. C'est alors que les mots étrangers se présentent d'eux-mêmes si naturellement, qu'il seroit même impossible de les rejeter, et de ne parler qu'en mots simples. Pour s'en convaincre, il ne faut qu'écouter une dispute entre des femmes de la plus vile condition : on ne les soupçonnera pas d'aller chercher bien loin les expressions ; cependant quelle abondance de figures ! Elles prodiguent la *métonymie,* l'*hyperbate,* la *catachrèse,* l'*hyperbole,* et tous ces autres tours de phrase, qui ne sont, malgré les noms pompeux que leur donnent les rhéteurs, que des façons de parler très-communes.

Le langage figuré n'est donc que le langage ordinaire de la nature dans les circonstances où nous le devons parler : elle ne nous l'inspire pas toujours, parce que nous n'en avons pas toujours besoin. Dans une conversation tranquille, où il ne s'agit que de faire entendre ce que nous pensons, les mots simples nous suffisent ; mais quand il est de notre intérêt de persuader aux autres ce que nous pensons, et de faire sur eux une impression pareille à celle dont nous sommes frappés, la nature nous dicte le langage qui y est propre. Elle est attentive à nous fournir tous les secours qui nous sont nécessaires ; et de même que pour la conservation de notre corps, elle nous fait faire dans les dangers de prompts mouvemens que la réflexion n'avoit pas le temps de nous apprendre, elle fournit à notre âme un secours convenable à nos besoins, en nous inspirant un langage propre à persuader ceux à qui nous parlons, parce qu'il leur plaît ; et il leur plaît, parce qu'il les remue, et réveille en eux les passions dont il présente la peinture ; ils ont en même temps le plaisir de juger de la vérité des peintures : ainsi l'origine du style figuré est dans la nature, et l'imitation est la source du plaisir qu'il nous cause.

Ce langage est commun à toutes les nations, parce que les passions sont communes à tous les hommes ; mais comme elles ne sont pas partout également fortes ; que leur vivacité dépend de l'âge, du tempérament et du climat, le style figuré n'est pas non plus le même partout. La nature uniforme dans le fond des choses, varie dans l'exécution : en Orient, où elle est, pour ainsi dire, dans toute sa chaleur, le style est plus abondant en figures, et les figures y sont plus hardies ; de là vient que certaines images peuvent plaire à certains peuples, et déplaire à d'autres. L'usage des figures n'est pas égal partout, quoique le style figuré soit partout en usage.

Les philosophes mêmes sont forcés d'y avoir recours, pour nous attacher à la lecture de leurs écrits, dans la crainte que les vérités les plus intéressantes ne deviennent ennuyeuses dans un style trop simple. Je ne parle pas de Platon, qui est Poète autant que Philosophe, et qui a toujours eu la passion des vers : je parle d'un Philosophe plein de mépris pour les vers, du fameux ennemi de l'imagination, qui cependant pour plaire à la nôtre s'abandonne souvent à la sienne. Le P. Mallebranche, pour nous élever à son système des idées, met en usage tous les agrémens du style; et pour nous rendre probable son système sur la Grâce, il nous l'expose sous tant d'images, qu'il paroît plus souvent Poète que Théologien. Lorsque même il veut nous expliquer les mouvemens intérieurs du sang dans le trouble des passions, il développe ce secret de la nature avec autant de poésie que de physique. Je n'en citerai que cet exemple:

Il arrive quelquefois que la pâleur d'un homme qui vient de recevoir un coup mortel, excite la compassion dans le cœur même de son meurtrier; ce que l'auteur de la nature a établi pour le bien des hommes. Cette compassion naturelle est bien exprimée dans ces vers de Virgile:

> At verò, ut vultum vidit morientis et ora,
> Ora modis Anchisiades pallentia miris,
> Ingemuit, miserans graviter, dextramque tetendit.

C'est le meurtrier lui-même qui tend sa main en gémissant. Cette compassion peut, je l'avoue, sauver quelquefois la vie au malheureux, en intéressant pour lui, celui même qui vouloit la lui arracher; mais pourrons-nous nous persuader que la nature ait ordonné que quand le malheureux n'auroit pu obtenir sa grâce par ses gémissemens, la mort se peindroit sur son visage, afin que cette image rendît l'ennemi immobile, et qu'aussitôt le malheureux reprendroit l'air du suppliant, pour frapper une seconde fois une âme plus capable qu'auparavant de s'attendrir? C'est ce que le P. Mallebranche veut nous faire entendre par une description pleine d'images. Les premiers gémissemens du suppliant ne font, selon lui, qu'augmenter la fureur de l'ennemi; et si le suppliant restoit toujours dans la même contenance, sa perte seroit inévitable: « Mais la vue terrible et inopinée des traits de
» la mort peints par la nature sur le visage d'un misé-

» rable, arrête, dans le persécuteur même, les mouvemens
» des esprits et du sang, qui le portoient à la vengeance;
» et dans ce moment de faveur et d'audience, la nature
» retraçant sur le visage de ce misérable qui commence
» à espérer, l'air pitoyable du suppliant, les esprits ani-
» maux du persécuteur reçoivent la détermination dont
» ils n'étoient pas capables auparavant, et le font incliner
» aux raisons de charité et de miséricorde. » Quand ce
moment d'audience ne seroit qu'une fiction du philosophe, il suffit pour mon sujet qu'il l'ait décrit avec tant
d'imagination.

Si les philosophes qui nous exhortent à nous méfier
toujours d'elle, ont besoin comme les autres de son style,
combien doit-il être nécessaire à ceux qui cherchent à
plaire par elle, c'est-à-dire, aux Orateurs et aux Poètes?
Les prédicateurs qui ne songent qu'à convaincre, ne l'emploient pas comme ceux qui cherchent à émouvoir. Le
style du P. Bourdaloue n'est pas celui du P. Massillon.
L'un parle pour répandre la lumière dans les esprits, il
éclaire, il instruit; l'autre ne veut jamais qu'attaquer le
cœur. Que d'images, que de figures il met en usage! Quelle
fécondité et quelle sagesse d'imagination! Il y a toujours
cependant entre les Orateurs les plus vifs et les Poètes,
une grande différence. Les Orateurs ayant à persuader,
ne doivent pas paroître emportés par la seule imagination,
ce qui leur feroit perdre la confiance qu'ils veulent s'attirer. C'est pour cela que lorsqu'ils emploient des figures
hardies, ils en demandent la permission par ces phrases
ordinaires, *pour ainsi dire; il me semble; s'il m'est permis
de parler ainsi*. Mais les Poètes qui ne veulent qu'étonner
et enchanter, ne demandent point de pareilles permis-
sions : les figures les plus hardies sont comme familières
à leur style, qui est le langage des passions, comme je
l'ai fait voir dans le précédent chapitre.

Je ne prétends pas nommer toutes les figures : leur nombre est infini ; je ne prétends pas non plus instruire de la manière dont on les doit employer : c'est la nature qui l'apprend. Je ne veux que donner quelques exemples de celles qui distinguent particulièrement la Poésie de la Prose, comme la *périphrase*, la *métaphore*, et la *comparaison*.

§. I. *De la Périphrase.*

J'en parle, non-seulement parce qu'elle embellit beaucoup la Poésie, mais parce qu'elle est nécessaire à toute Poésie, et surtout à la nôtre, qui par un caprice bizarre ne veut point admettre un très-grand nombre de mots. Il semble qu'elle dédaigne d'appeler les choses par leurs noms. Combien d'animaux ne pouvons-nous nommer dans les vers nobles, dont les noms ornoient la Poésie grecque et latine ! La génisse a un privilége que la vache n'a pas ; un coursier ennoblit un vers que le cheval deshonoreroit. Quoique le mot de charrue ne soit ni bas ni rude, un Poète qui diroit aux laboureurs,

> Que j'entende gémir vos bœufs sous la charrue,

ne nous rendroit pas l'harmonie de ce vers de Virgile :

> Depresso incipiat jam tum mihi taurus aratro
> Ingemere.

Pourrions-nous décrire toutes les parties d'un char, comme l'ont fait Homère et Virgile, en nommant, en détail, le timon, les jantes, les moyeux des roues, etc. Nous nommons les armes des anciens, les flèches, les dards, le bélier. Notre artillerie n'est pas si heureuse en vers : nous ne nommons dans le style pompeux, ni le fusil, ni la poudre à canon. Boileau se sert de ces périphrases :

> Le plomb vole à l'instant...
> Du salpêtre en fureur l'air s'échauffe et s'allume.

>Affronter la tempête
>De cent foudres d'airain tournés contre sa tête.

Cette figure est très-nécessaire aux Poëtes, qui, pour se faire une langue particulière, affectent de ne point parler d'une manière commune. *Non loin de ces lieux* leur paroît plus noble que *près de ces lieux*. Ils comptent par les saisons plutôt que par les années, par trente hivers plutôt que par trente ans. Au lieu du nombre qu'ils veulent désigner, ils nomment le suivant ou le précédent :

>Plus de douze attroupés, craindre le nombre impair.

Boileau qui se sert de cette périphrase pour dire treize, au lieu de nommer sa satire douzième, veut que cette satire

>Se vienne en nombre pair joindre à ses onze sœurs.

C'est ainsi que Virgile désigne la douzième année :

>Alter ab undecimo jam tùm mihi cœperat annus ;

et que dans Ovide le dixième nombre est celui qui suit le neuvième, et précède le onzième :

>Posterior nono est, undecimoque prior.

Cette figure n'est pas toujours employée par mépris pour les mots propres : elle est très-utile pour éviter la répétition des mêmes mots ; et par elle les Poëtes qui présentent souvent les mêmes objets, peuvent les présenter sous des images nouvelles. Rousseau, au lieu de nommer *Horace*, le *Zéphir*, l'*Aquilon*, *Epictète*, *Alexandre*, se sert de ces périphrases, l'*amant de Glycère*, le *volage amant de Clytie*, le *fougueux époux d'Orithye*, l'*esclave d'Epaphrodite*, le *fier meurtrier de Clitus*. Dans la tragédie de Britannicus, où Néron est nommé *César, empereur, Do-*

mitius, Agrippine lui trouve un autre nom, quand elle veut le rendre méprisable :

> D'un côté l'on verra le fils d'un empereur
> Redemandant la foi jurée à sa famille,
> Et de Germanicus on entendra la fille;
> De l'autre, l'on verra le fils d'Enobarbus.

Dans ces vers, Britannicus est le fils d'un empereur; Agrippine est la fille de ce Germanicus, tant chéri des Romains; et Néron n'est que le fils d'un Enobarbus.

§. II. *De la Métaphore.*

C'est par elle que tout est vivant dans la Poésie. Moïse, non content de donner des armes à Dieu, donne du sentiment à ses armes :

> Oui, ma colère enfin va punir leurs forfaits;
> De leur sang criminel j'enivrerai mes traits :
> Mon glaive n'épargnant ni le sexe ni l'âge,
> Sera rassasié de meurtre et de carnage.   ***Deut.* 32.**

Dans la Poésie d'Homère, non-seulement les flèches ont des ailes, l'ardeur de la vengeance les anime :

> Et la flèche en furie, avide de son sang,
> Part, vole à lui, l'atteint, et lui perce le flanc.

Lorsque de tant de traits lancés contre Ajax, les uns percent son bouclier, les autres tombent en chemin, ces derniers sont en fureur :

> Et sur la terre épars, de leur rage frustrés,
> Ils demandent le sang dont ils sont altérés.

L'Araxe paroît à Virgile indigné du pont que fait construire le vainqueur, *pontem indignatus Araxes*.

Cette hardiesse qui donne du sentiment aux êtres qui

n'en ont point, est ordinaire aux passions ; ce que n'ont point observé ceux qui ont critiqué ce vers :

>Le flot qui l'apporta recule épouvanté.

« La douleur, disent-ils, ne cherche pas les ornemens. » Ce n'est pas non plus un ornement que cherche Théramène : il parle le langage de la douleur, qui lui fait croire que toute la nature a horreur comme lui de ce monstre.

Par ce style qui personnifie tout, les choses les plus communes deviennent nobles dans la bouche des Poètes. Que de Poésie Rousseau emploie pour faire entendre qu'on ne doit pas compter sur un de ces beaux jours qui semblent annoncer la fin de l'hiver ! Il s'adresse à un arbrisseau :

>Jeune et tendre arbrisseau, l'espoir de ce verger,
>Fertile nourrisson de Vertumne et de Flore,
>Des fureurs de l'hiver redoutez le danger,
>Et retenez vos fleurs qui s'empressent d'éclore,
>Séduites par l'éclat d'un beau jour passager.

Aux conseils il ajoute les exemples :

>Imitez la sage Anémone,
>Craignez Borée et ses retours ;
>Attendez que Flore et Pomone
>Vous puissent prêter leur secours.
>Philomèle est encor muette ;
>Progné craint de nouveaux frissons,
>Et la timide Violette
>Se cache encor sous les gazons.

Le même Poète nous présente souvent des métaphores qui nous surprennent par leur agréable nouveauté, comme quand il fait dire à un rimeur qui se vante de ne rien devoir aux anciens :

>Mon Apollon ne règle point sa note
>Sur le clavier d'Horace et d'Aristote.

Et quand il lui dit :

> Trouveras-tu, raisonnons de sang froid,
> Dans les tiroirs de ton génie étroit
> Ces grands pinceaux, etc.

Tant d'autres exemples qu'on peut tirer de ses ouvrages, prouvent que notre langue n'est pas si timide qu'on le croit, et que sa hardiesse dépend de l'habileté de ceux qui s'en servent, comme je le ferai voir dans la suite.

Il est vrai que certaines images peuvent être agréables dans une langue, et désagréables dans une autre : nous n'oserions pas donner des pieds au tonnerre, et dire à Dieu, comme Pindare :

> Puissant maître des cieux, dont les mains redoutables
> Font rouler le tonnerre aux pieds infatigables.

Nous ne dirons point avec l'auteur du Pseaume 4 : *Mes larmes sont mon pain*; et ce vers d'Ovide, qui rend la même métaphore :

> Cura, dolorque animi, lacrimæque alimenta fuere,

ne plairoit pas en notre langue :

> Mes chagrins et mes pleurs furent mes alimens.

Nous faisons courir la flamme de l'amour dans les veines :

> Je sens de veine en veine une subtile flamme, etc.
> BOILEAU.

mais nous ne pouvons la faire couler jusque dans la moelle des os, comme a fait Virgile, *it flamma medullas*; et ces expressions d'une de nos hymnes, *totis amor æstuans medullis*, ne peuvent être rendues littéralement en notre langue.

Telle image déplaît à un peuple, et plaît à un autre, sans qu'on puisse en donner d'autre raison que le caprice des langues. Quelquefois aussi des opinions particulières à un peuple en sont la cause. L'auteur du Pseaume 17, peint la colère de Dieu en disant : *La fumée monte à ses narines*, ce que Buchanan a traduit :

> Flammeus afflato de naribus æstus anhelo
> Undabat.

Cette image ne choquoit ni les Hébreux ni les Grecs, qui regardoient le nez comme le siége de la colère; mais comme nous n'avons pas la même opinion, et que d'ailleurs le *nez*, par une de ces bizarreries de langue dont j'ai parlé, et dont on ne peut rendre raison, ne peut être nommé dans le style noble, comme le *front*, les *yeux*, etc., cette image ne peut plaire dans nos vers; et nous ne pouvons goûter aujourd'hui la manière dont Marot a rendu cet endroit du Pseaume :

> En ses naseaux lui monta la fumée,
> Feu âpre issoit de sa bouche allumée,
> Si enflambé en son courage étoit
> Qu'ardens charbons de toutes parts jetoit.

Quoique l'image sous laquelle le prophète représente Dieu faisant boire la coupe de sa colère aux pécheurs, soit heureusement rendue dans Athalie :

> Ils boiront dans la coupe affreuse, inépuisable,
> Que tu présenteras au jour de ta fureur
> A toute la race coupable.

cette image est cependant moins naturelle aujourd'hui que dans les temps reculés, parce qu'elle faisoit alors allusion à ces rois des festins, qui forçoient les conviés à boire.

Comme la force des taureaux est dans les cornes, ces expressions *cornua peccatorum*, *cornua justi*, sont fréquentes dans les Pseaumes. Le vin, dit aussi Horace, *addit cornua pauperi*. Cette métaphore qu'ont encore employée Pétrarque et le Tasse, nous est interdite; et nous ne parlons pas même des cornes des fleuves, quoiqu'ils en aient de poétiques, que Malherbe a voulu leur conserver :

> Qui n'a vu dans leurs combats
> Le Pô mettre les cornes bas?

Indépendamment des opinions particulières à certains peuples, il est certain que notre imagination, moins vive que celle des Orientaux, rejette des images qui leur paroissoient belles. Nous ne dirions pas, pour exprimer la famine : *Dieu a brisé le bâton du pain*, métaphore qu'on trouve dans le Pseaume 104. Et la manière dont Job dépeint l'éclipse, quoiqu'elle représente la facilité avec laquelle Dieu fait les plus grandes choses, ne plairoit pas dans notre langue :

> Ce Dieu tient dans sa main l'astre de la lumière ;
> Il la ferme : et pour nous le soleil est perdu.
> Il la r'ouvre : à nos yeux le soleil est rendu.
>   Job. 36.

La description d'un poisson monstrueux, que fait Job, c. 41, ne peut jamais être agréable dans notre langue: « Qui osera ouvrir les portes de sa gueule? La terreur » habite autour de ses dents. Ses écailles sont comme des » boucliers d'airain fondu. Lorsqu'il éternue, il jette des » éclats de feu qui brillent comme la lumière du matin ; » il vomit des lampes qui brillent comme des torches » ardentes ; ses narines jettent une fumée pareille à celle » de l'eau qui bout sur un brasier ; son haleine allume » les charbons, et la famine marche devant lui. » Cette description poétique nous fait connoître jusqu'où les Orientaux poussent l'hyperbole et la métaphore.

Chardin, qui dans ses voyages soutient que la Poésie est le talent des Persans, et la partie de la littérature dans laquelle ils excellent, rapporte quelques endroits de Sadhy, leur fameux Poète. On y trouve cette même hardiesse de métaphore. Selon lui, « Dieu met à l'un la
» couronne sur la tête, jette l'autre dans la boue; pare
» l'un d'un manteau de félicité, couvre l'autre d'un sac
» de malheur; du bout du doigt porte le soleil d'Orient
» en Occident; d'un souffle fait voguer les grands navires,
» et de l'abyme du néant fait revenir dans les plaines de
» l'être. »

§. III. *De la Comparaison.*

Notre imagination, moins vive que celle des Orientaux, emploie cette figure avec plus de ménagement. Un amas de comparaisons entassées les unes sur les autres nous fatigueroit. Rousseau, dans sa belle imitation du cantique d'Ezéchias, ne rend pas non plus toutes celles de l'original, dont quelques-unes ne seroient pas de notre goût. Nous ne dirions pas : « Ma vie est roulée, comme
» la tente que roule un berger pour l'emporter. Le fil de
» mes jours est coupé par le Seigneur, comme le fil de
» la toile est coupé par le tisserand. » Le même Poète, dans son imitation du Ps. 18, n'a pu rendre dans toute leur étendue les deux comparaisons qui peignent dans l'original le lever et la marche du soleil. « Cet astre passe
» la nuit dans la tente que Dieu a dressée pour lui à une
» extrémité du ciel. Le matin il en sort, comme un époux
» brillant sort de sa couche; ensuite il part d'une extré-
» mité du ciel pour arriver à l'autre, comme un athlète
» qui vient disputer le prix de la course, et entrer en
» lice ». Quelque majestueuses que soient ces comparaisons, elles le sont moins pour nous que pour les

Hébreux, parce qu'elles n'ont plus rien de conforme à nos coutumes.

Les Poëtes tirent ordinairement leurs images des objets qui leur sont les plus familiers. C'est par cette raison que dans la Poésie des Hébreux, les montagnes, les cèdres, les taureaux, les tentes, et tous les objets de la campagne, fournissent si souvent des images. La Poésie d'Homère est admirable par le nombre et la variété des comparaisons : il semble qu'Homère mette à contribution toute la nature, pour qu'elle lui fournisse à tout moment de nouveaux objets. Ceux qui lui reprochent de trop étendre ses comparaisons, et de les charger de détails inutiles, ne font pas attention que dans les récits que fait le Poëte, il peut s'arrêter à ces détails. Une comparaison est un tableau qu'il présente; et pourvu que les principales figures du tableau aient avec l'objet un juste rapport, le rapport exact des autres parties du tableau n'est pas nécessaire. Le peintre ajoute des objets qui ne servent que d'ornemens.

C'est avec la même injustice qu'on reproche à Virgile la bassesse de quelques-unes de ses comparaisons : il les choisit à dessein pour délasser le lecteur par la variété des objets. Quand il parle de grandes choses, il tire ses comparaisons de choses très-simples qu'il ennoblit par l'expression : il compare les travaux immenses d'un peuple qui bâtit une ville, aux travaux des abeilles. Mais quand il parle de petites choses, il tire ses comparaisons des plus grands objets : il compare les abeilles aux Cyclopes.

Les comparaisons étant employées pour répandre plus de lumière, elles sont très-condamnables quand elles sont obscures; et ce défaut est commun à celles de Milton, qui d'ailleurs désigne souvent les choses par des périphrases que les savans seuls peuvent entendre. Lorsqu'il compare la matière du soleil à l'or potable, en comparant ensemble deux objets inconnus, il appelle l'or potable cette « compo-

» sition que les philosophes cherchent vainement, quoi-
» qu'ils aient poussé le grand art jusqu'à fixer le mercure
» volatil, et qu'ils fassent sortir de l'Océan, sous des
» formes différentes, le vieux Protée desséché. »

Non-seulement les objets comparés doivent être inconnus, mais leurs rapports doivent l'être aussi; et quels rapports peut-on trouver dans cette comparaison que va chercher le Tasse, chant 17? « De même, dit-il, qu'un
» musicien avant le concert, prélude à basse voix pour
» disposer les oreilles de l'auditeur à l'harmonie; de même
» Armide avant que de parler à Renaud, prélude par des
» soupirs, pour le disposer à entendre ses reproches. »
Tout est faux dans cette comparaison.

La justesse des rapports, toujours nécessaire, n'empêche pas que deux objets d'une nature toute différente ne puissent être comparés ensemble, lorsque l'habileté du Poëte y fait trouver un rapport de fiction : ces comparaisons allégoriques sont même plus agréables que les autres, parce qu'elles sont moins attendues. On voit avec plaisir dans la Henriade la vertu toujours pure d'un homme qui vit à la Cour, comparée à cette fameuse fontaine qui coule dans la mer, au rapport des Poëtes, sans y perdre la douceur de ses eaux :

>Jamais l'air de la Cour, et son souffle infecté,
>N'altéra de son cœur l'austère pureté.
>Belle Aréthuse, ainsi ton onde fortunée
>Roule au sein furieux d'Amphytrite étonnée,
>Un cristal toujours pur et des flots toujours clairs,
>Que jamais ne corrompt l'amertume des mers.

L'immobilité d'un homme, qui quoiqu'agité intérieurement à la vue d'un grand danger, paroît tranquille, parce qu'il songe au parti qu'il doit prendre, est ingénieusement comparée par Homère à ce calme qui règne sur la mer, malgré la noirceur qui se répand sur sa surface, un moment avant l'orage : *Iliade* 14.

> Nestor, que tant de maux frappent d'étonnement,
> Immobile et muet, les contemple un moment.
> Ainsi lorsque les vents méditant le ravage,
> Pour forcer leur prison réunissent leur rage,
> Et sont prêts à s'ouvrir un chemin dans les airs ;
> Quoique dans cet instant qui menace les mers,
> Une épaisse noirceur couvre l'onde immobile,
> Son empire jamais ne parut plus tranquille.
> Les vents partent : la mer se soulève en fureur ;
> Son empire est celui du trouble et de l'horreur.

On sent assez que les comparaisons étendues ne peuvent trouver place dans la tragédie, quoiqu'on en trouve dans les tragédies anglaises et italiennes. Elles ne conviennent pas entre des personnes qui s'entretiennent : c'est au Poète à les faire, quand il parle lui-même, et quand il est dans l'enthousiasme. Quoiqu'Homère en soit si prodigue, sa sagesse est remarquable : il n'en met aucune dans le premier livre de l'Iliade ; il n'est pas encore assez animé ; mais dans la suite, et surtout lorsqu'il décrit les combats, il les entasse les unes sur les autres. Dans l'Odyssée, où il raconte tranquillement, on ne trouve presque point de comparaisons, excepté dans le livre vingt-deux, parce qu'il est plein de combats. La comparaison qui orne infiniment la Poésie épique, convient aussi à l'enthousiasme de la Poésie lyrique. Une ode peut commencer heureusement par une double comparaison, comme celle d'Horace, l. 4 :

> Qualem ministrum fulminis alitem, etc.

Boileau commence un chant de l'Art Poétique par une comparaison :

> Telle qu'une bergère aux plus beaux jours de fête, etc.

et

et j'ai vu plusieurs personnes ne pas désapprouver ce début d'un chant d'un autre Poëme :

> Tel que brille l'éclair qui touche au même instant
> Des portes de l'Aurore aux bornes du Couchant ;
> Tel que le trait fend l'air sans y marquer sa trace,
> Tel et plus prompt encor part le coup de la Grâce.

Je n'ai rapporté cet exemple que parce que je n'en connois point d'autre, d'un chant didactique, commençant par une double comparaison.

§. IV. *Le style figuré est nécessaire à toute Poésie.*

Tous les Poëtes doivent pratiquer le conseil que leur donne Boileau :

> De figures sans nombre égayez vos ouvrages ;
> Que tout y fasse aux yeux de riantes images.

Ce style de fiction qui doit régner dans les Poëmes de tout genre relève la sécheresse de la Poésie didactique, comme je le ferai voir lorsque je parlerai des Poëmes de ce genre. C'est par ce style plein d'images, qui se trouve rarement dans Lucrèce, et toujours dans Virgile, que tout paroît vivant dans les Géorgiques, de même que dans les Epîtres d'Horace, où sans l'harmonie d'une versification nombreuse, nous trouvons une agréable Poésie. Les comparaisons étendues ne conviennent point à la tragédie ; mais les comparaisons abrégées, c'est-à-dire, les métaphores, y sont nécessaires, et elle fait usage de toutes les figures les plus vives que la passion puisse inspirer, comme la prosopopée, l'apostrophe, etc. Cornélie, dans la douleur, s'adresse à l'urne de Pompée. Phèdre croit que les voûtes de son palais vont prendre la parole pour l'accuser ; elle s'imagine aussi descendre aux Enfers pour y être jugée, et elle croit que Minos, effrayé de la voir, laisse tomber de ses mains l'urne terrible. Clytemnestre, lorsqu'on lui enlève sa fille, apostrophe la mer, le soleil, et croit entendre la foudre. Ces grandes figures ne doivent être placées que dans les peintures des grandes passions; mais les autres doivent régner dans toute la tragédie, qui languit, quelqu'intéressant que soit le sujet, si le Poëte ne réveille point par un style rempli d'images.

C'est aux défauts du style qu'on doit, à mon avis, attribuer la disgrâce étonnante de tant de tragédies, qui, quoique bien conduites, n'ont pas eu un succès durable. Leur naissance fut heureuse; la nouveauté y fit courir; le sujet intéressa; la représentation les soutint quelque temps, et elles tombèrent ensuite dans l'oubli, parce qu'apparemment l'expression ne les grava point dans notre mémoire.

Il me suffit pour le prouver, de tirer un moment de ses ténèbres l'Iphigénie de le Clerc, et de comparer un endroit de cette pièce avec un endroit de l'autre Iphigénie, où la même chose soit exprimée.

L'Agamemnon de le Clerc décrit ainsi le calme qui arrêta l'armée en Aulide :

> Les Grecs, prêts à partir, brûloient d'impatience
> D'aller faire sur Troie éclater leur vengeance,
> Lorsqu'un calme soudain répandu sur les eaux,
> Près ce triste rivage arrêta nos vaisseaux.

L'autre Agamemnon décrit ainsi le même événement :

> Nous partions, et déjà par mille cris de joie
> Nous menacions de loin les rivages de Troie :
> Un prodige étonnant fit taire ce transport.
> Le vent qui nous flattoit nous laissa dans le port.
> Il fallut s'arrêter, et la rame inutile
> Fatigua vainement une mer immobile.

Si l'on veut comparer encore l'endroit où Clytemnestre se jette aux pieds d'Achille, on verra comment deux

Poëtes peuvent, en disant la même chose, parler tout différemment. Lorsque l'Hippolyte de Pradon s'exprime ainsi :

> Depuis que je vous vois j'abandonne la chasse ;
> Et quand j'y vais, ce n'est que pour penser à vous ;

il ne sait que dire son état ; et l'autre Hippolyte sait le peindre :

> Mon arc, mes javelots, mon char, tout m'importune.
> Je ne me souviens plus des leçons de Neptune,
> Et mes coursiers oisifs ont oublié ma voix.

On estime la conduite de quelques tragédies de Campistron; mais il languit presque partout par l'expression. Irène, forcée par son devoir de se séparer d'Andronic, se contente de lui dire :

> Où m'entraîne une force inconnue ?
> Ah, pourquoi venez-vous chercher encor ma vue ?
> Partez, prince, c'est trop prolonger vos adieux.

Monime, que le même devoir oblige à se séparer de Xipharès, décrit ainsi le combat qui se passe en elle :

> Je sais qu'en vous voyant, un tendre souvenir
> M'arrachera du cœur quelque indigne soupir ;
> Que je verrai mon âme en secret déchirée,
> Revoler vers le bien dont elle est séparée, etc.

Irène parle en prose; tout ce que dit Monime est de la Poésie.

On a reproché à Quinault la foiblesse de ses vers, parce qu'en effet, quoique fécond en sentiment, et souvent heureux en pensées, il ne s'élève presque jamais par l'expression. Je n'examine point ici s'il auroit dû s'élever davantage, et si les vers faits pour être mis en chant, doivent avoir une certaine mollesse. Je me contente d'observer que la versification de Quinault, pleine de sentiment, est presque toujours dépouillée d'images. Il fait dire au vieux Thésée qui se flatte que ses victoires doivent, aux yeux de celle qu'il aime, cacher sa vieillesse :

> Je ne suis plus au temps de l'aimable jeunesse;
> Mais je suis roi, belle princesse,
> Et roi victorieux.

Mithridate, plein de cette même idée, la rend par ces images :

> Jusqu'ici la fortune et la victoire même
> Cachoient mes cheveux blancs sous trente diadêmes;
> Mais ce temps-là n'est plus; je régnois, et je fuis.
> Mes ans se sont accrus, mes honneurs sont détruits,
> Et mon front dépouillé d'un si noble avantage,
> Du temps qui l'a flétri laisse voir tout l'outrage.

On croit voir tomber à terre tous les diadêmes que portoit Mithridate; on croit voir paroître ses cheveux blancs, et les rides de son front. Ce style est, comme je l'ai dit, le style poétique, parce que la Poésie emploie les figures plus fréquemment et plus hardiment que la Prose ne les emploie.

ARTICLE SECOND.

De la Langue poétique.

Lorsque ceux qui étudient une langue étrangère, après avoir fait assez de progrès pour entendre les historiens et les orateurs, viennent aux Poëtes, ils se trouvent quelquefois dans un pays si inconnu, qu'ils ont besoin de nouveaux guides. Celui qui commence à entendre la Genèse, est surpris de ne plus rien entendre, quand il arrive aux bénédictions de Jacob, parce que de la langue ordinaire il passe à la langue poétique ; et par la même raison, il peut ne point entendre le style des discours de

Job, quoiqu'il entende le commencement et la fin du même livre. Celui qui étudie le grec éprouve la même chose, et lorsqu'après avoir lu Hérodote et Démosthène, il vient à Eschyle, à Sophocle, à Pindare, il se trouve à tout moment arrêté, et surtout dans les chœurs des tragédies. Dans le deuxième livre de Cicéron de l'orateur, Antoine, après avoir porté son jugement sur les historiens grecs, étonné de ce qu'on le félicite de sa science dans cette langue, répond modestement qu'il a lu ceux qui ont écrit l'histoire dans cette langue ; mais qu'il n'a jamais osé approcher de ses Poëtes : *Poëtas omnino, quasi alienâ linguâ locutos, non cogor attingere.* La différence entre la Prose et la Poésie latine est moins grande : on entend cependant plus aisément Cicéron et Tite-Live, que les Odes d'Horace, que Catulle, Properce, Juvénal et Perse. On trouve la même différence entre la Prose et la Poésie italienne. Quoiqu'on lise sans peine Bentivoglio et Guichardin, on se trouve arrêté quelquefois dans le Tasse et dans l'Arioste, plus souvent dans Pétrarque, et presque à chaque pas dans le Dante. Plusieurs Anglais avouent qu'ils ont de la peine à entendre Milton : en sorte que dans toutes les langues, la Poésie paroît avoir toujours sa langue particulière ; et dans la nôtre même, les Poëtes paroissent plus difficiles aux étrangers, que nos écrivains en Prose.

Puisque les Poëtes se vantent de parler la langue des Dieux, le langage du ciel ne doit pas être le même que celui qu'on parle sur la terre. Aussi, quand Homère nomme quelque chose, il dit souvent : « C'est le nom que les Dieux » lui donnent, et les hommes lui en donnent un autre. » Mais comment se peut-il faire que la Poésie qui est soumise à la même syntaxe que la Prose, et qui emploie les mêmes mots, ait une langue différente ?

Il est vrai qu'elle emploie ordinairement les mêmes

mots, mais elle les range dans un autre ordre; et quoiqu'elle soit soumise à la même syntaxe, elle n'est point obligée à la même obéissance, « parce que son style af- » franchi de liaisons ordinaires, marche par de vives et » impétueuses saillies, » suivant le passage de M. Bossuet, que j'ai déjà cité. Comme elle a besoin de tours et de locutions convenables à sa vivacité, elle a des priviléges que n'a point la Prose, et ces priviléges ne sont pas les mêmes chez toutes les nations.

Ils furent grands chez les Grecs, dont les Poëtes pouvoient employer à la fois * plusieurs dialectes, alonger, raccourcir les mots, en inventer de nouveaux, et même changer quelquefois la quantité des syllabes. Les Romains qui suivoient, comme dit Martial, des Muses plus sévères, *qui Musas colimus severiores,* ne permirent pas à leurs Poëtes de changer le nombre des syllabes; mais Horace ne croit pas pouvoir leur refuser la liberté de faire des mots nouveaux, « pourvu, dit-il, qu'ils en usent » sobrement, et que ces mots composés du grec, *parcè* » *detorta*, aient une origine connue. »

Les priviléges qu'on accorde à la Poésie doivent toujours être conformes au génie de chaque langue; et faute d'avoir consulté le génie de la leur, ceux que nos anciens Poëtes voulurent s'attribuer furent ridicules. Ronsard qui croyoit pouvoir composer un mot de deux autres mots réunis, à l'exemple des Grecs, appeloit une meule de moulin:

Du moulin brise-grain la pierre ronde-plate.

Son style pédantesque fut regardé quelque temps comme

* Les ennemis d'Homère ont dit qu'il lui étoit aisé de faire des vers dans une langue composée à sa fantaisie. Il ne nous est point permis de faire une pareille objection, puisqu'elle a paru ridicule à Aristote, bon juge de sa langue. Il détruit cette objection dans sa Poétique, c. 23.

notre langue poétique. Ronsard fut admiré de son siècle, et même des savans. Le cardinal du Perron disoit que les autres Poètes étoient venus dans une langue faite, mais que Ronsard étoit venu lorsque la nôtre étoit encore à faire, en sorte qu'il l'en appeloit le père. Ronsard s'étoit acquis une si grande autorité, qu'offenser sa langue, c'étoit en offenser le maître, ce qui donna lieu au proverbe *donner un soufflet à Ronsard*. Il en a bien essuyés depuis : la liberté qu'il se donnoit d'alonger et d'accourcir les mots, et d'en faire de nouveaux, cessa d'éblouir; on reconnut le ridicule de son style; les Poètes qui, par le même amour pour l'antiquité, voulurent faire des vers français suivant la quantité des syllabes brèves ou longues, n'eurent pas un sort plus heureux.

Chaque langue a son style et son harmonie. Malherbe s'aperçut le premier de celle qui convenoit à notre versification, et nous apprit à la goûter. Le style de Ronsard grec et latin en Français, devint barbare : nous rejetâmes des grâces étrangères et forcées, résolus de nous contenter des nôtres, qui, quoique moins brillantes que celles des Grecs et des Romains, sont toujours des grâces, lorsqu'elles sont naturelles. Malherbe, il est vrai, loin d'admirer notre langue, disoit qu'elle n'étoit propre qu'à faire des chansons : une oreille aussi délicate que la sienne, ne trouvoit pas notre langue assez harmonieuse. Il avoit tort cependant de la mépriser : quoique nous cultivions des Muses bien plus sévères que celles des Latins, nos Muses ne sont pas méprisables.

Comment, dira-t-on, peuvent-elles avoir un style qui leur soit propre dans une langue qui suit en esclave une syntaxe timide et scrupuleuse? Le P. du Cerceau prétendoit que notre Poésie n'étoit différente de notre prose que par l'inversion : quoiqu'il eût fait beaucoup de vers, il ne connoissoit pas bien son art. L'inversion ajoute beaucoup de noblesse, lorsque sans causer la moindre obscurité, dont notre langue est toujours ennemie, elle tient l'attention suspendue, comme à la fin de cette stance de Malherbe :

> Et tombent avec eux d'une chute commune
> Tous ceux que leur fortune
> Faisoit leurs serviteurs.

Mais l'inversion est si peu nécessaire, qu'on n'en trouve aucune dans les deux fameuses stances qui précèdent celle-ci. Tous les mots y sont rangés dans leur ordre naturel, ainsi que dans ces beaux vers de Boileau, où tous les mots suivent l'ordre de la syntaxe :

> La canicule en feu désola les campagnes ;
> L'Aquilon en fureur gronda sur les montagnes ;
> Le chardon importun hérissa les guérêts ;
> Le serpent venimeux rampa dans les forêts.

Le premier vers d'Athalie,

> Oui, je viens dans son temple adorer l'Eternel,

n'est pas plus poétique que le seroit celui-ci :

> Oui, je viens adorer l'Eternel dans son temple ;

et le second vers,

> Je viens selon l'usage antique et solennel,

ne l'est pas moins que le seroit celui-ci :

> Je viens selon l'antique et solennel usage.

L'inversion qui règne dans nos meilleurs vers, est rarement plus forte que celle que la prose admet, parce que notre langue, toujours amie de la clarté, rejette tout ce qui peut causer quelque obscurité.

Cependant, dira-t-on, si nos Poètes, qui n'ont pas le privilége qu'ont pris ceux des autres nations, et que prennent aussi les Anglais, de raccourcir ou d'alonger les mots, d'en adopter de nouveaux, et de renverser l'ordre de la syntaxe, ne peuvent pas même s'en écarter par une inversion qui cause la moindre obscurité, ils parlent donc comme nous, et nous n'avons pas une véritable Poésie.

Dans une langue aussi sage que la nôtre, la Poésie ne doit point avoir avec la Prose une différence si sensible que dans les autres langues. C'est pour cela que cette différence ne nous frappe pas, mais elle frappe les étrangers. Les hardiesses de notre Poésie sont sages, à la vérité; mais elle a aussi ses hardiesses, et nous avons une langue poétique qui sait quelquefois s'affranchir des liaisons ordinaires du discours, et qui est remarquable, surtout, par des tours de phrase conformes à sa vivacité, et par une alliance heureuse et nouvelle de mots ordinaires : c'est ce que je prouverai dans la suite par des exemples. Il est important d'éclaircir auparavant ce que je viens d'avancer.

Comme ce n'est point dans une stérile abondance de mots que consiste la beauté d'une langue, mais dans ces tours de phrase qui expriment la vivacité et la force des pensées, ceux qui possèdent bien la langue dans laquelle ils écrivent, ne cherchent point à inventer des mots nouveaux, ils n'étudient que l'ordre dans lequel ils doivent ranger ceux qu'ils trouvent établis par l'usage. L'art de les mettre à leur place, qui est l'art de bien écrire, ne s'apprend ni dans la grammaire, ni dans les dictionnaires, et n'est point connu des médiocres auteurs. Faute de sentir la force des expressions, et d'en faire un bon choix, ils ne font qu'un bizarre assemblage de mots, qui sont, comme dit Rousseau, le clinquant du discours :

> Et qui, par force et sans choix enrôlés,
> Hurlent d'effroi de se voir accouplés.

Mais les grands génies leur trouvent leur place, et par

des alliances heureuses enrichissent la langue. Cicéron, dans le Livre de l'Orateur, dit que la langue est une cire molle entre les mains qui la savent tourner *. Les mots sont à tout le monde, mais tout le monde n'en sait pas faire usage. C'est ce que Montaigne a senti de même, quoique la langue de son temps fût encore imparfaite. « Le » maniement et emploi des beaux-esprits, dit-il, donne » prix à la langue, non pas l'innovant, mais la remplissant » de plus vigoureux et divers services : ils n'y apportent » point de mots, mais ils enrichissent les leurs, leur appre- » nant des mouvemens inaccoutumés, mais prudemment » et ingénieusement. » Ce que Montaigne a envisagé de loin, et a commencé, nos grands écrivains l'ont exécuté dans la suite ; et ce sont surtout les Poëtes qui portent les langues à leur perfection, parce que non - seulement ils étudient le pouvoir d'un mot mis à sa place, mais ils savent encore, par une liaison fine et juste de mots déjà connus, inventer des tours nouveaux, et par-là ils donnent à la langue sa justesse, sa grâce, sa force et son harmonie.

La langue grecque, qui reçut ses premiers charmes de la plume d'Homère, fut portée à son plus haut point de perfection par Aristophane, Sophocle et Euripide; mais la langue d'Homère n'a point changé : son harmonie a fait, tant de siècles après lui, l'admiration d'habiles maîtres en cette langue, de Platon, de Denys d'Halicarnasse, de Longin ; en sorte que le père de la Poésie est aussi le père de cette langue, qui semble faite particulièrement pour la Poésie. La langue latine, que Lucrèce et Plaute commencèrent à polir, fut perfectionnée par Térence, Virgile et Horace ; et la langue italienne fut redevable de sa beauté au Dante et à Pétrarque.

* Ea nos, cùm jacentia sustulimus è medio, sicut mollissimam ceram ad nostrum arbitrium formamus et fingimus.

Quelqu'ancien que soit le Dante aujourd'hui, il est regardé par les Italiens éclairés comme un modèle pour la force de l'expression. « Jamais Poëte, dit Gravina, » ne s'exprima avec plus de vivacité et d'énergie, parce » qu'il concevoit plus profondément qu'un autre, et que » la force avec laquelle on s'exprime, vient de celle avec » laquelle on conçoit. » Le même critique ajoute, que non-seulement la grandeur du génie du Dante lui inspiroit ses expressions, mais que la grandeur de son sujet les lui inspiroit aussi ; au lieu qu'après lui, Pétrarque et Bocace n'ayant traité que des sujets d'amour, l'un pour chanter Laure, l'autre pour plaire à la fille du roi de Naples, plusieurs des termes du Dante furent oubliés et hors d'usage : « ce qui fut cause, dit-il, que notre langue » perdit sa vigueur, et que ce divin Poëme devint obs- » cur. » Il répète la même plainte dans une lettre latine adressée à M. Maffei : « Si l'usage, dit-il, n'a point, pour » notre malheur, adopté tant de tours que le Dante avoit » fournis, n'en accusons que la mollesse efféminée des » écrivains qui l'ont suivi : *muliebrem scriptorum, qui* » *ei successére, mollitiem.* »

Notre langue a été portée et fixée à son point de perfection, et par nos grands Poëtes, et par de graves et solides écrivains. Qui n'admire dans le style de M. Pascal, la justesse des expressions, l'élégance des tours, l'exactitude des rapports dans les membres d'une phrase ; et qui n'est étonné de ce qu'aucun des mots dont il se servoit il y a près de cent ans, n'est hors d'usage aujourd'hui ? On admire encore la pureté et la force du style des *Essais de Morale*, et toutes les richesses du style de la *Recherche de la Vérité*. Lorsque M. Rollin se mit à écrire en français, à cinquante ans, on fut étonné qu'un homme qui n'avoit paru jusqu'alors versé que dans les langues grecque et latine, fût si habile dans la sienne : M. Pascal, M. Nicole, le P. Mallebranche, et M. Rollin, n'ont appris la langue, ni dans les réflexions des puristes, ni dans l'usage de ce qu'on appelle le beau monde, qu'ils ne fréquentoient point, ni dans l'Académie, dont ils n'étoient pas. Mais comme ils pensoient mieux que d'autres, ils s'exprimoient mieux que d'autres. L'habileté à manier sa langue, est le fruit, non pas de l'étude, mais du génie. Quiconque conçoit profondément, et écrit ce qu'il possède bien, les tours et les expressions viennent sous sa plume.

Gardons-nous bien d'accuser de vieillesse le style de Corneille, à cause de quelques vieux mots qui s'y trouvent encore : soyons persuadés au contraire que Corneille a contribué aussi à la perfection de notre langue. Cet esprit mâle et vigoureux savoit s'exprimer comme il pensoit, et nous pouvons lui appliquer ce que Gravina dit sur le Dante : « Il ne fait point de mots nouveaux, et son » autorité n'a fait passer ni *invaincu*, ni *exorable*; mais, » quelle énergie dans l'expression, et que de mots heu-» reusement unis ensemble pour la première fois ! »

Quoiqu'aspirer signifie prétendre à quelque chose d'élevé, il l'unit à descendre, pour dépeindre la vanité de l'ambition de l'homme :

    Il se ramène en soi n'ayant plus où prétendre,
    Et monté sur le faîte, il aspire à descendre.
                            Cinna.

Avec quelle force il nous peint les trois favoris du vieux Galba ! Ses expressions sont encore plus fortes que celles de Tacite : *Servorum manus avidas, et tanquam apud senem festinantes.*

    Je les voyois tous trois se hâter sous un maître,
    Qui chargé d'un long âge, a peu de temps à l'être,
    Et tous trois à l'envi s'empresser ardemment
    A qui dévoreroit ce règne d'un moment.
                         Othon.

Quel autre avoit dit avant lui, dévorer un règne? Quelle hardiesse d'expressions, pour dire qu'Attila ne peut plus parler, parce que le sang le suffoque :

> Ce n'est plus qu'en sanglots qu'il dit ce qu'il croit dire.

et dans cette même tragédie,

> Quoi, ta vertu qui craint de trop paroître au jour,
> Attend, les bras croisés, qu'il t'immole à ton tour!
> ATTILA.

il faut un Corneille pour dire une vertu qui attend les bras croisés, et pour dire encore des chefs en idée. Sertorius dit à Pompée qu'il sera son lieutenant, et Pompée lui répond :

> De pareils lieutenans n'ont des chefs qu'en idée.

Je ne crains point que le reproche que Gravina fait aux successeurs du Dante, d'avoir énervé la langue italienne, en ne parlant que d'amour, soit jamais fait au successeur de Corneille. Loin qu'il ait énervé la langue française, voici le jugement que porte de son style un Poète*, dont l'éloge n'est pas suspect, et dont les termes sont remarquables : « Il s'étoit fait, dit-il, par une intelligence par- » ticulière, une langue qui n'appartenoit qu'à lui seul. » Combien d'alliances de mots, inusitées jusqu'à lui, dont » on n'a presque pas aperçu l'audace! Ce qu'il inventoit » sembloit plutôt manquer à la langue que la violer. » Nous ne sentons plus aujourd'hui, parce que nous y sommes accoutumés, ces alliances de mots, qui furent d'abord une audace. En voici quelques exemples :

Chatouiller la foiblesse du cœur.

> Ce nom de roi des rois, et de chef de la Grèce,
> Chatouilloit de mon cœur l'orgueilleuse foiblesse.
> IPHIGÉNIE.

* La Mothe, Discours sur la Tragédie.

Une servitude qui fatigue le tyran même :

> Leur prompte servitude a fatigué Tibère.

parce qu'en effet, comme dit Tacite, *Tiberium tam projectæ servientium patientiæ tædebat.*

Avertir la cour de nous quitter :

> Souffrez quelques froideurs sans les faire éclater,
> Et n'avertissez pas la cour de vous quitter.
> BRITANNICUS.

Sentir son cœur qui s'éloigne de soi :

> Que mon cœur de moi-même est prêt à s'éloigner.
> BÉRÉNICE.

Dicter un silence :

> Sa réponse est dictée, et même son silence.
> BRITANNICUS.

Affliger la misère :

> J'ai tantôt sans respect affligé sa misère.
> IPHIGÉNIE.

Quoiqu'on puisse demander comment un naufrage peut être élevé au-dessus d'une gloire, on ne s'aperçoit pas dans ces vers de Mithridate, de cette alliance de mots, parce que tout est clair :

> Et qu'il n'est point de rois, s'ils sont dignes de l'être,
> Qui sur leur trône assis n'enviassent peut-être
> Au-dessus de leur gloire un naufrage élevé,
> Que Rome et quarante ans ont à peine achevé.

Si l'on me demande à qui il est permis d'écrire de cette manière, je répondrai que c'est à celui qui a su la faire approuver.

Nous disons à la mort du dernier descendant d'un homme illustre, que sa maison est éteinte ; mais nous ne disons pas que le chef de cette maison est éteint; cependant, lorsque le grand-prêtre, dans Athalie, fait espérer que Dieu, un jour, doit tirer Joas du tombeau,

> Et de David éteint rallumer le flambeau.

cette épithète, qui accompagneroit mal tout autre nom, semble faite pour celui de David, la lumière d'Israël, d'où doit sortir la lumière des nations.

Cette expression, marcher son égal, ne conviendroit pas entre deux rivaux communs; entre deux grands-prêtres, elle rend l'*Incedo Regina* de Virgile:

> Je ceignis la tiare, et marchai son égal.

Lorsque Longepierre, dans sa Médée, a dit sur les liens du sang,

> Nœuds tout-puissans, on ne vous rompt jamais,
> Et l'on n'efface point d'ineffaçables traits.

il a voulu imiter ce vers d'Athalie :

> Pour réparer des ans l'irréparable outrage, etc.

et il a fait voir dans cette imitation, qu'il ignoroit l'usage d'un mot mis à sa place.

Une seule épithète, suivant qu'elle est placée, dit beaucoup plus que bien des mots, comme dans ce vers de la tragédie de Bérénice :

> Dans l'Orient désert, quel devint mon ennui !

La vivacité de la Poésie rend fréquens dans la nôtre, ces tours que nous nommons des Gallicismes, dont on sait que le même Poète a fait tant d'usage; et l'on admire souvent ces tours, quoiqu'on n'y trouve pas une exacte construction.

Ne contraignons point les habiles Poètes, ni même les habiles orateurs à suivre timidement une syntaxe timide. C'est à eux à parler en maîtres. Les règles sont établies pour qu'on écrive bien; ceux qui savent bien écrire n'ont pas besoin d'elles. *Est quædam negligentia diligens,* dit Cicéron. Ce qu'on croit faute, est quelquefois ce que le même Cicéron appelle *non ingratam negligentiam hominis de re magis quàm de verbis laborantis.* C'est ce que je pourrois prouver par un grand nombre d'exemples tirés des Oraisons funèbres de M. Bossuet; mais pour ne point quitter les Poètes, ce vers d'Hermione, dans Andromaque :

> Je t'aimois inconstant, qu'aurois-je fait fidelle ?

celui de Mithridate :

> Et mes derniers regards ont vu fuir les Romains.

et celui de Malherbe, que Boileau répétoit souvent dans sa vieillesse :

> Je suis vaincu du temps, je cède à ses outrages.

seroient tous trois moins beaux, s'ils étoient plus réguliers. Les hardiesses, qui sans ôter à la phrase sa clarté, la rendent plus vive, sont favorables dans la Poésie, qui rejette souvent l'exactitude grammaticale. Ce n'est pas que je veuille que la langue poétique soit sans règles. Le principe de Boileau est certain :

> Sans la langue, en un mot, l'auteur le plus divin
> Est toujours, quoi qu'il fasse, un méchant écrivain.

On doit obéir aux règles; mais cette obéissance n'est point un esclavage pour ceux qui cherchent à plaire dans une langue vivante, parce que tant qu'elle est soumise à l'usage, elle peut recevoir des exceptions à ses règles, et qu'elle les reçoit surtout des auteurs qui l'ayant étudiée avec

avec soin, se sont acquis sur elle une espèce d'autorité dont ils n'usent qu'à son avantage; et quand nous jugeons ces auteurs sur la seule rigueur des règles, il nous arrive souvent de condamner ce qui n'est pas condamnable.

Je ne puis, à cette occasion, me dispenser de parler de deux ouvrages connus : le rapport qu'ils ont à cette matière m'y oblige.

§. *Observations sur le Livre intitulé* Notes Grammaticales sur les Tragédies de Racine, *et sur la réponse à ce Livre, intitulée* Racine vengé.

Lorsque le premier ouvrage parut, quelque lecteurs furent étonnés qu'un Poète dont ils avoient entendu vanter la pureté de style, eût cependant donné lieu à tant de notes critiques. Les uns me dirent qu'il étoit de mon devoir de prendre sa défense; les autres, au contraire, soutinrent que je ne pouvois me charger de cette cause, parce qu'il s'agissoit, disoient-ils, d'un auteur qu'il ne m'étoit permis ni de louer, ni de reprendre.

Ce dernier sentiment seroit vrai, si ses tragédies n'étoient exposées au jugement du public que depuis quelques années : comme le succès en seroit encore incertain, ce seroit à moi à l'attendre en silence; mais aujourd'hui le jugement est prononcé; et lorsque les ouvrages d'esprit vivent avec gloire depuis quatre-vingts ans*, on ne doit plus douter qu'ils ne soient du petit nombre de ceux que le temps a marqués du sceau de son approbation. Il ne s'agit donc plus d'examiner si ces tragédies sont dignes d'estime ou non : le temps, ce souverain juge, a fait cet examen ; ainsi je puis, comme un autre, remarquer les beautés qui ont rendu leur succès constant; et je puis

---

* Andromaque fut jouée en 1668.

puis aussi remarquer, à ce que je crois, puisqu'aucune production de l'esprit humain n'est parfaite, ces fautes légères :

> Quas aut incuria fudit,
> Aut humana parum cavit natura.
> HORACE.

Ces fautes ne font point de tort à la réputation de l'auteur ; et loin que l'intention de M. l'abbé d'Olivet ait été de la diminuer, l'exactitude avec laquelle il suit cet auteur pas à pas, prouve l'estime qu'il en fait.

Le fils de Cicéron qui n'est connu que par la violence qu'il exerça contre un homme qui parloit mal de son père, fut d'autant plus condamnable en cette occasion, qu'on ne doit jamais s'offenser des discours d'un ennemi méprisable. Les jugemens dictés par la jalousie ou par l'ignorance, ne peuvent nuire aux bons ouvrages, qui reçoivent au contraire un nouveau lustre des critiques les plus sévères, quand elles sont éclairées.

Si nos célèbres auteurs revenoient parmi nous, charmés de voir toujours leurs écrits entre nos mains, quel plaisir auroient-ils de se voir cités encore au tribunal de la critique ! Ils se soumettroient sans peine à des censures où l'envie n'a plus de part, comme à la naissance de ces ouvrages, et ils avoueroient des négligences que peut-être ils n'osoient avouer pendant leur vie, quoiqu'en secret ils s'en fissent des reproches.

Les grands hommes sont ceux qui aperçoivent le mieux leurs fautes, et qui se les pardonnent le moins. « Les cri- » tiques que je crains le plus, sont celles que je me fais à » moi-même » disoit Boileau. Celui qui approche le plus près de la perfection, voit mieux que les autres ce qui lui manque pour y atteindre ; et comme il travaille toujours pour y arriver, il est toujours mécontent de lui-même. Virgile, en mourant, condamna au feu un ouvrage admirable à nos yeux, et imparfait aux siens. Ovide se plaint de ce qu'on lui a enlevé ses Métamorphoses sans lui laisser le temps d'y mettre la dernière main. Le Tasse corrigeoit sans cesse sa Jérusalem; et emporté même par un excès de sévérité, il défigura son Poëme en voulant y apporter une trop grande réforme. La mort empêcha l'Arioste d'exécuter le dessein qu'il avoit de corriger son Roland. Saunazar, qui étoit, suivant l'auteur de sa Vie, *lucubrationum suarum tristis ac morosus censor*, laissa vingt ans sous la lime son Poëme *de Partu Virginis*. Dans les examens que Corneille a faits de ses tragédies, on voit par les endroits qu'il s'attache à justifier, qu'il est comme ces pères qui parlent avec avantage de ceux de leurs enfans dont ils sont quelquefois le moins contens, et qui, par une tendresse naturelle, cherchent à en cacher les défauts. Les notes grammaticales de M. l'abbé d'Olivet auroient été moins nombreuses, si nous n'avions pas perdu un exemplaire des tragédies qu'il a critiquées : cet exemplaire, que l'auteur avoit rempli de corrections, fut brûlé par son ordre deux jours avant sa mort : il crut devoir faire alors à la Religion le sacrifice d'un travail qui n'avoit pour objet qu'une gloire frivole. Il ne fut jamais du nombre de ceux que l'amour propre aveugle sur leurs productions, puisque dans sa jeunesse il sacrifia à une sage réflexion de Boileau, une scène entière de Britannicus, quoique cette scène*, qui n'a jamais été imprimée, et que je rapporterai dans une autre occasion, répondît par les sentimens et par la versification au reste de la tragédie.

Soyons donc persuadés que rien n'est parfait, et que l'attention continuelle que les écrivains jaloux de leur

---

* Cette scène se trouve dans toutes les bonnes éditions du grand Racine, depuis qu'elle a été publiée dans les Mémoires de Louis Racine.

Note de l'Éditeur.

réputation, donnent aux différentes parties de leurs ouvrages, est cause qu'occupés uniquement des choses importantes, ils laissent quelquefois échapper des fautes de style : dans le même ouvrage où Boileau recommande un si grand respect pour la langue, en déclarant que la pompe d'un vers n'excuse pas un solécisme, il en laissa lui-même subsister un, dont pendant trente ans, ni ses amis, ni ses ennemis ne s'aperçurent. Au lieu de dire *que vos mœurs peintes dans vos ouvrages*, il avoit laissé subsister dans toutes les éditions, *que votre âme et vos mœurs* peints *dans tous vos ouvrages*.

Convaincu de ces négligences qui échappent aux écrivains les plus attentifs, lorsque M. l'abbé Desfontaines opposa à M. l'abbé d'Olivet sa réponse intitulée *Racine vengé*, malgré toute la reconnoissance que je lui devois, il me parut un défenseur quelquefois trop zélé, et je trouvai que ces deux adversaires alloient trop loin : que l'un critiquoit avec trop de sévérité, et que l'autre justifioit avec trop d'indulgence. Heureux sans doute les écrits qui, si long-temps après leur naissance, méritent un pareil critique, et un pareil vengeur ! Je crois aussi que, sans faire aucun tort à ces mêmes écrits, on y peut reconnoître quelques petites fautes, comme dans ces vers :

> Ne vous informez pas ce que je deviendrai...
> Mais comme vous savez, malgré ma diligence,
> Un long chemin sépare et le camp et Byzance.
> BAJAZET.

Mais je ne reprendrois pas ce vers de Bérénice :

> Et que m'importe, hélas, de ces vains ornemens !

à la place duquel il étoit si aisé de mettre celui-ci :

> Que m'importent, hélas, tous ces vains ornemens !

SUR LA POÉSIE.

ni ce vers d'Andromaque :

> Sans espoir de pardon m'avez-vous condamnée ?

qu'il étoit si aisé de rendre plus correct, en disant, *me vois-je condamnée*, parce que ceux de l'auteur me paroissent beaucoup plus vifs, et que vouloir gêner ainsi nos écrivains, c'est moins leur faire tort qu'à la langue même, qui deviendroit trop timide, si on la resserroit toujours dans de telles entraves. On doit lui laisser une sage liberté. Nos grands Poètes n'en abusent pas ; et lorsque nous voyons que ni la contrainte de la mesure, ni celle de la rime, n'a exigé d'eux un tour qui ne paroît pas exact, nous devons croire qu'ils l'ont employé moins pour se donner des libertés, que pour en donner à la langue, qui leur a obligation de ces fautes apparentes que relève un grammairien qui n'est que grammairien.

Lorsqu'on reprend ce vers dans Mithridate :

> Et des indignes fils qui n'osent le venger,

j'avoue la faute, et je crois que l'auteur, par l'indifférence qu'il a toujours eue pour les éditions de ses Œuvres, y a laissé subsister la faute d'impression de la première, dans laquelle on avoit dû mettre, *et deux indignes fils ;* mais quand des puristes critiquent ces vers :

> Je ne me pique point du scrupule insensé
> De bénir mon trépas quand ils l'ont prononcé.
> BAJAZET.

parce qu'on ne dit pas *prononcer le trépas*, mais l'arrêt du trépas ; de même que quand ils critiquent ceux-ci :

> Et déjà quelques-uns couroient épouvantés
> Jusque dans les vaisseaux qui les ont apportés.

parce que la syntaxe demande *qui les avoient apportés*, je crois qu'on peut leur répondre, ce que répondoit Boileau à de pareils critiques : « Vous n'entendez point la langue » poétique. »

On peut remarquer, par exemple, sur ces deux vers d'Athalie :

> Mais je n'ai plus trouvé qu'un horrible mélange
> D'os et de chair meurtris, et traînés dans la fange,

que si l'épithète *meurtris* se rapporte à *chair*, elle ne doit être ni au masculin, ni au pluriel, et qu'elle ne peut se rapporter à *os*, parce qu'on ne dit point des os meurtris. Pour moi je ne la rapporte à aucun des deux mots séparément, mais à tous deux à la fois, et je crois que le Poëte a voulu par cette espèce de confusion, peindre celle dont il parle; et de même dans ce vers :

> Allez, sacrés vengeurs de vos princes meurtris,

je crois que quand il rend au verbe *meurtrir* son ancienne et naturelle signification, il rappelle à dessein ce vieux mot, parce que les vieux mots sont quelquefois nobles en vers, comme le dit Quintilien, *dignitatem dat antiquitas.*

Ce que nos bons Poëtes ont fait, ne doutons pas que ceux de l'antiquité ne l'aient fait aussi. Horace, qui n'inventoit pas des mots nouveaux, est cependant appelé par Quintilien *verbis felicissime audax,* et son style paroît à Pétrone *curiosa felicitas*. Il a mérité ces éloges par son habileté à inventer des tours heureux, et conformes à la vivacité de la Poésie.

Les Poëtes n'ont pas seuls ce privilége : les orateurs, emportés par le feu de leur éloquence, sont quelquefois aussi hardis. M. Bossuet, le Démosthène de la France, tantôt ramène à dessein un vieux mot, comme *ô nuit désastreuse,* tantôt rend noble un mot qui ne l'est pas ordinairement, comme *fracas,* dans cette réflexion sur l'Histoire Universelle : « Quand vous voyez les Assyriens, les » Mèdes, les Perses, les Grecs et les Romains, tomber, » pour ainsi dire, les uns sur les autres, ce fracas ef- » froyable, etc. » On croit entendre un fracas d'empires

qui tombent; et quand il dit dans une Oraison funèbre :
« Sortez du temps et du changement, aspirez à l'éternité, »
on entend qu'il veut dire détachez-vous des choses temporelles, et on sent qu'il le dit beaucoup mieux.

Les expressions doivent souvent leur beauté à la vivacité de la passion qui les fait employer. Boileau défendoit ce vers de son Art Poétique :

Approuve l'escalier tourné d'autre façon,

par l'exemple de celui d'Hermione :

Je t'aimois inconstant, qu'aurois-je fait fidelle ?

La même défense ne me paroît pas convenir à tous les deux, parce que celui-ci est mis dans la bouche d'une femme emportée par la colère, qui peut sacrifier à sa vivacité quelques liaisons ordinaires; mais l'autre est dit sans passion, dans un récit que fait le Poète. Cependant, ce qu'il écrivoit à ce sujet à son commentateur mérite attention : « Ces sortes de petites licences de construction, non-
» seulement ne sont pas des fautes, mais sont même assez
» souvent un des plus grands charmes de la Poésie, prin-
» cipalement dans les Narrations, où il n'y a point de
» temps à perdre. Ce sont des espèces de latinismes dans
» la Poésie française, qui n'ont pas moins d'agrémens que
» les hellénismes dans la Poésie latine. »

Ces réflexions doivent rendre plus circonspects ceux qui aiment tant à critiquer. Ils sont maintenant en grand nombre. Nous devenons trop difficiles, et nous nous attachons trop à critiquer les ouvrages du siècle précédent; ce qui nous est plus facile que de leur opposer des ouvrages aussi parfaits. Quand je vois tant d'acharnement contre Boileau, qu'on voudroit pouvoir rayer du nombre de nos Poètes, ce n'est pas pour Boileau que je crains : je crains pour nous-mêmes, et j'appréhende que cet esprit philosophique, que nous voulons étendre sur tout, n'éteigne parmi nous le génie. A force de raisonner sur la Poésie, nous n'en aurons plus. Que de sentimens singuliers a-t-on avancés depuis quelques années! On a osé soutenir que la rime étoit un ornement frivole, et qu'il falloit élargir la chaîne, si on ne pouvoit pas la rompre entièrement : on a cité à ce sujet l'exemple des Anglais et des Italiens modernes. Tantôt on a prétendu qu'il y avoit des Poëmes en Prose, et que la versification n'étoit pas nécessaire à la Poésie; tantôt, enfin, on a avancé que l'harmonie de la versification n'étoit qu'un préjugé. Le chapitre suivant fournira des réponses à ces étonnans paradoxes.

CHAPITRE IV.

DE LA VERSIFICATION.

Un arrangement plus vif et plus concis, et un style plus rempli d'images et de figures, que ne l'est le discours ordinaire, ne suffit pas à la Poésie : elle doit être encore renfermée dans l'étroite prison d'une mesure prescrite. Je vais donc chercher les raisons qui ont engagé les hommes à captiver ainsi les pensées, et examiner pourquoi ils se sont forgé des chaînes volontaires, qu'ils ont rendues si nécessaires, que la Poésie est inséparable de la Versification.

Quoique l'une soit l'ouvrage de la nature, et que l'autre soit l'ouvrage de l'art, leur union est devenue inséparable, parce que l'art ne fait que suivre les intentions de la nature, quand il en perfectionne les ouvrages. La musique fut d'abord sans règles. Des transports de joie inspirèrent les chants; et pour rendre ces chants harmonieux, l'art en vint régler la cadence. Des transports pareils inspirèrent la Poésie naturelle, c'est-à-dire, un discours plein de figures hardies et d'expressions vives: l'art, pour rendre ce discours plus harmonieux, vint en régler la mesure; et par les mêmes raisons qu'il avoit établi les lois de la musique, il établit celles de la Versification.

Ne nous imaginons pas que le caprice ait inventé ces règles, et qu'on ne les ait imposées aux Poètes que pour leur rendre le travail plus difficile. Ce paradoxe a été avancé par des personnes qui ont prétendu que dans les lois de la Versification, on avoit moins consulté la beauté qui plaît, que la difficulté qui étonne; en sorte que, suivant leur sentiment, nous n'admirons les vers que parce que nous admirons la peine qu'ils ont coûtée à l'auteur; et notre plaisir ne consiste que dans la réflexion que nous faisons sur la difficulté vaincue.

L'expérience détruit tous les jours cette opinion. Il est plus aisé de danser sur la terre, que sur une corde tendue en l'air. Cependant la grâce d'un danseur ordinaire nous fait plus de plaisir que l'adresse d'un danseur de corde. Ce dernier nous étonne, mais le plaisir qu'il nous cause ne nous arrête pas long-temps, et nous estimons médiocrement le mérite de celui qui nous le procure. Qu'un homme exécute parfaitement sur un instrument une pièce de musique très-difficile, mais sans harmonie, nous vanterons l'habileté de la main qui exécute, mais nos oreilles seront mécontentes. Ce n'est pas ce qui nous étonne qui nous procure du plaisir, mais ce qui nous affecte.

Si nous n'admirions les vers qu'à cause de la difficulté vaincue, en multipliant les difficultés de la Versification, on auroit aussi multiplié les sujets d'admiration. Le contraire est arrivé. On a toujours méprisé ces vers techniques, enfans du mauvais goût; les Rophaliques, Rétrogrades, Leonins, Numéraux, Soladiques, Acrostiches, etc. et ces pièces anciennes (car le mauvais goût est de tous les temps) que leurs formes mystérieuses ont fait nommer la *flûte*, l'*autel*, l'*œuf*, les *ailes*, la *hache*, etc. que leur antiquité ne rend pas plus respectables. Nous avons eu, aussi-bien que les anciens, nos puérilités poétiques : on est fâché de voir Marot, digne d'un meilleur siècle, chercher des rimes artificielles, et tantôt répéter au commencement d'un vers les dernières syllabes du mot précédent :

> Dieu gard ma maîtresse et régente,
> Gente de corps et de façon.
> Son cœur, etc.

tantôt finir ses vers par des syllabes répétées :

> Ma blanche Colombelle belle,
> Souvent je vais priant, criant;
> Mais dessus la cordelle d'elle, etc.

Nos bouts rimés, depuis leur défaite chantée par Sarrazin, n'ont plus amusé que des esprits très-oisifs. Nos Lais, Virelais, Ballades et Rondeaux, n'ont eu qu'une mode passagère. Les danses, qui donnèrent peut-être la naissance à ces petites pièces, furent aussi la cause de leurs refrains, qui n'ont par eux-mêmes aucune grâce; et si quelques anciens Rondeaux se sont sauvés du naufrage, si Rousseau en a fait quelques-uns qui nous plaisent, ils doivent leur bonheur à un mérite véritable, plutôt qu'à la froide répétition d'un mot qui ne pouvoit faire plaisir qu'au temps de Benserade. A la tête des comédies de Plaute, on trouve les argumens en acrostiches, qui sont très-anciens, et peut-être de Plaute même. Un misérable faiseur de vers latins, qui s'appeloit Petrus Porcius, fit une pièce de deux cents vers, dont tous les mots commençoient par la lettre P; et un religieux en dédia une à Charles-le-Chauve, dont chaque vers commençoit par la lettre C. Les Poètes persans, au rapport de Chardin, cherchent une beauté tout opposée à celle-ci. Ils composent des pièces dans lesquelles l'entrée est interdite à une lettre de l'alphabet. Un de ces Poètes lisoit au roi un Poëme dans lequel la lettre A ne se trouvoit jamais. Le roi, que la pièce ennuyoit, dit au Poète qu'il eût mieux fait de retrancher encore les autres lettres.

Nos Poètes fameux n'ont point perdu leur temps dans des travaux puérils : il paroît même qu'ils ont fort négligé le Sonnet, autrefois si estimé. S'il a mérité de l'être, ce n'est point

> Parce qu'en deux quatrains de mesure pareille
> La rime avec deux sons frappe huit fois l'oreille.

et que ses vers sont partagés en deux tercets ; mais parce que ce petit Poëme fut consacré particulièrement à la noblesse des pensées et au choix des mots, jusque-là que le retour du même mot y fut défendu ; et quelque éloge que Boileau fasse d'un sonnet, il donne l'épithète de bizarre au Dieu qui en inventa les lois :

> On dit, à ce propos, qu'un jour ce Dieu bizarre
> Voulant pousser à bout tous les rimeurs françois,
> Inventa du Sonnet les rigoureuses lois.

Un rimeur, qui ne trouvoit point ces lois assez rigoureuses, adressa à Louis XIV un Sonnet en acrostiches et en échos. C'est acheter bien chèrement le mépris :

> Turpe est difficiles habere nugas,
> Et stultus labor est ineptiarum.

Tout ce qui sent l'artifice ne peut plaire, parce que rien n'est beau que ce qui imite la nature, dans le sein de laquelle nos plaisirs prennent leur source. Les lois de la Versification en sont sorties ; et c'est dans cette source que je vais chercher la cause du plaisir qu'elle nous procure.

Notre âme et notre corps sont si étroitement unis ensemble, que leurs plaisirs et leurs peines sont presque toujours inséparables. Les paroles frappent d'abord nos oreilles, qui sont chargées de les recevoir et de les faire arriver à l'âme : il faut donc que pour y arriver heureusement, et en être bien reçues, elles soient agréables à celles qui sont chargées du soin de les introduire. « Si » elles déplaisent dans le vestibule, dit Quintilien, elles » ne seront pas introduites. » *Nihil intrare potest in affectum, quod in aure velut quodam vestibulo statim offendit.* La nécessité de plaire aux oreilles est donc indispensable ; mais comme elles sont difficiles, dédaigneuses, et même inconstantes ; que les mots qui leur ont plu pendant un temps, quelquefois dans un autre temps peuvent les choquer, ce sont ces caprices différens qu'étudient ceux qui veulent nous plaire ; et l'étude qu'ils en ont faite, a donné lieu aux règles de la versification, qui ne tend qu'à la perfection de l'harmonie.

Le bruit d'une eau qui tombe d'un rocher, fait un certain plaisir à notre oreille, par la mesure qu'elle observe dans sa chute ; mais l'uniformité de cette même mesure nous endort si nous l'écoutons long-temps. L'harmonie des sons consiste dans le rapport qu'ils ont entre eux : si ce rapport étoit uniforme, il seroit ennuyeux ; leur variété en rend le plaisir plus durable. Quand les sons expriment des pensées, ils doivent nonseulement avoir entre eux ce rapport juste et varié qui contente l'oreille ; pour contenter encore notre âme, ils doivent avoir un rapport avec les pensées qu'ils expriment. Voilà le fondement de tout ce que je dirai sur la Versification.

L'harmonie du discours consiste donc en deux choses : dans l'arrangement des mots, ce que j'appellerai l'Harmonie mécanique ; et dans le rapport de cet arrangement avec les pensées, ce que j'appellerai l'Harmonie imitative.

L'unique but des règles de la Versification, dans toutes les langues, a été la réunion de ces deux Harmonies, pour contenter à la fois l'oreille et l'âme. C'est ce que je vais tâcher d'éclaircir.

ARTICLE PREMIER.

De l'Harmonie Mécanique.

Les lois de tous les arts, qui ont pour objet l'imitation, furent le fruit de nos observations sur la nature, *notatio naturæ peperit artem*, dit Cicéron. Les premiers Poëtes chantoient leurs vers ; et les mêmes observations qui firent régler la mesure des airs, firent aussi régler la mesure des paroles qui accompagnoient ces airs. Les règles de la Poésie et de la Musique sortant de la même source, eurent la même fin ; mais celles de la Poésie ne furent pas les mêmes, à cause de la différence des langues.

On remarqua d'abord que pour rendre le discours harmonieux, il falloit lui donner une mesure, et rendre cette mesure sensible à l'oreille. Le moyen de la rendre sensible étoit d'établir des repos dans la prononciation ; ce qui fit établir la césure, qui est commune à toutes les langues. Il ne fut pas si aisé de fixer la mesure : il falloit la régler ou sur le nombre, ou sur la valeur des syllabes. Les peuples qui purent la régler sur la valeur des syllabes, furent les peuples particulièrement favorisés des Muses. Les autres qui, dans leur prononciation, ne faisoient pas sentir si distinctement la valeur de toutes leurs syllabes, furent obligés de les compter. On fixa le nombre qu'on en donneroit à chaque qualité de vers, et on releva la simplicité de cette mécanique par l'ornement de la rime. Il est remarquable que les Chinois, quoique leur langue, par la mesure des syllabes et les diverses inflexions des tons, soit la plus musicale et la plus harmonieuse de toutes *, ont cependant réglé leur Poésie par le nombre des syllabes et par la rime.

Si dans notre Poésie française nous avons suivi les mêmes lois, ce n'est qu'après avoir tenté les premières. Quelques Poètes, dans le seizième siècle, aveuglés par une fausse érudition, entreprirent de donner à notre Poésie une mesure pareille à celle des Grecs et des Latins. Ils firent voir en français des vers hexamètres, pentamètres

---

* C'est ce que M. Freret assure dans sa Dissertation imprimée dans les Mémoires de l'Académie des Belles-lettres, Tome 3.

et saphiques ; mais leur travail ne servit qu'à faire connoître que l'art travaille en vain quand il s'écarte de la nature. On ne peut contraindre une langue à recevoir une harmonie qui ne lui convient pas.

Cette obligation de régler nos vers par le nombre des syllabes, nous força à n'avoir, pour ainsi dire, que deux sortes de vers : le grand vers, dont la césure partage l'hémistiche ; et le petit vers, qui semble destiné à la Poésie lyrique, dont la vivacité demande des vers plus courts. Les Grecs et les Romains, plus riches que nous, outre l'hexamètre majestueux, consacré au Poëme épique, le pentamètre destiné à la plainte, et l'ïambe au Poëme dramatique, avoient encore différens vers pour la Poésie lyrique : l'alcaïque plein de force, le saphique plein de douceur, et le phaleuque fait pour le badinage. Je n'en dirai pas davantage, parce qu'il est inutile de nous arrêter à admirer les richesses que nous ne pouvons posséder. Revenons aux nôtres, tâchons d'en connoître le prix, et examinons quel est l'ornement de notre rime.

§. *De la Rime.*

MALGRÉ les plaisirs que nous procure la rime, elle a parmi nous beaucoup d'ennemis, et le nombre en augmente tous les jours. Lorsque nos grands Poëtes s'en sont plaints, comme ils lui sont toujours restés fidèles, on a regardé leurs plaintes comme celles des amans qui, en accusant la pesanteur de leurs chaînes, les veulent toujours porter. Boileau, qui appeloit cette rime *quinteuse*, pouvoit bien dire d'elle ce que Tibulle disoit de Délie :

Perfida, sed quamvis perfida, cara tamen.

Les plaintes qu'on fait contre elle aujourd'hui sont d'une nature différente.

« Pourquoi, dit-on, regarder comme un ornement un
» ennuyeux tintement de finales monotones, froide et
» puérile invention des peuples du Nord, chez lesquels
» tout est aussi glacé que le climat? Le retour des mêmes
» sons que les Grecs et les Romains, maîtres de la délica-
» tesse, évitoient avec soin, n'a jamais pu plaire qu'à des
» peuples grossiers. Si, par respect pour l'antiquité de la
» loi, la rime est malheureusement nécessaire à notre
» foible Poésie, osons du moins la rendre plus facile. Ne
» sommes-nous pas déjà assez accablés de notre chaîne?
» Pourquoi vouloir encore l'appesantir? Les Anglais et les
» Italiens, qui dans plusieurs occasions secouent le joug,
» se moquent de notre constance; et lorsque dans nos
» ouvrages sérieux ils trouvent plusieurs rimes riches,
» ils regardent cette richesse comme une affectation
» ridicule. »

Telles sont les déclamations qu'on répète sans cesse;
et il est fâcheux que l'illustre auteur du Télémaque ait
enhardi nos beaux-esprits à tenir ce langage. C'est ainsi
qu'il parle de la rime dans sa Lettre sur les travaux de
l'Académie : « Notre versification perd plus, si je ne me
» trompe, qu'elle ne gagne par les rimes : elle perd beau-
» coup de variété, de facilité et d'harmonie.... La rime
» ne nous donne que l'uniformité des finales, qui est en-
» nuyeuse, et qu'on évite dans la prose, tant elle est loin
» de flatter l'oreille.... Je n'ai garde néanmoins de la vou-
» loir abolir : sans elle notre versification tomberoit; mais
» je crois qu'il seroit à propos de mettre nos Poètes plus
» au large. »

N'avons-nous donc pas déjà assez de rimeurs, et pourquoi les mettre au large? Ils ne s'y mettent que trop depuis quelque temps; leur exemple rendra leurs successeurs
encore plus hardis : quand on a commencé à élargir sa
chaîne, on va bientôt jusqu'à la briser tout-à-fait. Ceux

qui secoueront le joug de la rime, se diront autorisés par des Poètes italiens et anglais, dont les vers, quoique non rimés, ont été bien reçus; et si Apollon ne nous protège, notre Poésie déjà ébranlée, tombera entièrement. Il s'agit donc de répondre à ces accusations, et de faire voir que M. de Fénélon, quoique si habile dans le style poétique, n'a pas bien parlé de notre versification, dans laquelle il n'eût pas réussi, selon les apparences, comme on en peut juger par l'ode qu'on a imprimée à la fin de son Télémaque.

La première réponse est l'exemple des grands Poètes de l'Italie et de la France. L'Arioste, le Tasse, le Dante et Pétrarque se sont soumis au joug sans paroître esclaves, et seront toujours les premiers Poètes de leur nation. Les premiers Poètes de la nôtre ont été de scrupuleux observateurs de la rime, mais jamais ses esclaves : loin d'être gênés par elle, il semble que ce soit elle qui leur obéisse, et qui vienne à leurs ordres. Pourquoi leurs successeurs, s'ils veulent mériter de l'être, demanderont-ils des priviléges dont leurs maîtres n'ont pas eu besoin ? Voit-on que l'auteur d'Athalie aille chercher bien loin les rimes les plus riches ?

> Par moi Jérusalem goûte un calme profond :
> Le Jourdain ne voit plus l'Arabe vagabond,
> Ni l'altier Philistin, par d'éternels ravages,
> Comme au temps de nos rois, désoler ses rivages;
> Le Tyrien me traite et de reine et de sœur;
> Enfin de ma maison le superbe oppresseur,
> Qui vouloit jusqu'à moi pousser sa barbarie,
> Jéhu, le fier Jéhu, tremble dans Samarie, etc.

L'oreille est satisfaite par la consonnance de ces syllabes qui viennent terminer les vers si naturellement, qu'il ne paroît pas qu'on les appelle. Si des Italiens et des Anglais ne sentent pas l'agrément de cette consonnance, nos

Poëtes ne travaillent pas pour des oreilles étrangères qui ne peuvent être les juges de notre harmonie. Je suppose qu'au lieu de lire ainsi ces vers de Boileau :

> Cérès s'enfuit éplorée
> De voir en proie à Borée
> Ses guérets d'épis chargés,
> Et sous les urnes fangeuses
> Des Hyades orageuses
> Tous ses trésors submergés.

on les lise de cette manière :

> Cérès s'enfuit *consternée*
> De voir en proie à Borée
> Ses guérets d'épis chargés,
> Et sous les urnes fangeuses
> Des Hyades *pluvieuses*
> Tous ses trésors *emportés*.

Ce changement de trois mots, qui ne frappera point une oreille étrangère, frappera si fort nos oreilles délicates, qu'elles ne retrouveront plus l'harmonie de cette strophe.

Après avoir opposé aux ennemis de la rime l'exemple de nos fameux Poëtes, je crois qu'on peut leur opposer de solides raisons.

La rime, qui placée à la fin des vers, en rend la chute plus marquée, et tient l'attention suspendue jusqu'au retour du même son, loin d'être un tintement ennuyeux, forme une consonnance qui a été de tout temps agréable à presque tous les peuples. Je suis étonné d'entendre répéter si souvent à des gens de lettres, que la rime est une invention des peuples du Nord dans les siècles d'ignorance, puisqu'elle n'a jamais été tant recherchée que dans l'Orient *. Tous les savans conviennent aujourd'hui que la Poésie des Hébreux est pleine de rimes. Nous pou-

---

* Voyez la Dissertation de M. Fourmont, sur la Poésie des Hébreux, dans les Mémoires de l'Académie des Belles-Lettres, Tome IV.

vons à celles des anciens Hébreux joindre celles des Perses, des Chinois, des Tartares, des Africains et de plusieurs peuples de l'Amérique : ce plaisir est donc commun aux peuples de l'Orient comme à ceux du Nord. Il est vrai que ceux-ci, dans les siècles d'ignorance, recherchèrent la rime jusqu'au ridicule excès de régler par elle leurs vers latins; et sans cette affectation, plusieurs de nos anciennes Proses paroîtroient plus belles. Les Romains étoient trop riches de leur propre fonds pour avoir besoin de cet ornement; cependant ils ne le haïssoient pas à la césure du vers : loin de l'éviter toujours, comme l'a cru Vossius, qui a prétendu que Virgile en disant *timidi damœ*, quoique *dama* soit féminin, avoit voulu éviter la rime dans ce vers :

> Cum canibus timidi venient ad pabula damœ.

Virgile a-t-il évité la rime dans tant de vers ?

> Cæsâ jungebant fœdera porcâ....
> Turnus ut infractos adverso Marte Latinos.....
> Et premere et laxas sciret dare jussus habenas.

Lucain eût-il commencé son Poëme par une rime très-marquée, si la rime eût choqué les oreilles romaines ?

> Bella per Emathios plusquàm civilia campos.

Enfin Tibulle, l'harmonieux Tibulle, la cherche à la césure du vers pentamètre. On compte jusqu'à vingt-cinq vers rimés dans sa troisième élégie :

> Quin fleret, nostras respiceretque vias....
> Tellus in longas est patefacta vias....
> Ipsa Venus campos ducet in Elysios....
> Floret odoratis terra benigna rosis....etc.

Des rimes si fréquentes dans une petite pièce composée par un versificateur aussi délicat, nous prouvent que les oreilles romaines étoient flattées de cette consonnance sobrement ménagée.

Elle doit être ménagée par nous-mêmes; elle nous déplaît à la césure des grands vers, et nous fatigue lorsque les vers sont si courts, qu'ils n'ont plus de mesure sensible, comme dans ceux de Scaron :

> Sarrasin,
> Mon voisin, etc.

ou dans ceux-ci, faits contre la rime même :

> Cher Hylas,
> Je suis las
> De l'escrime
> De la rime.
> Tous ses traits,
> Sans attraits,
> M'évertuent
> Et me tuent :
> Ses appas
> Sont-ils pas
> Une amorce,
> Dont l'écorce
> Te séduit
> Jour et nuit, etc.

Une longue pièce en vers pareils seroit très-fatigante, parce que les vers étant trop courts pour être cadencés, la rime ne sert qu'à les faire sautiller; et c'est alors qu'elle n'est qu'un tintement ennuyeux et puéril, quelque riche qu'elle soit.

Nous méprisons aussi avec raison le retour affecté des mêmes rimes. L'affectation et la beauté ne s'accordent pas. Ce badinage sans agrément, si recherché par Chapelle et l'abbé de Chaulieu, ne l'a été ni par La Fontaine, ni par Rousseau. Le retour précipité des mêmes sons fatigue; et pour l'éviter dans la Poésie lyrique, dont les vers plus courts que les autres ramènent plus aisément la rime, on entrelace la rime masculine et la féminine. Reconnoissons donc que la loi qui rend la rime nécessaire à notre Poésie est, comme toutes les autres lois de la versification, prise dans le sein de la nature.

Soyons fidèles observateurs de cette loi. On n'est pas obligé de rimer; mais quand on fait des vers, il faut qu'ils soient bien rimés. Dans les longs ouvrages, il n'est pas toujours nécessaire que la rime soit riche; mais il est toujours nécessaire qu'elle soit exacte. Pécher en vers français contre la rime, c'est pécher en vers latins contre la quantité; le crime est égal : mal rimer, c'est mal faire des vers.

On peut cependant rimer très-richement, et n'être pas Poète. La pratique des règles ne suffit pas; et comme dit fort bien un Poète fameux par la richesse des rimes, en comparant l'art des vers au jeu des échecs :

<blockquote>Savoir la marche, est chose très-unie;
Savoir le jeu, c'est le fruit du génie.</blockquote>

La science de ce jeu oblige de joindre à l'harmonie mécanique, l'harmonie imitative dont je vais parler.

ARTICLE SECOND.

De l'Harmonie imitative.

Un seul demi-vers de Virgile fera comprendre la différence que je mets entre l'harmonie mécanique et l'imitative. Si au lieu de lire *navem in conspectu nullam*, nous lisons *nullam in conspectu navem*, notre oreille sera également satisfaite par un arrangement de mots conforme aux lois de la versification; mais Virgile nous procure une autre satisfaction; et lorsqu'après ce mot *conspectu*, notre prononciation s'arrête sur celui-ci *nullam*, nous croyons être à la place d'un homme qui jette au loin ses regards, et ne découvre rien. Voilà l'effet de l'harmonie imitative, lorsqu'au rapport mesuré que les mots ont entr'eux, se trouve joint le rapport que ces mots ont avec les idées qu'ils présentent.

C'est cette science si difficile de réunir les plaisirs de l'oreille et ceux de l'âme, qui a rendu dans toutes les nations les grands Poëtes très-rares. Homère et Virgile seront toujours à leur tête, parce que dans les plus petites choses l'harmonie de leurs vers imite toujours ce que disent leurs vers. Lucain et Claudien sont harmonieux, si l'on veut entendre seulement par harmonie, un arrangement mesuré de mots sonores; mais leur harmonie nous fatigue, parce qu'elle n'imite point, et que ce n'est pas contenter notre âme, en Poésie comme en Musique, que de remplir seulement notre oreille d'un son bruyant, qui n'imite rien. Le premier vers de Lucain :

> Bella per Emathios plusquàm civilia campos,

et ces premiers vers de Claudien sur l'enlèvement de Proserpine :

> Inferni raptoris equos, afflataque cursu
> Sidera Tænareo, caligantesque profundæ, etc.

déplaisent par leur pompe; et l'*Arma virumque cano* de Virgile nous plaît par l'imitation dans l'harmonie de la simplicité que doit avoir un exorde.

Pour mieux faire connoître encore la différence de l'harmonie de Virgile et de celle de Claudien, je vais comparer un morceau de l'un et de l'autre sur le même sujet. Voici les vers pompeux par lesquels Claudien décrit le supplice d'Encelade accablé du mont Etna :

> * In medio scopulis se porrigit Etna perustis,
> Etna giganteos nunquam tacitura triumphos...

* Dans ces deux premiers Vers, Claudien n'a point évité la rime : ce

> Enceladi bustum, qui saucia terga revinctus
> Spirat inexhaustum flagranti pectore sulphur :
> Et quoties detrectat onus cervice rebelli,
> In dextrum lævumque latus, tunc insula fundo
> Vertitur, et dubiæ nutant cum mœnibus urbes.

Nous trouvons dans ces vers beaucoup d'emphase, et dans ceux de Virgile beaucoup d'imitation. Sitôt qu'il commence à parler du mont Etna, il imite le tonnerre :

> Horrificis juxta tonat Etna ruinis.

Quand il vient au supplice d'Encelade :

> Fama est Enceladi semiustum fulmine corpus
> Urgeri mole hâc.

L'élision de ce monosyllabe placé à la césure, exprime la pesanteur du fardeau qui accable le géant :

> Et fessum quoties mutat latus, intremere omnem
> Murmure Trinacriam.

La prononciation arrêtée à *latus*, et précipitée par les dactyles suivans, nous rend l'objet présent. Quand on a commencé à sentir et à goûter ces beautés de Virgile, on devient très-indifférent à l'harmonie de Claudien et de Lucain.

On croit voir une personne mourante se soulever avec peine sur son lit, et retomber avec promptitude, en lisant dans Virgile :

> Ter sese attollens, cubitoque innixa levavit,
> Ter revoluta toro est.

Il sait peindre la frayeur d'une homme qui se réveille, par cette cadence coupée :

> Olli somnum ingens rupit pavor.

que je remarque pour confirmer ce que j'ai dit dans le précédent article, pour répondre à ceux qui croient que la rime à la césure choquoit les oreilles des Latins.

une voix qui se perd dans l'éloignement :

> Vox quoque per lucos vulgo exaudita silentes
> Ingens.

la grandeur d'un géant étendu par terre :

> Jacuitque per antrum
> Immensus.

Notre langue ne peut imiter une pareille harmonie, mais elle a d'autres beautés, comme je le dirai bientôt.

Un choc de syllabes rudes, et la répétition de la consonne R, nous fait plaisir dans ces vers :

> Tum ferri rigor, etc.
> Ergo ægre rastris terram rimantur,

parce que l'harmonie consistant dans la justesse des rapports, les sons, quoique rudes à notre oreille, nous plaisent quand nous connoissons la cause de leur rudesse.

Virgile, si habile imitateur, avoit puisé sa science dans Homère, plus parfait imitateur encore. Homère fait entendre par son harmonie le bruit des flots, le choc des vents, le cri des voiles déchirées, et peint tous les objets dont il parle. Ces exemples ne sont inconnus qu'à ceux qui ne connoissent pas la belle Poésie : je n'en citerai qu'un. Dans ces trois mots dont la prononciation est si rude à cause des deux α, λαανˊ ἀνὰ ὤθεσκε, qui ne sent la peine de Sisyphe portant un rocher au haut d'une montagne ? Et qui ne voit retomber rapidement ce rocher, dans ce vers si rapide par les dactyles :

> Αὖθις ἔπειτα πέδονδε κυλινδέτο λᾶας ἀναιδής ?

Aristote, dans sa Poétique, c. 23, fait remarquer le tort qu'on feroit à Homère si l'on changeoit un de ses mots, et si au lieu de dire comme lui, on lisoit : Ἠϊόνες βοόωσιν· Ἠϊόνες χράζουν. En effet l'harmonie imitative de ce mot, dans lequel ces trois lettres οσω imitent le mugissement des flots, est si admirable, qu'on prétend que ce seul vers fit perdre à Platon l'envie d'être Poète.

Cette beauté d'imitation qui consiste dans l'arrangement des mots, est aussi remarquée dans la Poésie de l'Ecriture-Sainte, comme, par exemple, dans le verset 3 du ch. 24 d'Isaïe; il est ainsi traduit dans notre Vulgate : *Dissipatione dissipabitur terra, et direptione prædabitur.* Mais le son des mots dans l'Hébreu exprime le bouleversement général*, le tremblement de la terre, et le bruit du tonnerre: *Hibbok, thibbok, haaretz, vehibbos, thibbos.*

Pour prouver l'effet de la justesse des rapports entre les sons et les pensées, prenons un exemple de la musique, et supposons que des bergers, pour s'animer à chanter, donnent à ces paroles:

> Chantons, chantons, ne nous lassons jamais;
> Qu'à nos travaux l'Echo réponde,

les mêmes tons que le musicien a donnés à ces paroles du Prologue de l'Europe Galante:

> Frappons, frappons, ne nous lassons jamais;
> Qu'à nos travaux l'Echo réponde.

La première harmonie nous paroîtra aussi bizarre que la seconde nous paroît naturelle, parce que ces tons, joints aux paroles *frappons*, qui s'adressent aux Cyclopes, imitent les sons d'un marteau tombant sur une enclume.

Dans ce fameux monologue de Roland, qui commence par ces paroles : *Ah! j'attendrai long-temps*, on ne peut assez admirer l'art avec lequel Lully a su imiter tous les

---

* Un de mes amis, très-savant dans l'Hébreu, m'a fourni cette remarque. Je ne prétends pas me parer de ce qui ne m'appartient pas. Je ne sais point l'Hébreu.

mouvemens d'une âme agitée tour-à-tour de sentimens opposés. La fureur de Roland est amenée par degrés par le Musicien comme par le Poète. Les premiers chants expriment la confiance et la tendresse; ils sont lents lorsque Roland répète avec réflexion les mots qu'il trouve écrits sur les arbres; ils sont emportés lorsqu'il prononce ces paroles :

> Elle m'auroit flatté d'une vaine espérance,

et redeviennent gais lorsque Roland, pour dissiper son inquiétude, va se prêter à la fête champêtre qui arrive. Quand il est convaincu, par la vue du bracelet, de la trahison d'Angélique, il lui échappe quelques sons tendres, mais d'une tendresse qu'inspirent les reproches et les remords :

> Je l'aimois d'un amour si tendre, si fidèle, etc.

et enfin il se livre à cette terrible fureur que calmera Logisthille, dont l'harmonie est d'autant plus admirable qu'elle est douce sans être voluptueuse, ce qu'on remarque en la comparant à l'harmonie par laquelle Armide enchante Renaud : l'une semble faite pour calmer les sens, et entretenir l'âme dans une douce tranquillité; l'autre semble faite pour inspirer la mollesse, et plonger l'âme dans la volupté.

Je n'ai aucune science dans la musique; mais puisque l'harmonie poétique m'a conduit à en parler, je dirai les impressions qu'ont faites sur moi quelques morceaux de Lully. Dans ce même air de Logisthille, et dans le sommeil de Renaud, il semble que l'objet du musicien ait dû être le même : il s'agit dans l'un de répandre le calme dans les sens d'un homme violemment agité; il s'agit dans l'autre d'endormir un homme, c'est-à-dire, de répandre en lui le calme du sommeil. L'une et l'autre musique est en effet douce, lente, et d'un mouvement égal;

mais dans celle de Logisthille, qui doit remettre dans un cours tranquille des esprits en désordre, les sons se succèdent les uns aux autres avec autant de variété que de douceur; au lieu que dans celle de Renaud, où la même variété seroit contraire au sujet, parce que l'uniformité des sons nous endort, Lully, toujours disciple de la nature, la suit jusqu'à faire chanter sur les mêmes notes plusieurs mots, comme ceux-ci :

> Un son harmonieux, etc.

et ces mots répétés :

> Tout invite au repos.

Dans ce même monologue,

> Plus j'observe ces lieux, etc.

Renaud après ces paroles va toujours en abaissant son chant, parce que le sommeil s'empare de lui par degré. Lorsqu'Armide vient pour tuer Renaud endormi, la vivacité avec laquelle elle a chanté,

> Je vais percer son invincible cœur,

s'éteint à ces mots :

> Qu'est-ce qu'en sa faveur la pitié veut me dire ?

Quelle vérité dans les tons que Lully donne à ces paroles :

> Achevons, je frémis; vengeons-nous, je soupire;

et à ces dernières qu'Armide prononce foiblement :

> Que, s'il se peut, je le haïsse.

Ce n'est pas seulement dans ces endroits passionnés que Lully est étonnant. Son attention à imiter se remarque partout, et dans les plus petites choses, comme dans Homère. Lorsqu'Hydraot exhorte Armide à choisir un époux, il chante d'abord lentement; mais quand il trouve en elle de la résistance, il reprend vivement:

> Par vous, quand il vous plaît, etc.

Quand il voit qu'Armide résiste encore, il chante avec feu :

> Bornez vos désirs, etc.

Voilà l'image d'une conversation qui s'échauffe; et dans la réponse d'Armide:

> Le vainqueur de Renaud (si quelqu'un le peut être),

on admire l'art du musicien qui sait aussi renfermer ces derniers mots, comme dans une parenthèse. Lorsqu'au commencement du cinquième acte Renaud chante :

> Armide, vous m'allez quitter,

on entend un homme amolli par la volupté; il relève sa voix à ces mots:

> Que j'étois insensé de croire
> Qu'un vain laurier, etc.

et retombe dans les tons de tendresse, en disant :

> Vaut-il un regard de vos yeux ?

Les ennemis de Lully l'accusoient de devoir le succès de sa musique aux vers de Quinault. Ce reproche lui fut fait un jour par ses amis même, qui lui dirent en plaisantant, qu'il n'avoit pas de peine à mettre en chant des vers foibles, mais qu'il trouveroit un autre travail, si on lui donnoit des vers pleins d'énergie. Lully, animé par cette plaisanterie, et comme saisi de l'enthousiasme, court à un clavecin; et après avoir un moment cherché ses accords, chante ces quatre vers d'Iphigénie, dont les deux derniers ont une rudesse imitative, et qui tous quatre font des images; ce qui les rend plus difficiles pour la musique, que des vers de sentiment:

> Un prêtre environné d'une foule cruelle
> Portera sur ma fille une main criminelle,
> Déchirera son sein, et d'un œil curieux
> Dans son cœur palpitant consultera les Dieux.

Un des auditeurs m'a raconté qu'ils se crurent tous présens à cet affreux spectacle, et que les tons que Lully ajoutoit aux paroles, leur faisoient dresser les cheveux à la tête. Ce que certains hommes font ainsi sur-le-champ, lorsque leur imagination est vivement échauffée, est quelquefois préférable à tout ce qu'ils font dans leur cabinet avec étude. On rapporte que M. le Brun voyant passer une criminelle qu'on conduisoit à la Grève pour y être brûlée, crayonna ses traits sur un papier; et ce crayon fut regardé comme son chef-d'œuvre. Cet objet d'horreur étoit, comme le chant de Lully, dont je viens de parler, admirable par l'imitation.

Quelques personnes savantes en musique trouvent celle de Lully trop simple. Pour moi, je suis charmé de n'avoir pas des oreilles si savantes, et je regarde Lully dans la musique, comme Homère dans la Poésie, et Raphaël dans la peinture.

Une musique, quoique parfaite par les accords, si elle n'imite point, ne plaira jamais, parce qu'en musique comme dans les vers, la vérité de l'imitation doit se trouver dans l'harmonie. A ceux qui ne sentent point cette beauté, j'adresse ces paroles de Cicéron : *quas aures habeant, aut quid in his homini simile sit, nescio.*

§. I. *Si notre langue a une véritable harmonie.*

« Pouvons-nous nous vanter, disent quelques per-

» sonnes, d'avoir une véritable harmonie, nous qui ne
» parlons qu'un jargon formé de la corruption de la
» langue latine dans les siècles de la barbarie? Il étoit
» permis aux Grecs et aux Romains de vanter leur
» Poésie. Celle même des Orientaux est préférable à la
» nôtre : Chardin assure que celle des Persans est si har-
» monieuse, qu'un homme même qui n'entend pas cette
» langue, est sensible à la cadence et à l'harmonie des
» vers persans. »

A ceux qui parlent ainsi, je commence par leur demander d'où leur vient ce mépris pour leur propre bien : *tam insolens domesticarum rerum fastidium**. Si en lisant une ode de Malherbe ils ne sentent pas une harmonie, je n'ai rien à leur prouver : ce seroit parler de musique à qui n'a point d'oreilles; mais s'ils sentent dans cette ode un arrangement de mots harmonieux, ils doivent donc avouer que notre langue a, comme une autre, son harmonie.

J'avoue que l'harmonie des vers dans une langue où ils ne sont réglés que par le nombre des syllabes, est beaucoup inférieure à celle des vers réglés par la valeur des syllabes; et si les Romains disoient que les Muses avoient particulièrement favorisé les Grecs du don de parler, *ore rotundo,* nous avons plus sujet de nous plaindre nous qui sommes encore bien moins favorisés que les Romains. Il est vrai que les Muses prodiguèrent leurs bienfaits à ces deux peuples; mais s'ensuit-il de là qu'elles n'aient traité les autres qu'avec rigueur? Ne songeons point à ce qu'elles nous ont refusé, songeons à ce qu'elles nous ont donné. Que dirions-nous d'un homme, qui dans une fortune plus que suffisante pour se procurer les principaux agrémens de la vie, soutiendroit qu'il est

---

* Cicéron.

pauvre, parce qu'il pourroit nommer deux hommes plus riches que lui? Pourquoi, lui diroit-on, voulez-vous envier le sort de ces favoris de Plutus? Regardez plutôt le nombre de ceux dont la fortune est moins avantageuse que la vôtre.

Nos plaintes contre notre langue sont également injustes; et nous serions contens de notre sort, si au lieu de le comparer à celui des Grecs et des Romains, nous le comparions à celui de ces peuples du nord, dont tous les mots sont hérissés de consonnes, tandis que notre langue flatte l'oreille par une douce abondance de voyelles. C'est par un heureux choix de mots pleins de voyelles, que Malherbe est si harmonieux.

Quand l'imitation demande de la rudesse dans les sons, nos bons Poètes savent appeler les consonnes à leur secours, et dire, pour dépeindre un monstre :

> Indomptable taureau, dragon impétueux,
> Sa croupe se recourbe en replis tortueux.
> PHÈDRE.

ou faire entendre les serpens sur la tête des Euménides, en multipliant la consonne qui imite le sifflement :

> Pour qui sont ces serpens qui sifflent sur vos têtes? *
> ANDROMAQUE.

En lisant ces deux vers de Boileau:

> N'attendoit pas qu'un bœuf pressé de l'aiguillon,
> Traçât à pas tardifs un pénible sillon.

* Ce vers, où la lettre S est multipliée, m'en rappelle un autre où la lettre H est aussi multipliée à dessein, parce que la physique de Newton est remplie de calculs algébriques:

> L'algèbre avec honneur débrouillant ce chaos,
> De ses hardis calculs hérisse son héros.

C'est un pareil exemple de sons imitatifs; mais après les vers que j'ai cités, ceux-ci ne peuvent paroître que dans une note.

on est contraint de les prononcer lentement, au lieu qu'on est emporté malgré soi dans une prononciation rapide par celui-ci :

> Le moment où je parle, est déjà loin de moi.

Et cet autre vers du même Poète :

> Le chagrin monte en croupe, et galope avec lui.

n'est-il pas plus rapide dans sa cadence, et plus expressif par la double image que celui d'Horace :

> Post equitem sedet atra cura?

Chaque langue a ses richesses et ses beautés : les habiles écrivains les font connoître. Quoique la langue italienne ne semble faite que pour la douceur, le Dante sait lui donner une force convenable aux grands sujets. On croit entendre le bruit de la trompette infernale, dans ces vers du Tasse, chant 4 :

> Chiama gli habitator de l'ombre eterne
> Il rauco suon de la Tartarea tromba.
> Treman le spatiose atre caverne
> E l'aer cieco à quel rumor rimbomba.

et le bruit d'une tempête dans ceux-ci :

> La pioggia, à i gridi, à i venti, à i tuoni s'accorda
> D'horribile harmonia, ch'l mondo assorda.

N'appelons donc point jargons barbares, des langues comme l'italienne et la française, qui savent exprimer tout ce qu'elles veulent. Admirons leurs richesses, quoiqu'inférieures à celles des langues grecque et latine, et reconnoissons l'avantage de notre E muet, qui procure à notre versification l'harmonieux mélange des rimes féminines et masculines : variété qui rend la rime plus agréable encore dans notre langue que dans les autres. Cette char-

mante

SUR LA POÉSIE.

mante variété manque à la rime Italienne, qui, quoique plus riche que la nôtre, parce qu'elle demande les deux dernières syllabes, fatigue par la répétition continuelle des quatre sons que produisent ces quatre voyelles A, E, I, O.

§. II. *Si nous pouvons juger de l'harmonie des Langues mortes, et si nous devons faire des vers dans ces Langues.*

Tout ce que je viens de dire sur l'harmonie ne persuade point ceux qui étendent leur esprit de Pyrrhonisme jusque sur les matières de sentiment. « Ce n'est, disent-ils, » que par préjugé et par habitude qu'un certain arrange- » ment de mots nous paroît plus harmonieux qu'un autre. » Comment pouvons-nous juger de l'harmonie des vers » grecs et latins, puisque nous ignorons la véritable pro- » nonciation de ces langues ? Nous n'élevons Homère et » Virgile au-dessus des autres Poètes, que parce qu'on » nous a nourris dans cette opinion. Ceux de leurs vers » que nous admirons le plus, ne nous paroissent plus » beaux que les autres, que par une suite du même pré- » jugé. »

Nous ignorons sans doute la véritable prononciation des langues mortes ; et par conséquent toute la délicatesse de leur harmonie ne nous est pas connue ; mais elles nous affectent toujours par une harmonie principale, et nous en jugeons, non par préjugé, mais par sentiment. Les vers d'Ennius, et ceux de Lucrèce, ne flattent point notre oreille comme ceux de Virgile. L'estime que nous faisons de Properce pour l'Elégie, ne nous empêche pas de sentir dans sa versification une dureté que nous ne trouvons pas dans celle de Tibulle. En lisant ce vers de Térence :

Tædet formarum harum quotidianarum,

nous sentons ce que le Poëte veut exprimer, et chaque nation le sent, quoique chaque nation prononce le latin à-peu-près comme elle prononce sa langue propre. Supposons qu'un Italien, un Anglais et un Français prononcent ensemble ces deux vers de Virgile:

>Monstrum horrendum, informe, ingens......
>Quadrupedante putrem sonitu quatit ungula campum....

A la vérité, ils les prononceront tous trois d'une façon si différente, que peut-être ils ne s'entendront pas : ils conviendront néanmoins qu'ils prononcent deux vers admirables par leur harmonie, quoique tous deux opposés par leur harmonie; ils diront tous que le premier leur paroît aussi lent, que le second leur paroît rapide : ce n'est donc pas par préjugé qu'ils en jugent.

Il est certain que nous sentons l'harmonie des langues mortes; mais il faut avouer aussi que nous n'en pouvons sentir plusieurs beautés particulières qui dépendoient de la prononciation; et nous pouvons dire la même chose de toutes les langues vivantes. Le Tasse est harmonieux à mon oreille, mais ne l'est pas tant qu'à une oreille Italienne. Ceux qui savent bien prononcer une langue, sont ceux qui en connoissent toute l'harmonie : le plus beau vers français récité par une bouche étrangère perdra toute sa grâce, qu'il peut perdre encore par le seul dérangement d'un mot. Si au lieu de lire dans Malherbe :

>Que direz-vous, races futures ?

on lisoit :

>Que direz-vous futures races ?

cette transposition, qui ne produira pas un effet sensible sur une oreille étrangère, révoltera d'abord nos oreilles les moins délicates.

La transposition d'un mot qui peut changer toute l'harmonie d'un vers, peut aussi altérer la pureté du style, défigurer la beauté de l'image, et même changer le sens, *tantùm series juncturaque pollent.* C'est l'art avec lequel les mots sont joints ensemble, et l'ordre dans lequel ils sont placés, qui fait l'harmonie, la grâce et la clarté du style; et comme toutes ces finesses dépendent des caprices de l'usage, on ne les peut connoître que dans les langues vivantes, et même dans celles dont on a fait un long usage.

Supposons qu'un Allemand n'ayant jamais eu aucun commerce avec les Français, après avoir fait dans son cabinet une longue étude de notre langue avec le secours de nos dictionnaires et de nos meilleurs livres, entreprenne de faire des vers français : quand il les aura remplis des tours et des expressions qu'il aura tirées de nos plus célèbres Poètes, il s'applaudira; cependant il aura mis en pièces ces mêmes Poètes qu'il aura cru parfaitement imiter; et quoiqu'il n'ait employé que les mots qu'il aura pris d'eux, il aura ressuscité Ronsard, faute d'avoir su ranger ces mots à leur place; et ses vers harmonieux à son oreille, seront barbares aux nôtres. Quel est donc le danger auquel nous nous exposons, quand nous écrivons dans une langue, non-seulement étrangère, mais morte depuis plusieurs siècles? Combien de nos vers latins qui nous paroissent dans le style de Virgile, ne seroient pas entendus de Virgile s'il revenoit parmi nous?

Nous ne comptons dans notre langue que quatre ou cinq grands Poètes. Puisqu'il est si difficile d'exceller dans sa langue naturelle, est-il croyable qu'on excelle si aisément dans une langue qui ne vit plus ? Cependant quel nombre prodigieux de grands Poètes, si nous voulons donner ce nom à tant de savans qui nous ont paru faire de beaux vers latins ! Pourquoi les Muses latines, depuis dix-sept cents ans que leur langue est morte, auront-elles prodigué leurs faveurs à tant d'écrivains, très-étrangers pour elles, tandis que dans le siècle d'Auguste, le temps de leur gloire, elles n'en ont immortalisé que quatre ou cinq, sans daigner favoriser les autres, quoiqu'ils fussent leurs vrais enfans ?

D'où vient cette passion de s'exprimer dans une langue où peu de personnes nous peuvent entendre ? On ne soupçonne pas MM. Fraguier, Huet, et M. le cardinal de Polignac, d'avoir ignoré les délicatesses de la leur ; les deux derniers avoient vécu à la Cour, et tous les trois étoient de l'Académie Française : pourquoi tous trois, si élégans dans leurs vers latins, n'en ont-ils point hasardé de français ? On ne peut douter que Santeuil ne fût né Poète, et le plus heureux de tous les Poètes, puisqu'il semble né particulièrement pour célébrer les grandeurs de Dieu et de ses Saints, dans la langue que l'Eglise consacre à ses chants ; mais étoit-il obligé, dans tous les autres sujets qu'il a traités, d'écrire dans la même langue ? Pourquoi parler latin à une princesse, dans une pièce badine sur son chien ? La peine de ranger des mots français suivant les lois de la versification, et de leur chercher des rimes, eût-elle éteint tout l'enthousiasme de Santeuil ? Les lois de la versification latine paroissent plus difficiles que les nôtres : elles ne causent cependant aucune peine à Santeuil qui, non content de l'harmonie ordinaire, sait aussi y trouver cette harmonie imitative dont j'ai parlé. Comme dans ces deux vers sur la fontaine placée au bas de la rue Saint-Jacques :

> Dum scandunt juga montis anhelo pectore nymphæ,
> Hic una è sociis vallis amore sedet.

Pour imiter dans le premier vers les nymphes qui montent la montagne, il a rangé les mots dans une telle mesure, qu'il semble qu'en prononçant le vers on perde la respiration, au lieu qu'on se repose dans la douce prononciation du second vers !

Un homme qui sait si bien parler une langue étrangère, peut-il être muet dans la sienne ? Les expressions qui, suivant Horace et Boileau, nous viennent avec abondance pour les sujets que nous possédons bien, ne nous doivent jamais venir plus naturellement que dans notre langue. Pourquoi donc les allons-nous chercher dans une langue étrangère ? N'est-ce point parce qu'alors nous avons moins de juges à craindre ? Au lieu que dans notre langue, si une expression n'est pas juste, ou si elle est mal placée, que de juges prêts à nous condamner ! M. de la Monnoye a marqué plusieurs expressions dans les hymnes de Santeuil, qu'il trouvoit contraires à la belle latinité : un Romain du siècle d'Auguste en releveroit bien d'autres. Nos savans ont porté leur amour pour les langues mortes jusqu'à traduire en latin plusieurs ouvrages de notre Poésie française. On a inséré dans le Ménagiana une satire de Boileau traduite en vers grecs : trouvera-t-elle des lecteurs, lorsque la Paraphrase des pseaumes en vers grecs, par le P. Pétau, n'en trouve pas, quoiqu'elle ait été tant admirée par Grotius ?

Le P. Commire, qui étoit intéressé à défendre la cause des Poètes latins modernes, prétend qu'une langue morte doit être celle des Poètes, parce qu'elle n'est plus sujette à l'inconstance de l'usage : « Au lieu, dit-il, qu'un
» malheureux écrivain qui travaille à plaire dans une
» langue vivante, cherche des grâces qui bientôt seront
» hors de mode. »

<pre>
        Nam quas nunc miserè anxius
    Scriptor quærere amat delicias, brevi,
        Usus si volet insolens,
    Spretas rejiciet non sine nauseâ...
</pre>

> At certus Latiis honos
> Et vani haud metuens tædia sæculi
> Perstat gratia vatibus.

Par cette même raison, Horace eût dû choisir quelque langue morte : il n'ignoroit pas que la sienne ne vivroit pas toujours ; il savoit qu'elle auroit le sort de toutes les choses humaines. Toute gloire périt, disoit-il ; à plus forte raison celle des mots :

> Necdum stet honos et gratia verbis.

Ni lui, ni Virgile, ne furent par cette crainte dégoûtés de leur langue, qui reçoit aujourd'hui une nouvelle vie par leurs écrits. Nos excellens écrivains rendront peut-être de même la nôtre immortelle ; au lieu qu'elle n'aura jamais aucune obligation à nos savans qui ont fait des vers latins. Et qui aura obligation à M. de la Monnoye d'avoir traduit en vers grecs le premier Livre de l'Enéide ?

ARTICLE TROISIEME.

Que tout Poète, dans une traduction en Prose, n'est rendu qu'imparfaitement, et qu'il n'y a point de Poésie en Prose.

Il est glorieux aux anciens d'avoir eu pour admirateurs parmi nous tous ceux qui possédoient bien leur langue, et de n'avoir été méprisés que par ceux, ou qui l'ignoroient, ou qui n'en avoient qu'une connoissance imparfaite. Quiconque juge d'un Poète sans en savoir la langue, en juge sans le bien connoître. Un Poète enchante par l'harmonie des vers et l'arrangement des mots. Il faut donc l'entendre parler lui-même ; quand il nous parle par interprète, ce n'est plus lui que nous entendons. Pouvons-nous dans notre langue faire sentir cette harmonie de Virgile :

>Jacuitque per antrum
>Immensus !

Trouverons-nous des expressions qui répondent à celle-ci d'Horace :

>Vultus nimium lubricus aspici ?

Pourrons-nous imiter cet arrangement de mots :

>Rusticus urbanum murem mus, etc.

Cette fable est si admirable dans Horace, que La Fontaine n'osant l'imiter, s'est contenté de la narrer très-simplement. La Fontaine a des grâces qu'on ne peut faire passer dans la langue latine; et la langue latine a les siennes auxquelles la nôtre ne peut atteindre. Quoique dans les morceaux des anciens que je traduis en vers dans cet ouvrage, je sente combien je suis inférieur aux originaux, j'avoue qu'on peut quelquefois rendre heureusement un endroit dont on est frappé; mais qui de nous, quelque habile versificateur qu'il soit, pourroit nous rendre parfaitement en vers tout Homère ?

Loin d'espérer de notre Prose ce que notre Poésie ne peut nous donner, soyons persuadés qu'une traduction en Prose ne peut rendre qu'imparfaitement un bon Poète. Je lis avec plaisir la traduction d'Homère par madame Dacier; mais je n'y cherche pas ce que je n'y puis trouver, c'est-à-dire, tout Homère. Elle ne prétend pas elle-même nous le donner : elle compare sa traduction au cadavre d'Hélène, sur lequel on remarqueroit seulement les restes défigurés de cette beauté qui fit tant de bruit. Toute traduction en Prose d'un excellent Poète, est l'estampe du tableau d'un excellent peintre. J'aime l'estampe d'un tableau de Rubens : quoique je n'y trouve pas Rubens, j'y vois son invention, son dessin, son ordonnance; mais comme je n'y vois pas son admirable coloris qui anime tout, l'ouvrage est mort.

Pour prouver la vérité de cette comparaison, examinons la traduction d'un endroit d'Homère, et choisissons ce morceau fameux, *Iliad.* 20, où le Poète dépeint la frayeur que cause à Pluton le coup de trident dont Neptune a frappé la terre. Je n'en rapporterai pas la traduction latine; une pareille citation seroit trop ennuyeuse: elle doit, à la vérité, puisqu'elle rend les vers mot pour mot, conserver les mêmes images; mais quelles images dans un pareil arrangement de mots! Ceux qui la voudront lire, y trouveront le cadavre d'Homère. Ce cadavre commence à reprendre de la vie dans cette traduction de Madame Dacier: « Le roi des Enfers, épouvanté au fond
» de son palais, s'élance de son trône, et s'écrie de toute
» sa force, dans la frayeur où il est que Neptune, d'un
» coup de trident, n'entr'ouvre la terre qui couvre les
» ombres, et que cet affreux séjour, demeure éternelle
» des ténèbres et de la mort, abhorré des hommes, et
» craint même des Dieux, ne reçoive pour la première
» fois la lumière, et ne paroisse à découvert. » Cette Prose harmonieuse seroit une Poésie, si la Poésie ne consistoit que dans la hardiesse des images et des figures; mais je n'y vois encore que le cadavre d'Homère, où la vie commence à se répandre. Voici Homère ressuscité:

> L'Enfer s'émeut au bruit de Neptune en furie:
> Pluton sort de son trône, il pâlit, il s'écrie;
> Il a peur que ce Dieu, dans cet affreux séjour,
> D'un coup de son trident ne fasse entrer le jour;
> Et par le centre ouvert de la terre ébranlée,
> Ne fasse voir du Styx la rive désolée;
> Ne découvre aux vivans cet empire odieux,
> Abhorré des mortels, et craint même des Dieux.

La Poésie de Boileau, quoique très-harmonieuse, ne

rend pas toute celle d'Homère. Le vers qui présente trois images : la frayeur de Pluton, la promptitude avec laquelle il s'élance de son trône, et le cri qu'il pousse, est moins vif que le vers grec qui présente les mêmes images en moins de mots, et qui d'ailleurs est remarquable par les deux dactyles qui précèdent ce mot *ἴαχε,* sur lequel tombe la césure. On reconnoît dans cette cadence l'harmonie imitative :

Δείσας δ' ἐκ θρόνυ ἆλτο κ̀ ἴαχε.

Quoique le vers français n'imite pas parfaitement ce demi-vers grec, et que même *sort de son trône* soit trop foible, Boileau rend mieux Homère que madame Dacier; et si nous avions dans notre langue une traduction entière d'Homère pareille à ce morceau, ce seroit alors que ceux de nous qui ne savent pas le grec, pourroient se flatter de connoître Homère : de même que les Anglais, malgré la grande différence d'harmonie entre leur langue et la grecque, se flattent de le connoître dans la traduction de M. Pope, parce que M. Pope a, dit-on, trouvé le secret de faire parler à Homère la langue anglaise, avec toute l'harmonie qu'elle peut avoir. Les Anglais estiment encore beaucoup la traduction de Virgile en leur langue, par Dryden.

La traduction de l'Enéide par Annibal Caro, est aussi très-estimée des Italiens. Virgile cependant leur parle-t-il avec toute l'harmonie qu'il pourroit avoir dans leur langue, lorsqu'il leur parle en vers non rimés? La rime est aussi nécessaire à la Poésie italienne qu'à la nôtre. Il ne m'appartient pas de juger du mérite d'Annibal Caro; je me contente de dire que quand je lis dans sa traduction :

Tre volte soprà il cubito risurse
Tre volte cadde, et la terza giacque,

> Et gli occhi volti al ciel quasi cercando
> Veder la lume ; poiche vista l'hebbe
> Ne sospiro.

je ne suis point frappé, comme je le suis en lisant ces trois vers de Virgile :

> Ter sese attollens, cubitoque innixa levavit,
> Ter revoluta toro est, oculisque errantibus, alto
> Quæsivit cœlo lucem, ingemuitque repertà.

La comparaison que j'ai faite d'un morceau d'Homère, traduit par Boileau, avec la traduction du même morceau par madame Dacier, fait honneur à la Poésie, et prouve que la Prose ne lui peut jamais disputer son rang. De même qu'un habile dessinateur, qui n'aura que crayonné l'ordonnance d'un tableau, quoiqu'il ait l'honneur de l'invention et du dessin, ne sera jamais mis au rang des peintres, on ne mettra jamais au rang des Poètes celui qui aura crayonné en Prose l'ordonnance d'un Poëme, quand il auroit tout le mérite de l'auteur de Télémaque.

Le consentement unanime des nations confirme ce que j'avance. Apulée et Lucien, quoique tous deux fertiles en fictions et en ornemens poétiques, n'ont jamais été comptés parmi les Poètes. La fable de Psyché auroit été appelée Poëme, s'il y avoit des Poëmes en Prose. Le Songe de Scipion, quoique fiction très-noble, écrite en style poétique, ne fera jamais mettre le nom de Cicéron parmi ceux des Poètes latins; de même que parmi ceux de nos Poètes français, nous ne mettons point celui de Fénélon.

L'éloquence et la Poésie ont chacune leur harmonie, mais si opposées, que ce qui embellit l'une défigure l'autre. L'oreille est choquée de la mesure du vers, quand elle la trouve dans la Prose. Chaque plaisir a sa place comme son temps. La Prose emploie quelquefois les mêmes figures et les mêmes images que la Poésie; mais le style est différent, la cadence est toute contraire. Dans la Poésie même, chaque espèce a sa cadence propre : il est inutile d'en chercher la raison; ce n'est pas la raison qui a établi toutes ces différences, c'est le sentiment. *Versus*, dit Cicéron, *non ratione est cognitus, sed naturâ atque sensu.*

Je ne me serois pas étendu sur une pareille question, si elle n'avoit point été, pendant quelque temps, agitée parmi nous avec chaleur. La Prose eut ses partisans, à la tête desquels se mit un homme qui avoit toute sa vie fait des vers en tout genre de Poésie, et qui cependant osa dire, en parlant du mérite de la versification * : « Qu'est-
» ce que ce prétendu mérite ? Le vrai mérite de la difficulté.
» Extravagance de la part de ceux qui imposent ce joug,
» et de la part de ceux qui le reçoivent. »

Il est extravagant sans doute de ne point chercher un autre mérite; mais il faut bien qu'il y en ait un autre, et qu'il soit très-rare, puisque de tant de barbouilleurs de papier, qui dans toutes les nations ont fait des vers dans l'exactitude des règles, il en est un si petit nombre à qui le nom de Poëte ait été donné.

Quoiqu'il soit assez singulier qu'un homme qui avoit composé tant de vers ait écrit contre l'harmonie poétique, nous n'en serons plus surpris si nous jugeons de son oreille et de son goût par cette strophe de son Ode sur le Goût :

> Du vrai la raison nous assure ;
> Elle en est seule le flambeau :
> Le goût, présent de la nature,
> Est le seul arbitre du beau ;
> Sous quelque forme qu'il se trouve
> Il le reconnoît, et réprouve

* La Mothe, Discours sur la Tragédie.

> Ce qui pourroit le démentir;
> Mais ce goût du beau, c'est peut-être
> Moins ce qui nous le fait connoître,
> Que ce qui nous le fait sentir.

A ces vers si durs, dans lesquels trois *ce qui* déchirent l'oreille, opposons, pour faire connoître l'harmonie poétique par le précepte et par l'exemple, cette strophe d'une Ode fameuse de M. de la Faye :

> De la contrainte rigoureuse
> Où l'esprit semble resserré,
> Il reçoit cette force heureuse
> Qui l'élève au plus haut degré :
> Telle dans les canaux pressée,
> Avec plus de force élancée,
> L'onde s'élève dans les airs;
> Et la règle qui semble austère,
> N'est qu'un art plus certain de plaire,
> Inséparable des beaux vers.

Cette strophe confirme et fait sentir la vérité de tout ce que j'ai dit sur la versification, sur la rime et sur l'harmonie poétique.

CHAPITRE V.

DE L'IMITATION DES MOEURS ET DES CARACTÈRES.

L'Imitation qui nous plaît jusque dans l'arrangement des mots, comme je l'ai fait voir en parlant de l'*Harmonie imitative*, plaît bien davantage lorsqu'elle se trouve dans les objets. La Poésie peint toute la nature ; elle se transforme, pour ainsi dire, en tous les êtres : *Omnia transformat sese in miracula rerum;* et elle change en merveilles les plus petites choses. Lorsqu'Homère nous dit, *Odyssée* 1, que « Télémaque va se coucher, » une vieille femme qui l'a élevé, le conduit ; porte de- » vant lui deux flambeaux : quand il a quitté sa robe, » elle la nettoie, la plie, et l'attache à une cheville au » mur près du lit : elle sort, tire l'anneau de la porte, en » lâchant la courroie où est suspendu le levier qui sert à » la fermer ; » lorsque dans le livre 33 on demande à Pénélope l'arc d'Ulysse, elle va le chercher : « elle monte, » ouvre la porte du cabinet, tire le verrou, hausse le » bras, prend l'étui, et tire l'arc de son étui ; » ces détails nous paroissent petits : ils le sont aussi ; mais la belle versification ennoblit tout ; et les mêmes choses dites dans notre langue, en beaux vers, nous plairoient autant que les vers de Boileau, lorsque dans son Lutrin il décrit un vieux et gros livre de droit :

    Inutile ramas de gothique écriture,
    Dont quatre ais réunis formoient la couverture,
    Entourée à demi d'un vieux parchemin noir,
    Où pendoit à trois clous un reste de fermoir.

Ce n'est pas l'objet qui nous plaît, c'est l'imitation, comme dans le repas du même Poëte, lorsqu'un convive esquive l'assiette qu'on veut lui jeter au visage, et que

> L'assiette volant
> S'en va frapper le mur, et revient en roulant.

Virgile n'est pas dans les petites choses un si grand peintre qu'Homère : il tâche cependant de l'imiter. Quand Laocoon, *Enéide, l.* 2, lance sa javeline contre la machine fatale, on voit la javeline qui entre dans le bois, et qui tremble quand elle s'arrête, *stetit illa tremens,* et l'on entend retentir du coup, la concavité profonde de la machine :

> Uteroque recusso
> Insonuêre cavæ, gemitumque dedère cavernæ.

La nature qui nous porte à imiter, nous porte aussi à admirer tout ce qui est bien imité. Ce plaisir est le fondement de ceux que nous causent la Poésie, la Peinture, la Musique, etc. Mais l'imitation toujours agréable, quand elle nous présente les moindres objets, l'est bien plus quand elle nous présente les hommes, en nous peignant leurs mœurs, leurs caractères et leurs passions. C'est par-là que les Poëtes épiques et dramatiques ont plus que les autres le droit de nous plaire, et le pouvoir de nous attacher.

Je parlerai des passions, lorsque je parlerai de la tragédie. Je parle ici des mœurs et des caractères, c'est-à-dire, de la ressemblance que les Poëtes donnent aux personnages qu'ils veulent nous faire connoître.

L'histoire nous apprend, par un récit fidèle, les événemens passés, et les actions des hommes qui nous ont précédés ; la Poésie rend les mêmes actions et les mêmes événemens présens à nos yeux par l'imitation ; et c'est par-là qu'elle est souvent plus utile que l'histoire même, comme Aristote l'a remarqué. L'imitation instruit mieux que la réalité, quand le Poète, non content de représenter une action, sait développer tous les ressorts qui en ont été les causes. L'histoire, par exemple, nous apprend que Néron, après avoir paru quelque temps vertueux, empoisonna Britannicus, et devint bientôt après un monstre. La tragédie qui a pour sujet la mort de Britannicus, nous développe le cœur de Néron, et nous fait voir comment ce prince, retenu d'abord par l'éducation que des maîtres sages lui avoient donnée, s'abandonne peu à peu au penchant qui l'entraîne, et, en jetant quelques regards vers la vertu, se livre au crime, de manière qu'il n'aura plus dans la suite de remords, qu'il ira de crime en crime, et deviendra un monstre. Que de réflexions nous fait faire le Poète qui sait nous présenter ainsi Néron! Voilà l'utilité de l'imitation.

L'habileté du Poète consiste à rendre ressemblans les personnages qu'il introduit. Les peintres, qui ne parlent qu'aux yeux, ne peuvent nous faire connoître les personnes dont ils imitent la ressemblance, que par les traits de leurs visages et par leurs habillemens : c'est par-là qu'ils nous apprennent leur âge, leur sexe, leur condition, leur pays, leur siècle, et qu'ils nous font quelquefois entrevoir leurs vertus et leurs vices. Les Poètes, qui parlent à l'esprit, doivent nous découvrir tout l'intérieur des hommes, et nous les faire connoître à fond par leur manière d'agir et de parler, c'est-à-dire, par leurs mœurs et par leurs caractères. Il faut donc qu'ils aient toujours devant les yeux le grand modèle qu'Horace leur recommande :

> Respicere exemplar vitæ, morumque jubebo
> Doctum imitatorem, et veras hinc ducere voces.

Mais en imitant la nature, ils doivent souvent l'embellir :

comme un habile peintre, qui a l'art de peindre en beau en conservant la ressemblance.

Ce principe établi, je vais parler de la manière dont les Poëtes doivent imiter les mœurs et les caractères des hommes. Je parle ici des Poëtes sérieux, et non des Poëtes comiques.

J'appelle mœurs ces inclinations communes qui dépendent de l'âge, du sexe, de la condition, des pays et des temps. J'appelle caractères les inclinations particulières à chacun de nous, et qui nous distinguent les uns des autres. Le Poëte qui sait bien imiter ces deux choses,

Reddere personæ scit convenientia cuique.

ARTICLE PREMIER.

Des Mœurs.

Mœurs de l'enfance. Je commence par les mœurs qui dépendent de la foiblesse de l'âge, c'est-à-dire, par celles de l'enfance, de la jeunesse et de la vieillesse.

Dans la belle peinture que Boileau fait des différens âges dans son Art Poétique, il ne parle point, comme Horace, de celles de l'enfance, parce que ces mœurs trouvent rarement place dans les ouvrages sérieux. Les anciens aimoient cependant à voir sur le théâtre des enfans, qui, sans proférer une seule parole, les attendrissoient par leur présence. Iphigénie, dans Euripide, en se jetant aux genoux de son père, excite le petit Oreste son frère à joindre ses larmes aux siennes. Les enfans d'Hercule, dans les Tyndarides, contribuent par leur présence à l'action. Quel spectacle tragique de voir Œdipe, après qu'il s'est crevé les yeux, étendre les bras au milieu de ses enfans, en les cherchant pour les embrasser, et Créon

obligé

obligé de les lui arracher ! Nos Poëtes ont peut-être été trop timides quand ils ont craint d'orner notre théâtre de ces acteurs muets, dont la vue peut augmenter le trouble et la pitié. La scène dans laquelle Andromaque, prête à mourir, recommande son fils à sa confidente, ne seroit-elle pas plus touchante, si ce fils étoit présent, et si Andromaque lui disoit, en le serrant entre ses bras :

> O mon fils, que tes jours coûtent cher à ta mère !

Ce même Astyanax devoit produire un effet admirable dans la Troade de Sénèque, quand sa mère l'appelant du tombeau où elle l'avoit caché, lui ordonnoit de se jeter aux pieds d'Ulysse, d'oublier Hector et ses aïeux; et s'il étoit encore trop jeune pour sentir ses malheurs, d'imiter du moins les pleurs de sa mère :

> Si tua nondum funera sentis,
> Matris fletus imitare tuæ.

Les anciens font aussi quelquefois parler les enfans dans leurs tragédies, mais toujours en peu de mots, et pour exprimer leur crainte ou leur douleur, sentimens conformes à cet âge. Quand Médée court après ses enfans pour les tuer, on les entend qui s'écrient : *Nous sommes perdus !* Les enfans d'Alceste mourante l'environnent, et dans le moment qu'elle rend le dernier soupir, l'un d'eux s'abandonne aux pleurs, en montrant à son père ce visage dont la mort s'est emparé. Joas, dans Athalie, dit des choses plus relevées; mais l'Histoire-Sainte, dont il est rempli, lui fournit ses réponses.

L'âge qui suit l'enfance est trop imprudent pour fournir de nobles imitations. On aime cependant à voir dans Virgile, Ascagne à la chasse devançant tout le monde : *Mœurs de la jeunesse.*

> Gaudet equo, jamque hos cursu jam præterit illos.

Il est dans cet âge dont Horace a dit :

> Gaudet equis, canibusque, et aprici gramine campi.

L'imprudence et la vivacité de cet âge est bien dépeinte dans Britannicus. Ce jeune prince est bien moins occupé de ses malheurs passés, et de ceux qu'il doit craindre pour l'avenir, que de son amour. Il ne se méfie de personne, ni d'Agrippine, ni même de Narcisse, dont il fait son confident. Junie, quoique dans le même âge, est d'un caractère très-opposé : elle l'aime aussi ; mais elle n'est occupée de son amour qu'en tremblant ; elle se méfie de tout le monde ; et quand elle peut parler à Britannicus, c'est pour lui dire :

> Ces murs même, Seigneur, peuvent avoir des yeux.

Le Poète a connu la différence qu'il devoit mettre entre les mœurs d'une jeune fille et celles d'un jeune homme ; ce que je remarquerai encore en parlant des mœurs des femmes.

Mœurs de la vieillesse. Les Poètes comiques peignent la vieillesse avec ses défauts ; les autres Poètes doivent la peindre en beau. Homère semble avoir voulu imiter la coutume qu'ont les vieillards de dire des proverbes, quand il fait dire à Ulysse, caché sous la figure d'un vieillard, *Odyssée* 14 :

> Malgré tous mes malheurs, et malgré ma vieillesse,
> Vous connoîtrez encor quelle étoit ma jeunesse :
> Le chaume vous fera juger de la moisson.

Ulysse compte ses malheurs avec ses années, parce que, comme Homère l'a dit autre part :

> Les chagrins font encor plus vieillir que les ans.

Si l'on excepte cet endroit, Homère peint toujours la vieillesse du beau côté, qui est celui de la prudence et de la sagesse. Les discours de son Nestor sont quelquefois longs, mais toujours si sages, qu'Agamemnon voudroit avoir plusieurs hommes comme lui. Les vieillards qu'Homère rassemble sur la tour des portes de Scée, admirent la beauté d'Hélène; mais ils voudroient, malgré cette beauté, qu'elle retournât promptement dans la Grèce : chacun de ces vieillards peut dire ce que disoit Horace : *integer laudo*.

Un vieillard amoureux est aussi ridicule dans l'imitation que dans la vérité. Lorsque le Grand-Visir, dans Bazajet, parle d'épouser Atalide, il écarte de lui le soupçon de l'amour :

> Voudrois-tu qu'à mon âge
> Je fisse de l'amour le vil apprentissage ;
> Qu'un cœur qu'ont endurci la fatigue et les ans,
> Suivît d'un vain plaisir les conseils imprudens ?

Mithridate traîne après lui une passion dont il rougit : il avoue qu'au lieu de s'armer contre les poisons, il eût dû bien plutôt

> Ne point laisser remplir d'ardeurs empoisonnées
> Un cœur déjà glacé par le froid des années.

Il s'accuse le premier, et se condamne :

> Ce cœur nourri de sang, et de guerre affamé,
> Malgré le faix des ans, et du sort qui l'opprime,
> Traîne partout l'amour qui l'attache à Monime.

En s'accusant lui-même, il mérite qu'on le plaigne et qu'on l'excuse. Corneille fait faire à son vieux Syphax cette réflexion :

> Que c'est un imbécille et sévère esclavage
> Que celui d'un époux sur le penchant de l'âge,
> Quand sur un front ridé qu'on a droit de haïr,
> Il croit se faire aimer à force d'obéir !

Mœurs des femmes.

Les Poëtes, dans la peinture des mœurs de la vieillesse, font reconnoître la foiblesse de l'âge, et celle du sexe dans la peinture des mœurs des femmes : elles sont moins propres que les hommes, soit à cause de la délicatesse des fibres, soit à cause de la frivole éducation qu'on leur donne, à soutenir des inclinations fortes et égales. C'est apparemment ce qu'a entendu Aristote, quand il a dit dans sa Poétique, que *les femmes sont communément plutôt mauvaises que bonnes.* Il n'y a pas d'apparence qu'un aussi grand philosophe ait voulu dire qu'elles sont communément plus vicieuses que vertueuses.

On a remarqué qu'Euripide en avoit introduit sur le théâtre plus de criminelles que d'estimables; et comme il remplissoit ses tragédies d'invectives contr'elles, il fut appelé l'ennemi des femmes; titre qui ne prouveroit pas sa haine contr'elles, puisqu'au rapport d'Athénée, il n'étoit leur ennemi que sur le théâtre. Sophocle les a plus épargnées; mais elles n'en seroient pas plus contentes, s'il étoit vrai qu'il eût fait cette réponse qu'on lui attribue : « Je les représente telles qu'elles doivent être; » Euripide les représente telles qu'elles sont. » Elles seront encore moins contentes d'Aristophane, qui, dans la comédie même où il leur livre Euripide pour être jugé par elles, les noircit par les accusations les plus atroces. Elles ne se loueront pas non plus de l'Arioste, qui les attaque souvent; et même dans le moment où il paroît vouloir prendre leur défense, Rodomont, dans un mouvement de colère, les accuse d'être toutes perfides. « Il » avoit tort, répond gravement l'Arioste, en interrompant » sa narration par cette réflexion : la colère l'emportoit. » Il est vrai que je n'en ai jamais vu une fidelle; mais » c'est un effet de mon malheur. Je chercherai tant, que » je ne désespère pas d'en trouver une; et je m'engage à » la célébrer hautement, de vive voix et par écrit, en

« prose et en vers. » La Fontaine, dont la muse étoit si douce, les a bien peu ménagées. Il faut avouer que les Poëtes de tous les temps et de toutes les nations, semblent s'être réunis contr'elles. Il faut avouer aussi qu'elles donnent elles-mêmes la vogue aux vers et aux romans qui leur sont le moins favorables, et qui seroient moins nombreux si elles ne les lisoient pas avec tant d'ardeur. La Fontaine, étonné de leur indulgence et de l'honneur qu'elles lui faisoient de lire tous ses écrits, a cru devoir les en remercier par des vers qui sont assez connus.

Si notre théâtre ne leur est pas plus favorable que celui de la Grèce; si avec les Phèdre, les Médée et les Clytemnestre, on y trouve encore les Cléopâtre, les Agrippine, les Emilie, les Roxane, les Hermione, les Athalie; et si Pauline même, une des plus vertueuses, a fait dire à un grand prince que peu de maris voudroient l'avoir pour femme, elles peuvent répondre qu'Euripide, leur cruel ennemi, doit une de ses belles pièces à Alceste, la gloire de leur sexe; que si l'on veut examiner à la rigueur les hommes qui paroissent sur le théâtre, le nombre des vicieux l'emportera sur le nombre des vertueux, et que les Burrhus sont plus rares que les Andromaque et les Pénélope; qu'enfin, quelqu'injurieux que soient les portraits que les hommes ont fait d'elles, elles sont le plus grand ornement de leurs ouvrages.

Il semble, en effet, qu'on ne puisse s'en passer; et je ne connois point de tragédie intéressante sans personnages de femmes, que le Philoctète de Sophocle. Les Poëtes épiques, qui n'ont pas en cela suivi l'exemple d'Homère, ont été jusqu'à les faire paroître dans les armées et dans les combats. La Camille de l'Enéide fait voir cependant que la guerre n'est pas leur métier. De belles armes, dont elle a un desir puéril, lui inspirent une témérité qui cause sa mort :

> Fœmineo prædæ, armorumque ardebat amore.

C'est ainsi que Virgile, en lui conservant l'esprit de femme au milieu de sa valeur, se rapproche de la nature ; mais le Tasse s'en éloigne, lorsque pour rendre sa Clorinde admirable, il dit qu'elle passa sa jeunesse dans les forêts, où elle paroissoit un homme aux bêtes, et une bête aux hommes :

> Fera à gl' huomini parve, huomo à le belve.

Il a voulu jeter dans son Poëme un merveilleux extraordinaire par l'aventure de Tancrède, qui prêt à baptiser cette Clorinde, reconnoît qu'il a long-temps combattu contre une femme, et qu'il a tué sa maîtresse. Ce n'est point à de telles merveilles, presque contraires à la nature, quoique possibles, qu'Homère a recours. Il lui étoit d'autant plus facile de trouver une semblable héroïne, qu'il connoissoit les Amazones dont il parle dans l'Iliade, et que Penthésilée leur reine alla, dit-on, au secours des Troyens, où Virgile la fait briller. Mais quoique la valeur dans les armes ait rendu quelques femmes célèbres, Homère qui n'emprunte pas d'ornement hors de la nature, a coutume de les renvoyer à leurs fuseaux et à leurs occupations ordinaires.

On a vu aussi des femmes célèbres dans les sciences : ce qui n'empêche pas qu'Euripide n'ait péché contre la vraisemblance, en leur faisant débiter des discours souvent dignes de Socrate, surtout dans cette tragédie dont parle Aristote, intitulée *Ménalippe Philosophe*, où tous les principes de la philosophie d'Anaxagore étoient expliqués par une jeune princesse. Ne peut-on pas toujours dire aux savantes comme aux guerrières, ce que Jupiter, *Iliad.* 5, dit à Vénus en souriant de la blessure que dans le combat elle a reçue de Diomède :

> Contentez-vous des jeux, des ris et des app s :
> Présidez aux amours, et laissez les combats.

Les intrigues de l'amour sont leur partage ordinaire et leur triomphe. Comme elles ne sont pas distraites par les passions plus sérieuses qui occupent les hommes, elles se livrent entièrement à celle-ci, qu'elles savent exprimer avec cette vivacité de sentiment qui ne fait que trop l'ornement de nos ouvrages poétiques. Virgile semble glacé quand il veut faire parler son héros tendrement ; mais avec quel feu il fait parler Didon ! Le poëte qu'on dit avoir mieux connu que les autres les ressorts du cœur humain, ne fait jamais mieux jouer ces ressorts que dans le cœur des femmes. Quelques personnes accusent de froideur les personnages de Titus, Xipharès, Bajazet, Pyrrhus, etc. Comme on juge des choses par comparaison, ces personnages ne peuvent paroître froids que quand on les compare à ceux de Monime, Bérénice, Roxane, Atalide, Hermione, etc. Auprès de cette Hermione, Oreste lui-même paroît tranquille.

Le soin avec lequel on apprend aux jeunes filles à cacher leurs sentimens, et à ne pas croire sincères tous les discours qu'on leur tient, les rend plus dissimulées que les hommes, et par conséquent plus soupçonneuses ; ce qui est bien imité dans la tragédie de Britannicus. Ce jeune prince, éloigné de toute dissimulation, croit tout ce qu'on lui dit ; il croit Néron sincère, et court avec empressement au festin destiné en apparence à leur réconciliation. Mais Junie, à qui l'âge ne donne pas plus d'expérience, et qui ne connoît la cour que d'un jour, entrevoit déjà la perfidie de cette cour : elle soupçonne une réconciliation si prompte et si peu attendue; elle retient Britannicus le plus long-temps qu'elle peut; elle veut qu'il attende qu'on vienne le chercher, et elle pleure en le voyant partir. La confiance du jeune prince est aussi conforme à la nature que la méfiance de la jeune princesse.

Les femmes se mêlent souvent des intrigues d'État, et sont quelquefois capables de gouverner; mais leurs passions les plus nobles sont souvent sujettes à de grandes foiblesses. Lorsque l'ambitieuse Agrippine voit son crédit diminuer, Néron est un ingrat, qui va devenir un tyran; elle plaint l'État qu'elle veut secourir; elle paroît pleine de l'amour du bien public. Sitôt que Néron lui a rendu quelques marques de confiance, celui dont elle venoit de faire un portrait si affreux, n'est plus le même :

> Non, il le faut ici confesser à sa gloire,
> Son cœur n'enferme pas une malice noire.

Athalie a toutes les qualités d'une reine capable des grandes entreprises. Cependant un songe la trouble, et fait dire à Mathan :

> Ce n'est plus cette reine éclairée, intrépide,
> Elevée au-dessus de son sexe timide,
> Qui d'abord accabloit ses ennemis surpris,
> Et d'un instant perdu connoissoit tout le prix.
> La peur d'un vain remords trouble cette grande âme,
> Elle flotte, elle hésite : en un mot, elle est femme.

Mœurs de la condition. Je ne m'étendrai pas sur les mœurs qui sont propres à chaque condition : on conçoit aisément que la noblesse ou la bassesse de la naissance doit, à cause de la différence de l'éducation, contribuer à la noblesse ou à la bassesse des sentimens. La nourrice de Phèdre, dans la tragédie française, débite une morale qu'une femme de sa sorte doit plutôt débiter, que ces raisonnemens philosophiques qu'elle fait dans Euripide. Narcisse, qui a été long-temps esclave, est un digne ministre des passions de Néron. La flatterie et la perfidie n'étonnent point dans un homme sorti des fers. Non-seulement l'épisode de la Mollesse est heureusement amené dans un Poëme dont les acteurs sont des chanoines, mais la peinture des mœurs de ces pieux fainéans, de leurs fréquens repas, de leurs lits plus doux que leurs hermines, et tous les discours que le Poète leur fait tenir, conviennent à ceux qu'on accuse de vivre dans l'oisiveté et dans la mollesse. Le Poëte a peint les mœurs qu'on dit être communément celles de leur état.

L'on est agréablement surpris dans Athalie d'entendre un homme de guerre, plein d'humanité et de compassion, confondre un prêtre qui a débité des maximes sanguinaires et horribles. L'auteur a voulu montrer que rien n'est si méchant qu'un prêtre ambitieux, qui a perdu les sentimens de son état :

> Hé quoi, Mathan, d'un prêtre est-ce là le langage ?
> Moi, nourri dans la guerre aux horreurs du carnage ;
> Des volontés des rois, ministre rigoureux,
> C'est moi qui prête ici ma voix au malheureux !
> Et vous qui lui devez des entrailles de père ;
> Vous, ministre de paix dans les temps de colère,
> Couvrant d'un zèle faux votre ressentiment,
> Le sang à votre gré coule trop lentement !

Des Mœurs des pays.

Si nos mœurs dépendent de l'âge, du sexe et de la condition, elles dépendent aussi du pays où nous vivons. Cette règle n'est pas générale ; mais lorsqu'un caractère est reconnu pour le caractère général d'une nation, les Poètes doivent s'y conformer ; et l'on a eu raison de railler Campistron, moins comme plagiaire de deux vers de Britannicus, que pour le mauvais usage qu'il fit de son vol, en mettant ces deux vers dans la bouche d'Alcibiade :

> Je répondrai, Seigneur, avec la liberté
> D'un Grec qui ne sait point farder la vérité.

Burrhus avoit raison de dire à Agrippine :

> Je répondrai, Madame, avec la liberté
> D'un soldat qui sait mal farder la vérité.

Burrhus, qui ne se pique pas d'être homme de cour, se fait honneur de la franchise d'un soldat, parce qu'il est homme de guerre ; mais Alcibiade ne peut vanter la franchise d'une nation qui a été appelée menteuse, *Græcia mendax*.

La valeur devoit être plus commune chez les Grecs que chez les Phrygiens accoutumés à la mollesse. Tous les capitaines grecs, dans l'Iliade, sont autant de héros, et les Troyens n'ont qu'Hector. La valeur d'Argant, dans le Tasse, a quelque chose en apparence de plus étonnant que celle de Godefroy, le héros du Poëme ; mais une valeur féroce et brutale est celle d'un Sarrasin ; une valeur réglée et prudente est celle d'un Français.

Les Poëtes tragiques d'Athènes n'avoient point à étudier cette différence que les pays apportent dans les mœurs. Contens des grands hommes que leur nation fournissoit, et riches de leur propre fonds, ils ne cherchoient pas des héros étrangers. Nous n'avons pas le même amour pour les nôtres, ni même pour ceux des nations contemporaines. Soit que nous soyons moins portés à admirer ce qui est près de nous, soit que les noms modernes ne soient pas si harmonieux, nous ramenons presque toujours sur notre théâtre les héros de la Grèce et de Rome. Il faut donc imiter les mœurs des Grecs et des Romains, mais non pas jusqu'au scrupule. La distance des temps permet quelque liberté.

Il n'en est pas de même quand nous faisons paroître des héros des nations contemporaines ; et si la critique de ceux qui n'ont pas cru trouver dans Bajazet les mœurs turques, étoit une critique juste, la pièce seroit défectueuse. La distance des lieux ne donne pas la même liberté que la distance des temps. Il est aisé d'en rendre raison. C'est la lecture qui nous apprend les mœurs des Grecs et des Romains. Les savans connoissent la différence de ces mœurs aux nôtres; mais elle n'est pas connue du commun des hommes, pour qui les Poètes écrivent. Un savant peut trouver à redire qu'Achille, sur le théâtre, soit habillé comme Auguste et Mithridate : il sait que ces trois princes étoient habillés différemment; mais le peuple, qui l'ignore, n'est pas même choqué de leur voir à tous trois des perruques et des chapeaux, au lieu qu'il seroit choqué d'en voir sur la tête des Turcs; parce que sans avoir été à Constantinople, nous avons conversé avec des gens qui y ont été, ou nous avons vu des Turcs parmi nous : ainsi on ne les fait point paroître sur le théâtre sans des robes longues et des turbans; et le Poète doit observer leurs mœurs, comme l'acteur prend leurs habillemens.

C'est encore par l'ignorance des usages anciens que nous ne sommes point choqués de voir sur notre théâtre Achille seul avec Iphigénie. Dans Euripide, sitôt qu'il voit Clytemnestre, il s'écrie : *O lois de la pudeur !* et veut se retirer. Suivant nos mœurs, la bienséance ne défend pas à des princesses de s'entretenir seules avec des hommes, mais nous savons que les lois de la Turquie les en empêchent; et dès le second vers de Bajazet, la surprise d'Osmin, qu'on laisse entrer dans le sérail, et qui demande :

> Et depuis quand, Seigneur, entre-t-on dans ces lieux,
> Dont l'aspect étoit même interdit à nos yeux ?

prévient la surprise du spectateur, qui en apprend la raison par la réponse d'Acomat. De même que l'auteur de cette tragédie n'auroit pu violer les usages d'une nation si connue sans nous révolter, il n'auroit pu, sans nous choquer, en violer les mœurs communes ; et les sentimens tendres répandus dans la pièce ne sont pas contraires à ces mœurs, puisque nous savons que les intrigues de l'amour et de la politique règnent dans le sérail, et que les sultanes n'oublient aucun artifice pour gagner le cœur de leur maître. Roxane et Atalide peuvent donc employer les mêmes artifices, et exprimer leurs sentimens avec une délicatesse pareille à la nôtre. Le caractère du grand-visir n'a rien de contraire aux mœurs de son pays. Bajazet qui est encore jeune, n'est jamais sorti du sérail, et en viole les rigoureuses lois quand il parle à des femmes : pourquoi ne veut-on pas qu'un amour que la nature inspire, et que la contrainte augmente, s'explique à Constantinople comme à Paris? C'est un préjugé de l'enfance qui nous fait croire qu'un Turc est toujours barbare, et qu'un homme ne peut parler avec tendresse quand il a le turban sur la tête. Ce même Bajazet ne dément pas les mœurs de sa patrie, quand il répond à Roxane, qui lui offre sa grâce :

> Je ne l'accepterois que pour vous en punir.

Mœurs des temps. Ce que je vais dire sur les changemens que les temps apportent à nos mœurs, servira de réponse à ceux qui méprisent Homère, parce qu'ils y trouvent des héros et des princesses faisant des fonctions que nous abandonnons aujourd'hui à nos domestiques; et en même temps je ferai voir que nos Poètes ont raison de rapprocher les mœurs anciennes des nôtres.

Je n'examine point si les anciennes sont plus estimables, si leur simplicité est l'effet de la grossiéreté du genre humain dans l'enfance du monde, ou le reste précieux de sa première innocence. Les hommes ont eu de tout temps les mêmes passions; mais les mœurs, sur certains points, ont changé, parce que nos idées sur l'honneur et sur la grandeur d'âme n'ont pas toujours été les mêmes. L'orgueil a cependant toujours été le même, l'amour des hommes pour la vie n'a point changé; mais les hommes peuvent dans un temps déguiser certains sentimens qu'ils n'ont pas cru dans un autre temps devoir cacher. Nous estimons nos mœurs plus que les anciennes, et nous le devons; mais cette estime si naturelle ne nous doit pas faire mépriser les autres sans examen.

Supposons, par exemple, que Thémistocle, qu'on n'accusera pas d'avoir évité la mort par poltronnerie, paroisse tout-à-coup parmi nous, et que quelqu'un de nous lui soutienne qu'il est un lâche, un homme déshonoré, et indigne de servir l'état, parce qu'il n'a pas tiré raison d'Eurybiade qui l'a déshonoré publiquement, en levant un bâton sur lui; qu'on le mène ensuite à la représentation du Cid pour lui faire remarquer ces paroles :

> Ce n'est que dans le sang qu'on lave un tel outrage :
> Meurs, ou tue.

Thémistocle étonné d'une maxime qui lui est inconnue, apprend qu'elle est très-connue de la nation dans laquelle il se trouve; qu'on la met en pratique, non-seulement pour une canne levée, ou pour un soufflet, mais pour un mot et pour un geste; que cette fureur de s'entr'égorger, à peine ralentie par les ordonnances de nos derniers rois, étoit bien plus commune autrefois lorsqu'on faisoit l'honneur à ses amis de les associer à de pareils combats, et que le roi même en étoit spectateur. Il s'entend dire en même temps qu'il a vécu dans un siècle grossier, que le temps a adouci la férocité des hommes, et qu'il se trouve dans une nation que la douceur et la politesse rendent fameuse. Croyons-nous que cet Athénien en seroit si convaincu? Il regretteroit peut-être ces temps grossiers, où les hommes intrépides à la guerre, n'expliquoient entr'eux leurs différends que par des injures, et réservoient leurs courages pour le service de la patrie.

Achille, dans Homère, non content d'avoir appelé Agamemnon *insolent, impudent, homme qui a les yeux d'un chien, et le cœur d'un cerf, roi qui dévore son peuple*, ose lui dire encore qu'il est *lâche jusqu'au point de n'oser paroître au combat, parce qu'il croit voir toujours la mort à ses côtés*. Après de pareilles injures on se lève, chacun se retire, et l'on ne songe point à veiller pour empêcher entre ces deux princes les voies de fait, parce qu'alors on ne les connoissoit pas, quelque brave qu'on fût contre les ennemis.

Dans l'Andromaque d'Euripide, Pélée, après avoir menacé Ménélas de le frapper, et lui avoir rappelé toutes les infidélités de sa femme, lui reproche d'être le seul qui soit revenu sans blessure du siége de Troie. Ménélas écoute tranquillement ces paroles, et, chargé d'outrages, sort sans colère. Il semble qu'alors les injures ne déshonorassent que celui qui se livroit à son emportement. Ainsi la scène entre Phaéton et Epaphus, dans l'opéra de Phaéton, quoiqu'elle ne soit pas vraisemblable dans nos mœurs, est vraie dans les mœurs de l'antiquité, ce qui ne justifie pas Quinault.

Nous avons encore placé une espèce de grandeur d'âme à témoigner dans un discours un mépris pour la vie, que les anciens ne témoignoient pas de même. La mort n'a pas été moins cruelle dans un temps que dans l'autre ; mais une manière de penser qui nous est particulière, et qui l'est peut-être encore plus aux Anglais, nous rend aujourd'hui moins sincères que les anciens sur une crainte si conforme à la nature. Nous sommes accoutumés par nos Romans et nos Tragédies, à entendre tous les amans offrir leur sang pour leurs maîtresses : c'est le premier et le moindre sacrifice qu'ils sont prêts à leur faire, trop heureux qu'elles daignent l'accepter. En combien de manières avons-nous répété ces sentimens, que dans un de nos premiers Poëtes tragiques, un amant exprime ainsi devant sa maîtresse avant que de se tuer:

> Vous m'avez commandé de vaincre, et j'ai vaincu;
> Vous m'avez commandé de vivre, et j'ai vécu;
> Aujourd'hui vos rigueurs vous demandent ma vie,
> Mon bras aveuglément l'accorde à votre envie:
> Heureux et satisfait dans mes adversités
> D'avoir jusqu'au tombeau suivi vos volontés!

Voiture aimoit la vie autant qu'un autre, et étoit fort volage en amour. Il faut cependant qu'il meure pour Uranie:

> Mais pensant aux beautés pour qui je dois périr,
> Je bénis mon martyre; et content de mourir,
> Je n'ose murmurer contre sa tyrannie.

Ce langage, qu'il tenoit en Poëte, nous le faisons tenir à nos héroïnes. Notre Iphigénie, dans le moment qu'elle apprend qu'elle doit être sacrifiée, dit à son père:

> D'un œil aussi content, d'un cœur aussi soumis,
> Que j'acceptois l'époux que vous m'aviez promis,
> Je saurai, s'il le faut, victime obéissante,
> Tendre au fer de Calchas une tête innocente.

L'Iphigénie d'Euripide parle d'une manière bien différente:

> La vie est le seul bien qui nous puisse attacher:
> Peut-on vanter la mort qui vient nous l'arracher?
> Elle est toujours affreuse, et la plus honorable
> Ne vaut pas une vie obscure et méprisable.

Ce style est bien contraire au nôtre. Lorsqu'Alceste, dans Euripide, représente à son mari ce qu'elle sacrifie pour lui, et qu'elle lui en demande la récompense: « Elle » ne sera pas égale, dit-elle; quel bienfait peut égaler » le sacrifice de la vie? » Sophocle n'a point cru que les plaintes d'Antigone, aux approches de la mort, fussent

indignes du courage avec lequel elle s'y étoit exposée. Les gémissemens d'Hippolyte mourant, qui ne le déshonoroient pas sur le théâtre d'Athènes, le déshonoreroient sur le nôtre : et que penserions-nous d'un de nos officiers, qui, en quittant le service pour quelque mécontentement, donneroit de sa retraite la même raison qu'Achille donne de la sienne dans Homère, *Iliad.* 9, quand il dit, « qu'il ne veut plus, pour l'amour des Grecs,
» retourner au combat, parce que la vie est d'un prix
» inestimable; qu'on peut acquérir tous les autres biens,
» mais que l'âme aussitôt qu'elle est envolée, ne revient
» plus? » J'avoue que, dans le moment, la colère le faisoit parler, et qu'il parut dans la suite avoir oublié ces sentimens; mais il les reprit dans les enfers, où bien différent d'un de nos rois *, qui aimoit mieux mourir roi que vivre prisonnier, il répondit à Ulysse qui le félicitoit de ce qu'après une vie si glorieuse, il avoit dans les enfers l'honneur de commander aux morts :

> J'aimerois mieux cent fois, chargé de fers pesans,
> Obéir sur la terre aux plus vils artisans,
> Que roi de tous les morts, jouir dans ces lieux sombres
> Du chimérique honneur de commander aux ombres.
>
> ODYSSÉE.

On ne connoît le prix des choses que quand on les a perdues : Achille avoit sacrifié sa vie à l'opinion des hommes ; après sa mort il reconnoît sa folie. Peut-être Homère eût-il mieux fait de ne point mettre dans la bouche d'un héros si fameux, un sentiment qui, quoique vrai, est dangereux pour le commun des hommes, comme Platon l'a remarqué; mais il vaut mieux encore suivre, comme Homère, la nature jusque dans ses foiblesses, que de s'écarter d'elle trop loin, en cherchant un merveilleux qui lui est contraire, comme Corneille, quand

* Charles IX.

il dit que Pompée, dans le moment même qu'il est percé de coups par des assassins,

> Immobile à leurs coups, en lui-même rappelle
> Ce qu'eut de beau sa vie, et ce qu'on dira d'elle ;
> Et croit la trahison que le roi leur prescrit,
> Trop au-dessous de lui pour y prêter l'esprit.

Le plus grand homme n'est point indifférent à un pareil moment, il ne croit pas qu'il soit au-dessous de lui d'y penser ; et Voiture, quoiqu'en badinant, disoit la vérité au grand Condé, malade de la fièvre :

> Monseigneur, en ce triste état,
> Avouez que le cœur vous bat,
> Comme il fait à tant que nous sommes,
> Et que vous autres demi-dieux,
> Quand la mort vient fermer vos yeux,
> Avez peur comme d'autres hommes.

Il me seroit aisé de montrer par plusieurs passages de l'Ecriture sainte, qu'elle exprime aussi naïvement que les anciens Poètes grecs cette crainte si naturelle à tous les hommes. Pour s'en convaincre, il suffit de lire le cantique d'Ezéchias : il le prononça après sa guérison ; mais dans le moment que le Prophète lui annonce qu'il mourra de cette maladie, l'Ecriture sainte représente ce roi, qui tourne le visage du côté de la muraille, fait une courte prière, et répand beaucoup de larmes, *et flevit Ezechias fletu magno.* Is. 38.

Les anciens ne croyoient pas devoir, comme nous, déguiser des sentimens qu'intérieurement nous avons comme eux. Je n'examine point s'ils avoient raison d'être sur ce point plus sincères que nous, et si leurs mœurs, plus conformes à la nature que les nôtres, sont plus estimables ; j'ai voulu seulement prouver que ceux qui méprisent les Poètes anciens, où ces mœurs sont dépeintes, ont tort, puisque les Poètes imitent les mœurs de leur temps, et que par conséquent, quand nos mœurs ne seroient pas meilleures en elles-mêmes, il suffit qu'elles soient les nôtres, pour que les Poëtes qui travaillent pour nous plaire, rapprochent de nous les héros de l'antiquité, sans leur ôter néanmoins les traits caractéristiques qui font leur ressemblance. Achille est violent, Agamemnon est fier ; voilà leurs traits caractéristiques : le Poëte français leur conserve ces traits dans sa tragédie d'Iphigénie. Ils se querellent, mais non plus comme du temps d'Homère: Achille ne se sert point de ces termes dont la dureté offenseroit nos oreilles ; et comme une pareille dispute, quoique moins vive, doit nous faire attendre entre deux guerriers les voies de fait, Achille semble les annoncer par ce vers :

> Voilà par quel chemin vos coups doivent passer.

Notre Iphigénie est prête à rendre à son père tout le sang qu'elle a reçu de lui ; mais sa vertu, ni son courage, ne l'empêchent pas de donner à la nature ce qu'elle lui doit :

> Peut-être assez d'honneurs environnoient ma vie,
> Pour ne pas souhaiter qu'elle me fût ravie, etc.

Si elle fait quelques tentatives pour détourner le coup qui la menace, ce n'est point par la crainte de ce coup, c'est pour sa mère et pour Achille :

> Pardonnez aux efforts que je viens de tenter
> Pour prévenir les pleurs que je leur vais coûter.

C'est ainsi qu'on rapproche les mœurs anciennes des nôtres, et qu'on accorde avec la nature nos idées de grandeur d'âme.

Corneille a été souvent un peintre trop exact des mœurs de l'antiquité. La scène, dans Sertorius, entre Pompée et

Aristie, est admirable pour un homme qui sait se transporter au temps de Pompée; mais elle ne paroît pas vraisemblable au plus grand nombre des spectateurs, qui ne peuvent comprendre qu'un mari dise à sa femme :

> Non, ne vous jetez point, Madame, en d'autres bras.
> Plaignez-vous, haïssez ; mais ne vous donnez pas :
> Demeurez en état d'être toujours ma femme.

Pompée, pour prouver à son ancienne épouse, que la nouvelle qu'il vient de prendre, reste toujours attachée à son premier époux, s'exprime ainsi :

> Elle porte en ses flancs un fruit de cet amour,
> Que bientôt chez moi-même elle va mettre au jour....
> Elle paroît ma femme, et n'en a que le nom.

A ces paroles, qui étonnent un spectateur peu instruit des mœurs romaines, Aristie fait cette réponse non moins étonnante pour lui :

> Rendez-le-moi, Seigneur, ce grand nom que je porte;
> Et que sur mon tombeau ce grand titre gravé,
> Prouve à tout l'avenir que je l'ai conservé.
> J'en fais toute ma gloire et toutes mes délices;
> Un moment de sa perte a pour moi des supplices.
> Vengez-moi de Sylla qui me l'ôte aujourd'hui,
> Ou souffrez qu'on me venge et de vous et de lui ;
> Qu'un autre hymen me rende un titre qui l'égale;
> Qu'il me relève autant que Sylla me ravale,
> Non que je puisse aimer aucun autre que vous;
> Mais pour venger ma gloire il me faut un époux.

Pour sentir la beauté de cette réponse, il faudroit presque être un ancien Romain. Le tableau est ressemblant, mais il l'est trop. Il est des occasions où une ressemblance trop exacte ne convient pas, comme je le ferai voir encore en parlant des caractères.

Pourquoi les Poètes seroient-ils obligés de nous représenter exactement les mœurs antiques, puisque même ils ne peuvent nous représenter celles de nos aïeux, telles qu'elles ont été? Trois ou quatre siècles de différence nous les feroient paroître trop grossières. Nous oseroit-on représenter, dans un Poëme, François I appelant en duel Charles-Quint, en ces termes du cartel qu'il lui envoya : « Si vous nous accusez de » choses qu'un gentilhomme ne doit faire, nous disons » que vous avez menti par la gorge, et qu'autant de fois » que vous le direz, vous mentirez. » Un Poète qui prendroit Saint-Louis pour le héros de son Poëme, lui feroit-il dire, pour preuve de son zèle pour la Religion, « que quand un chevalier en entend parler mal, il faut » qu'il la défende à brave épée tranchante, qu'il doit en- » foncer dans le corps du médisant, tant qu'elle y peut » entrer? » Maxime que ce bon roi répétoit souvent à Joinville, et qu'il appuyoit de l'exemple d'un vieux chevalier, qui, pour prouver la Religion chrétienne à un juif, ayant demandé la permission de disputer contre lui, commença et termina la controverse par les coups de bâton, dont il assomma son adversaire. Ces mœurs, qui nous paroîtroient étranges aujourd'hui, si l'on nous en présentoit de fidelles copies, étoient celles du temps où le zèle des guerres saintes avoit persuadé les hommes que le grand argument de la Religion étoit au bout de leurs épées.

ARTICLE SECOND.

Des Caractères.

Je m'étendrai moins sur les caractères, parce qu'on peut y appliquer une partie de ce que je viens de dire sur les mœurs. L'imitation d'un grand caractère toujours soutenu, est le chef-d'œuvre de la Poésie. C'est par elle que les Poètes épiques et dramatiques sont au-dessus de tous les autres Poètes, et c'est par elle que Molière est le premier de tous les Poètes comiques; mais je ne parle ici que de l'imitation des caractères sérieux.

Homère, non content d'avoir représenté tant de caractères différens, a su encore jeter de la variété dans les mêmes caractères. La prudence d'Ulysse n'est pas celle de Nestor; la valeur d'Hector n'est pas celle d'Ajax, ni celle de Diomède, ni celle d'Achille. Tous ses héros sont remplis de défauts; on ne peut imiter que ce qu'on connoît : les héros dans le temps d'Homère n'étoient pas plus parfaits. D'ailleurs les premiers imitateurs ont suivi la nature de plus près; les seconds doivent l'embellir; et comme l'imitation des choses les plus parfaites est la plus utile, Virgile n'a songé qu'à réunir toutes les vertus dans son héros, pour en former un caractère parfait. Le héros de l'Enéide est un homme,

> Quo justior alter
> Nec pietate fuit, nec bello major et armis.

Le Tasse a suivi l'exemple d'Homère dans la variété des caractères, et il a fait encore ce qu'Homère n'étoit pas obligé de faire comme lui, en rendant odieux les caractères des assiégés, parce qu'ils doivent être regardés comme les ennemis de Dieu.

Il est du devoir du Poète de savoir inspirer de l'horreur pour les personnages qu'on doit toujours détester. Mathan est toujours aussi odieux que le doit être un prêtre apostat. On ne plaint point Œnone, lorsque chassée par Phèdre, elle va chercher la fin due à ses mauvais conseils. Le caractère de Burrhus fait paroître celui de Narcisse si affreux, que la vue seule de ce personnage excite l'indignation, et qu'on est satisfait lorsqu'on apprend qu'il a été déchiré par le peuple. De pareils personnages ne doivent point être les principaux d'une pièce, à moins que leur supplice n'en soit l'objet, et ne paroisse préparé par la vengeance divine, comme dans Athalie. Lorsqu'Euripide donna à Athènes la tragédie d'Ixion, il se vit obligé de prévenir les spectateurs qu'il ne quitteroit un tel homme qu'après lui avoir cloué les pieds et les mains sur une roue.

Je ne trouve pas que dans la tragédie de Rodogune, le Poète ait inspiré assez d'horreur pour Cléopâtre. Elle en mérite d'autant plus qu'elle ne paroît jamais agitée de remords, comme Néron dans Britannicus, et qu'elle est capable de dire avant son crime :

> Tombe sur moi le ciel pourvu que je me venge.

On devroit voir le ciel armé pour la punir. Cependant rien ne prépare à son supplice; elle ne meurt que parce qu'il lui plaît d'avaler le poison qu'elle avoit préparé pour son fils, et elle meurt en prononçant ces horribles imprécations qu'on ne peut entendre sans frémir :

> Et pour vous souhaiter tous les malheurs ensemble,
> Puisse sortir de vous un fils qui me ressemble...
> Je maudirois les Dieux s'ils me rendoient le jour.

J'avoue qu'Oronte fait observer à Rodogune et à Antiochus que le ciel a conduit cet événement; mais ce n'est pas seulement à un homme qui a joué un personnage peu important dans cette action, à faire faire cette réflexion : elle doit naître naturellement de toute la pièce. A la fin de la tragédie d'Athalie, il n'est pas nécessaire que le grand-prêtre prononce les derniers vers qui en contiennent la morale. Toute la tragédie a convaincu le spectateur

> Que les rois dans le ciel ont un juge sévère,
> L'innocence un vengeur, et l'orphelin un père.

On voudroit du moins que dans la tragédie de Rodogune, le caractère de cette princesse fût entièrement opposé à celui de Cléopâtre, et on est étonné d'entendre celle que l'on croit vertueuse proposer aux deux frères un crime pareil à celui de faire mourir leur mère. Corneille s'efforce en vain de la justifier, en avouant que quand même elle seroit condamnable, elle mérite grace par l'embarras dans lequel elle jette les deux princes, et par le trouble qu'elle produit. Une pareille proposition ne peut sortir de la bouche d'une personne vertueuse; et ce qui n'est pas vraisemblable ne peut plaire.

La règle de soutenir les caractères tels qu'on les fait connoître d'abord, est indispensable ; et Aristote reproche avec raison à Euripide d'y avoir manqué dans son Oreste et dans son Iphigénie en Aulide. Ménélas qui arrive dans la tragédie d'Oreste, lorsqu'on va condamner à mort ce prince son neveu, paroît plein de courage, et prêt à le soutenir : bientôt après il parle en homme plein de timidité, et il abandonne Oreste. Iphigénie allant à la mort avec joie, n'est plus cette même Iphigénie qui un moment auparavant s'étoit jetée aux genoux de son père pour lui demander la vie. Des changemens si prompts sont contraires à la nature; le cœur ne change pas en un moment. Au dernier acte de Britannicus, Néron ne paroît plus le même qu'il étoit au commencement de la pièce. Ce n'est pas qu'il soit changé, mais il cesse de se déguiser. Il avoit voulu jusque-là cacher son caractère à sa mère et à son gouverneur; mais après la trahison qu'il vient de commettre, il ne veut plus rien ménager. Ce crime a ouvert le passage à tous les autres crimes dont il renfermoit en lui les semences; et il fait voir qu'il n'écoutera plus ni remontrances ni remords, et qu'il se livre entièrement à l'affreux ministre de ses plaisirs, quand il quitte sa mère et Burrhus, en disant : *Narcisse, suivez-moi.*

Le même Poète a bien senti qu'il démentiroit le caractère d'Athalie, s'il la rendoit susceptible d'un mouvement

de compassion. La première vue de Joas excite en elle
ce mouvement, mais elle se hâte de l'étouffer ;

> La douceur de sa voix, son enfance, son âge,
> Font insensiblement à mon inimitié
> Succéder.... Je serois sensible à la pitié !

Attentif à conserver aux personnages connus les caractères qu'ils doivent avoir, il représente Achille violent, Agamemnon fier, Oreste triste, Mithridate fourbe et cruel : en sorte qu'il me paroît que Corneille avoit quelque tort, quand il appeloit tous ces personnages *des héros refondus à notre mode.* Ils ont les principaux traits qui font la ressemblance ; et lorsque le Poète, pour les rapprocher de nous, leur a changé quelquess autre traits, il a fait ce qu'il a dû faire.

Une exacte et scrupuleuse vérité dans des choses peu essentielles, loin d'être nécessaire aux ouvrages poétiques, les rendroit moins agréables. Les Poètes qui ne ramènent parmi nous les héros de l'antiquité que pour nous procurer un amusement utile, doivent, pour nous les rendre plus aimables, leur faire prendre un peu de nos manières ; de même que les étrangers qui demeurent en Turquie, pour plaire aux habitans d'un pays où ils ont intérêt de rester, en prennent les habillemens. Corneille voulant se conformer à une idée qu'il s'étoit faite de la grandeur romaine, a fait souvent ses figures plus grandes que le naturel. Les discours de Cornélie à César nous paroissent trop durs : pourquoi, tandis qu'il lui parle avec tant d'estime, le menacer des ennemis qu'elle va soulever contre lui,

> Qui suivront au combat des urnes au lieu d'aigles ?

Lorsqu'on reprochoit à Corneille ces endroits si peu conformes à nos mœurs, Saint-Evremond, pour le défendre, prenoit parti contre toute la nation, en disant :

« Un des grands défauts de notre nation, est de ramener
» tout à elle, jusqu'à nommer étrangers dans leur propre
» pays ceux qui n'ont point son air et ses manières. On
» nous reproche justement de n'estimer les choses que
» par le rapport qu'elles ont avec nous. Corneille en a fait
» une injuste et fâcheuse expérience dans sa Sophonisbe. »
Ce n'est pas la nation qu'il faut condamner, mais le
Poète qui travaille pour lui plaire. Le caractère de Sophonisbe ne peut nous être agréable. Les lois de Rome,
qui permettoient que la captivité rompît le mariage, sont
trop contraires aux nôtres, pour que nous puissions, par
attention à ces lois, estimer une princesse qui, dans le
moment que son mari est fait prisonnier, épouse un
autre homme. Sa haine pour Rome ne la justifie pas à
nos yeux ; mais nous admirons la fermeté de cette même
Sophonisbe, quand elle se dispose à mourir ; et quoique
sa fermeté soit bien différente de celle de Monime, les deux
Poètes ont également réussi à bien peindre la nature.

Ces deux princesses se trouvent dans la même circonstance. On leur apporte du poison de la part de leur
époux. Monime ennuyée de l'esclavage, et dégoûtée de
la vie après la perte de Xipharès qu'elle croit mort,
répond à celui qui lui présente le poison :

> Ah, quel comble de joie !
> Allez, dites, Arbate, au roi qui vous envoie,
> Que de tous les présens que m'a faits sa bonté,
> Je reçois le plus cher et le plus souhaité.

Cette manière de recevoir l'ordre de mourir, convient,
suivant nos mœurs, à Monime ; mais une pareille obéissance ne seroit pas vraisemblable dans Sophonisbe, fille
d'Asdrubal, ennemie de Rome, long-temps reine, indignée contre deux époux, dont l'un est prisonnier des
Romains, l'autre est leur lâche courtisan, et qui est dans

ce moment, comme la fameuse Cléopâtre, *deliberata morte ferocior*. Elle répond à celui qui lui présente le poison de la part de Massinissa :

> Allez, et dites-lui que je m'apprête à vivre
> En faveur du triomphe, à dessein de l'y suivre....
> On y verra marcher, ce qu'on n'a jamais vu,
> La femme du vainqueur à côté du vaincu.

Ces paroles ne sont que des menaces qu'elle ne veut pas exécuter. Un moment après elle s'empoisonne, non par obéissance, mais pour éviter ce triomphe, où elle sembloit vouloir aller, dans le dessein de se venger de deux indignes maris. *J'ai dû y aller*, dit-elle :

> J'ai dû livrer leur femme à cette ignominie :
> C'est ce que méritoit leur amour conjugal;
> Mais j'en ai dû sauver la fille d'Asdrubal.
> Leur foiblesse aujourd'hui de tous deux me dégage ;
> Et, n'étant plus à moi, je meurs toute à Carthage.

Dans ces deux peintures, quoique si différentes, les deux Poëtes sont également imitateurs de la nature; mais l'un présente un personnage connu, l'autre un personnage qui ne l'est pas.

Le Poëte est le maître de donner les caractères qu'il veut aux personnages qui ne sont pas connus; mais il doit savoir soutenir les caractères dont il est l'inventeur. Celui du grand-prêtre dans Athalie, est le plus éclatant caractére que jamais Poëte ait inventé; et il n'a pu en trouver l'idée dans les Poëtes anciens. Ce n'est pas seulement le caractère d'un homme intrépide autant que la nature humaine peut l'être, mais d'un homme que sa confiance en Dieu rend intrépide. Il est plein de courage, parce qu'il est plein de foi; et c'est par sa foi qu'il entreprend et exécute le plus grand des projets. Il s'agit de faire reconnoître à tout un peuple son roi légitime qu'il croit mort, de le remettre sur le trône, et d'en renverser une reine superbe, que le succès de ses armes rend puissante. Un prêtre seul conduit tout le projet. Il n'a point d'armée pour soutien ;

> Mais sa force est au Dieu dont l'intérêt le guide.

C'est lui qui ranime la foi chancelante d'Abner et de Josabet. Il garde son secret à Abner jusqu'au dernier moment. Rien ne le décourage, ni la fureur d'Athalie contre lui, ni les soupçons de cette reine sur Joas, ni la timidité de Josabet, ni la lâcheté du peuple Juif, que la seule présence d'Athalie fait fuir comme un troupeau dispersé. Quand il apprend cette nouvelle, il se contente de dire :

> Peuple lâche en effet, et né pour l'esclavage,
> Hardi contre Dieu seul.... Poursuivons notre ouvrage.

Il le poursuit en effet, quoiqu'il ne voie de son côté que des enfans et des prêtres; et c'est alors qu'il dit à Dieu, dans un transport de foi :

> Voilà donc quels vengeurs s'arment pour ta querelle:
> Des prêtres, des enfans !

Quand il apprend qu'Abner est dans les fers, et qu'à cette nouvelle Josabet perd toute espérance, il lui reproche son peu de foi, et lui rappelle Abraham qui mit sur un bûcher son fils unique. Lorsqu'Athalie entre dans le temple, entourée de soldats, il paroît devant elle avec tranquillité, tire le rideau qui couvre Joas, et fait observer toutes les marques qui prouvent que cet enfant est Joas. Dans toutes ses actions et dans toutes ses paroles, on reconnoît toujours celui qui a dit au commencement de la pièce :

> Je crains Dieu, cher Abner, et n'ai point d'autre crainte.

Lorsqu'en lisant une pièce où un pareil caractère est si

bien rendu, on pense que l'auteur devoit être rempli de la crainte de Dieu, et pénétré de la grandeur de la religion, on ne se trompe pas. On ne doit point juger toujours des mœurs d'un auteur par ses écrits; mais on peut juger toujours des qualités de son cœur. On reconnoît le caractère d'un Poète dans la manière dont il peint ceux des autres. Cette réflexion me vient ici si naturellement que je crois devoir finir par elle tout ce que je viens de dire sur les mœurs et sur les caractères, et je m'y arrête avec d'autant plus de plaisir qu'elle me fournit une occasion de faire l'éloge de quelques Poètes, qui aux talens de l'esprit ont joint les vertus du cœur.

Je ne prétends pas parler ici de ce défaut que Boileau reprend par ces vers :

> Souvent, sans y penser, un écrivain qui s'aime,
> Forme tous ses héros semblables à soi-même.

Les écrivains médiocres tombent dans ce défaut, parce qu'ils ne savent pas imiter. Je ne mets pas au nombre de ceux qui font connoître leur âme par leurs ouvrages, ceux qui parlent souvent d'eux-mêmes. Ils font certainement connoître leur vanité. Quelquefois les peintres, en composant un tableau historique, donnent leur ressemblance à une de leurs figures. Raphaël s'est peint lui-même dans un de ses tableaux, sans qu'on puisse lui faire un reproche de vanité : faire ainsi son portrait, c'est mettre son nom à son ouvrage. Ce que ces peintres font à dessein, tout Poète le fait sans le vouloir : il se peint toujours lui-même dans ses ouvrages, et souvent lorsqu'il y pense le moins. Je ne m'arrêterai point à ceux dont les portraits n'offrent rien de beau. Je ne veux troubler aucune cendre.

On peut s'ennuyer en lisant Pétrarque : un si grand nombre de sonnets sur le même sujet peut fatiguer; mais on ne peut jamais ne point estimer le caractère de

Pétrarque, parce qu'on reconnoît toujours un Poète dont les mœurs étoient douces, et le cœur admirable. De même qu'en lisant La Fontaine on est enchanté de ses vers, malgré leur négligence, on aime toujours l'auteur malgré tous ses défauts qu'on reconnoît sans peine. Quand son caractère ne me seroit pas connu par le rapport de plusieurs personnes qui avoient vécu avec lui, je le trouverois dans ses ouvrages, non-seulement dans les endroits où il parle de lui-même, mais dans les réflexions qui lui échappent à tout moment. Il n'est pas nécessaire qu'il me dise :

> Ni l'or, ni la grandeur ne nous rendent heureux.

Je trouve partout des traits qui me prouvent son indifférence pour l'argent, comme dans la fable du *Thésauriseur et du Singe*, lorsqu'après avoir dépeint un homme qui passe les nuits et les jours à compter, calculer, supputer, il ajoute :

> Un gros singe plus sage, à mon sens, que son maître,
> Jetoit quelques doublons toujours par la fenêtre.

Il fait sentir en plusieurs endroits que la chaîne du mariage lui paroissoit incommode ; et dans une fable qui n'a aucun rapport au mariage, il dit la même chose par un seul vers :

> Toi donc, qui que tu sois, ô père de famille,
> (Et je ne t'ai jamais envié cet honneur),

Je reconnois cet homme indolent que ne tourmentoit aucune passion, et qui ne pouvoit comprendre qu'une passion eût un si violent empire sur nous, dans cette réflexion :

> Et voyez ce que peut l'excessive amitié :
> Ce mouvement aussi va jusqu'à la folie.

son goût pour la paresse, lorsqu'il dit en finissant ses fables :

> Bornons ici notre carrière ;
> Les longs ouvrages me font peur.

ou quand il s'écrie :

> Je le verrai ce pays où l'on dort.
> On y fait plus, on n'y fait nulle chose :
> C'est un emploi que je recherche encor.

On voit combien il étoit éloigné de l'esprit d'intérêt, par l'étonnement qu'il témoigne de ce que ceux qui rendent aux hommes les services les plus importans, se font payer :

> Puisqu'on plaide, et qu'on meurt, et qu'on devient malade,
> Il faut des médecins, il faut des avocats.
> Ces secours, grâce à Dieu ne nous manqueront pas :
> Les honneurs et le gain, tout me le persuade.

Et à la fin d'une autre fable :

> Il en coûte à qui vous réclame,
> Médecins du corps et de l'âme.
> O temps, ô mœurs ! J'ai beau crier,
> Tout le monde se fait payer.

Dans ses écrits licencieux on n'aperçoit point cet esprit libertin, et ce cœur corrompu, que tant d'écrits du même genre font remarquer dans leurs auteurs. On voit un homme qui se laisse entraîner par un malheureux talent, dont il ne prévoit pas les suites funestes, et nous dit fort sincèrement :

> Je ne veux être cause
> D'aucun abus : que plutôt mes écrits
> Manquent de sel, et ne soient d'aucun prix.

Ce qu'il disoit alors, il le pensoit*. Il poussa son éton-

---

* Il étoit bien éloigné de l'esprit d'impiété ; mais quoique dans sa jeunesse il eût été quelque temps de l'Oratoire, il étoit tombé pour la religion

nante simplicité jusqu'à croire que de pareils écrits n'avoient rien de dangereux. Il reconnut dans la suite son erreur, et il eût bien voulu les pouvoir effacer par les larmes sincères qu'il répandit.

Il paroît plus difficile de connoître le caractère des Poëtes qui n'ont jamais parlé d'eux-mêmes : je crois cependant qu'on peut connoître aisément celui d'Homère et celui de Virgile. J'ignore ce qu'Homère pensoit des Dieux de son temps; mais je ne puis douter en lisant ses ouvrages, qu'il ne fût plein de respect pour la Divinité. Je vois qu'il avoit une âme noble et pleine de sentimens de vertu. Il donne des vices à ses héros; mais par la peinture qu'il fait de ces vices et des malheurs qu'ils causent, il apprend aux hommes à s'en corriger. Son Achille est un modèle de sincérité. Il vante sa valeur; les Dieux la lui ont donnée : il laisse l'éloquence aux autres :

> Les Dieux m'ont accordé la valeur en partage.
> Il n'est point de guerrier qui puisse m'égaler :
> Je laisse à qui la veut la gloire de parler.

Son Ulysse a l'éloquence en partage ; il est un héros

dans la même indolence que pour tout le reste. Il eut long-temps avant sa mort une grande maladie, pendant laquelle Boileau et mon père allèrent le voir. La femme qui le gardoit leur dit de ne point entrer, parce que son malade dormoit. « Nous venions, lui répondirent-ils, pour l'exhor-
» ter à songer à sa conscience : il a de grandes fautes à se reprocher. » La garde, qui ne connoissoit ni ceux à qui elle parloit, ni son malade, repondit : « Lui, messieurs, il est simple comme un enfant. S'il a fait des
» fautes, c'est donc par bêtise plutôt que par malice. » Il fit en effet venir un confesseur, qui l'exhortant à des prières et à des aumônes :
« Pour des aumônes, dit La Fontaine, je n'en puis faire, je n'ai rien ;
» mais on fait une nouvelle édition de mes Contes, et le libraire m'en
» doit donner cent exemplaires. Je vous les donne, vous les ferez vendre
» pour les pauvres. » D. Jérôme, le célèbre prédicateur, qui m'a raconté ce fait, m'a assuré que le confesseur, presqu'aussi simple que son pénitent, étoit venu le consulter pour savoir s'il pouvoit recevoir cette aumône.

dans la dissimulation, mais d'une dissimulation prudente, qui ne connoît ni la perfidie, ni la bassesse du mensonge. Toutes les âmes nobles détestent le mensonge ; et je vois combien Homère le détestoit quand je lis ces vers :

> Les portes de l'enfer m'inspirent moins d'horreur,
> Qu'un mortel qui me parle en trahissant son cœur.

Homère a rempli ses ouvrages de maximes et d'instructions qui font estimer l'auteur ; mais la lecture de l'Enéide inspire plus que de l'estime pour le Poète. On va jusqu'à l'aimer, parce qu'on se persuade qu'il n'avoit que des qualités aimables, qu'il étoit plein de douceur et d'humanité. Son dessein, il est vrai, a été de peindre un héros parfait ; mais on ne peut soutenir toujours un si beau caractère, sans en avoir un principe en soi-même. On juge de la bonté du cœur de Virgile par celui d'Enée, dont la piété ne consiste pas seulement à respecter les Dieux, mais à remplir tous ses devoirs envers son père, son fils, sa nourrice, ses compagnons, et envers tous les malheureux. Il est humain et compatissant. Quand il voit périr Priam, il se rappelle son père Anchise :

> Subiit carî genitoris imago.

Quand il voit périr le jeune Lausus, il se rappelle son fils Ascagne :

> Et patriæ mentem subiit pietatis imago.

Si on lui demande la permission d'enterrer ceux qui ont été tués dans les combats : « Me demander, dit-il, la » paix pour les morts, à moi qui voudrois pouvoir la » donner à tous les vivans ! »

> Pacem me exanimis, et Martis sorte peremptis
> Oratis ? Equidem et vivis concedere vellem !

Virgile

Virgile place dans son Elysée ceux qui ont fait du bien aux autres :

> Quique sui memores alios fecere merendo.

Quand il parle de la guerre, on voit qu'il la déteste :

> Sævit amor ferri, et scelerata insania belli, etc.

Il fait entendre qu'on ne la doit entreprendre que malgré soi :

> Testaturque Deos se invitum ad prœlia cogi.

Il est persuadé que les Dieux, et la tranquillité de la conscience, donnent la première récompense de la vertu :

> Pulcherrima primum
> Di, moresque dabunt vestri.

Et il regarde la gloire humaine comme frivole, lorsqu'en parlant de celle de la nourrice d'Enée, qui donna son nom à une partie du rivage de la mer, il ajoute : *Si qua est ea gloria.*

Le Poète dont il me reste à parler, semble comparable à Virgile par la douceur du caractère, comme par la douceur de la versification. C'est ce que je pourrai faire remarquer par plusieurs endroits, sans parler de ces morceaux si connus, comme le caractère de Phèdre, qui est une peinture si vive des remords d'une âme qui abandonne la vertu, ou comme le caractère de Burrhus, qu'on ne peut avoir inventé sans une disposition naturelle à peindre la probité.

Avec quel respect et quelle tendresse Iphigénie parle-t-elle de son père, Scène VI, Act. 3, lorsqu'elle veut calmer Achille furieux contre Agamemnon pour l'amour d'elle ? Quel regret elle témoigne de la vivacité avec laquelle elle a parlé à Eriphile !

> Moi-même, où m'emportoit une aveugle colère,
> J'ai tantôt sans respect affligé sa misère !
> Que ne puis-je aussi-bien par d'utiles secours
> Réparer promptement mes injustes discours !

En demandant sa liberté à Achille, elle veut avoir la satisfaction de connoître qu'elle va épouser un héros plein d'humanité, qui, non content de la gloire des armes,

> Laisse aux pleurs d'une épouse attendrir sa victoire ;
> Et par les malheureux quelquefois désarmé,
> Sait imiter en tout les Dieux qui l'ont formé.

Titus avoue les égaremens de sa jeunesse :

> Ma jeunesse nourrie à la cour de Néron,
> S'égaroit, cher Paulin, par l'exemple abusée,
> Et suivoit du plaisir la pente trop aisée....

Qu'a-t-il fait pour mériter l'estime de Bérénice ?

> J'entrepris le bonheur de mille malheureux ;
> On vit de toutes parts mes bontés se répandre :
> Heureux, et plus heureux que tu ne peux comprendre,
> Quand je pouvois paroître à ses yeux satisfaits,
> Chargé de mille cœurs conquis par mes bienfaits !

C'est en faisant sentir à Néron le bonheur de la vertu, que Burrhus tâche de l'ébranler :

> Ah, de vos premiers ans l'heureuse expérience
> Vous fait-elle, Seigneur, haïr votre innocence ?

Ces trois ans de vertus font plus d'impression sur Néron même, que toutes les remontrances ; et il répond à Narcisse qui lui demande ce qui peut l'arrêter :

> Tout : Octavie, Agrippine, Burrhus,
> Sénèque, Rome entière, et trois ans de vertus.

Je ferois connoître par beaucoup d'autres endroits le cœur du Poète ; mais de crainte que ce morceau, qui me paroît court, ne paroisse trop long à d'autres, je le finis en rapportant de quelle manière Acomat veut dissiper un scrupule de Bajazet :

> Le sang des Ottomans
> Ne doit point en esclave obéir aux serm

> Consultez ces héros que le droit de la guerre
> Mena victorieux jusqu'au bout de la terre.
> Libres dans leur victoire, et maîtres de leur foi,
> L'intérêt de l'Etat fut leur unique loi :
> Et d'un trône si saint la moitié n'est fondée
> Que sur la foi promise, et rarement gardée.
> Je m'emporte, Seigneur.

Plus d'un politique débiteroit peut-être de pareilles maximes à son maître dans de pareilles circonstances. Cependant ces deux mots, *je m'emporte*, font juger de ce qu'en pense l'auteur, quoiqu'il les mette dans la bouche d'un grand visir.

Je répète donc que tout Poëte, sans y penser, laisse échapper des traits qui font connoître son caractère, qu'il se peint toujours dans ses ouvrages ; et que comme ce portrait de son âme le fera toujours mieux connoître que les traits de son visage, conservés dans le tableau le plus ressemblant, tout Poëte en comparant son propre ouvrage avec celui du Peintre qui a fait son portrait, peut dire comme Martial :

> Certior in nostro carmine vultus erit.

CHAPITRE VI.

DU VRAI DANS LA POÉSIE.

En examinant la nature de la Poésie, j'ai fait voir jusqu'ici les diversités qui se trouvent dans les lois de la versification, dans l'usage des figures, et dans l'imitation des mœurs : diversités qui ont pour cause, les unes la différence des langues, les autres la différence des temps et des nations; mais comme dans tous les temps et dans toutes les nations, la Poésie a eu un agréable empire sur les hommes, je vais chercher si, indépendamment du génie des langues, du goût des nations, et des modes passagères, elle ne doit pas cet empire à une beauté certaine et invariable.

M. Pascal semble avoir cru qu'elle n'en avoit aucune qui fût certaine, si l'on juge de son sentiment par l'une de ses pensées, où l'on est étonné de lire : « Qu'on ne » dit point beauté géométrique, mais qu'on dit beauté » poétique, parce qu'on sait bien quel est l'objet de la » géométrie; mais qu'on ne sait pas en quoi consiste » l'agrément qui est l'objet de la Poésie. On ne sait, ajoute » M. Pascal, quel est ce modèle qu'il faut imiter. Faute » de le connoître, on a inventé certains termes bizarres, » *siècle d'or*, *bel astre*, et on a appelé ce jargon beauté » poétique. »

Il y a apparence que ce jargon méprisable, qui étoit encore fort commun du temps de M. Pascal, lui avoit inspiré un mépris général pour toute Poésie; et ce mépris, quoiqu'injuste, et conçu faute d'examen, ne déshonoreroit pas un si grand génie, toujours plongé dans des études plus sérieuses. On peut cependant mieux expliquer cette pensée, qui n'est pas assez développée, et à laquelle, comme à plusieurs autres, l'auteur n'a pas donné tout le jour qu'elle devoit avoir.

L'objet de la géométrie est de convaincre; celui de la Poésie est de plaire, et l'on n'appelle beauté que ce qui plaît. On ne dit point d'une proposition géométrique, *voilà qui est beau,* on dit, *voilà qui est vrai;* et ce jugement est prononcé par notre raison sur des principes certains. Dans les choses d'agrément, nous disons : *voilà qui est beau,* c'est-à-dire, *voilà qui nous plaît;* et ce jugement est prononcé par l'imagination sans examen, ou plutôt nous ne jugeons point, parce que nous n'examinons point si cette chose a le droit infaillible de nous plaire. Nous assurons seulement que dans le moment même elle nous plaît; ce qui ne prouve pas qu'elle doive nous plaire également dans la suite, parce que la raison que le temps et la réflexion appellent, réforme souvent les jugemens précipités de notre imagination.

L'architecture gothique, qui nous parut belle autrefois, ne nous le paroît plus depuis que le temps nous a fait connoître celle qui prend la nature pour modèle. Nous vantons encore la hardiesse de l'architecture gothique, elle nous étonne; mais comme elle ne nous plaît plus, nous ne disons plus qu'elle est belle, nous disons seulement qu'elle est hardie. *Ce modèle qu'il faut imiter,* suivant les termes de M. Pascal, est le même pour la Poésie; et depuis que nous le savons, nous n'appelons plus *beauté,* comme autrefois, un ridicule amas de métaphores outrées. Cependant il nous arrive encore de nous tromper, parce que l'imagination, prompte à admirer ce qui la flatte, prend quelquefois une beauté fardée pour une beauté véritable; mais c'est alors l'objet qui nous trompe. Nous l'appelons *beau*, parce que, faute d'examen, nous le croyons conforme au modèle qu'il doit avoir ; et quand nous avons reconnu qu'il n'y est pas conforme, nous cessons de l'appeler *beau*, parce que nous sommes persuadés que la beauté poétique consiste dans le vrai de l'imitation.

On distingue dans l'imitation deux sortes de vrai, le simple et l'idéal. Le premier représente la nature telle qu'elle est; le second l'embellit, non en lui prêtant une parure étrangère, mais en rassemblant dans le même point de vue, sur le même objet, plusieurs beautés qu'elle a dispersées sur des objets différens. C'est dans la réunion de ces deux vrais, c'est-à-dire, dans le vrai composé, que consiste la perfection de la Poésie et de la Peinture.

Mais il est très-important d'observer, que quoique ces deux arts qui paroissent si semblables, aient le même point de perfection, ils n'ont pas tous deux la même obligation d'y atteindre. En effet, plusieurs peintres, comme le Titien, le Bassan, etc. sont fameux, quoiqu'ils n'aient possédé que le premier vrai; au lieu qu'on ne peut nommer aucun Poète fameux qui n'ait eu que le même mérite. Il est aisé d'en dire la raison.

La Peinture imitant avec les couleurs, et ne parlant qu'aux yeux, peut se contenter de représenter les objets tels qu'ils sont; la Poésie qui imite dans un langage divin, et parle toujours à l'esprit, doit enchanter par son merveilleux. Ainsi, le vrai composé lui est toujours nécessaire. Si son merveilleux n'étoit pas vrai, elle ne seroit plus une imitation ; et si son vrai n'étoit pas merveilleux, elle ne seroit plus un langage divin.

En suivant cette division, je ferai voir que son imitation consiste nécessairement dans la réunion de ces deux vrais; que le vrai idéal est nécessaire dans les sujets les plus simples, et que le vrai simple est nécessaire dans les sujets les plus grands.

ARTICLE PREMIER.

De la nécessité du Vrai idéal dans les sujets les plus simples.

L'imitation nous fait songer à deux choses, à l'objet imité, et à l'art de l'imitateur. Lorsqu'un objet imité par la Peinture n'a rien qui soit capable de plaire, nous admirons toujours l'art de l'imitateur, quand par la justesse de son dessin et la vérité de son coloris, il s'est rendu admirable. Ainsi, des tableaux qui ne représentent que des arbres, des bâtimens, des animaux ou des fruits, sont estimés quand l'imitation est vraie, parce que le Peintre peut se borner à plaire aux yeux. Il n'en est pas de même du Poète : il doit parler à l'âme et l'enlever. Si l'objet qu'il imite n'a rien de grand, ni en soi-même, ni dans la manière dont il est imité, loin d'admirer l'imitateur, nous le condamnons d'avoir employé le langage de la Poésie, pour ne dire que des choses communes.

Des idylles dans le goût de la quatrième de Théocrite, trouveroient peu de lecteurs. Qu'un berger se plaigne qu'une grande épine lui est entrée dans le pied, et que son camarade, en la lui ôtant, lui recommande de ne pas aller nu-pieds dans les montagnes ; un pareil sujet, quoique traité aussi parfaitement que Théocrite l'a traité, n'offre à l'âme rien qui l'attache ; mais ce même sujet peut fournir à un Peintre un tableau charmant. La Peinture nous fait regarder avec plaisir les habitans de la campagne, quoique couverts de haillons, au lieu que la Poésie ne doit point les présenter dans leur rusticité et leur misère : elle doit leur chercher des ornemens, non dans le luxe des villes, mais parmi les fleurs de la campagne qu'ils habitent ; et c'est dans le choix de ces fleurs que consiste le vrai idéal. Si des églogues présentent des bergers trop grossiers, elles déplaisent faute du vrai idéal; si elles les représentent trop spirituels, elles déplaisent faute du vrai simple.

Le Bassan a peint en quatre tableaux les travaux qui occupent les habitans de la campagne dans les quatre saisons de l'année; et comme il s'est contenté du vrai simple, il n'a parlé qu'aux yeux; au lieu qu'Horace et Virgile, qui à ces mêmes objets ajoutent le vrai idéal, parlent à l'âme, et, en nous rendant aimables les occupations champêtres, nous font envier le bonheur d'un séjour où règne la paix et l'innocence :

> Secura quies et nescia fallere vita.

Ces mêmes objets n'attirent point notre attention quand ils sont peints par le Marini. « Là, dit-il, on a pour pa-
» lais sa cabane, son bâton pour sceptre, un ruisseau
» pour nectar, ses valets pour maîtres, ses chiens pour
» amis, ses agneaux pour courtisans. Point de sang dans
» ce séjour : il n'y coule que du lait ; point de mains
» avares qui dépouillent le pauvre : on n'y tond que
» les brebis; et le seul aiguillon qu'on y connoisse, est
» celui qui perce le flanc des bœufs. » Le plus aride désert est moins ennuyeux que la plus belle campagne peinte avec de pareilles couleurs.

Si La Fontaine se fût borné à ce vrai simple, quoique charmant, qui règne dans sa première fable, et dans quelques autres, il n'eût point laissé un nom qu'ont rendu fameux tant de grâces, par lesquelles il s'est formé un vrai dont le choix n'appartient qu'à lui seul.

La comédie elle-même ne peut se contenter du vrai simple, quoiqu'elle imite les actions les plus simples des hommes, et qu'elle admette jusqu'aux personnages les plus vils. Les valets et les paysans peuvent paroître sur la scène comique, et y parler un langage conforme à leur état; mais ils ne doivent pas y paroître souvent, ni y rester long-temps : on sait avec quel ménagement Molière les introduit. Je parle de ses belles comédies, et non des farces qu'il faisoit par complaisance, voulant accorder du bas comique au bas peuple. Dans ces pièces même, il est un peintre fidèle de la nature, qu'il ne perd jamais de vue : bien différent de ces auteurs qui croient ennoblir le comique, quand ils s'évaporent dans une abstraite métaphysique, et qu'ils nous offrent des portraits que nous ne pouvons reconnoître, parce que les originaux ne sont nulle part.

Si dans la comédie même le vrai simple ne peut plaire long-temps, il est difficile qu'il soit heureusement placé dans les Poëmes épiques et tragiques. On a reproché à Homère les personnages de Thersite et d'Irus, et l'on peut reprocher à Euripide les réflexions de sa Médée sur le malheur des femmes : elles sont dans le vrai simple. Il est assez ordinaire d'entendre dire aux femmes qu'elles sont plus malheureuses que les hommes; que si les hommes sont exposés aux dangers de la guerre, elles sont exposées à ceux de l'accouchement. Mais ces réflexions conviennent-elles dans la tragédie, et doit-on entendre dire à une Médée :

> Pour moi, j'aimerois mieux cent fois courir aux armes,
> Et cent fois des combats affronter les alarmes,
> Que d'un enfantement, toujours si dangereux,
> Eprouver une fois le moment douloureux.

Lorsque le vrai simple est ennobli par les circonstances, il devient alors un vrai composé; et la simplicité des paroles d'un enfant convient à la tragédie, lorsque cet enfant, comme le petit Joas, parle à une reine cruelle, qui médite sa perte.

Qu'un mendiant accablé d'années, s'appuyant sur un bâton, et entrant dans une ferme, soit assailli par des chiens de garde, accoutumés à s'irriter contre des hommes mal vêtus; que pour calmer leur fureur, cet homme, par prudence, jette d'abord son bâton, et se couche à terre; qu'au bruit des chiens, le fermier accoure, les écarte à coups de pierre, et sauve ce malheureux, cette peinture si simple ne paroît pas convenir à la noble Poésie; mais que ce tableau est intéressant, quand ce vieillard mendiant est le fameux Ulysse, qui, caché sous cette figure par Minerve, entre après vingt ans d'absence chez Eumée *, s'y voit reçu, quoique vieux et couvert de haillons, avec tant de charité, et témoin de la compassion avec laquelle son ancien serviteur reçoit les pauvres, de la sincérité avec laquelle il regrette son maître, et de son attachement pour Pénélope et Télémaque, dont il lui entend faire les éloges !

L'effroi que cause à un enfant la vue d'un casque est dans le vrai simple; mais Homère en a rendu la peinture digne du Poëme épique, par la circonstance. Hector prêt à partir pour le combat, se sépare d'Andromaque, qui lui présente son fils Astyanax. Le père veut le prendre pour l'embrasser; l'enfant effrayé par l'aigrette du casque de son père, se rejette en criant dans le sein de sa nourrice : cette frayeur, qui prouve la foiblesse de son âge, redouble la tendresse des adieux entre le père et la mère, et excite en nous pour l'enfant ce souris mêlé de larmes qu'Homère dépeint si bien dans Andromaque.

Si l'on dit qu'un homme, en accordant à quelqu'un sa demande, a baissé la tête et les sourcils, et que ses cheveux ont suivi le même mouvement, on présente une

* Odyssée 14.

image vraie, mais peu noble en elle-même. Homère dépeint ainsi Jupiter accordant à Thétis sa demande :

> Le Souverain des cieux, favorable à Thétis,
> Fit un signe de tête, et baissa les sourcils :
> Sur son front immortel ses cheveux s'agitèrent,
> Et du palais des Dieux les voûtes s'ébranlèrent.

Cette description d'une chose fort simple, suivie du tremblement des cieux, a toujours paru admirable, excepté à Scaliger, qui ne pouvoit comprendre que ces vers d'Homère eussent inspiré à Phidias la majesté qu'il avoit répandue sur une statue de Jupiter. « Comme si Phidias, » dit Scaliger dans sa poétique, avoit eu besoin d'Homère » pour apprendre que Jupiter avoit des cheveux et des » sourcils ! »

Cette mauvaise humeur, que Scaliger avoit souvent contre Homère, lui faisoit trouver trop de simplicité dans ces vers que les Sirènes chantent à Ulysse :

> Ornement de la Grèce, invincible héros,
> Ulysse, accordez-nous un moment de repos :
> La beauté de ces bords vous invite à le prendre.
> Suspendez votre course, et daignez nous entendre.
> Il n'est point de mortel qu'en ces aimables lieux
> N'arrête de nos voix l'accord mélodieux :
> Tout rempli de nos chants il poursuit son voyage.
> Rien ne nous est caché, nous savons quel courage
> A signalé des Grecs tant de combats divers,
> Et par l'ordre des Dieux tous les maux qu'ont soufferts
> Ces illustres vainqueurs par qui Troie est en cendre.
> C'est de nous qu'on apprend tout ce qu'on veut apprendre ;
> Et l'univers n'a rien qui soit secret pour nous :
> Sur cette heureuse rive, Ulysse, arrêtez-vous.

« Il n'étoit pas nécessaire, dit encore Scaliger, qu'U- » lysse se fît lier au mât de son vaisseau, de peur d'être » attiré par les charmes d'une pareille chanson *, qui ne

* Sententiæ vulgares et futiles, quæ, opiner, ne cocum quidem meum moverent ad choreas.   Scalig. Poët.

» contient rien que de commun et de frivole, et ne se-
» roit pas même capable de faire danser mon cuisinier. »

Cicéron, qui avoit traduit ces vers en vers latins, n'étoit pas si difficile que le cuisinier de Scaliger, et il y admiroit l'art d'Homère. Il pouvoit faire chanter par les Sirènes des vers plus magnifiques, et des paroles plus voluptueuses, comme le Tasse dans une fiction pareille en fait chanter devant Renaud; mais ce n'est point par de pareils chants qu'on doit attaquer un homme tel qu'Ulysse. On le tente par l'espérance de la science. Les Sirènes, qui l'appellent d'abord par son nom, lui font voir que rien ne leur est caché. Tout ce qu'elles chantent est simple, mais tout y est séduisant pour Ulysse; et la simplicité de ces vers en fait la beauté.

Je ne puis mieux prouver combien le vrai simple, ennobli par les circonstances, est heureusement placé dans les plus grands sujets, qu'en rapportant cet endroit où Milton dépeint Eve se contemplant dans un ruisseau. Qu'un enfant, en s'y contemplant, soit effrayé d'y voir son image, sa frayeur nous fera rire; celle d'Eve est également puérile; mais elle ne nous le paroît point, à cause de ce premier moment dans lequel Eve se trouve. Elle ne se connoit pas encore; et la curiosité qui la porte à s'aller considérer dans l'eau, est aussi naturelle que sa frayeur, qu'elle raconte ainsi à Adam :

> Je me rappelle encor l'instant où la lumière
> Pour la première fois vint frapper ma paupière,
> Et fit ouvrir mes yeux éblouis de ses traits.
> Aux bords d'un bois charmant, sous un ombrage frais,
> Sur un tapis de fleurs mollement étendue,
> Ce fut sur moi d'abord que je jetai la vue.
> Quel trouble me saisit, quels pensers sont les miens !
> J'ignore qui je suis, où je suis, d'où je viens.
> D'une grotte voisine un bruit se fait entendre:
> J'aperçois sur la plaine une onde se répandre ;

Sa tranquille surface est si belle à mes yeux,
Que j'y crois retrouver la pureté des cieux.
Je cours l'examiner ; sur elle je m'incline ;
Une image sur moi se baisse et m'examine.
Je tressaille et recule : à l'instant je la voi
S'effrayer, tressaillir, reculer comme moi.
Lorsqu'un charme inconnu me ramène vers elle,
Vers moi ce même charme aussitôt la rappelle ;
Et d'une égale ardeur dans les mêmes momens,
Toutes deux nous sentons les mêmes mouvemens.

J'ai fait voir jusqu'à présent que le vrai idéal, qui embellit la nature, non en lui prêtant des ornemens qu'elle n'a pas, mais en réunissant des ornemens qui se trouvent dispersés sur elle, doit se trouver dans la Poésie qui imite les plus petits objets, et que le vrai simple ne plaît seul dans les grands sujets que quand il est ennobli par les circonstances. Je vais faire voir maintenant que ces deux vrais sont inséparables dans toute Poésie, et que celle qui présente les plus grands objets, doit dans toutes ses imitations avoir le vrai simple pour fondement.

ARTICLE SECOND.

Le Vrai simple est le fondement de l'Imitation dans les plus grands sujets.

Le Peintre qui copie la nature avec choix et intelligence, et qui sait de plusieurs belles parties composer un tout parfait, est celui qui excelle dans son art. Celui qui ne sait que copier fidèlement la nature, et qui même en représentant un grand sujet, ne s'élève pas au-dessus du vrai simple, peut cependant s'acquérir un nom, comme le Caravage, et faire des ouvrages estimés; parce que s'il n'a pas atteint la perfection de son art, il en a atteint la fin principale, qui est l'imitation exacte de la nature. Si en représentant César, il n'a pas été assez habile pour nous en faire connoître l'intérieur, il n'a point fait tout ce que peut la Peinture; mais s'il en a parfaitement représenté l'extérieur, quoique cet extérieur n'ait rien d'extraordinaire, il a parfaitement imité la nature, ce qui est la fin principale de son art.

Il n'en est pas de même du Poète. C'est l'intérieur de César qu'il nous doit découvrir : c'est l'âme d'un héros qu'il doit nous représenter; mais ce héros est un homme : ainsi c'est toujours la nature qu'il doit imiter, en formant son vrai idéal sur le vrai simple, qui, en Poésie comme en Prose, est le fondement de l'imitation. Un exemple éclaircira ce que je viens de dire.

César dans un vaisseau prêt à périr par la tempête, doit, parce qu'il est homme, craindre le péril; mais un héros ne le craint pas par le même motif que le craint un homme ordinaire. Quand Ulysse est dans les horreurs de l'orage, les forces l'abandonnent, son cœur se glace; il envie le bonheur de ceux qui sont morts sous les murs de Troie. Enée dans le même danger, a les mêmes craintes :

Extemplò Æneæ solvuntur frigore membra,
Ingemit, etc.

Ce n'est point la mort que craignent ces héros, mais une mort sans gloire, et un péril contre lequel la valeur devient inutile : voilà le vrai idéal, dont le vrai simple est le fondement. Mais Lucain, qui se fait une fausse idée de grandeur, oublie le vrai simple, lorsqu'il dit que César battu par la tempête est enfin content, parce qu'il a trouvé un péril digne de César : il croit glorieux pour lui, que les dieux qui veulent sa perte, arment la fureur d'une mer si vaste, contre un mortel assis dans une petite barque:

Credit jam digna pericula Cesar
Fatis esse suis : tantusque evertere, dixit,

> Me Superis labor est, parva quem puppe sedentem
> Tam magno petiere mari.

C'est par une idée de grandeur également fausse, que Claudien racontant l'enlèvement de Proserpine, lui met dans la bouche des paroles aussi peu convenables à son âge qu'au péril dans lequel elle se trouve. *« Quel crime, » dit-elle, ai-je commis? Je n'ai point pris parti contre » les Dieux dans la guerre des Géans ; je n'ai point » entassé Ossa sur Olympe. »

> Non ego cùm rapido sæviret phlægra tumultu,
> Signa Deis adversa tuli, non robore nostro
> Ossa pruinosum vent glacialis Olympum, etc.

Elle songe enfin (ce qu'elle devoit faire dès le premier moment) à appeler sa mère à son secours; et comme elle ignore où elle est, elle l'appelle dans tous les pays où elle peut être, et fait de ces pays une énumération aussi inutile qu'ampoulée.

> Mater, iò, seu phrygiis in vallibus Idæ
> Mygdonio buxus circumsonat horrida cantu;
> Seu te sanguineis ululantia Dyndima Gallis, etc.

Ovide, en racontant le même événement, dépeint la simplicité d'une jeune fille, qui après avoir jeté des cris vers sa mère et ses compagnes, s'occupe dans un si grand péril d'une bagatelle, et songe aux fleurs qu'a fait tomber de son sein la violence de son ravisseur :

> Dea territa, mœsto
> Et matrem, et comites, sed matrem sæpiùs ore
> Clamat; et ut summa vestem laniarat ab orâ
> Collecti flores tunicis cecidere remissis :
> Tantaque simplicitas puerilibus adfuit annis,
> Hæc quoque virgineum movit jactura pudorem.

La comparaison de deux tableaux si différens sur le

* De raptu Pros. l. 2. v. 250.

même sujet, fait distinguer le Poëte qui connoît le vrai simple, de celui qui n'en a aucune idée.

Ovide n'a pas toujours été si fidèle à copier la nature. Il prend souvent pour elle tout ce que lui fournit son imagination trop vive. Quand il fait raconter à Ariane son désespoir au moment que Thésée l'a abandonnée, elle croit que c'est par pitié pour elle, et pour la secourir, que l'écho répète comme elle le nom de Thésée :

> Et quoties ego te, toties locus ipse vocabat :
> Ipse locus miseræ ferre volebat opem.

Si elle va s'asseoir sur une pierre, elle s'y trouve aussi froide que la pierre, et elle-même est une pierre :

> in saxo frigida sedi,
> Quàmque lapis sedes, tam lapis ipsa fui.

Un Poëte anglais décrivant un torrent qui du haut d'un rocher tombe dans la mer, dit que les flots de la mer qui croient voir couler le rocher même, *sont pétrifiés d'étonnement de voir un rocher liquide.*

Qui peut entendre dire au Tasse, quand il parle d'un combattant, que si l'âme ne sort point d'un corps percé de tant de blessures, elle y est retenue par la fureur ?

> è se la vita
> Non esce, sdegno tien la al petto unita.

ou qu'un homme rit malgré lui, et meurt en riant, parce qu'un javelot lui a percé l'endroit de la joue où le ris prend son origine ?

> Strano spettacolo è horrendo!
> Ridea sforzato è si moria ridendo.

C'est ce même Poëte qui, pour dépeindre l'impression que fait la beauté d'Armide, dit, que pendant que le regard est immobile sur elle, la pensée court, et revient
apprendre

apprendre ce qu'elle sait au desir, pour l'enflammer davantage :

> Poscia al desio narra, è le descrive
> E ne fà le sue fiamme piu vive.

Toutes ces pensées que nous appellons froides, le sont en effet, parce qu'elles n'ont pas le principe de la vie, qui est le vrai simple. Ainsi l'on met au nombre de ces pensées celle de Corneille sur des cadavres,

> Que la nature force à se venger eux-mêmes,
> Et dont les troncs pourris exhalent dans les vents
> De quoi faire la guerre au reste des vivans.....
> POMPÉE.

parce que les cadavres ne pourrissent pas pour se venger; et comme il est également faux que le sang d'un homme qu'on tue, fume de colère, on condamne aussi ces vers :

> Ce sang qui tout versé fume encor de courroux,
> De se voir répandu pour d'autres que pour vous.

Mais on auroit peut-être tort de condamner ces deux autres d'Héraclius :

> La vapeur de mon sang ira grossir la foudre
> Que Dieu tient déjà prête à te réduire en poudre.

parce que le tonnerre étant formé des exhalaisons qui s'élèvent de la terre, le Poète a trouvé un fondement à son image.

Lorsque Phèdre dit à Hippolyte, en lui montrant son cœur :

> Impatient déjà d'expier son offense,
> Au-devant de ton bras je le sens qui s'avance,

ce qu'elle dit n'est pas vrai; mais la passion le rend vraisemblable. Dans le trouble où elle est, elle s'imagine que l'agitation de son cœur est le mouvement d'un criminel qui va au-devant de son supplice. Mais rien n'est plus froid que de donner du sentiment à des cœurs séparés des corps, comme fait M. Fléchier, en disant des cœurs des princesses qui sont au Val-de-Grace : « Ces cœurs » sont desséchés, moins par la mort, que par le desir » d'être ranimés, pour aimer Dieu éternellement. »

Si toute pensée qui n'est point fondée sur le vrai, nous déplaît, combien devons-nous condamner ces endroits où les auteurs cherchent à briller par d'insipides jeux de mots, comme l'auteur du *Pastor fido*, quand il cherche le rapport du nom d'Amaryllis avec l'amour et l'amertume ! Pétrarque lui-même est tombé dans cette faute, quand il dit au cardinal Colonne : *O Colonne qui soutient l'Etat;* ou quand il fait des allusions du laurier avec le nom de Laure. On trouve chez les Poètes grecs des jeux de mots, mais plus excusables, parce que les noms, en Grèce, étoient souvent donnés à cause de leur signification. Comme celui d'Oreste signifie quelque chose de sauvage et d'affreux, on ne peut que trouver naturelle cette allusion qu'Oreste, dans Euripide, fait à son nom, lorsqu'il se jette aux pieds de Ménélas. Ses malheurs l'ont si changé, que Ménélas, qui croit voir un fantôme, s'écrie :

> Dieux, que vois-je, quel spectre à mes yeux se présente ?
> Quel est celui des morts dont l'aspect m'épouvante ?
>
> ORESTE.
>
> Je vis ; mais tu dis vrai : proscrit et rejeté,
> Au nombre des vivans je ne suis plus compté.
>
> MÉNÉLAS.
>
> Tous ses cheveux épars couvrent son front terrible.
>
> ORESTE.
>
> Mes actions, hélas, me rendent plus horrible !
>
> MÉNÉLAS.
>
> Quel funeste regard, et quel œil égaré !

ORESTE.

Non, non, mon corps n'est plus, la mort l'a dévoré :
Mon nom, mon triste nom est tout ce qui me reste.

J'ai rapporté cet exemple, parce qu'il est rare d'en trouver de pareils chez les anciens. Ceux qui les méprisent ne les accusent pas de chercher de faux brillans : ils les accusent au contraire de n'être point assez brillans. Etonnés de leur simplicité, ils ne font point attention qu'ils nous rappellent toujours à ce vrai, qui est la base de toute perfection, et qu'on doit avec raison donner à nos Poëtes ce même conseil qu'on donne à nos peintres, d'étudier l'antique. Ce n'est pas que nos Poëtes puissent trouver chez les anciens la même perfection que nos peintres y trouvent : les statues antiques sont parfaites, parce que les sculpteurs avoient devant leurs yeux des modèles admirables, qui par la juste proportion des membres formoient un tout-ensemble parfait : les exercices du corps alors en usage, contribuoient à donner aux membres cette juste proportion. Les Poëtes représentent les âmes, et ceux de l'antiquité n'ont pas eu des modèles plus admirables que ceux que nous avons ; mais comme ils ont été les premiers imitateurs, ils ont suivi de plus près la nature, et ils nous la font mieux connoître. Ceux qui sont venus après eux ont été obligés d'orner davantage la nature, ce qui fait que nos meilleures tragédies ne sont pas si simples que celles des anciens. Le vrai simple en est toujours le fondement ; mais la nature est plus embellie, et le doit être.

Je ne sais, par exemple, si nous verrions sur notre théâtre une tragédie aussi peu chargée d'événemens, d'intrigues et d'acteurs, que le Philoctète de Sophocle. L'action se passe entre trois hommes à l'entrée d'une caverne. Cependant, quand nous lisons Sophocle, la peinture de ce héros malheureux, couché devant sa caverne, vêtu de

haillons, déchiré par une horrible plaie, nous intéresse
par sa vérité, et parce que le Poète lui met dans la bouche
toutes les paroles que la nature lui doit inspirer. Je n'en
citerai que cet endroit du premier acte:

Lorsque Philoctète, qui depuis si long-temps n'a point
vu d'hommes, en aperçoit, et reconnoît sur eux l'habit
grec, quelle joie pour lui de revoir non-seulement des
hommes, mais des compatriotes !

> Quel malheur vous conduit dans cette île sauvage,
> Et vous force à chercher ce funeste rivage?
> Vous que sans doute ici la tempête a jetés,
> De quel lieu, de quel peuple êtes vous écartés?
> Mais quel est cet habit que je revois paroître?
> N'est-ce pas l'habit grec que je crois reconnoître?
> Que cette vue, ô ciel, chère à mon souvenir,
> Redouble en moi l'ardeur de vous entretenir!
> Hâtez-vous donc, parlez. Qu'il me tarde d'entendre
> Les sons qui m'ont frappé dans l'âge le plus tendre,
> Et cette langue, hélas, que je ne parle plus!
> Vous voyez un mortel, qui, de la terre exclus,
> Des hommes et des Dieux satisfait la colère.
> Généreux inconnus, d'un regard moins sévère
> Considérez l'objet de tant d'inimitié,
> Et soyez moins saisis d'horreur que de pitié.

A peine Néoptolème a-t-il répondu : *Nous sommes
Grecs*, que Philoctète s'écrie :

> Réponse favorable à mon impatience!
> Chère et douce parole après tant de silence!
> C'est donc toi que j'entends! Quoi, mon fils, je te vois?
> Quel destin, quel hasard, quel vent heureux pour moi
> T'a conduit jusqu'ici, consolateur aimable,
> Pour essuyer enfin les pleurs d'un misérable?

Néoptolème lui répond qu'il est le fils d'Achille, et
qu'il retourne à Scyros. Philoctète reprend aussitôt :

> Fils d'un père fameux, digne appui de son nom,
> O du vieux Lycomède illustre nourrisson,

Habitant d'un pays si doux à ma mémoire,
Hélas, est-ce toi-même ? Oserai-je le croire ?
D'où viens-tu ? Quels vaisseaux t'amènent en ces lieux ?

Quand il a appris de Néoptolème, dont il croit n'être pas connu, ce qu'il lui demandoit, il veut s'en faire connoître à son tour, et lui raconte ainsi l'état où il se trouva quand les Grecs l'abandonnèrent :

O réveil, ô moment de surprise et d'alarmes,
O spectacle, ô douleur, que de cris, que de larmes,
Lorsque je me vis seul couché dans ces déserts,
Et mes vaisseaux sans moi fendant le sein des mers !
J'appelle, mais en vain, mes compagnons perfides ;
Et d'imprécations accablant les Atrides,
Quand je jette partout un regard empressé,
Je ne trouve partout que ce qu'ils m'ont laissé :
Un sauvage rocher, solitude cruelle,
Et de gémissemens une source éternelle.
Quel sera le soutien de mes malheureux jours ?
Le temps m'y fit songer, mon arc fut mon secours :
Aux habitans de l'air je déclarai la guerre ;
Mais réduit à traîner mes membres contre terre,
Pour chercher les oiseaux par mes flèches percés,
Ou des restes de bois avec peine amassés,
Par combien de douleurs ma pénible industrie
Me fit-elle acheter une mourante vie ?
Ce feu qu'en soupirant j'arrache des cailloux,
De mes tristes hivers m'adoucit le courroux.
Dans l'horreur de cette île inculte, inhabitée,
Sans commerce, sans ports, loin du monde écartée,
Et dont les voyageurs craignent tous d'approcher,
Dans ces arides lieux que viendroient-ils chercher ?
Non, ce n'est qu'à des vents, pour eux impitoyables,
Que je dois la douceur de revoir mes semblables.
Les autres m'ont laissé des restes d'alimens :
Les uns m'ont accordé quelques vieux vêtemens ;
Tous m'ont plaint ; mais, hélas, ô tendresse inutile !
Qu'ai-je gagné de plus de leur pitié stérile ?
Tous m'ont abandonné : d'un horrible fardeau
Qui voudroit, ô mon fils, infecter son vaisseau ?
Tel est l'état affreux où depuis tant d'années
Je remplis constamment mes dures destinées.
Aux Atrides cruels, voilà ce que je doi ;
Ulysse leur apprit à se venger de moi.

Dans ce supplice lent, c'est ma mort qu'ils attendent !
Voilà ce qu'ils m'ont fait ; que les Dieux le leur rendent !

Ce morceau de Sophocle, qui nous intéresse et nous attendrit, nous fait voir que le vrai simple doit être le fondement de toute imitation, et que sans ce principe de vie, toute Poésie est morte. Quoiqu'on dise d'elle qu'elle vit du mensonge, elle n'en peut vivre qu'en donnant au mensonge l'air de la vérité. Jamais Poète n'a mieux acquis le titre de menteur que l'Arioste ; il mérite cependant la préférence que l'académie de la Crusca lui a donnée sur le Tasse, par cet air de vérité qu'il répand sur ses fictions les plus extravagantes : il nous plaît, sans paroître chercher à nous plaire ; et le Tasse nous rebute souvent, parce qu'il cherche toujours à arracher notre admiration. L'art qui est caché dans l'Arioste, se montre à tout moment dans le Tasse ; et partout où l'art paroît, suivant Quintilien, la vérité semble disparoître, *ubi ars ostentatur, veritas abesse videtur*. C'est ce qu'on doit dire encore plus du Marini, qui voulant trop embellir la nature, l'a accablée de tant d'ornemens, qu'il l'a entièrement étouffée.

Il étoit difficile à Milton de fonder son vrai idéal sur le vrai simple. Il entreprenoit de décrire ce qui se passe dans le ciel et dans les enfers, et ce qui s'est passé sur la terre pendant l'état d'innocence. Où trouver le modèle qu'il devoit imiter ? La nature ne lui en pouvoit offrir qu'une image bien imparfaite. Quelquefois cependant il a suppléé par son imagination au modèle qu'il ne pouvoit avoir devant les yeux, de manière que ses peintures nous paroissent ressemblantes. Je suis bien éloigné d'admirer toujours Milton, et je ferai voir dans un examen de son Poëme qu'il s'égare souvent ; mais j'y remarquerai aussi plusieurs endroits qui méritent de justes éloges. Quand il nous transporte dans le ciel, il nous pénètre de la majesté de Dieu ; quand il nous entraîne aux enfers, nous croyons dans cette horrible assemblée entendre parler la jalousie, la rage et le désespoir; et quand il nous conduit dans le paradis terrestre, nous nous figurons que la chaste et tranquille union de deux créatures innocentes, a dû être telle qu'il nous l'a dépeinte. Puisque l'action qu'il décrit est arrivée lorsque la nature étoit dans sa première beauté, il n'en a eu devant les yeux aucune image, il a cependant su trouver dans les malheureux restes de cette beauté défigurée son vrai idéal, qui, quoiqu'il ne soit pas vrai à la rigueur, devient presque vraisemblable.

C'est par la force et la grandeur de son imagination que Raphaël a su jeter tant de sublime dans certains sujets. Lorsque dans le tableau de la Transfiguration, on contemple la gloire divine répandue sur le visage humain, il semble que Raphaël ait conçu ce que c'est que la Divinité, et qu'il ait su la représenter avec des couleurs : ce qu'il a fait cependant en prenant pour fondement le vrai simple de la nature.

Voilà ce modèle unique que suivent tous les grands Poètes. De là vient cette espèce de ressemblance qui se trouve entr'eux; mais comme en choisissant tous sur le même modèle le vrai idéal, leur choix n'est pas le même : de là vient aussi cette différence qui se trouve entr'eux.

Qu'on rapproche Homère, Sophocle, Euripide, Virgile, Milton et nos Poètes célèbres les uns des autres, la différence de leur langage, de leur harmonie et de leur genre de Poésie, n'empêche pas qu'on ne trouve toujours entr'eux une espèce de ressemblance :

Facies non omnibus una,
Nec diversa tamen.

Ce trait commun est celui qu'ils tiennent de la nature, leur commun modèle, et qui les fait reconnoître : de même que dans une famille nombreuse, les enfans, quoiqu'ils ne se ressemblent pas, sont cependant reconnus

tous à un certain air de famille, qui frappe d'abord les étrangers. Cet air de famille, si j'ose m'exprimer ainsi, qui règne entre les bons écrivains, vient du vrai simple qui leur donne à tous la vie; mais le vrai idéal, qui est de leur choix, est la cause de la différence qui se trouve entr'eux. « Quoiqu'il n'y ait qu'un art de la peinture,
» dit Cicéron, et que Zeuxis et Apelle aient porté tous
» deux cet art à sa perfection, cependant la manière de
» l'un n'est pas la manière de l'autre. » L. 3. de Orat.

Nous pouvons faire la même réflexion sur les deux Poètes qui ont porté parmi nous la tragédie au plus haut point. On les estime également tous deux, quoique la manière de l'un ne soit pas la manière de l'autre. Cette différence ne vient pas de ce que l'un peint les hommes tels qu'ils sont, et de ce que l'autre les peint tels qu'ils devroient être : parallèle qu'une espèce d'antithèse, plutôt que sa justesse a fait répéter tant de fois, et qu'il semble qu'Aristote ait fait le premier entre Sophocle et Euripide, quoique cet endroit de sa Poétique soit si peu clair que Heinsius et M. Dacier l'ont entendu très-différemment. Un Poète qui peindroit les hommes tels qu'ils ne sont pas et n'ont jamais été, ne seroit plus l'imitateur de la nature; mais comme la nature, quoique toujours la même, ne se rencontre pas en tout temps, et partout de la même façon, les Poètes l'imitent dans ses changemens. De nos Poètes tragiques qui nous représentent les héros de l'antiquité, l'un les copie plus fidellement, et veut leur conserver leur ressemblance tout entière; l'autre ne leur conserve que leur principale ressemblance; et pour les rapprocher de nous, veut leur donner quelque ressemblance avec nous. Ce n'est pas ici le lieu d'examiner lequel des deux fait le meilleur choix : il suffit à mon sujet qu'ils aient réussi tous deux, pour montrer que le vrai idéal, quoique pris dans la nature, dépend du choix des Poètes.

En suivant leur goût particulier, ils doivent aussi consulter le goût général de la nation pour laquelle ils travaillent. Chez un peuple, notre voisin, qui aime à voir sur le théâtre l'appareil des supplices, et souvent les supplices même, il n'est pas étonnant qu'ils présentent une nature triste, et un peu dure : les nôtres nous la doivent présenter plus tendre et plus humaine. Nous-mêmes, cependant, soit préjugé, soit grandeur, nous regardons comme une foiblesse méprisable, ce que les anciens ne regardoient pas avec la même idée de mépris. Achille dans Homère va pleurer au bord de la mer lorsqu'on lui a enlevé Briséis ; ce qui fait dire à Sarrazin, en plaisantant :

> Achille, beau comme le jour,
> Et vaillant comme son épée,
> Pleura neuf mois pour son amour,
> Comme un enfant pour sa poupée.

Boileau parle autrement de ces mêmes larmes d'Achille :

> J'aime à lui voir verser des pleurs pour un affront :
> A ces petits défauts marqués dans la peinture,
> L'esprit avec plaisir reconnoît la nature.

Ce n'est pas en effet la perte de Briséis que pleure Achille : il ne pleure que l'affront qu'il a reçu. Mais quel Poëte oseroit présenter sur notre théâtre un héros pleurant ? Agamemnon n'ose en verser sur sa fille, et dit, en soupirant :

> Que les plus malheureux osent pleurer le moins.

Le Poëte cependant trouve le secret d'accorder la nature avec l'idée que nous avons de la fermeté d'un héros, quand il suppose qu'Ulysse, par une adresse artificieuse, permet à ce malheureux père de pleurer, et le rappelle aussitôt à la seule pensée de la gloire :

> Seigneur, nous sommes seuls, hâtez-vous de répandre
> Des pleurs que vous arrache un intérêt si tendre :

> Pleurez ce sang, pleurez; ou plutôt sans pâlir,
> Considérez l'honneur qui doit en rejaillir.

Virgile ne croit pas déshonorer son héros en lui donnant un caractère si tendre, qu'il est souvent dans les pleurs. Nous trouvons dans Homère un tableau admirable de cette nature compatissante que les anciens avoient tant de raison d'estimer, puisqu'elle prouve l'humanité. Quel effet le discours de Priam produit-il sur Achille, en lui rappelant le souvenir de son père! Je ferai voir plus au long dans un autre endroit la beauté de ce morceau d'Homère : je ne le cite ici que pour montrer avec quelle vérité les anciens peignoient la nature :

> Ce discours, qui d'Achille étouffe la colère, *
> Retrace en son esprit l'image de son père.
> Il soupire, et par lui repoussé doucement,
> Priam quitte les pieds qu'il baisoit humblement.
> Un triste souvenir dans les mêmes alarmes
> Plonge alors ces deux rois qui se livrent aux larmes.
> Plein d'Hector, dont l'image est toujours dans son cœur,
> Lorsque Priam le pleure aux pieds de son vainqueur,
> Un père chargé d'ans, et Patrocle sans vie,
> D'Achille tour à tour frappent l'âme attendrie :
> Ils gémissent; sa tente est pleine de douleurs.
> Achille se levant rassasié de pleurs,
> Relève enfin d'Hector le père inconsolable.
> C'en est assez, dit-il, ô vieillard misérable, etc.

Cette peinture nous touche, et nous l'admirons, quoiqu'une nature si pleureuse ne soit peut-être pas de notre goût. Les anciens nous l'ont présentée telle qu'elle étoit alors : nous en trouvons beaucoup de preuves dans l'Ecriture-Sainte; et j'ai déjà remarqué qu'Ezéchias, lorsqu'on lui annonça qu'il mourroit de sa maladie, pleura beaucoup: *Flevit Ezechias fletu magno*. Is. 38. Nous savons

---

* Iliad. 24.

combien les Grecs, dans leurs tragédies, prodiguent les ιού, ιού, αἶ, αἶ, φεῦ, φεῦ.

C'est par une fausse idée de l'héroïsme, que Sénèque le Tragique s'étant imaginé qu'Hercule, quoique déchiré par les plus vives douleurs, ne devoit pas parler comme un autre homme, lui a prêté des pensées si contraires à la nature, que son Hercule mourant, au lieu d'exciter la compassion, trouve le secret d'exciter l'indignation. Il commence par souhaiter qu'au jour de sa mort le soleil cesse d'éclairer le monde, *pereat mundo dies quo moriar.* Il croit que l'univers va être bouleversé sitôt qu'il ne sera plus. Les géans vont recommencer leur guerre contre le ciel. Jupiter doit songer à se tenir sur ses gardes. Il fait ensuite une description étudiée de la peste qui le consume : elle ne peut plus s'attacher qu'à des os vuides, elle en a consumé la moelle, *ossibus vacuis sedet*; elle est si grande, que le corps d'Hercule n'est pas assez grand pour y suffire, *pesti satis Herculea non sunt membra.* Enfin, ce mal ressemble à Hercule, parce qu'il est invincible, *ô malum simile Herculi!* Sophocle, bien opposé à Sénèque, en nous présentant le même objet, nous présente un héros souffrant, gémissant et pleurant. Il nous fait entendre le vrai langage de la douleur, et de la douleur d'un Hercule

> O supplice, ô douleur, ô perfidie, ô crime!
> Femme horrible, faut-il que je sois ta victime?
> Plus barbare pour moi qu'Eurysthée et Junon,
> O fille d'Œnéus, quelle est ta trahison,
> Et quels sont les tourmens dont tu me rends la proie
> Par le fatal présent que ta fureur m'envoie!
> Tu m'as enveloppé de ce voile mortel,
> Ce voile que pénètre un poison si cruel :
> Voile affreux qu'ont tissu Mégère et Tisiphone!
> Tout mon sang enflammé dans mes veines bouillonne.
> Je succombe, je meurs, brûlé d'un feu caché,
> Qu'allume en moi ce voile à mon corps attaché.

Ainsi ce que n'ont pu dans l'horreur de la guerre,
Centaures, ni géans, fiers enfans de la terre,
Ce que tout l'univers n'osa jamais tenter,
Une femme le tente, et peut l'exécuter !
Mon fils, soutiens ton nom : ton amour pour ton père
Doit effacer en toi tout amour pour ta mère.
Va chercher, va saisir celle qui m'a trahi;
Traîne-la jusqu'à moi : va, cours, et m'obéi.
Cours venger..... mais, hélas, que fais-je misérable,
Je pleure, et jusqu'ici d'un front inébranlable,
De tant d'affreux revers j'ai soutenu l horreur !
Mon fils, de ce poison vois quelle est la fureur;
Ose approcher. Et vous, accourez tous ensemble.
Peuples, que dans ces lieux mon malheur vous rassemble;
Contemplez en moi seul tous les tourmens divers.
Ah, précipite-moi jusqu'au fond des enfers ;
Termine par ta foudre, et ma vie, et ma honte,
Grand Dieu, témoin des maux dont l'excès me surmonte !
Qu'est devenu ce corps que j'ai reçu de toi ?
Mes membres t'offrent-ils quelque reste de moi ?
Non, cette main si foible et presqu'inanimée,
N'est pas la main fatale au lion de Némée.
Est-ce donc là le bras de Cerbère vainqueur ;
Ce bras dont le Centaure éprouva la vigueur ;
Ce bras qui fit tomber le monstre d'Erymanthe,
L'hydre contre mes coups sans cesse renaissante,
Et l'affreux surveillant de ce fruit renommé ;
Ce bras qu'aucun mortel n'a jamais désarmé ?
Vil rebut des humains, vrai fantôme, ombre vaine,
Je suis méconnoissable aux yeux même d'Alcmène,
Et Jupiter en moi ne trouve plus de fils.
Tu périras par moi, toi par qui je péris :
Tu crois à ma vengeance échapper quand j'expire ;
Mais tu sauras bientôt, cruelle Déjanire,
Qu'Hercule, enseveli dans le sein du tombeau,
Tout mort qu'il est, du crime est encor le fléau.

J'ai fait voir dans le premier article, que l'imitation de la Poésie, dans les sujets les plus simples, devoit être ornée par le vrai idéal ; j'ai montré dans le second, que cette imitation devoit, dans les plus grands sujets, prendre le vrai simple pour fondement : d'où je crois pouvoir conclure ce que j'ai avancé dans le commencement, que la beauté poétique consiste dans la réunion de ces deux vrais, et que comme elle ne dépend ni des temps, ni des langues, ni des modes passagères, cette beauté doit être regardée comme certaine et invariable.

CHAPITRE VII.

SUR LA POÉSIE DIDACTIQUE.

Ce n'est pas seulement à la Poésie épique et à la Poésie dramatique, que doivent s'appliquer mes Réflexions sur le vrai dans l'imitation : on en peut appliquer aussi plusieurs à la Poésie didactique. Plusieurs personnes la méprisent, et ne veulent pas même l'appeler une Poésie. Elle est de même nature que les autres espèces de Poésie, comme je l'ai dit dans le chapitre où j'ai examiné quelle étoit l'essence de la Poésie : c'est ce que je vais tâcher de prouver à ceux qui ne l'estiment point assez. Je suis intéressé à en prendre la défense.

Quoique nous soyons convaincus que les Poètes doivent toujours joindre l'utile à l'agréable, et que quelque agréables qu'ils puissent être, ils ne sont estimables qu'autant qu'ils sont utiles, nous les engageons nous-mêmes à oublier le plus important de leurs devoirs, par la froideur avec laquelle nous recevons ceux qui ne nous annoncent que des préceptes, et par l'empressement avec lequel nous courons à ceux qui nous promettent d'agréables amusemens. Ils sont plutôt occupés du soin de nous plaire que de celui de nous instruire, parce que nous décidons ordinairement du mérite de leurs ouvrages par le plaisir qu'ils nous procurent, plutôt que par l'utilité que nous en pouvons tirer. Nous prodiguons sans peine le titre de Poète à quiconque nous attache à des fictions écrites en vers ; et tandis qu'on le donne d'une commune voix à l'Arioste, on le dispute à tout auteur d'un Poëme didactique.

Cette erreur est très-ancienne. Plusieurs critiques n'ont placé Hésiode et Théognis qu'au rang des versificateurs. Empédocle qui avoit mis en vers les principes de la physique, n'étoit qu'un physicien au jugement d'Aristote; et Plutarque * dit du même Empédocle, « qu'il est l'auteur » d'un ouvrage en vers, mais non pas d'un Poëme. » Nicandre, Théognis, et Parménide, n'ont employé la mesure des vers, suivant le même Plutarque, que pour s'élever un peu au-dessus de la prose. Le sujet qu'Aratus avoit traité, n'a, suivant Quintilien, ni variété, ni ornement, ni rien d'intéressant. Ce critique si éclairé fait un froid éloge de Lucrèce, lorsque le comparant à Macer, il se contente de dire que tous deux sont élégans dans la matière qu'ils ont choisie.

Cependant tous ces mêmes Poëtes que je viens de nommer, ont trouvé des juges plus favorables pour eux. Hésiode a eu des admirateurs qui l'ont comparé à Homère. On faisoit en Grèce apprendre par cœur aux enfans les vers de Théognis. Si l'on en croit Lucrèce, qui avoit choisi Empédocle pour son modèle, la Sicile, quoique remplie de merveilles, n'eut jamais rien de plus grand, de plus précieux, ni de plus saint que ce Poëte divin, dont les vers qui étoient dans la bouche du peuple, contenoient des découvertes qui passoient la portée de l'esprit humain :

> Carmina quin etiam divini pectoris ejus
> Vociferantur, et exponunt præclara reperta,
> Ut vix humanâ videatur stirpe creatus.

Lucrèce a trouvé un grand admirateur dans Ovide qui

* Traité de la manière d'étudier les Poètes.

le croit digne de vivre jusqu'au dernier jour de l'Univers:

> Carmina sublimis tunc sunt peritura Lucreti,
> Exitio terras cùm dabit una dies.

Cette différence de jugemens prouve du moins que l'opinion de ceux qui soutiennent que l'auteur d'un Poëme didactique n'est pas un Poète, n'a jamais été une opinion générale. On peut même ajouter qu'elle n'est fondée sur aucune raison solide.

Je ne prétends pas qu'un Poète didactique doive, quoiqu'excellent, marcher de pair avec un excellent Poète épique, ni avec un excellent Poète dramatique. La Poésie a différens genres: tous, sans en excepter aucun, demandent un génie, tous ne demandent pas un génie de la même étendue. Mais quiconque dans le genre qu'il a choisi, parle un langage au-dessus du langage ordinaire, mérite le nom de Poète, suivant la décision d'Horace:

> Ingenium cui sit, cui mens divinior, atque os
> Magna sonaturum, des nominis hujus honorem.

Il faut avouer que ces qualités sont rarement celles des auteurs des Poëmes didactiques, parce que les uns ont choisi des sujets si frivoles, les autres ont traité des sujets utiles dans un style si simple, que l'*ingenium*, le *mens divinior* et l'*os magna sonans* ne se trouvent point dans leurs ouvrages.

En jugeant des anciens Poètes moraux de la Grèce, dont les vers sont perdus, par ceux qui nous restent de Théognis, on peut dire que leur composition n'avoit ni feu ni génie. On ne trouve dans Théognis que des maximes très-communes, écrites dans un style dénué d'ornemens. Hésiode, dans son Livre *des Ouvrages et des Jours*, joint aux préceptes de l'agriculture, beaucoup d'autres préceptes utiles pour les mœurs. Son style est doux et harmonieux; mais il s'élève rarement : *rarò assurgit*, dit Quintilien, en lui accordant la palme dans le genre médiocre. Quand Cicéron veut nous faire entendre qu'Aratus avoit écrit *ornatissimis atque optimis versibus*, il relève un auteur qu'il avoit traduit dans sa jeunesse; mais Quintilien se contente de dire qu'Aratus satisfait à la matière qu'il a cru conforme à ses forces, *sufficit operi cui se parem credidit*. Il y a apparence qu'Empédocle et Nicandre avoient écrit avec la même simplicité de style ; il n'est donc pas étonnant que Plutarque et Quintilien n'aient pas témoigné plus d'admiration pour eux.

Athénée cite souvent un Poète nommé Archestrate, qu'il appelle le Théognis, ou l'Hésiode des gourmands, parce qu'il avoit écrit en vers d'une manière sentencieuse tous les préceptes de la table. Son Poëme, intitulé Γαςρονομία, commençoit par annoncer tout ce qui est bon à boire et à manger :

Λεξῶ οπῶ καλλιστον ἁπὰν βρῶτοντι ποῖον τι

Nous avons heureusement perdu l'ouvrage de ce chantre de la gourmandise, qui étoit si maigre, au rapport du même Athénée, qu'ayant été mis dans une balance, il fit* équilibre avec une obole. Le peu de bruit que son Poëme a fait chez les anciens, doit nous faire croire qu'il n'étoit pas plus noble par les vers que par le sujet.

Lucrèce étoit certainement capable de faire d'excellens vers, et il avoit le génie poétique ; mais comme il s'y livre rarement, et qu'il a écrit plutôt en philosophe qu'en Poète, l'épithète qu'Ovide lui donne, en l'appelant sublime, ne paroît pas lui convenir. Manilius est resté si

---

* Ce qu'Athénée n'a pu dire que pour plaisanter sur l'excessive maigreur d'un homme si gourmand.

fort au-dessous de son sujet, que quelques savans ont peine à croire qu'il ait vécu dans le siècle d'Auguste. Les Poëmes que Macer lisoit à Ovide * sur les oiseaux, les serpens et les plantes, ne sont pas parvenus jusqu'à nous.

Nous avons un très-grand nombre de Poëmes didactiques en vers latins, composés par des auteurs modernes; mais jusqu'à ce que nous possédions celui de feu M. le cardinal de Polignac, on peut dire que presque tous sont si peu intéressans par les sujets qu'ils traitent, qu'ils n'engagent point à lire des vers latins modernes, pour lesquels on n'a pas naturellement beaucoup d'empressement.

Fracastor, moins heureux dans son sujet que dans sa versification, a rendu illustre par un Poëme didactique, son nom, qui n'eût jamais été connu, s'il n'eût composé que son Poëme épique sur Joseph. Lorsque la Syphilide parut, Sannazar s'écria qu'il étoit vaincu, quoiqu'il eût travaillé pendant vingt ans son Poëme *de Partu Virginis*. Cet aveu de Sannazar, rapporté par M. de Thou, est d'autant plus surprenant, que ces deux Poëmes, d'un genre tout différent, ne peuvent être comparés ensemble. Scaliger égala Fracastor à Virgile, et fut prêt à lui élever des autels, comme dit encore M. de Thou; mais Scaliger, souvent outré dans ses éloges comme dans ses critiques, ne me fera point concevoir une si grande admiration pour Fracastor, qui plus Physicien que Poète, avoue que son objet n'a rien de grand :

Et parvis quoque rebus inest sua sæpè voluptas.

Quillet, plus attentif à l'éloquence du style qu'à la pureté des mœurs, ne mérita jamais les éloges qu'il reçut. Méprisable par le choix de son sujet, il l'est encore par

---

* Sæpè suas volucres legit mihi grandior ævo,
Quæque nocet serpens, quæ juvat herba, Macer.
TRIST.

le peu de solidité avec laquelle il l'a traité : il y débite sérieusement les extravagances de l'astrologie judiciaire; et n'étant ni Physicien, ni Poète, son ouvrage ne doit point être comparé à celui de Scévole de Sainte-Marthe, sur la manière d'élever les enfans à la mamelle. Ce petit Poëme, si estimable par l'utilité des préceptes et par la beauté de la versification, est rempli de douces images qui intéressent le lecteur pour les foibles créatures dont le Poète les entretient.

De tous les Poëmes didactiques en langue latine, celui qui reçut les plus justes applaudissemens, fut le Poëme du P. Rapin, sur les Jardins. Il parut approcher de son original; et il en approcheroit encore de plus près, sans ce grand nombre de fables que l'auteur a cru devoir y semer pour égayer son sujet : en quoi il n'a point suivi l'exemple de Virgile. Le P. Vannière, qui, par la beauté de la versification, a approché du même modèle, n'en a pas imité la prudence à choisir seulement ce qu'un sujet offre de plus gracieux et de plus important. Virgile n'a pas eu dessein de parler de tout :

> Non ego cuncta meis amplecti versibus opto.

Cependant il donnoit aux Romains un Poëme en leur langue, sur un sujet qu'ils aimoient tous. On sait combien l'agriculture étoit honorée à Rome. Aujourd'hui qu'elle est moins connue, peut-on espérer beaucoup de lecteurs, surtout quand on leur parle une langue étrangère, en leur présentant un Poëme en quatorze livres, où l'on explique tout le détail des occupations champêtres, comme a fait le P. Vannière?

Excepté l'Art Poétique de Boileau, je ne crois pas que nous ayons en notre langue un Poëme didactique qui mérite à son auteur le nom de Poète; je ne sais même si l'on doit mettre au rang des versificateurs l'abbé de Villiers, dont les trois Poëmes, quoique sur de grands sujets, remplis de solides préceptes et de sages instructions, sont d'un style simple, dénué d'harmonie et d'images, et pleins de petits détails que l'expression ne relève jamais.

Quelquefois, je l'avoue, des auteurs n'ayant en vue que l'instruction, négligent la beauté du style et l'harmonie; mais alors, loin de s'amuser à des détails inutiles, ils ne s'occupent que des vérités les plus importantes, qu'ils renferment dans la mesure des vers, pour les imprimer plus aisément dans la mémoire. C'est ainsi qu'en prenant pour modèle l'Art Poétique d'Horace, M. Dufresnoy a renfermé tous les grands principes de la Peinture dans un petit Poëme latin, intitulé *de Re Graphicâ*, qui a mérité d'avoir M. de Pile pour traducteur et pour commentateur, mais qui n'a jamais fait regarder M. Dufresnoy comme un Poëte.

Les Anglais ont plusieurs Poëmes didactiques en leur langue; et si nous jugeons de tous par ceux qui sont traduits dans la nôtre, nous serons portés à croire que leurs auteurs, uniquement occupés de principes et de raisonnemens, ont négligé les grands ornemens de la Poésie. Au lieu de donner à ces ouvrages le titre de Poëme, ils se contentent d'un titre plus modeste : *Essai sur la Critique*; *Essai sur l'Homme*, par M. Pope; *Essai sur la manière de traduire en vers*, par le comte de Roscommon; *Essai sur la Poésie*, par le comte de Buckingham.

Les versificateurs didactiques qui ont négligé les grâces de la Poésie, ont peut-être été persuadés qu'elles ne sont pas nécessaires aux matières qui sont assez importantes par elles-mêmes pour exciter l'attention, parce que

Ornari res ipsa negat, contenta doceri.

Mais ce vers, dont on abuse souvent, et dans lequel Manilius n'a cherché peut-être qu'une excuse à la froideur de son Poëme, doit être expliqué. Les sujets importans n'ont pas besoin d'ornemens frivoles; mais tout sujet, quel qu'il soit, a des ornemens qui lui conviennent, et dont il a besoin. L'utile devient ennuyeux, s'il n'est joint à l'agréable: l'utile n'est pas ce qu'on cherche principalement dans un ouvrage en vers, où la matière ne peut ni ne doit être entièrement approfondie. Qui voudra apprendre à greffer les arbres ou à cultiver les fleurs, ira plutôt s'instruire dans la Quintinie que dans Virgile, ou le P. Rapin; on lira le Dictionnaire Economique, plutôt que le *Prædium rusticum* du P. Vannière.

M. l'abbé du Bos, dans ses Réflexions sur la Poésie, prétend qu'on ne lit pas deux fois un Poëme didactique, comme on lit deux fois tout autre ouvrage en vers, parce que l'esprit ne sauroit jouir deux fois du plaisir d'apprendre, comme le cœur peut jouir deux fois du plaisir de sentir. Cette réflexion ne me paroît pas juste, puisque ce n'est pas ordinairement le plaisir d'apprendre qui fait lire un Poëme didactique. On lit, à la vérité, plus volontiers les ouvrages de sentimens que ceux de raisonnemens; mais quand ceux-ci sont pleins de nobles images et d'harmonie, on y est attiré plusieurs fois, non à cause des préceptes, mais parce qu'on aime à relire de beaux vers.

Telle est l'utilité des Poëmes didactiques, ils rappellent à ceux qui connoissent déjà la matière, ce que cette matière a de plus important; et excitant la curiosité de ceux qui ne connoissent pas la matière, les invitent agréablement à en prendre connoissance. Un Poëme qui ne consisteroit, comme le veut Manilius, qu'en préceptes secs, n'auroit aucun attrait pour les personnes que le sujet n'intéresseroit pas. Celui de M. Dufresnoy, quoiqu'excellent, n'est lu que par ceux qui veulent étudier les principes de la Peinture. Lucrèce lui-même, quoiqu'il cherche peu les ornemens, est si convaincu qu'ils sont nécessaires, « qu'il n'emploie, dit-il, le langage des vers » que pour attirer par une amorce flatteuse, ceux que la » tristesse du sujet écarteroit, de même qu'on arrose de » miel les bords du vase dans lequel on présente une » médecine aux enfans. ».

> Veluti pueris, absinthia tetra medentes
> Cum dare conantur, prius oras pocula circum
> Contingunt mellis dulci flavoque liquore.

Lorsque dans le cours de son ouvrage il va parler d'une question sèche, il promet de l'assaisonner des douceurs des Muses : *musæo contingent cuncta lepore.*

On me répondra peut-être que Lucrèce tient rarement ce qu'il promet, et que même il promet plus qu'il ne peut tenir, parce que de pareils sujets ne sont point susceptibles d'ornemens poétiques ; qu'Aratus et Manilius n'ont pas été plus heureux; et que l'abbé Genet, qui a voulu dans notre langue traiter en vers des matières philosophiques, est du côté des agrémens au-dessous de Lucrèce, quoiqu'il lui soit supérieur par la solidité de ses *principes philosophiques.*

Lorsque de pareils ouvrages sont ennuyeux, n'accusons pas les sujets, mais les auteurs qui n'ont pas eu la force de les traiter. Pour peu qu'Aratus et Manilius eussent été animés du feu poétique, étoit-il un sujet plus propre à l'entretenir en eux ? Et maintenant que l'astronomie est encore mieux connue, et qu'avec le secours des lunettes nous parcourons presqu'entièrement ce théâtre immense de merveilles, sur lequel nos yeux se promènent toujours avec une nouvelle surprise, celui qui mettroit une pareille matière en vers dignes d'elle, ne seroit-il qu'un simple versificateur ? Le sujet que Boileau traite dans l'Art Poétique a bien moins de grandeur, et celui que

Virgile a choisi dans ses Géorgiques, en a encore beaucoup moins. Ces deux ouvrages admirables prouvent donc que des Poëmes didactiques peuvent mériter justement à leurs auteurs le titre de Poëtes et de grands Poëtes.

Qui pourroit refuser ce titre à Virgile, et ne le pas mettre à la tête des Poëtes de son temps, quand même il n'eût composé que les Géorgiques, ouvrage le plus parfait en son genre que nous ayons dans la Poésie latine? Qui pourroit refuser le même honneur à Boileau, quand même il n'auroit composé que son Art Poétique, ouvrage le plus parfait que nous ayons dans la Poésie française?

Les ennemis de la Poésie didactique soutiendront peut-être encore que ces deux excellens ouvrages ne sont point dans le genre de la vrai Poésie, par deux raisons: « Premièrement, disent-ils, l'uniformité est un défaut inséparable de tout ouvrage de ce genre; et cependant une des qualités essentielles à tout ouvrage fait pour plaire, est la variété, parce que, comme dit Boileau:

» Un style trop égal et toujours uniforme
» En vain brille à nos yeux, il faut qu'il nous endorme.

» Secondement, disent ces mêmes critiques, il n'y a point de Poésie sans fiction. Tout Poëte doit inventer; ce que ne peut faire celui qui se borne à donner des préceptes. » Je vais répondre à ces deux objections.

§. I. *De l'Uniformité qu'on reproche aux Poëmes didactiques.*

L'UNIFORMITÉ qu'on a raison de reprocher aux ouvrages faits pour plaire, peut s'y trouver de deux manières, ou dans les choses, ou dans le style: dans les choses, si l'Auteur présente toujours les mêmes objets; dans le style, si l'Auteur employant continuellement les mêmes tours de phrases, les mêmes figures, et la même harmonie, ressemble à un homme qui en prononçant un discours ne changeroit jamais le ton de sa voix. Tout ce qui est ainsi uniforme est ennuyeux : une musique, quoique belle, assoupit, si les tons ne sont pas variés.

La première uniformité peut se trouver dans ces Poëmes dont les sujets sont trop bornés, comme ceux de Fracastor et de Sainte-Marthe. L'un n'ayant à parler que d'une maladie, ne peut entretenir que des causes de cette maladie, et des remèdes qui la guérissent; l'autre, par les bornes qu'il s'est prescrites, ne peu nous entretenir que de nourrices et de nourrissons. Boileau ne nous entretient que de la Poésie ; mais loin que l'uniformité des choses lui puisse être reprochée, il trouve dans un champ si vaste une continuelle variété : préceptes généraux sur la Poésie, préceptes particuliers sur chaque genre de Poésie, descriptions de chacun de ces genres et des effets qu'ils produisent sur nous, histoire de la Poésie et du Poëme dramatique. De manière que le Poëte instruit, peint, raconte tour à tour, et fait un mélange admirable de préceptes, de descriptions et de narrations. Il en est de même de Virgile : il nous retient toujours à la campagne, et ne nous présente que les objets qui s'y trouvent; mais il sait avec art les faire succéder les uns aux autres, et mêler ensemble les préceptes, les réflexions et les descriptions. Dans le quatrième livre, il n'entretient que d'un seul sujet; ce sont toujours des abeilles, *in tenui labor, at tenuis non gloria.* Le sujet est toujours varié : du soin qu'on doit avoir de ces mouches, le Poëte passe à la description de leurs travaux, de leurs mœurs, de leurs guerres, et mêle toujours les préceptes aux descriptions. Quiconque accuseroit de pareils ouvrages d'uniformité, ressembleroit à un homme qui, en sortant d'une galerie pleine de tableaux, diroit qu'il s'est ennuyé, parce qu'il n'a vu que de la peinture.

En lisant les Géorgiques et l'Art Poétique de Boileau, on se promène dans deux galeries de tableaux : dans chaque galerie, tout tableau a rapport au même sujet; mais tous les tableaux offrent des objets différens.

Les auteurs qui n'ont pas assez de génie pour trouver dans leur propre fonds cette variété, ne savent que sortir de leurs sujets par des épisodes. Si ces épisodes n'y ont aucun rapport, ils sont toujours défectueux; et ils le sont encore, quand même ils y ont rapport, lorsqu'ils sont longs, parce que le lecteur n'aime point à perdre son sujet de vue. Les longs épisodes des Géorgiques, malgré leur rapport au sujet, sont placés à la fin du livre; et ce n'est point pour la variété que Virgile les amène, puisqu'il ne les place qu'à la fin du livre, mais pour renvoyer le lecteur content, et comme délassé de l'attention qu'il a donnée aux préceptes. L'Art Poétique de Boileau n'avoit pas besoin de ces délassemens : les préceptes qu'il y donne, bien différens de ceux qui regardent la culture de la terre, ne fatiguent point l'attention. Boileau n'a pas non plus eu besoin de finir ses chants par des Episodes. Quelle raison obligeoit Ovide dans son Art d'Aimer, à chercher un pareil secours ? Jamais Poète n'a moins dû craindre d'ennuyer ses lecteurs. On ne peut pas dire des préceptes qu'il donne, ce que Macrobe dit de ceux que donne Virgile, *præcepta quæ naturâ res dura est*: des préceptes si conformes à la corruption du cœur ne fatiguent point les oreilles. Cependant Ovide quitte à tout moment son sujet; et même dans le commencement d'un livre, quand le lecteur n'a pas encore besoin de délassement, il raconte au long l'histoire de Dédale, qui n'est amenée que par cette raison : *Comment rendre l'amour constant ? Comment fixer un Dieu ailé ? On ne peut retenir ce qui peut s'envoler: ce fut par le secours des ailes que Dédale s'échappa.* En voilà assez à Ovide pour s'égarer dans un épisode de quatre-vingts vers. Ce n'est pas là varier son sujet; c'est s'en écarter inutilement.

La seconde uniformité, qui est celle du style, est bien plus difficile à éviter dans les Poëmes didactiques, que la première dont je viens de parler, parce que ces ouvrages étant sans violentes passions, donnent rarement occasion à la variété du style. Les passions ont différent langage, et la même passion change de ton à tout moment: ainsi les Poëtes imitateurs des passions, en imitent naturellement les différens langages, au lieu que le Poëte qui instruit, s'il n'est toujours sur ses gardes, suivra naturellement un style uniforme. Qu'un homme, quoique sans talent pour la déclamation, soit contredit dans la conversation d'une manière qui l'irrite, il ne pourra s'empêcher, en défendant son sentiment avec chaleur, de varier sa voix et son geste. Si cependant ce même homme prononce publiquement un discours, il sera froid déclamateur, parlera toujours sur le même ton, et avec le même geste. Par cette raison, plusieurs Poëtes didactiques sont uniformes dans leur style; mais les grands Poëtes savent le changer, et l'on ne peut accuser d'uniformité le style de Virgile. La variété des objets cause celle des images et de l'harmonie. Je crois cependant Boileau encore plus heureux, parce qu'en même temps qu'il donne un précepte, il donne par son style l'exemple du précepte. S'il parle de l'Ode, et des différens sujets qu'elle peut traiter, il prend le style élevé, gracieux ou tendre, suivant ces différens sujets. Son style doux et naturel, quand il parle de l'Idylle, se change en un style lugubre, quand vient à l'Elégie. Il enlève par le style le plus pompeux, en parlant de la Poésie épique; et luimême remue le cœur, en apprenant aux Poëtes tragiques à le remuer. Il a su même, dans un si noble sujet, prendre un moment le ton familier et badin, en racontant l'histoire de ce médecin,

>Savant hableur, dit-on, et célèbre assassin ;

de manière qu'il a exécuté ce qu'il recommande aux autres, quand il leur dit qu'il faut

>D'une main légère
>Passer du grave au doux, du plaisant au sévère.

Cette variété du style de Boileau, que les critiques les plus difficiles reconnoissent, ne les empêche pas de soutenir que nos vers alexandrins ont une monotonie fatigante. « Ce n'est pas, disent-ils, la faute de nos Poètes, » mais celle de notre Poésie : son uniformité dans la me- » sure, dans l'hémistiche et dans la rime, est cause qu'on » n'en peut soutenir une longue lecture. » Ce fut peut-être cette raison qui engagea La Fontaine à mettre en mesure libre son petit Poëme du *Quinquina*, qu'il a divisé en deux chants fort courts, parce que, selon lui :

>Dans nos chants les plus courts on trouve un long ennui.

J'avoue que la versification latine est plus variée dans son harmonie que la nôtre ; mais je crois que ce reproche de monotonie qu'on fait à nos longs ouvrages en vers alexandrins, n'a aucun fondement, puisque nous lisons une tragédie entière sans nous plaindre de ce défaut. Pourquoi en accusons-nous un Poëme didactique ? La raison m'en paroît certaine. Lorsque l'auteur d'une tragédie dont l'action intéresse, sait encore nous attacher par la manière dont il conduit l'intrigue, comme il entretient toujours notre curiosité, et qu'en même temps il émeut nos passions, et nous met dans une agitation qui nous plaît, nous n'en quittons point la lecture que nous ne soyons arrivés au dénouement. Le Poëme didactique n'a pas le même attrait. Ce n'est point notre curiosité qu'il nourrit; il ne nous émeut pas, il n'agite point notre cœur, il ne peut plaire que par la beauté des vers, jointe à la solidité des réflexions; mais cette même solidité d'un ouvrage, qui en fait le grand mérite, attachant fortement notre attention, nous tient dans une espèce de contention qui nous fatigue quand elle dure long-temps. Ce n'est donc point à la mesure de nos vers, mais à la contention d'esprit avec laquelle nous lisons les ouvrages sérieux, que nous devons attribuer notre fatigue. Les choses même amusantes produisent le même effet quand elles durent trop long-temps; et plusieurs personnes assurent qu'elles ne sortent jamais de l'Opéra sans avoir mal à la tête, quelque bel opéra qu'on ait exécuté, parce que ce spectacle n'étant point interrompu par des entr'actes, demande une attention continuelle. C'est pour laisser reposer l'attention que nos traités en prose sont divisés en livres et en chapitres; et nos Poëmes didactiques en chants, qui ne doivent jamais être trop longs. Le plus long chant de l'Art Poétique n'est que d'environ quatre cents vers, et les autres d'environ deux cents. Les livres des Géorgiques sont bien plus longs; et Lucrèce ne craint point de donner aux siens une étendue de treize à quatorze cents vers. Je crois que les anciens Poëtes étoient sur ce point plus hardis que les nôtres, parce qu'ils récitoient eux-mêmes leurs ouvrages dans des assemblées publiques, sur le théâtre, et dans ce lieu, dont les colonnes, suivant l'hyperbole de Juvénal, étoient brisées par tant de lecteurs : *assiduo ruptæ lectore columnæ*. Ces récits dans une assemblée publique étoient avantageux à l'auditeur et à l'ouvrage, qui paroissoit moins long étant bien récité. L'attention qu'on donne à un homme qui récite, fatigue moins que celle qu'on donne à la lecture de l'ouvrage.

§. II. *De la Fiction dans les Poëmes didactiques.*

Il y a deux sortes de fictions : celle du *récit* et celle de *style*. J'entends par celle de récit, ces merveilles opérées par ces personnages qui n'ont de réalité que dans l'imagination du Poëte ; j'entends par celles de style, ces images et ces figures hardies, par lesquelles le Poëte anime tout ce qu'il décrit. Si ceux qui soutiennent qu'il n'y a point de Poésie sans fictions, entendent les fictions de récit, ils soutiennent une erreur que j'ai détruite dans mon premier chapitre. S'ils veulent parler des fictions de style, il est certain qu'elles se trouvent dans la Poésie didactique, comme dans toute autre ; et c'est dans ce sens seulement qu'on doit dire qu'il n'y a point de Poésie sans fiction.

Quiconque le dit dans le premier sens, ne fait honneur ni à la Poésie, ni aux hommes : c'est mépriser les hommes que de croire qu'ils ne puissent être attentifs qu'à des fables, et qu'on les doive amuser comme des enfans ; et c'est mépriser la Poésie que de croire qu'elle ne puisse devoir la vie qu'à des mensonges frivoles. On ne peut douter que Virgile ne fût plus capable qu'un autre d'inventer d'agréables fictions dans ses Géorgiques : il en a rempli son Énéide ; et elles y étoient nécessaires, parce que la Poésie épique ne vit que par elles ; mais loin qu'elles soient nécessaires à la Poésie didactique, elles la déshonoreroient. Celui qui en donnant des préceptes s'égaye dans des fables, n'est point un maître qui se fasse respecter ; et si le sujet qu'il traite est grave, il est encore plus condamnable : il ne pénètre pas les autres des vérités qu'il annonce, puisque lui même n'en paroît pas pénétré, lorsqu'il ne songe qu'à faire briller son imagination.

Le sujet que traitoit Virgile ne demandoit pas tant de respect. En parlant du blé, des arbres, de la vigne et des troupeaux, il pouvoit introduire Cérès, Néoptolème, les Faunes, Bacchus, les Dryades, etc. Il s'est contenté d'invoquer ces divinités à la tête de son ouvrage. Boileau pouvoit faire parler Apollon, et toutes les Muses; il néglige même de les appeler à son secours : il entre en matière sans invocation, et sans exorde. Dès le premier vers il instruit. L'exemple de ces deux grands Poëtes doit nous apprendre que les fictions de récit sont inutiles dans un Poëme didactique.

Il n'en est pas de même de ces fictions de détail qui renaissent à tout moment, qui par des figures et des images donnent la vie à tout, et même aux raisonnemens, et par lesquelles le Poëte devient imitateur, autant qu'on peut l'être en donnant des préceptes. Cette espèce d'imitation n'a pas à la vérité tant d'attraits que celle de nos passions : je ne prétends pas non plus que la Poésie didactique ait autant de charmes que les autres pour le commun des hommes; mais enfin, elle est aussi une Poésie imitative, et doit sa vie, comme une autre, à ce vrai idéal dont j'ai parlé dans le chapitre précédent; et c'est ainsi que Virgile est grand Poëte dans ses Géorgiques.

Il faut qu'il soit un grand Peintre pour nous attacher dans ses vers à des objets qui ne peuvent nous attacher que par la vérité de l'imitation; il faut aussi qu'il soit un habile créateur, pour faire naître tant d'œillets et de roses dans un champ si aride. C'est par un style plein de fictions et d'images qu'il produit ces miracles. Quand il nous décrit l'intérieur de la république des abeilles, leur police et leurs guerres, nous oublions qu'il nous parle de mouches : nous nous croyons transportés dans l'enceinte d'une ville puissante, où nous considérons les travaux de tout un peuple, ses lois, ses mœurs, ses passions, et les grands ressorts qui font mouvoir tout l'État.

Mais je laisse ces endroits brillans, pour considérer

Virgile dans la plus grande sécheresse de son sujet, et je le trouve également Poète dans les plus petits détails. Quand il m'entretient de la manière d'élever des animaux, je crois qu'il me parle de l'éducation des hommes. Lorsque j'entends qu'il faut profiter du temps où les esprits sont encore flexibles,

>   Dum faciles animi juvenum, dum mollior œtas,

j'oublie qu'il a dit auparavant, *jam vitulos hortare,* et qu'il me parle d'une jeunesse si peu respectable. A ces mots de Lucine et d'Hyménée, *ætas Lucinam justosque pati Hymæneos,* Hyménée si nécessaire pour réparer ce qu'enlèvent tant de malheurs :

>   Subeunt morbi, tristisque senectus,
>   Et labor, et duræ rapit inclementia mortis,

j'élève ma pensée à de plus grands objets; de même qu'en lisant ces vers, dans lesquels il recommande d'éloigner les génisses de la vue des jeunes taureaux :

>   Sed non ulla magis vires industria firmat
>   Quàm Venerem, et cæci stimulos avertere amoris...
>   Carpit enim vires paulatim uritque videndo
>   Fœmina, etc.

Cherchons Virgile jusque dans les sujets inanimés, qu'il sait rendre vivans. S'il recommande de ne point tailler les jeunes arbres, *cet âge tendre craint le fer :*

>   At dum prima novis adolescit frondibus ætas,
>   Parcendum teneris...
>   Inde ubi jam validis amplexæ stirpibus ulmos
>   Exierint, tunc stringe comas, tunc brachia tonde.
>   Ante reformidant ferrum, tunc denique dura
>   Exerce imperia.

L'arbre qui après avoir été greffé pousse d'heureuses

branches, est étonné de se voir des feuilles étrangères et des fruits qui ne sont pas les siens :

> Exiit ad cœlum ramis felicibus arbos,
> Miraturque novas frondes et non sua poma.

Quand il ordonne qu'on commence à labourer, on entend gémir les taureaux, et on voit briller le soc de la charrue :

> Depresso incipiat jam tum mihi taurus aratro
> Ingemere, et sulco attritus splendescere vomer.

Ce style si peu commun dans les choses les plus communes, ne se trouve point dans Lucrèce. Il avoit choisi une matière bien plus grande, puisqu'il entreprend non-seulement de développer les secrets de la nature, mais d'apprendre aux hommes le grand secret d'être heureux. Quoiqu'il se vante de parcourir les sentiers du Parnasse, *avia Pieridum peragro loca*, on l'y voit rarement. Son prologue est admirable, et l'exorde du second livre est plein d'élévation; mais, excepté quelques endroits pareils, au lieu de trouver un Poëte qui imite, on ne trouve qu'un philosophe qui débite très-froidement ses principes. C'est bien à lui qu'on peut reprocher la monotonie. Il n'a d'autre variété que celle des sujets auxquels il passe par ces transitions communes : *maintenant je vais parler de... je dis donc, suivant ce que j'ai dit plus haut.* Quand il va expliquer la nature du sommeil, il promet peu de vers, mais charmans, et il se compare à un cygne :

> Suavidicis potiùs quàm multis versibus edam,
> Parvus ut est Cygni melior canor, etc.

Cependant il est dans cet endroit même aussi obscur dans son raisonnement, que sec dans sa versification, à laquelle il ne sut point donner cette harmonie qu'elle reçut

reçut par Virgile peu de temps après. On croiroit, à juger par le style, que ces deux Poëtes ont vécu dans des temps très-éloignés. Cependant Lucrèce mourut le jour que Virgile prenoit la robe virile. Pour mieux les comparer ensemble, on les peut rapprocher dans le même sujet : tous deux ont fait une description de la peste, avec cette différence que Lucrèce décrit celle qui fut si fatale aux Athéniens, et Virgile décrit une peste qui affligea seulement les animaux. Lucrèce détaille en physicien les symptômes de la maladie, et n'intéresse pas. Voici un endroit où il veut exciter la compassion :

> Illud in his rebus miserandum et magnopere unum
> Ærumnabile erat, quod ubi se quisque videbat
> Implicitum morbo, morti damnatus ut esset,
> Deficiens animo, mæsto cum corde jacebat,
> Funera respectans, animam et mittebat ibidem, etc.

Virgile excite bien autrement la compassion, quoiqu'il ne nous intéresse qu'aux malheurs des animaux. On les voit tomber au milieu des plus abondans pâturages :

> Hinc lætis vituli vulgo moriuntur in herbis,
> Et dulces animas plena ad præsepia reddunt.

On plaint ce coursier, qui oubliant ses victoires, baisse la tête, et expire :

> Labitur infelix, studiorum, atque immemor herbæ
> Victor equus, etc.

On partage la douleur de ce laboureur qui détache du joug le bœuf consterné de la mort de son compagnon, et qui laisse la charrue au milieu de la campagne :

> It tristis arator
> Mærentem abjungens fraternâ morte juvencum,
> Atque opere in medio defixa relinquit aratra.

Enfin, on est effrayé par la vue de Tisiphone qui sort des Enfers:

> Sævit, et in lucem stygiis emissa tenebris
> Pallida Tisiphone, etc.

Par cette comparaison si avantageuse à Virgile, on voit quelle fiction de style anime son ouvrage, et y répand la vie.

CONCLUSION.

DE ces réflexions sur la Poésie didactique, je crois qu'on peut conclure, premièrement, que les fictions de récit n'y peuvent trouver place, comme nous l'apprend Virgile lui-même:

> Non hîc te carmine ficto
> Atque per ambages, et longa exorsa tenebo;

secondement, que dans les Poëmes de cette nature, on ne doit pas s'attendre à trouver la matière approfondie, comme Virgile le dit encore :

> Non ego cuncta meis amplecti versibus opto ;

troisièmement, qu'un Poëme didactique, où l'utilité des préceptes se trouve jointe aux charmes du style et à l'harmonie de la versification, mérite à son auteur le grand titre de Poète, et plaira toujours même à ceux à qui le sujet est indifférent.

Lorsque Virgile récita ses Géorgiques à Auguste, et lorsque Boileau récita son Art Poétique à Louis XIV, qui lui fit répéter l'endroit du troisième chant où les mœurs des différens âges sont si bien dépeintes, ce n'étoient ni les préceptes de l'agriculture qui intéressoient Auguste, ni ceux de la Poétique qui intéressoient Louis XIV; mais ces deux princes, amateurs des belles choses, prêtoient avec plaisir leur attention à une Poésie dont l'harmonie enchantoit leurs oreilles; et leur attention leur faisoit honneur aussi bien qu'aux Poètes. Car il faut avouer que les Poëmes didactiques, quelque parfaits qu'ils soient, ne trouvent pas dans le commun du monde autant de lecteurs que les ouvrages remplis de fictions amusantes. Le nombre de ceux qui ne cherchent que l'amusement est beaucoup plus grand que le nombre de ceux qui cherchent la solidité; mais l'approbation de ces derniers est celle qui flatte le plus un auteur sage, qui doit toujours prendre pour sa devise ces paroles d'Horace : *contentus paucis lectoribus;* ou celles-ci de Martial : *me raris juvat auribus placere.*

Que le Poète qui ne cherche qu'à instruire les hommes de quelque vérité, ne s'attende donc jamais à en être écouté comme celui qui ne travaille qu'à exciter en eux les passions. Si l'ouvrage du premier est plus parfait, il sera plus admiré; mais il sera toujours moins lu. Le nombre de ceux qui sont capables d'admirer est le petit nombre, il faut du goût et de l'étude ; pour être touché, il ne faut qu'être homme. La nature nous a tous rendus sensibles, nous vivons de passions; et quand nous n'en avons point de véritables, nous nous plaisons dans ces passions feintes que l'art des Poètes sait exciter en nous. Nous ne sommes pas naturellement portés à admirer; et même quand un objet n'est qu'admirable, nous nous contentons de le contempler quelquefois, mais nous n'y revenons pas souvent; au lieu qu'étant toujours disposés à nous laisser remuer, nous revenons sans cesse à ce qui nous procure ce plaisir. L'exemple de la Poésie unie à la musique en est une preuve. Les morceaux de nos opéras qui restent dans la mémoire de ceux qui les ont entendus, qui sont répétés par le peuple même, et qui volent de bouche en bouche, ne sont pas ceux où règne une grande

Poésie pleine d'images, mais ceux où règnent les sentimens. Nous n'avons peut-être pas une plus belle Poésie mise en chant que celle de la première scène du ballet des Elémens :

> Les temps sont arrivés : cessez, triste chaos, etc.

La beauté de la musique répond à celle de la Poésie : cette scène cependant ne sera pas retenue si aisément, ni répétée si souvent par ceux qui chantent, que certains endroits d'Armide ou d'Atys, dont les vers sont très-foibles. Il n'en faut demander la raison ni au Poète, ni au musicien; elle est dans notre cœur. Et l'on n'en doit pas conclure que les vers foibles sont plus propres que les autres à être mis en chant; mais que tout ce qui nous remue, nous attire bien plus que ce que nous admirons. De là vient que la Poésie dont le principal objet est de remuer les passions, aura toujours plus de partisans que la Poésie didactique la plus parfaite.

CHAPITRE VIII.

Réflexions sur trois Tragédies françaises, imitées d'Euripide, et sur l'utilité de l'imitation.

J'ai dit dans le chapitre VI que nos Poëtes doivent, comme nos Peintres, étudier l'antique; j'ai fait remarquer que les Poëtes grecs qui ont été les premiers imitateurs de la nature, l'ont copiée de plus près que ceux qui sont venus après eux : ils sont donc devenus pour nous comme de seconds modèles après la nature même. Nous les devons consulter, non pas pour les suivre en tout, ce que notre goût et nos mœurs ne nous permettent pas toujours, mais parce que nous y trouvons des richesses que nous pouvons appliquer à notre usage. Par l'exemple d'un de nos Poëtes qui en a profité, je vais faire voir comment on peut réussir en se choisissant un modèle parmi les grands hommes de l'antiquité : ce qui me conduira à parler de l'utilité de l'imitation. Le Poëte qu'on nomme quelquefois l'Euripide Français a souvent su ajouter de nouvelles beautés à celles qu'il a trouvées dans son original. L'examen que je vais faire de celles qu'il lui doit, et de celles qu'il lui a prêtées, fera connoître la manière de bien imiter les anciens. J'avoue que je suis un juge qu'Euripide seroit en droit de récuser. Si Plutarque, dans ses comparaisons des héros de la Grèce avec ceux de Rome, a été soupçonné de favoriser les héros de la Grèce, par amour pour sa patrie, ce même amour se trouvant réuni en moi à un autre intérêt plus particulier, me rend un juge suspect. J'espère cependant que la manière dont je vais examiner les trois pièces d'Euripide, en les comparant avec celles de son imitateur, fera connoître que je ne suis pas un juge prévenu.

ARTICLE PREMIER.

Sur Andromaque.

Dans cette tragédie française, comme dans celle d'Euripide, on trouve la célèbre Andromaque, mère affligée, et rivale malgré elle de la violente Hermione. Voilà presque toute la ressemblance que les deux tragédies ont entr'elles : le sujet est différent; et même le caractère d'Andromaque l'est aussi. On croit voir deux différentes princesses qui ont un même nom. Il n'en faut point chercher d'autre raison que la différence des temps dans lesquels les deux Poètes ont vécu, et celle des peuples pour qui ils ont travaillé. Chaque Poète s'est conformé aux mœurs et au goût de sa nation. Si le Poète français eût vécu à Athènes, il eût fait l'Andromaque grecque; et si le Poète grec eût vécu à Paris, il eût fait l'Andromaque française. Pour montrer la vérité de ce que j'avance, il est nécessaire de donner en peu de mots le plan de la tragédie grecque.

Le fils d'Achille, qui a épousé Andromaque sa captive dont il a un fils nommé Molossus, et qui depuis a encore épousé Hermione, la fille de Ménélas, dont il n'a point d'enfans, est allé consulter l'oracle de Delphes. Hermione veut profiter de cette absence pour perdre Andromaque sa rivale. Andromaque, pour éviter sa fureur, s'est réfugiée dans le temple de Thétis, après avoir caché son fils. C'est dans ce temple qu'Euripide la représente gémissant sur ses malheurs passés, et sur ceux qu'elle craint encore.

Hermione arrive, princesse pleine d'orgueil, de jalousie et d'emportement ; elle annonce à sa rivale une mort prochaine, et l'insulte sur son mariage avec Pyrrhus, lui reprochant d'avoir osé entrer dans le lit d'un homme qui est le meurtrier de son époux et de son fils. Il semble qu'Andromaque auroit dû s'excuser alors sur son esclavage, et sur la nécessité où elle étoit d'obéir à son maître ; mais elle fait une réponse qui nous paroît peu décente, suivant nos mœurs, et que je ne rapporte point, parce qu'il n'est pas ici nécessaire d'entrer dans le détail de cette tragédie. Dans ce moment Ménélas qui a découvert Molossus, le vient présenter à sa malheureuse mère, et la menace d'égorger son fils à ses yeux, si elle ne sort de son asile. Andromaque n'ayant pu le fléchir, se résout à sacrifier sa vie plutôt que celle de son fils : elle quitte l'autel qu'elle tenoit embrassé, et se livre à la fureur de Ménélas. Lorsque ce roi cruel et perfide fait traîner au supplice la mère et l'enfant, arrive le vieux Pélée qui s'y oppose. Il s'élève entre lui et Ménélas une dispute qui dégénère bientôt en injures atroces, et qui nous montre combien les mœurs antiques étoient différentes des nôtres. Ménélas, plus orgueilleux que brave, cède la place à Pélée qui délivre Andromaque. Hermione abandonnée de son père, se livre à ses remords ; et, dans la crainte du retour de Pyrrhus, veut se donner la mort, lorsqu'elle voit arriver Oreste à qui elle avoit été promise avant que d'épouser Pyrrhus : elle implore son secours. Oreste profite de cette circonstance pour la reprendre. A peine Pélée a-t-il appris l'enlèvement d'Hermione, qu'on lui vient annoncer la mort de Pyrrhus, tué dans une sédition qu'Oreste a excitée à Delphes ; son corps est apporté sur le théâtre ; et Pélée qui le pleure, est consolé par Thétis qui lui prédit que le jeune Molossus, reste du sang des Æacides, régnera dans la Thessalie, et aura une longue

4

suite de descendans : ce qui prouve que ce Molossus est l'objet important de cette pièce.

On ne peut justifier cette tragédie d'un grand défaut, qui est la duplicité d'action. Ces deux actions n'ont entr'elles aucun rapport nécessaire, et la seconde semble suivre de trop près la première.

Il est plus aisé de justifier Euripide contre ceux qui, jugeant des anciens sur nos mœurs, condamnent le caractère qu'il donne à Andromaque. Est-ce là, disent-ils, cette Andromaque si fameuse par son attachement pour Hector ? Elle ne pleure que pour un Molossus, enfant d'un second mariage, et elle appelle *l'œil de sa vie* ce fils qui doit être le sujet de sa honte. Virgile la fait parler bien différemment ; au seul nom de Pyrrhus elle baisse les yeux, et s'écrie : « Qu'heureuse est la princesse qu'une
» prompte mort a dérobée aux caprices d'un vainqueur
» insolent,

» Nec victoris heri tetigit captiva cubile ! »

Il est vrai que Virgile en cet endroit remplit l'idée que nous avons d'Andromaque; mais Euripide avoit un autre objet. Ce n'étoit pas de la veuve d'Hector dont il avoit besoin, mais de la mère de Molossus. Ce Molossus intéressoit les Athéniens plus qu'Astyanax : il étoit le sang d'Achille et de Pyrrhus, et le chef d'une famille qu'ils voyoient encore sur le trône; d'ailleurs il étoit né d'une mère étrangère, particularité essentielle à cette pièce. Elle fut composée dans la chaleur de la guerre du Péloponèse, et après cette peste horrible qui ayant ravagé Athènes, donna lieu à deux lois, dont la première admettoit aux droits de citoyens tous les fils des Athéniens, quoique nés de mères étrangères ; et la seconde permettoit d'épouser deux femmes pour réparer les pertes causées par la guerre et par la peste. Le but d'Euripide est de rendre odieuse cette seconde loi, en montrant les inconvéniens de la polygamie, et de rendre la première agréable par la vue de Molossus, issu du sang des Grecs, dont les descendans régnoient en Epire.

Je sais que M. Hardion, dans deux savantes dissertations sur l'Andromaque d'Euripide *, est d'un autre sentiment. Il prétend que cette loi favorable à la polygamie, n'a jamais été réelle, quoiqu'Athénée en parle, et que le but d'Euripide a été de montrer les inconvéniens des priviléges qu'on avoit pendant quelque temps accordés aux bâtards dans Athènes, et le désordre que causoit dans les familles ce mélange de femmes étrangères et de citoyennes, d'épouses et de concubines. Il est inutile de discuter ici ces deux sentimens, parce que de tous les deux il résulte également qu'Euripide dans cette tragédie, a eu un objet particulier à son temps et à sa ville, auquel les Athéniens prenoient intérêt. Les pièces alors avoient souvent un rapport très-direct aux affaires de l'Etat; et dans une ville libre, il étoit permis aux Poètes de dire sur le théâtre, ce qu'il étoit permis à tout citoyen de dire dans la tribune aux harangues.

Cette liberté ne peut être permise parmi nous; et nos Poètes n'ayant pour objet que le plaisir des auditeurs et l'utilité des mœurs, c'est avec raison que celui-ci a abandonné le sujet d'Euripide pour en faire un propre pour nous, en exposant dans un tableau agréable et utile, les différens transports de l'amour, et les désordres qu'excite souvent cette dangereuse passion. Il conserve en même temps à ses personnages, les caractères que leur donnent les anciens : les premiers vers font reconnoître celui qui est appelé *tristis Orestes* ; on reconnoît aussi en Pyrrhus,

Stirpis Achilleæ fastus, juvenemque superbum.

* Mémoires de l'Académie des Belles-Lettres, tom. VIII.

Hermione est, comme dans Euripide, une furie qui ne respire que la vengeance.

Les malheurs d'Andromaque ne sont pas moins célèbres dans l'antiquité que ses vertus. Ovide lui-même, peu accoutumé à louer les femmes, la regarde comme un exemple de chasteté; et Virgile, par son *Hector ubi est*, a peint son caractère. Elle avoit eu cependant des enfans de Pyrrhus, et elle avoit Hélénus pour troisième mari. Son état de captive la justifioit. Comme un vainqueur disposoit de ses esclaves à son gré, Andromaque dans le lit de Pyrrhus n'en paroissoit pas aux anciens moins chaste, ni moins fidelle à Hector; et Hélénus, son troisième mari, étoit le frère d'Hector. Cependant ces circonstances auroient, suivant nos mœurs, défiguré le modèle de vertu que le Poète vouloit présenter : c'est pourquoi il suppose qu'Andromaque, quoique captive, est chez un maître respectueux qui se contente de l'effrayer par ses menaces, quand il ne peut l'attendrir par ses soupirs ; et cette supposition ne choque point la vraisemblance, puisque dans tous les temps le véritable amour a dû inspirer des sentimens respectueux. Le Poète suppose aussi qu'Astyanax vit encore ; et cette supposition n'a rien non plus qui choque la vraisemblance.

Par ces deux suppositions, Andromaque devient le modèle de la vertu la plus parfaite qu'une femme puisse avoir. Cette vertu est éprouvée par un cruel et dangereux combat : elle voit son maître à ses pieds ; ce maître est un prince aimable qui lui offre son cœur, son empire, son bras même, pour relever les ruines de Troie, venger Hector, et couronner Astyanax. Andromaque doit-elle rejeter ces offres? Le peut-elle même, puisque le prince qui parle à ses pieds, peut se relever quand il le voudra, et parler en maître? Rien n'est capable d'ébranler son austère vertu, que la menace qu'on lui fait d'immoler son fils à ses yeux. Elle voit d'un côté la couronne qui lui est offerte, et de l'autre le fer prêt à tomber sur la tête de son fils : quel parti doit-elle prendre ? Sera-t-elle une mère barbare, ou une épouse infidelle ? On dira peut-être que cette fidélité aux cendres d'un époux est une vertu imaginaire, et que la mort ayant rompu les liens de l'hymen, la veuve redevient maîtresse de sa foi. Andromaque est persuadée du contraire, lorsqu'elle s'écrie :

> Hélas, pour la promettre, est-elle encore à moi ?

Un second mariage n'est point un crime, mais il est du moins une preuve de foiblesse : une personne dont le cœur n'a jamais été occupé que du même objet, est plus estimable qu'une personne dont le cœur a été livré successivement à deux objets différens; et quand le Poète fait dire à Andromaque :

> Ma flamme pour Hector fut jadis allumée,
> Avec lui sous la tombe elle s'est enfermée.

il lui donne le même sentiment dont étoit pénétrée Didon, lorsqu'elle disoit :

> Ille meos, primus qui me sibi junxit, amores
> Abstulit, ille habeat secum servetque sepulchro.

Cette vertu n'est donc point imaginaire : elle est rare, à la vérité; mais la tragédie doit proposer les modèles des vertus les plus rares.

Si Andromaque est l'exemple de l'amour conjugal, elle ne l'est pas moins de l'amour maternel. Ce n'est point, comme dans Euripide, pour un Molossus, enfant dont le sort intéressoit les Athéniens, mais qui nous auroit été indifférent, que nous voyons couler ses larmes; elle ne pleure qu'Astyanax, ce gage unique d'un hymen qui lui est si cher :

> Ce fils, sa seule joie, et l'image d'Hector ;

ce dernier rejeton d'une famille si illustre et si nombreuse,

> Reste de tant de rois sous Troie ensevelis ;

ce précieux trésor dérobé aux fureurs d'Ulysse : *flebile matris furtum miseræ.*

Le noble caractère d'une épouse si fidelle, et d'une mère si tendre, digne toujours d'admiration et de compassion, a rendu cette tragédie victorieuse des critiques qu'elle essuya d'abord. Le Commentateur de Boileau rapporte que le grand Condé condamnoit le caractère de Pyrrhus, qu'il trouvoit trop emporté, trop farouche, et même malhonnête homme, puisqu'il manque de parole à Hermione. L'auteur a conservé à Pyrrhus le caractère qu'il a dans Virgile, et dans la Troade de Sénèque : il en a même adouci la férocité. Il est vrai que Pyrrhus manque de parole à Hermione; mais en amour les héros ne se piquent pas ordinairement de probité. D'ailleurs, Pyrrhus n'est pas le héros de cette pièce : c'est Andromaque qui en est l'héroïne ; et quand Pyrrhus en seroit le héros, il n'est pas nécessaire que les mœurs du héros d'un Poëme soient toujours estimables, comme Aristote l'a observé.

Boileau, convaincu que dans le Poëme tragique tout doit être noble, tout doit exciter la terreur ou la pitié, critiquoit dans cette pièce une peinture trop naturelle de nos foiblesses, ou, pour mieux les nommer, de nos extravagances amoureuses. Je me souviens que daignant un jour m'entretenir de ces matières, quoique je fusse encore très-jeune, après m'avoir avoué qu'il avoit long-temps, comme un autre, admiré la scène fameuse qui commence par ce vers :

Eh bien, Phénix, l'amour est-il le maître ?

il m'assura qu'il avoit depuis changé de sentiment, ayant reconnu qu'elle ne s'accordoit pas avec la dignité du cothurne. « En effet, me dit-il, qu'on ôte le nom de Pyr-
» rhus de cette scène, et qu'on ne songe plus aux fils
» d'Achille, qu'y trouve-t-on que la peinture de ces folles
» incertitudes que Térence dépeint dans ce vers :

» Excludit, revocat, redeam ? Non si obsecret. »

Il m'ajouta qu'il se repentoit d'avoir fait cette réflexion trop tard, parce que s'il l'eût faite dans le temps, il eût obligé l'auteur à supprimer ce morceau. Je remarquai alors le sévère jugement de ce grand critique, et quel avoit été son empire sur son ami, puisqu'il ne doutoit point de la docilité avec laquelle il eût sacrifié une scène si brillante *.

Boileau connoissoit mieux qu'un autre le prix de la tragédie d'Andromaque, puisqu'il la faisoit aller à la postérité de pair avec Cinna.

> Déjà comme les vers de Cinna, d'Andromaque,
> Courir marqués au coin de l'immortalité.

Mais les critiques qu'on ne fait qu'en vue d'une plus grande perfection, font honneur à celui qui les sait bien

---

* Dans les Lettres de Rousseau, imprimées à la fin de la dernière édition de ses Œuvres, on en trouve une, où, en parlant de cette scène, il dit qu'il l'a toujours condamnée en l'admirant, parce que, quelque belle qu'elle soit, elle est plutôt dans le genre comique annobli que dans le genre tragique ; « et, ajoute-t-il, quand l'amour n'est point tragique, il
» devient petit et bas, et nous n'avons presque point de tragédies dans
» notre langue qui ne soient gâtées par là. » Cette réflexion de Rousseau est remarquable.

faire, et à celui qui les sait bien recevoir. Cette tragédie, malgré toutes les critiques, a plu, et plaît encore : il ne s'agit donc plus que d'examiner à quels charmes elle a dû sa fortune.

Les ressorts du cœur humain y sont parfaitement développés : on y voit ces emportemens, ces fureurs, ces incertitudes, qui accompagnent l'amour, la guerre et la paix tour à tour, *bellum, pax rursum*, comme dit Térence. Le trouble y croît de scène en scène, et tient toujours le spectateur en suspens ; mais le même art les tient également en suspens dans la tragédie de Bajazet, et les mêmes fureurs de l'amour y sont dépeintes. Cependant cette tragédie ne va point de pair avec Andromaque. Par quel mérite celle-ci a-t-elle obtenu un des premiers rangs ? Elle l'a obtenu, suivant mon sentiment, par le rapport nécessaire qu'ont tous les personnages au principal objet.

Tout ce qui n'a pas un rapport indispensable à l'action de la tragédie, ne nous intéresse pas, comme nous intéresse ce qui en est inséparable. Atalide contribue à l'action de Bajazet, mais non point par un rapport indispensable. Bajazet pourroit résister aux propositions de Roxane, par d'autres raisons que par celles d'un autre amour. On peut retrancher de la tragédie de Bérénice le personnage d'Antiochus, et celui d'Eriphile de la tragédie d'Iphigénie ; mais dans Andromaque aucun des personnages amoureux ne peut être retranché. Le sujet est la mort de Pyrrhus : son amour pour Andromaque, la résistance de cette princesse, la jalousie d'Hermione, son empire sur Oreste, voilà ce qui contribue nécessairement à l'accomplissement de l'action. Le Poète, comme a fort bien remarqué Rousseau, a su réunir quatre intérêts différens dans un seul intérêt : c'est par-là que ces amours différens se réunissent tous pour le sujet principal, et deviennent des amours tragiques.

La versification naturelle de cette pièce a encore contribué beaucoup à son succès : il n'est pas inutile de s'arrêter sur cette réflexion.

Le véritable style de la tragédie est peu connu : il ne doit pas être pompeux comme le style du Poëme héroïque; il ne doit pas non plus être simple comme le style de la comédie. Chez les Grecs et les Romains, le vers ïambe étoit le vers propre à toutes les pièces de théâtre, parce qu'il est, comme dit Horace, *alternis aptus sermonibus*, il est propre à la conversation, et s'éloigne moins que les autres vers de la prose grecque et latine, où les ïambes sont fréquens. Notre langue, dont la versification ne consiste pas dans la mesure des syllabes brèves ou longues, n'a point de vers propres à chaque espèce de Poëme : ce n'est que par un style plus ou moins élevé, qu'on se conforme au goût du sujet qu'on traite ; et la tragédie étant un Poëme en dialogues, ne doit point être écrite en vers pompeux, qui ne conviennent point à une conversation ; ni en vers simples, parce que cette conversation est noble. C'est donc ce milieu entre la pompe du vers héroïque, et la simplicité du vers comique, cette noblesse sans affectation, et ce naturel sans bassesse, qu'il est difficile d'observer toujours. Les vers de la tragédie d'Andromaque paroissent toujours simples sans bassesse, et harmonieux sans pompe : j'en cite pour exemple cet endroit qu'un génie médiocre eût cru devoir orner de grandes figures. Andromaque prête à s'immoler recommande ainsi son fils à sa confidente :

> Fais connoître à mon fils les héros de sa race ;
> Autant que tu pourras, conduis-le sur leur trace;
> Dis-lui par quels exploits leurs noms ont éclaté,
> Plutôt ce qu'ils ont fait que ce qu'ils ont été.
> Parle-lui tous les jours des exploits de son père;
> Et quelquefois aussi parle-lui de sa mère.

> Mais qu'il ne songe plus, Céphise, à nous venger :
> Nous lui laissons un maître, il le doit ménager.
> Qu'il ait de ses aïeux un souvenir modeste.
> Il est du sang d'Hector, mais il en est le reste, etc.

On ne trouve dans ces vers ni images, ni figures, ni épithètes : les expressions y sont aussi naturelles que les sentimens. La rime seule les distingue de la prose, et cependant ils sont toujours nobles et harmonieux.

ARTICLE SECOND.

Sur Iphigénie.

LE sacrifice d'Iphigénie est un des plus heureux sujets que les Poètes tragiques aient pu mettre sur le théâtre. Un Roi qui par amour pour son peuple, et par obéissance aux Dieux, se dépouille des sentimens les plus tendres de la nature ; une princesse qui à la fleur de son âge, lorsque la naissance, la jeunesse et la beauté lui promettent une destinée glorieuse, se voit conduire à la mort par l'ordre de son père, quels objets sont plus capables d'exciter la compassion, et de faire verser aux spectateurs ces larmes qui font leurs délices, et la gloire du Poète ?

Un spectacle si touchant par lui-même, peut le devenir encore davantage par les ornemens que l'habileté du Poète y sait ajouter. Il est naturel de plaindre un père réduit à la fâcheuse nécessité à laquelle Agamemnon se trouve réduit ; mais on peut augmenter ses malheurs par le nombre et la nature des combats qu'on lui donnera à soutenir : il est naturel de s'intéresser au sort d'une princesse condamnée à une mort qu'elle n'a point méritée ; mais plus cette princesse sera aimable et vertueuse, plus son sort paroîtra digne de pitié. C'est à l'auteur qui entreprend une pareille tragédie, à inventer ces ressorts qui remuent les cœurs.

Euripide

Euripide a représenté ce fameux sacrifice sur le théâtre d'Athènes. Un de nos Poètes a transporté le même spectacle sur le théâtre de Paris ; et les Français l'ont vu avec le même plaisir que les Athéniens l'avoient vu autrefois. La principale gloire qui est celle de l'invention, appartient à Euripide ; mais comme son imitateur peut avoir embelli le même sujet par de nouvelles circonstances, et avoir inventé de nouveaux ressorts pour émouvoir, il peut s'être acquis une gloire qui ne soit propre qu'à lui. Je vais tâcher de faire connoître le mérite particulier de ces deux Poètes par une comparaison suivie de leurs pièces.

Dans toutes les deux, Iphigénie et Agamemnon sont les deux principaux personnages qui attachent les yeux. La scène est ouverte par Agamemnon, et l'on peut dire qu'Euripide a été plus heureux dans cette pièce que dans presque toutes les autres, où, pour expliquer le sujet qu'il va traiter, il a recours à un prologue, dont la froideur convient peu au Poëme dramatique, qui doit être tout en action. L'action de cette tragédie commence dès les premiers vers, qui apprennent aux spectateurs le lieu de la scène, l'heure où l'action commence, et le silence qui règne sur la terre et sur la mer. Agamemnon qui est sorti de sa tente pour appeler son esclave, y rentre en déplorant le malheur de ceux qui sont dans les grandes places. L'esclave que ces tristes réflexions étonnent, est encore plus surpris quand il voit son maître attaché sur une lettre, où tantôt il écrit, tantôt il efface, qu'il plie et déplie tour à tour ; enfin, qui jette à terre son flambeau, et fond en larmes. Cet admirable tableau répand dès l'ouverture de la scène le trouble dans l'âme du spectateur, et excite en lui la curiosité d'apprendre la cause de l'inquiétude d'Agamemnon. Il l'apprend aussitôt de la bouche de ce prince, qui après avoir raconté à son esclave, mais en remontant trop haut, la naissance, le mariage et l'enlèvement d'Hélène, l'ardeur des Grecs pour la venger, et l'arrivée de l'armée en Aulide, ajoute que cette armée a tout d'un coup été retenue en Aulide par la colère des Dieux, qui demandent le sang d'Iphigénie; que ne pouvant se résoudre à obéir, il a voulu d'abord congédier l'armée; qu'ensuite vaincu par les raisons de son frère Ménélas, il a envoyé ordre à Clytemnestre d'amener sa fille en Aulide, sous le prétexte faux qu'Achille la demande en mariage; mais qu'enfin cédant à de nouveaux remords, il vient de rétracter son premier ordre par cette lettre dont il le charge; il lui recommande de la porter promptement à Clytemnestre, et de la prévenir pour l'empêcher de mettre le pied dans l'Aulide. Tel est le début de cette tragédie dans Euripide.

Son imitateur ne s'est point écarté d'un modèle si parfait. L'ouverture est la même. On pourroit seulement y désirer cette vive peinture d'Agamemnon, qui plein de trouble et d'irrésolution, écrit et efface, plie et déplie sa lettre. Dans le récit qui sert à l'exposition du sujet, Agamemnon ne remonte pas à la naissance, au mariage, ni à l'enlèvement d'Hélène, il vient tout-à-coup au prodige qui arrête l'armée en Aulide, et au fatal oracle qu'a prononcé Calchas. S'il est résolu d'y obéir, ce n'est point, comme dans Euripide, Ménélas qui l'y oblige; ce ministère odieux ne convient point à un frère : c'est Ulysse dont la cruelle industrie le séduit; c'est son propre orgueil qui le rend amoureux du rang suprême; enfin ce sont les Dieux qui toutes les nuits lui présentent la foudre. Tant de séductions et de menaces qui ont arraché son consentement, le rendent plus excusable qu'Euripide ne le fait paroître; et plus il est excusable, plus il est digne de compassion. Il a été contraint de céder. Cependant, quand il se représente Iphigénie qui approche et court au trépas, quand il se rappelle les charmes de cette fille si vertueuse, la nature reprend son empire : il change de résolution, et se flatte que les Dieux ne lui demandent ce sacrifice que pour l'éprouver ; il donne à Arcas la lettre qui révoque les premiers ordres.

L'esclave chargé de rendre cette lettre, est arrêté, dans Euripide, par Ménélas, qui la lui arrache avec violence. Au bruit qu'il fait, Agamemnon accourt, et les deux frères s'accablent mutuellement d'injures. Ménélas représente Agamemnon comme un homme qui n'a point rougi de commettre toutes sortes de bassesses pour obtenir par les suffrages du peuple le commandement de l'armée, et qui ayant obtenu ce qu'il souhaitoit, est devenu fier et intraitable ; comme un homme qui loin d'être alarmé par l'oracle de Calchas, s'y soumet avec joie pour conserver sa place, en sacrifiant sa fille à son ambition. Agamemnon, au lieu de réfuter ces reproches qui le couvrent de honte s'ils sont véritables, se contente d'y répondre par d'autres reproches, en accusant son frère d'avoir perdu la raison, à cause de l'impatience qu'il a de reprendre une femme aussi méprisable qu'Hélène, en sacrifiant à ce fol amour tous les intérêts du sang. Une dispute de cette nature n'a rien de noble ; et les injures que se disent ces deux frères les déshonorent tous deux. C'est avec bien plus d'art que le Poète français charge Ulysse du cruel emploi d'encourager Agamemnon au meurtre de sa fille, en lui représentant la gloire de sa patrie, en l'exhortant à pleurer tandis qu'il est seul, pour donner à la nature ce qu'il lui doit, en affectant d'unir ses larmes aux siennes, en se servant enfin de tous les artifices que son éloquence industrieuse sait mettre en usage.

Tandis qu'Agamemnon espère que sa fille qu'il a contremandée n'arrivera pas, on vient lui annoncer qu'elle approche. A cette fatale nouvelle quelle doit être sa dou-

leur! C'est ce que peint admirablement Euripide, et il touche ici plus que son imitateur. « Hélas, que deviendrai-
» je, dit Agamemnon! En quelle extrémité suis-je réduit!
» La cruelle fortune, plus puissante que moi, a renversé
» tous mes desseins. Heureux ceux qui dans un rang
» moins élevé, peuvent en liberté exhaler leur douleur
» par leurs plaintes et leurs larmes! Ce triste soulagement
» m'est défendu : vil esclave du peuple, j'ai honte de
» verser des larmes, et j'ai honte de n'en point verser.
» Que dirai-je à mon épouse? De quel front oserai-je
» l'aborder? Elle m'a perdu en arrivant ici. Hélas, une
» juste raison l'y amenoit! Elle y venoit célébrer l'hy-
» men de sa fille. Quelle surprise pour elle, quand au
» lieu de cet époux qu'elle attendoit, elle trouvera
» un père parricide! Et toi, malheureuse Iphigénie,
» dont l'hymen va se célébrer dans les Enfers, j'entends
» tes regrets ; tu vas me dire : O mon père, est-ce donc
» à la mort que vous deviez me conduire! Je verrai à
» mes pieds le tendre Oreste : la langue de cet enfant ne
» peut encore exprimer sa pensée ; mais au défaut de la
» voix, ses cris et ses larmes me parleront assez. »

Ces paroles, et l'approche d'Iphigénie, changent tout-à-coup le cœur de Ménélas ; il mêle ses larmes à celles de son frère ; il reconnoît qu'il est injuste de sacrifier une fille aussi aimable qu'Iphigénie à l'envie de reprendre une femme telle qu'Hélène ; il a honte d'y avoir pu consentir ; il presse Agamemnon de désobéir à l'oracle ; mais il n'est plus temps : Calchas, Ulysse, et toute l'armée s'y opposent.

Iphigénie arrive, et se jette dans les bras d'Agamemnon. La froideur des embrassemens du père, son embarras pour étouffer le chagrin qui le domine, ses réponses ambiguës, ses paroles entrecoupées, les demandes de la fille, et l'inquiétude que lui cause un accueil si peu attendu ; enfin le trouble de l'un et de l'autre est si vivevement dépeint dans Euripide, que le Poëte français n'a presque d'autre gloire que celle d'avoir suivi pas à pas son original.

Je ne m'arrête point à parler ici d'une princesse qu'il amène avec Iphigénie, et qu'il nomme Eriphile. Sans cet heureux personnage, il n'eût osé, comme il l'assure dans sa préface, entreprendre cette tragédie, parce qu'il n'eût pu se résoudre à souiller la scène par le meurtre horrible de la vertueuse Iphigénie. Cette Eriphile a paru cependant un personnage inutile à quelques critiques. Je ne prétends ni approuver ni réfuter leur jugement, et je reviens à Euripide, qui introduit Achille sur le théâtre.

On ne voit aucune raison apparente, qui puisse amener Achille dans cette pièce : il ignore jusqu'à ce moment, tout ce qui se passe au sujet d'Iphigénie; il ignore son arrivée dans l'Aulide, et la cause de son arrivée; il n'a jamais eu dessein de la demander pour épouse; c'est par hasard qu'il vient chercher Agamemnon. Il rencontre une dame qu'il n'a jamais vue; et par respect il veut se retirer. Clytemnestre, qui s'empresse de se faire connoître à lui comme à l'époux futur de sa fille, tombe dans une étrange surprise, lorsqu'elle lui entend dire que jamais il n'a songé à cet hymen, et qu'on la trompe. Quelle peut être la cause d'un bruit si faux? Ils l'ignorent tous deux, et leur étonnement est égal. L'esclave d'Agamemnon vient dévoiler ce mystère : il leur apprend les funestes desseins de son maître sur Iphigénie. A cette affreuse nouvelle, Clytemnestre ne rougit point de se jeter aux genoux d'Achille; « Elle s'humilie pour sauver les jours de sa fille, elle s'abaisse devant le fils d'une Déesse; elle est seule dans un camp séditieux, et n'a pour autel qu'elle puisse embrasser, que les genoux d'Achille; c'est pour lui qu'Iphigénie est venue en Aulide; quoiqu'elle n'ait point été son épouse, elle en a porté le nom; ce nom la conduira-t-il à la mort? Une prière si tendre pénètre le cœur d'Achille, il voit qu'on a abusé de son nom, il doit tirer raison de cette offense: son honneur y est engagé. C'en est assez pour lui: il jure à Clytemnestre qu'il prendra la défense d'Iphigénie; qu'il sera son Dieu tutélaire; qu'elle peut s'en reposer sur lui; il ne veut pas même qu'Iphigénie vienne se jeter à ses pieds: il doit épargner cette humiliation à une princesse aussi respectable, et sans l'avoir vue, sans songer à l'amour, il est intéressé à la protéger; il réitère ses sermens à Clytemnestre, et l'exhorte cependant à tâcher de fléchir par elle-même Agamemnon. «Si vous ne réussissez » pas, lui dit-il, alors vous reviendrez à moi.»

Ces sentimens qu'Euripide donne à Achille sont nobles et généreux; un héros tel que lui doit son secours à l'innocence opprimée; mais enfin il n'est excité à la défense d'Iphigénie, que par un effet de générosité. Un motif bien plus vif et plus intéressant l'anime dans la tragédie Française: ce héros généreux est en même temps un amant passionné. Ce n'est pas seulement la défense d'une infortunée qu'il embrasse, c'est encore celle d'une princesse qu'il aime avec transport, qu'il veut épouser, et qui lui est promise; il protège une vie dont dépend le bonheur de la sienne. Cet hymen qu'il attendoit a servi de prétexte pour faire venir Iphigénie en Aulide; il est trompé dans son espérance, il voit qu'on a abusé de son nom, il a son honneur et son amour à venger. Que ne doit-on pas attendre d'un héros que ces deux intérêts animent? Et quel est l'art du Poète d'avoir su les réunir? Souvent les personnages amoureux qu'on introduit sur notre théâtre déshonorent la majesté de la tragédie; mais l'amour d'Achille n'a rien que de grand et de noble: on ne le voit point soupirer aux pieds de sa maîtresse. Achille, quoiqu'amant, est toujours Achille: il ne songe qu'à se venger de l'affront qu'il a reçu, et à sauver les jours de l'épouse qui lui est destinée. On dira peut-être qu'il n'est pas glorieux à Achille de s'occuper de son amour, tandis que toute l'armée est retenue en Aulide par la colère des Dieux. Est-ce là le temps qu'un héros doit choisir pour célébrer la pompe de son hymen ? Le Poëte qui a prévu cette objection, l'a mise dès le commencement de sa pièce dans la bouche d'Ulysse ; et Achille l'a détruite en répondant que son amour ne l'empêcheroit pas de descendre le premier au rivage de Troie ; qu'il ne demande que Troie, et un vent favorable qui l'y conduise. Comme il a préféré peu de jours, mais illustres, à une vie longue, mais obscure, nulle autre passion n'est capable de retarder celle qui l'emporte vers la gloire ; de même que nulle autre passion n'est capable d'ébranler l'inviolable attachement d'Iphigénie aux devoirs d'une fille soumise à son père : ni l'amour de la vie, ni l'estime qu'elle doit avoir pour un héros qu'on lui a promis pour époux, et que son père lui a permis d'aimer. C'est elle-même, que ce héros qui la veut défendre, trouve la première à combattre ; elle prend en main contre lui la cause d'Agamemnon, et ne lui pardonne pas les noms injurieux qui lui échappent contre ce malheureux père, qu'elle excuse et qu'elle plaint toujours. On peut bien dire que les entretiens entre Achille et Iphigénie, n'ont rien qui ressemble aux entretiens communs des amans qu'on entend sur le théâtre : deux amans de ce caractère peuvent paroître sur la scène tragique, sans en avilir la dignité.

Cette même vertu qu'Iphigénie oppose à la juste colère d'Achille, lui dicte le tendre discours qu'elle adresse à son père ; non pour lui demander la vie, comme dans Euripide ; elle ne la veut point défendre, elle ne fait que lui représenter l'intérêt qu'une mère et un amant y prennent; pour elle, elle est prête à la rendre à celui dont elle l'a reçue. C'est à ce caractère vertueux et aimable, toujours également soutenu, que le Poète doit les larmes qu'il a arrachées à ses spectateurs.

Le caractère qu'Euripide donne à la même Iphigénie, nous paroît si fort au-dessous, suivant nos mœurs, que je n'ose m'arrêter long-temps dans une comparaison trop peu avantageuse au Poète grec. Je ne condamne pas son Iphigénie quand elle se jette aux pieds d'Agamemnon, et pour exciter sa compassion, lui rappelle ses premières tendresses pour elle, et les promesses qu'il lui avoit faites d'un heureux établissement; mais il est difficile d'admirer ces paroles qu'elle ajoute : « Ne me faites point mourir » à la fleur de mon âge, parce qu'il est doux de voir la » lumière. La lumière du jour a droit de charmer tout le » monde; mais les ténèbres de la mort ne présentent » qu'effroi. » Elle déplore ensuite son sacrifice par un cantique lugubre, où elle se plaint qu'elle ne verra plus les rayons du soleil : « Infortunée, dit-elle, je suis immolée » par la main meurtrière d'un père dénaturé ! » Ceux que le respect pour l'antiquité empêchera de condamner ces sentimens, diront qu'à la vérité ils n'ont rien d'admirable, mais qu'ils sont pris dans la nature que les anciens copioient plus exactement que nous. C'est ce vrai simple dont j'ai parlé. Iphigénie s'abandonne d'abord aux regrets que l'amour de la vie lui devoit naturellement inspirer; mais ce n'est que pour un moment, elle prend bientôt après des sentimens plus élevés : ce n'est plus une jeune fille que la crainte de la mort fait pleurer, c'est une princesse courageuse qui veut répandre son sang pour sa patrie, et qui dit à sa mère : « Ce n'est pas pour vous seule que » vous m'ayez mise au jour, je me dois à ma patrie, je » lui donne ma vie : qu'on m'immole, et que Troie

» périsse. » Ces dernières paroles ont servi de modèle à
» ces vers :

> Déjà Priam pâlit, déjà Troie en alarmes
> Redoute mon bûcher, et frémit de vos larmes.
> Allez; et dans ses murs vuides de citoyens
> Faites pleurer ma mort aux veuves des Troïens :
> Je meurs dans cet espoir, satisfaite et tranquille.

Il est donc vrai que le Poëte français doit à Euripide l'admirable caractère d'Iphigénie, mais avec cette différence, qu'il le soutient depuis le commencement jusqu'à la fin, et qu'Euripide ne le donne à cette Princesse qu'aux approches du sacrifice, et quand elle n'a plus, pour ainsi dire, d'autre parti à prendre que celui de mourir glorieusement. Elle conserve la même fermeté quand elle quitte Clytemnestre; elle l'exhorte à ne point pleurer une mort aussi illustre que la sienne, à ne point revêtir ses sœurs d'habits de deuil; elle lui recommande Oreste son frère, et enfin son père Agamemnon : le sang d'une fille qu'il a versé malgré lui pour le salut de son peuple, ne doit point être entr'elle et lui un sujet de haine. Après ces tendres adieux, elle va à la mort en chantant un cantique de joie.

Cette séparation touchante de la mère et de la fille, est la même sur le théâtre français; les adieux d'Iphigénie sont les mêmes, mais Clytemnestre ne les reçoit pas avec la même tranquillité; elle ne consent pas aux demandes de sa fille; elle ne veut point la laisser aller seule à l'autel, et elle ne la quitteroit point si elle n'en étoit séparée par des soldats qui se jettent au-devant d'elle. L'amour maternel ne cède qu'à cette violence : il ne lui reste plus que les prières, les menaces, les imprécations; elle se livre à tous les transports que la nature lui doit inspirer dans ce moment douloureux. Euripide a oublié cette peinture d'une mère désolée, que son imitateur ne laisse point à désirer, parce qu'elle étoit nécessaire.

Je dois encore faire observer l'art qu'il a eu d'accabler de malheurs Agamemnon, pour écarter la haine qui devroit naturellement retomber sur lui, comme sur un homme qui mérite les titres de sanguinaire et de parjure qu'Achille lui donne. Dans Euripide, après avoir écouté les regrets d'Iphigénie et les reproches de Clytemnestre, il se contente de répondre froidement qu'il aime ses enfans, mais que quand la Grèce lui demande le sang de sa fille, il doit obéir; il n'en dit pas davantage, et disparoît. Mais dans notre tragédie, ce malheureux prince, trahi par son confident qui a révélé son secret, se voit attendri comme père, par les tendres et respectueux sentimens de sa fille; déchiré comme époux par les reproches sanglans de Clytemnestre; enfin, comme général d'armée, outragé par les injures et les menaces violentes de l'impétueux Achille. Ces assauts qu'il soutient se succèdent tour à tour sans intervalle, en sorte que toute la rigueur de ce fatal événement tombe sur lui coup sur coup. Pour obéir aux Dieux, pour conserver son rang, pour punir l'insolence d'Achille, il doit sacrifier Iphigénie; mais il conserve toujours un cœur de père; et la nature l'emporte enfin : il suspend l'ordre du sacrifice, et ordonne à Clytemnestre de fuir loin du camp avec sa fille. Ainsi le trouble de la pièce va toujours en croissant; et Agamemnon, qui semble s'être attiré son malheur par son ambition, mérite cependant la pitié du spectateur; enfin, ce ne sera point par son ordre, ce sera au contraire malgré lui qu'Iphigénie ira à l'autel. On ne pourra lui reprocher ce cruel sacrifice.

Il ne me reste plus qu'à comparer dans les deux auteurs le dénouement. Euripide qui suit l'opinion de son temps, dont il ne pouvoit s'écarter, fait arriver Iphigénie à l'autel, où elle s'immole courageusement. Agamemnon est présent au sacrifice, mais il s'est voilé le visage : voile heureux dont fit usage le peintre vanté par Cicéron ! Achille se trouve aussi à l'autel ; mais au lieu de s'opposer à la mort d'Iphigénie, comme il l'avoit promis, il la demande lui-même à haute voix au nom de tous les Grecs. Ici je ne reconnois plus Achille, et j'ignore comment on peut l'excuser. Dans le moment que Calchas prend le couteau, Iphigénie enlevée par Diane, disparoît : Agamemnon vient lui-même confirmer ce miracle à Clytemnestre, comme une nouvelle dont elle doit se réjouir.

On ne pouvoit sur notre théâtre sauver Iphigénie par la voie d'un miracle si peu vraisemblable pour nous. Le Poète fait arriver Iphigénie à l'autel : elle y voit toute l'armée contr'elle, le seul Achille pour elle, qui épouvante l'armée, et partage les Dieux ; le combat commence ; et dans ce moment de trouble, on découvre une autre Iphigénie, dont la mort appaise les Dieux, contente tous les Grecs, et épargne au spectateur la douleur de voir périr la vertueuse princesse, qui pendant tout le cours de la pièce a été l'objet de sa pitié et de son admiration. Cet heureux dénouement épargne la nécessité de recourir à un miracle ; le Poète le met seulement dans les yeux du soldat :

>Le soldat étonné, dit que dans une nue,
>Jusque sur notre autel Diane est descendue.

Agamemnon ne revient point sur le théâtre après cet événement : sa présence n'y est plus nécessaire.

Dans cette comparaison, où j'ai suivi pas à pas deux Poètes fameux, si j'ai paru quelquefois donner l'avantage au Français, je répète ce que j'ai dit au commencement de ce discours, qu'Euripide est toujours le maître, parce que la principale gloire, qui est celle de l'invention, lui appartient. D'ailleurs il faut observer que son imitateur avoit besoin de beaucoup plus d'art pour traiter le même sujet. Le sacrifice d'Iphigénie étoit un spectacle plus intéressant à Athènes qu'à Paris. Les noms d'Agamemnon et d'Iphigénie étoient respectables aux Grecs : ils devoient, ou croyoient devoir à ce même sacrifice, la gloire que leurs pères s'étoient acquise dans la guerre de Troie. Euripide représentoit à ses spectateurs un sujet sacré pour eux ; mais son imitateur ne nous représentant qu'un sujet fabuleux, a eu besoin pour nous y intéresser, d'employer tous les ressorts que son art a pu lui fournir ; il a dû présenter un spectacle plus touchant à des spectateurs plus difficiles à émouvoir.

ARTICLE TROISIÈME.

Sur Phèdre et Hippolyte.

L'effet le plus surprenant de la Poésie comme de la peinture, est de pouvoir par le charme de l'imitation, attacher nos regards sur des objets, dont nous les détournerions avec horreur, s'ils nous étoient réellement présentés. Nous frémirions à la rencontre d'un parricide, et nous ne pourrions supporter la vue d'un fils dans les bras de sa mère, caressé par elle sous le titre d'époux. Nous regardons cependant avec plaisir sur le théâtre, Oreste et Œdipe, qui nous offrent ces deux spectacles, quand l'art du Poète en a su écarter ce qu'ils ont d'odieux.

Il étoit aussi difficile d'accoutumer nos yeux à la vue de Phèdre qu'à celle d'Œdipe et d'Oreste. Quel spectacle plus affreux que celui d'une femme en proie à toutes les fureurs d'un amour incestueux, tandis que son époux est encore vivant ? Cette même femme cependant est un des personnages tragiques qui nous charment le plus, parce que

> D'un pinceau délicat l'artifice agréable
> Du plus affreux objet fait un objet aimable.

Un de nos Poètes pour nous représenter cet objet, a emprunté le pinceau d'Euripide; mais comme il l'a manié différemment, nous allons examiner lequel des deux peintres l'a conduit avec plus de délicatesse.

Aux tableaux de ces deux grands maîtres, je ne comparerai pas l'ouvrage d'un Poète latin, qui se trouve dans le recueil de Tragédies attribuées à Sénèque. Cet auteur s'écartant entièrement d'Euripide, n'observe ni conduite, ni caractère; sa pièce, qu'on ne doit pas nommer tragédie, n'est qu'un tissu de sentences brillantes et de descriptions poétiques, mises hors de leur place, parmi lesquelles cependant on trouve quelques beaux traits.

Je ne parlerai pas non plus de cette tragédie française qui, sous le même titre, eut autrefois un succès étonnant mais fort court. La Phèdre de Pradon est maintenant ensevelie dans un profond oubli. Si Phèdre se livroit sans remords à sa passion honteuse, le spectateur indigné contre elle, ne pourroit jamais l'écouter; il faut du moins qu'elle ne paroisse pas tout-à-fait coupable, et qu'elle soit plus malheureuse que criminelle. Telle est la Phèdre d'Euripide. La nôtre a une si grande horreur de la moindre apparence du crime, qu'elle paroît toujours aimer la vertu. On se contente de plaindre celle d'Euripide, on va jusqu'à admirer dans son imitateur

> La douleur vertueuse
> De Phèdre, malgré soi, perfide, incestueuse.
> BOILEAU.

C'est ce qu'un examen suivi de ces deux Tragédies fera mieux connoître.

Dans Euripide, Vénus qui paroît d'abord sur le théâtre, vient annoncer par avance au spectateur, tout ce qui doit arriver. Cette déesse outrée de jalousie de ce qu'Hippolyte, uniquement attaché au culte de Diane, déteste les plaisirs de l'amour, a résolu d'en tirer une vengeance éclatante. Tout est préparé depuis long-temps : elle a inspiré à Phèdre un amour violent pour Hippolyte ; cet amour coûtera la vie à la malheureuse Phèdre ; « mais » n'importe, dit Vénus : sa mort ne me touche pas assez » pour m'empêcher de punir un ennemi qui me méprise. » Quel affreux caractère pour une déesse !

Le Poëte français donne une cause plus ancienne et plus excusable à la colère de Vénus. Toute la famille du Soleil lui étoit odieuse depuis long-temps :

> Stirpem perosa Solis invisi Venus
> Per nos catenas vindicat Martis sui.
> SÉNÈQUE.

Pasiphaé et Ariane avoient été les premières victimes de cette colère ; Phèdre est du même sang, ce qui lui fait dire :

> Puisque Vénus le veut, de ce sang déplorable
> Je péris la dernière et la plus misérable.

C'est comme une victime de cette colère qu'elle paroît d'abord sur le théâtre. Dans Euripide, elle est portée sur un lit ; elle n'a pris aucune nourriture depuis trois jours, et elle a résolu de mourir sans déclarer son mal. Tout l'afflige, tout l'ennuie. Ses desirs se contredisent ; elle ne sait ce qu'elle veut ; elle demande à sortir de sa maison ; sitôt qu'elle en est sortie, elle y veut rentrer. « Soulevez-» mon corps, dit-elle aux femmes qui l'environnent, » soutenez mes bras, élevez ma tête, débarrassez mon » front de ces ornemens importuns. » Un moment après elle ne s'occupe que de sa passion ; sa raison se trouble, elle soupire après les fontaines et les prairies ; elle voudroit être dans les forêts au milieu des cris des chiens de chasse, à poursuivre les bêtes sauvages. Tantôt elle voudroit être en pleine campagne à dompter des coursiers ; puis revenant à elle : « Qu'ai-je dit, malheureuse ? Où » ma raison s'égare-t-elle ? Je l'ai perdue, les Dieux » me l'ont ravie. Chère nourrice, cache-moi, je rougis de » ce que je viens de proférer; couvre-moi; mes yeux » fondent en larmes. »

La nourrice la conjure de lui découvrir la cause de sa maladie, et lui représente qu'en se laissant mourir, elle trahit ses enfans qui auront pour maître Hippolyte. A ce nom, Phèdre se réveille, et conjure par les Dieux sa nourrice de ne jamais le prononcer devant elle. Touchée des sollicitations pressantes de cette nourrice, elle s'apprête enfin à faire l'horrible aveu de sa maladie; mais tout-à-coup elle apostrophe sa mère et sa sœur, dont l'amour a causé sa perte. La nourrice qui n'entend point la raison de ces exclamations, redouble ses instances; Phèdre n'y pouvant plus résister: « Qu'est-ce, lui dit-elle, que ce que » les hommes appellent aimer ? » « Une chose, répond » la nourrice, pleine en même temps de douceur et d'a- » mertume : la ressentez-vous pour quelqu'un ? » « Quel » est, reprend Phèdre, ce fils d'une amazone ? » « Hip- » polyte, s'écrie la nourrice ! » « C'est de toi-même que » tu l'entends, dit Phèdre, et non pas de moi. » Il semble que par ce détour elle ait voulu s'excuser d'avoir nommé celui qu'elle aime.

Ce seul morceau d'Euripide devroit rendre moins précipités dans leurs jugemens, ceux qui font gloire de mépriser cet auteur : ils y retrouvent mot pour mot les mêmes beautés qu'ils admirent sur notre théâtre. Son imitateur, dans un grand nombre d'autres endroits, sait ajouter ou retrancher à l'original qu'il imite, mais il le traduit ici presque littéralement; parce qu'il ne peut rien retrancher d'inutile, et qu'il ne peut rien ajouter de plus beau. En effet, quelle peinture plus belle et plus tragique, que celle d'une femme mourante, résolue à mourir, languissante sans nourriture depuis trois jours, portée sur les bras de ses domestiques, qui forme tour à tour des vœux contraires; tantôt se livre à sa passion, tantôt rappelle sa raison égarée, et veut qu'on lui couvre le visage, comme indigne de voir la lumière ? Forcée de faire l'aveu de son mal, elle n'y vient que par tant de détours, et fait prononcer à un autre le nom de celui qu'elle aime, pour s'épargner la honte de le prononcer elle-même. Que ceux qui n'estiment pas assez les anciens, reconnoissent du moins qu'un génie capable de pareilles inventions, n'étoit pas un médiocre génie.

Mais comme il ne se soutient pas toujours également, je ne l'admire pas non plus toujours; et je ne puis goûter le discours qu'il met ensuite dans la bouche de Phèdre sur les passions et les plaisirs; sur ces deux pudeurs qui ont un même nom, quoiqu'elles soient d'une nature différente. Phèdre, après ces réflexions trop philosophiques, revient à sa passion, et avoue qu'elle a résolu de mourir plutôt que de ternir sa gloire. « Périsse la première, dit-
» elle, qui osa souiller le lit nuptial. Ce malheur prit sa
» source dans d'illustres maisons, et de là s'est répandu
» dans toutes les conditions. Comment ces femmes infidelles
» osent-elles soutenir les regards de leurs époux ? Ne
» craignent-elles pas les ténèbres complices de leurs
» crimes ? Ne craignent-elles pas que les murs de leur
» maison ne les accusent? Pour moi qu'il ne m'arrive ja-
» mais de déshonorer mon époux ni mes enfans ! Les
» crimes des pères et des mères sont de pesans fardeaux
» qui accablent les enfans. »

Le Poëte français a mis en usage dans la suite ces beaux
sentimens;

sentimens; mais après que Phèdre a fait l'aveu de sa passion, il lui met dans la bouche toutes les raisons qui peuvent la rendre excusable. Cette passion est allumée en elle depuis long-temps par la fureur de Vénus; en vain elle a bâti un temple pour appaiser cette déesse; en vain elle a évité par-tout Hippolyte, et l'a fait exiler; son malheur l'a ramené près d'elle. Ce n'est plus un amour ordinaire :

C'est Vénus tout entière à sa proie attachée.

Dans ce moment on vient lui annoncer la mort de Thésée. Œnone profite de cette nouvelle pour lui faire entendre par des raisons fausses, mais spécieuses, qu'elle peut légitimement aimer Hippolyte.

La nourrice, dans Euripide, représente, à sa maîtresse l'empire de Vénus sur tous les Dieux, et l'exhorte à se livrer à un amour que le ciel a ordonné. Phèdre lui impose silence; la nourrice lui promet des remèdes qui guériront son mal sans honte, et la quitte pour aller trouver Hippolyte.

Il étoit en effet difficile de faire déclarer cet amour à Hippolyte par Phèdre elle-même. Un pareil aveu auroit révolté le spectateur autant qu'Hippolyte même. C'est pourtant ce que l'auteur de la tragédie latine a osé faire. Il va jusqu'à dépeindre cette horrible femme aux genoux de son vainqueur, lui tendant les bras pour l'embrasser, et lui adressant cette horrible prière : *miserere amantis*. Ce n'est point respecter un spectateur, que de lui présenter un pareil objet. Le Poète français, plus hardi qu'Euripide, fait parler Phèdre de son amour à Hippolyte; mais plus sage que Sénèque, avec quelle adresse sauve-t-il l'apparence odieuse d'une telle déclaration? Tandis qu'elle ne vient que pour lui parler de son fils, l'aveu de sa passion lui échappe malgré elle; encore ne lui échappe-t-il qu'en termes équivoques; et c'est là que le Poète, en traduisant ces vers,

> Hippolyte, sic est Thesei vultus, amo
> Illos priores, etc.

met à profit tout ce que Sénèque a heureusement imaginé.

Euripide suppose que la nourrice, avant que d'apprendre à Hippolyte l'amour de Phèdre, l'a engagé au secret par un serment qu'elle a exigé de lui. Hippolyte, outré de ce qu'il vient d'apprendre, veut d'abord rompre son serment; mais enfin la religion le retient; il exhale son chagrin dans une longue déclamation contre les femmes, et les malheurs du mariage. « O Jupiter, s'é-
» crie-t-il, pourquoi avez-vous placé sous le soleil un
» mal aussi funeste à l'homme que la femme? Si vous
» vouliez que les hommes se répandissent sur la terre
» pour en perpétuer la race, la femme étoit-elle né-
» cessaire? En portant nos offrandes sur vos autels,
» chacun suivant le prix de son offrande eût acheté des
» enfans. » Ces réflexions et celles qui les suivent, paroissent peu convenir à la situation présente d'Hippolyte, et même à la dignité de la tragédie. Euripide, qu'on a appelé l'ennemi des femmes, a peut-être pris trop de plaisir dans cet endroit à se déchaîner contre elles; il se peint lui-même quand il fait dire à Hippolyte : « Ma haine
» contre les femmes ne sera jamais assouvie; et si j'en
» parle toujours mal, c'est parce qu'elles sont toujours
» mauvaises : ou qu'on les rende meilleures, ou qu'il me
» soit permis de déclamer toujours contre elles. »

La religion du serment, qui fait garder le silence à l'Hippolyte d'Euripide, ne peut que le rendre estimable. L'Hippolyte français plaît davantage quand il garde le même silence, non par la contrainte d'un serment, mais par l'horreur de découvrir un crime pareil, et par respect pour l'honneur de son père. A peine Phèdre l'a-t-elle quitté, qu'il s'écrie :

> Grands Dieux, qu'en un profond oubli
> Cet horrible secret demeure enseveli.

Quand il est devant son père, il aime mieux en essuyer les sanglantes accusations, et se soumettre à une condamnation injuste, que de dévoiler un mystère si odieux. Aricie lui reproche ce silence. *Comment pouvois-je le rompre*, lui dit-il ?

> Devois-je, en lui faisant un récit trop sincère,
> D'une indigne rougeur couvrir le front d'un père ?

Il n'a confié sa peine qu'à sa maîtresse, mais sous le sceau d'un secret inviolable.

Il est vrai que l'auteur, pour rendre Hippolyte plus aimable à nos yeux, a beaucoup adouci le caractère rude et sauvage que lui donne Euripide; mais on lui reproche de l'avoir adouci jusqu'à le rendre amoureux. Il a prévenu cette objection dans sa préface, en disant qu'il « a cru devoir donner à Hippolyte quelque foiblesse » pour le faire paroître un peu coupable envers son père. » Mais Hippolyte amoureux n'est plus, dit-on, le véritable Hippolyte. Quand il est aux pieds d'Aricie, quoiqu'il dise que l'amour est une langue étrangère pour lui, il parle cette langue avec une délicatesse que ne doit point connoître un jeune homme uniquement occupé de chiens et de chevaux. C'est comme un chasseur qu'il est amené sur le théâtre par Euripide. Il chante un cantique à Diane, et lui offre une couronne de fleurs nouvelles, symbole de la chasteté. On l'exhorte en vain à rendre à Vénus les honneurs qui lui sont dus, il répond qu'il méprise une déesse dont la puissance a besoin des ténèbres, et il recommande qu'on ait soin de ses chevaux, afin qu'après son repas il puisse retourner à la chasse. Tel est Hippolyte, et tel il doit toujours être.

Les défenseurs de notre Poète répondent à cette critique, que l'Hippolyte d'Euripide ne résiste à Phèdre que par férocité. Toute femme lui est également odieuse, et le mot d'amour, dans quelque bouche qu'il soit, le révolte également; il est toujours sauvage. Notre Hippolyte, au contraire, est sensible comme un autre, et se livre à une passion innocente : ce n'est point par férocité, mais par vertu, qu'il résiste à l'amour incestueux de sa belle-mère.

Je ne veux épouser ni l'un ni l'autre de ces deux jugemens: le premier me paroît trop sévère, je crains que le second ne soit trop indulgent. Il est vrai que l'Hippolyte d'Euripide me semble trop sauvage; je ne lui sais point de gré de sa haine pour Phèdre; et les éloges fréquens qu'il fait de son austère vertu, ne me persuadent point assez. La vertu de l'Hippolyte français est plus modeste et plus aimable. J'avoue cependant que j'ai peine à voir aux genoux d'une maîtresse cet homme si fameux par sa haine contre le sexe, et par les sévères maximes que Pithée lui avoit apprises.

Dans Euripide, Phèdre instruite du refus d'Hippolyte, déteste la folle entreprise de sa nourrice, qui l'a exposée à cet affront, et pour sauver son honneur, se détermine à mourir: « Mais en mourant, dit-elle, je serai » funeste à un autre, qui n'aura pas lieu de triompher » de mon malheur. » Cette femme jusque-là vertueuse, devient un monstre horrible, qui écrit la plus noire des impostures contre l'innocence, et meurt en tenant dans ses mains cette lettre fatale. Au moment que toute la maison est dans le trouble, Thésée arrive, apprend la mort de sa femme, ouvre sa chambre, et voit son cadavre suspendu. Il aperçoit une lettre dans ses mains, il l'arrache avec impatience. Quel nouveau coup de foudre pour lui! Quand il lit l'accusation d'Hippolyte, « elle crie, » dit-il, elle crie, cette lettre, des attentats horribles! » Il appelle dans sa fureur toute la ville à son secours; il implore Neptune. A peine a-t-il prononcé son vœu cruel, qu'Hippolyte, qui ne sait point encore le malheur de Phèdre et le sien, paroît sur le théâtre. Thésée, après des réflexions, un peu longues dans une pareille circonstance, sur la malignité de l'homme et son déguisement, s'adresse enfin à Hippolyte: « Va, lui dit-il, va te vanter maintenant » de ta vie austère et de ta philosophie; fais gloire de ta » chasteté. » Hippolyte, lié par le serment qu'il a fait, ne peut découvrir la vérité à son père; il se contente de lui représenter la pureté de ses mœurs: « Sur la terre, lui » dit-il, il n'est point de mortel plus chaste que moi; » mon premier soin est celui d'honorer les Dieux; je ne » fais liaison qu'avec de sages amis; mes discours ni mes » actions n'offensent personne, et je respecte autant les » absens que les présens. Je suis surtout exempt du » crime dont vous m'accusez; j'ai conservé jusqu'à ce » jour une entière pureté; je ne connois les plaisirs de » l'amour que par des récits ou des tableaux; encore » suis-je trop pur pour arrêter mes yeux sur de telles » peintures. Qui auroit pu me changer? Seroit-ce, ou la » beauté de cette femme, ou l'espérance que son amour » me rendroit le maître de votre maison? »

Il est facile de juger par cet extrait combien l'imitateur a enchéri sur son original. Sitôt que Phèdre s'est déclarée à Hippolyte, elle n'a plus rien à ménager:

De l'austère pudeur les bornes sont passées.

Mais tout-à-coup on lui annonce que Thésée qu'elle avoit cru mort, va paroître devant elle. Toute l'horreur de son crime se présente à ses yeux. Thésée paroît : elle repousse des embrassemens qu'elle ne mérite plus, et va se cacher. Thésée surpris de cet accueil, veut en savoir la cause; il la demande à son fils, qui, loin de la lui découvrir, lui demande la permission de s'éloigner. Thésée qui ne voit que trouble dans sa maison, cherche à s'éclaircir. Œnone profite de l'agitation où il est pour accuser Hippolyte devant lui. Une femme d'une basse naissance peut aussi avoir l'âme assez basse pour hasarder une si affreuse calomnie ; mais un père, dira-t-on, peut-il y ajouter foi légèrement ? Dans Euripide il voit le corps de sa femme suspendu, il trouve sur elle la lettre qui découvre la cause d'une mort si violente. Ce spectacle le met hors d'état de rien examiner. Il demande vengeance aux Dieux. Dans la tragédie française, au contraire, Phèdre n'a point parlé. Quelle preuve a-t-il contre son fils ?

Je réponds à cette critique que la trop grande crédulité de Thésée, qui le rend coupable, contribue à la perfection de la pièce. Ce père plongé dans les plus grands malheurs, paroît les mériter. Les Dieux l'ont exaucé dans leur courroux, et il reconnoît lui-même

> Qu'il a trop tôt vers eux levé ses mains cruelles.

Hippolyte, chargé des malédictions de son père, ne se défend qu'en représentant l'innocence de sa vie passée. Il est permis de se louer, parce que se défendre d'un crime dont on mérite si peu d'être soupçonné, est moins se louer, que se rendre justice; la force de la vérité y engage. Il ne relève pas cependant son innocence avec des paroles aussi fastueuses que dans Euripide; il parle en tremblant, et rougit de se louer:

> Je ne veux point me peindre avec trop d'avantage :
> Mais si quelque vertu m'est tombée en partage,

> Je crois, Seigneur, surtout avoir fait éclater
> La haine des forfaits qu'on ose m'imputer.

Un ton si timide et si modeste n'en est que plus éloquent.

Au bruit des menaces de Thésée, Phèdre, que les remords poursuivent, accourt pour secourir Hippolyte: peut-être l'affreuse vérité alloit-elle lui échapper, lorsqu'elle apprend que cet homme qu'elle croyoit insensible, est amoureux d'Aricie. Sa surprise fournit à l'auteur cette belle scène, où éclate toute la fureur de la jalousie dans le cœur d'une femme méprisée. La rage et le désespoir l'emportent d'abord, mais les remords reviennent, et la vertu reprend ses droits.

Me voici maintenant arrivé au récit de la mort d'Hippolyte, que pour rendre plus touchant les trois Poëtes ont embelli de toute la pompe poétique. Dans Euripide et dans Sénèque, Thésée qui ne doute point du crime de son fils, prête avec joie l'oreille à ce récit, parce qu'il est encore dans les transports de la colère. Dans la tragédie française, il est dans une situation bien différente. A peine a-t-il chassé son malheureux fils, que la nature s'est fait entendre, ses entrailles se sont troublées, quelques mots échappés à Aricie ont augmenté ce trouble ; il a appris qu'Œnone s'est jetée dans la mer, que Phèdre mourante, a trois fois voulu écrire, et a trois fois rompu sa lettre ; il s'est écrié :

> Qu'on rappelle mon fils, qu'il vienne se défendre,
> Qu'il vienne me parler, je suis près de l'entendre.

Est-il donc naturel que ce père prête une oreille tranquille au récit de la mort de son fils ? Est-il en état d'entendre Théramène ; et Théramène lui-même est-il en état de parler ? « Un homme, dit M. de Cambrai, * saisi,

* Réflexions sur la Grammaire, etc.

» éperdu, sans haleine, peut-il s'amuser à faire la des-
» cription la plus pompeuse et la plus fleurie de la figure
» du dragon ? »

Cette critique a trouvé bien des partisans; et la beauté de cette narration a servi souvent à sa condamnation. Heureux le Poète dont on peut dire:

> Si non errasset, fecerat ille minus !

Je crois pourtant qu'on peut répondre à cette critique, que Thésée, instruit de la mort de son fils par ces premiers mots, *Hippolyte n'est plus*, et qui s'est écrié :

> Mon fils n'est plus !... Quel coup me l'a ravi ?

peut ensuite demander les circonstances d'une mort si étonnante. Il ne pourroit à la vérité en écouter le récit, s'il étoit certain de l'innocence d'Hippolyte; mais dans l'état d'incertitude où il se trouve, agité de la crainte de s'être trompé, il est naturel qu'il écoute le détail de cette mort : plus elle est affreuse, plus elle lui paroît l'effet d'une juste punition du ciel. Ce monstre terrible, l'effroi subit des chevaux, dont un Dieu pressoit les flancs, toutes ces circonstances sont les preuves d'une vengeance divine; et c'est ce qui le flatte qu'Hippolyte étoit en effet coupable. Ce récit sert à soulager sa douleur.

Quant à Théramène, je ne crois pas non plus qu'il soit impossible de le défendre. En entrant sur le théâtre il s'est écrié d'abord : *Hippolyte n'est plus !* Par ces mots rapides il a annoncé toute la nouvelle, et satisfait aux premiers mouvemens de sa douleur. Il a maintenant repris ses esprits, il est en état de raconter le détail de cette mort; et comme il est frappé de toutes les circonstances d'une aventure si cruelle, il les raconte avec la même passion que s'il les voyoit encore : l'effroi dont il est pénétré lui fait employer les images les plus vives, il croit voir encore le monstre sortir des flots. Un orateur qui raconteroit un événement pareil, ne pourroit-il pas dire en parlant du monstre: « Il infecte l'air; la terre en » paroît effrayée; la mer qui le vomit semble en avoir » horreur ? » Ce récit ne paroîtroit pas ampoulé. La vivacité de la poésie n'admet point ces adoucissemens de la prose : *il semble, il paroît;* tout y est personnifié : *la terre s'émeut, le flot recule d'épouvante.* Enfin, il faut faire réflexion que Théramène parle à un père qu'il croit encore irrité et plongé dans l'erreur; il doit tâcher de l'attendrir par un récit touchant, pour le rendre plus capable de reconnoître la vérité. De telles raisons balanceroient peut-être les critiques qu'on a faites de ce fameux récit. D'autres personnes pourroient faire valoir l'effet qu'il produit sur le théâtre, et le plaisir avec lequel il est toujours écouté; mais ce n'est point à moi de faire valoir, en faveur de l'auteur, les applaudissemens du public.

Euripide finit cette pièce, comme il l'a commencée, par le secours d'une divinité. Diane paroît, et achève d'accabler le malheureux Thésée, en dévoilant tout le mystère odieux de cette aventure; la faute en est à Vénus, qui a voulu assouvir sa vengeance sur Hippolyte: « Je ne » m'y suis point opposée, dit-elle, parce que c'est une » loi parmi les Dieux, de ne point se traverser les uns » les autres : sans la crainte de Jupiter, je n'aurois pas » essuyé l'affront de laisser périr le mortel que j'aimois » le mieux. » Hippolyte tout sanglant et couvert de blessures, est apporté sur le théâtre; il lui reste encore assez de vie pour se plaindre de son père, et même des Dieux : « O Jupiter, s'écrie-t-il, vois le triste état où je suis ! moi » ce chaste mortel, moi si religieux envers les Dieux, » moi qui surpasse tous les autres hommes par la pureté » de mes mœurs, je vois la mort prête à m'engloutir ! » C'est donc en vain que j'ai rempli tous les devoirs de la

» piété : victime de tourmens affreux, je ne trouve plus
» d'asyle que le tombeau. Que la nuit de Pluton m'en-
» sevelisse, et que la mort vienne endormir mes dou-
» leurs. » Il entend la voix de Diane, il est frappé de
l'odeur de la divinité, il respire un peu; mais toute la
consolation que la déesse lui donne, est la promesse que
son nom sera à jamais célèbre, et que par droit de repré-
sailles elle immolera de ses mains un favori de Vénus ;
elle ordonne à ce malheureux de pardonner sa mort à
son père, et au père d'embrasser son fils ; et quand elle
voit Hippolyte près de la mort, elle le quitte, parce qu'il
n'est pas permis à une divinité de regarder un mort. Hippolyte expire en pardonnant sa mort à son père.

Dans le système absurde de la religion payenne, il faut
admettre ce dénouement, et approuver les foibles conso-
lations que donne une déesse à un innocent toujours
dévoué à son culte, qui cependant périt pour l'amour
d'elle; mais je trouve que Thésée est assez malheureux
pour ne pas le rendre encore témoin des derniers soupirs de son fils, et que ce corps sanglant ne devoit pas
être présenté aux spectateurs, déjà assez attendris par le
récit du malheur d'Hippolyte.

Le dénouement de la tragédie française est bien différent. Phèdre qui s'est empoisonnée, vient, avant que de
mourir, rendre à l'innocence la justice qu'elle lui doit ;
en se condamnant elle-même, elle intéresse le spectateur
pour elle ; il n'est point fâché de lui voir subir une mort
qu'elle mérite ; cependant il la plaint, parce qu'elle parle
toujours d'elle-même avec horreur :

> Déjà je ne vois plus qu'à travers un nuage,
> Et le ciel et l'époux que ma présence outrage ;
> Et la mort à mes yeux dérobant la clarté,
> Rend au jour qu'il souilloit toute sa pureté.

C'est ainsi qu'une femme si criminelle excite jusqu'à

la fin la compassion et la terreur, et que notre Poète, qui doit à Euripide l'idée de ce caractère si admirable et si tragique, a la gloire de l'avoir toujours également soutenu, ce qu'Euripide n'a point fait. Il n'a peut-être pas été si heureux dans le caractère d'Hippolyte. Il auroit dû peut-être avoir moins de complaisance pour son siècle, et ne point introduire l'amour galant dans un sujet où l'amour tragique doit régner seul. C'étoit le seul défaut qu'y trouvoit M. Arnaud, qui avouoit que sans cet amour, la tragédie de Phèdre n'avoit rien que d'utile pour les mœurs.

Ceux qui critiquent ainsi les ouvrages, ne sont pas ceux qui les admirent le moins. Je rends justice aussi à toutes les beautés de la tragédie d'Euripide, quoique j'aie osé en faire remarquer quelques défauts. L'attention avec laquelle on examine les bons ouvrages, les expose à de sévères critiques : de même que la plus petite tache frappe la vue, quand elle est sur un tableau parfait ; tandis qu'on ne fait pas attention à celles qui sont répandues sur une médiocre peinture.

La Phèdre d'Euripide a fait les délices d'Athènes, et fait encore les délices de ceux qui la lisent aujourd'hui. La Phèdre française, après avoir eu d'abord quelques obstacles à combattre, a eu depuis un succès si constant, et soutient encore de si fréquentes représentations, qu'elle doit être mise au nombre de ces tragédies, qui indépendamment du temps et des circonstances, contribueront toujours à l'ornement de notre théâtre.

Je ne dois point finir l'examen de cette pièce sans détruire l'injuste soupçon de quelques personnes qui prétendent qu'elle inspire un principe de morale très-dangereux, parce que ces personnes s'imaginent y voir le ciel auteur du crime, et une femme contrainte par les

Dieux, et nécessitée à se livrer à une passion qu'elle condamne.

Le langage que Phèdre tient dans cette pièce est le langage ordinaire des payens. Quoique convaincus qu'ils étoient libres, vérité que nous sentons toujours en nous-mêmes, dans la violence de leurs passions, ils les imputoient à quelque Dieu, et opposoient cette prompte excuse à leurs remords. Lorsque Médée dans Ovide voit sa passion plus forte que sa raison, *postquam ratione furorem vincere non poterat,* elle s'écrie qu'un Dieu s'oppose à ce qu'elle veut, *nescio quis Deus obstat.* Phèdre dans le même état, cherche la même excuse, et la trouve d'autant plus aisément, qu'elle doit se croire d'un sang odieux à Vénus. Ce sont les Dieux qui ont allumé en elle cette passion :

> Ces Dieux qui se sont fait une gloire cruelle
> De séduire le cœur d'une foible mortelle.

Elle attribue aux Dieux la séduction, mais non pas la contrainte ; quand elle se laisse entraîner, elle se condamne toujours :

> Hélas, du crime affreux dont la honte me suit,
> Jamais mon triste cœur n'a recueilli le fruit !
> Jusqu'au dernier moment de remords poursuivie,
> Je rends dans les tourmens une pénible vie.

Et lorsque sa nourrice lui représentant la force du destin, veut la rassurer par cette détestable maxime :

> Vous aimez : on ne peut vaincre sa destinée ;
> Par un charme fatal vous fûtes entraînée ;

avec quelle horreur elle lui répond !

> Ainsi donc jusqu'au bout tu veux m'empoisonner :
> Malheureuse, voilà comme tu m'as perdue !

Ce ne sont point les Dieux qui l'ont perdue, c'est Œnone; et lorsque prête à mourir, elle s'avoue criminelle à son époux, en disant qu'elle a jeté un profane regard sur Hippolyte, elle reconnoît qu'en se livrant à la passion que le ciel avoit allumée en elle, elle a suivi les pernicieux conseils d'Œnone:

> C'est moi qui sur ce fils chaste et respectueux
> Osai jeter un œil profane, incestueux.
> Le ciel mit dans mon sein une flamme funeste :
> La détestable Œnone a conduit tout le reste.

Il est donc certain, par les vers que je viens de citer, et par tant d'autres répandus dans cette pièce, que Phèdre toujours pleine d'horreur pour elle-même, nous fait connoître ces affreux remords qui suivent non-seulement le crime, mais le seul desir du crime; et qu'il seroit à souhaiter que toutes les tragédies fussent aussi utiles pour les mœurs que l'est celle-ci.

ARTICLE QUATRIEME.

De l'utilité de l'imitation, et de la manière d'imiter.

CE n'est pas seulement dans les trois pièces que je viens d'examiner, que nous reconnoissons un auteur marchant sur les traces de l'antiquité. Les autres tragédies du même Poète sont remplies d'imitations d'Homère et de Sophocle, souvent même dans les sujets qui paroissent avoir moins de rapport à ceux que les anciens ont traités. Qui croiroit, par exemple, que cette réponse de Joas à Athalie,

> Ce temple est mon pays, je n'en connois point d'autre,

fût mot pour mot dans l'Ion d'Euripide? Ceux qui connoissent les anciens les retrouvent sans cesse en lisant nos excellens Poètes, parce qu'ils s'en étoient nourris de bonne heure. Boileau qui disoit de lui-même en badinant : « qu'il n'étoit qu'un gueux revêtu des dépouilles » d'Horace, » s'est si fort enrichi de ces dépouilles, qu'il s'en est fait un trésor qui lui appartient justement. Quoiqu'il ait trouvé dans les anciens tous les préceptes de la Poétique, il les a mis dans un si bel ordre, et leur a ajouté tant de grâces nouvelles, qu'il en peut être appelé l'inventeur. Presque tous les sujets de ses Satires sont empruntés. Cependant il a mérité cet éloge, qu'en imitant toujours, il est toujours original. La Fontaine se vante de s'enrichir aux dépens des anciens : « Quand je trouve, » dit-il, dans leurs ouvrages quelque trait convenable » au mien,

> Je l'y transporte, et veux qu'il n'ait rien d'affecté,
> Tâchant de rendre mieux cet air d'antiquité.

Les hommes sont naturellement portés à imiter ce qu'ils admirent dans leurs semblables. Conduits par cet instinct secret, les enfans se plaisent à exprimer les gestes et les mouvemens de ceux qui les environnent; ils expriment aussi les sons qu'ils entendent; et c'est ainsi qu'ils apprennent à parler. L'habitude d'imiter passant bientôt jusque dans les mœurs, nous fait prendre un caractère conforme à celui des personnes que nous voyons le plus souvent. L'exemple fait beaucoup plus sur nous que les préceptes, soit parce qu'il agit souvent sur nos sens, au lieu que les préceptes n'agissent que sur notre esprit, soit parce qu'il nous montre en mêmetemps, et la possibilité du précepte, et la gloire de l'exécution. Les travaux des autres nous reprochent notre paresse : les victoires de Miltiade troublent le sommeil de Thémistocle; et la statue d'Alexandre fait pleurer

César. Cette noble émulation, mère des plus grandes vertus, a formé les héros de la guerre, et c'est elle encore qui forme ceux qui méritent ce nom par les lettres.

Il y a des personnes qui regardent l'imitation comme une espèce de servitude, et qui prétendent qu'elle étouffe la vigueur de la nature, et les semences de l'esprit. Mais ceux qui raisonnent ainsi, attaquent les mauvais imitateurs plutôt que l'imitation même; et j'espère montrer que les avantages qu'on en tire, loin d'affoiblir la nature, ne servent qu'à la fortifier.

Les ruines de l'ancienne Rome, et les restes mutilés des statues qu'on déterra dans les derniers siècles, nous ramenèrent la connoissance et l'amour des beaux arts: la sculpture, l'architecture et la peinture sortirent de ces précieux débris; le goût de l'antique forma les Raphaël et les Michel-Ange. Les lettres eurent le même sort parmi nous : lorsqu'on eut retiré les ouvrages des anciens de la poussière des cloîtres, et qu'on se fut appliqué à les lire, les esprits depuis long-temps oisifs, et comme assoupis, se réveillèrent peu-à-peu. En lisant les pensées des autres, on recouvra l'habitude de penser qu'on avoit perdue; on apprit aussi à exprimer et à développer sa pensée; enfin, après avoir été disciples pendant long-temps, nous en sommes venus au point de le disputer à nos maîtres, et quelquefois nous avons appris d'eux à les vaincre. C'est à l'imitation que nous devons notre gloire; et c'est de cette même imitation que les anciens ont tiré leur grandeur. « Nous voyons, dit Longin,
» qu'Hérodote, et qu'avant lui Stésicore et Archiloque,
» ont été de grands imitateurs d'Homère. Platon néan-
» moins est celui de tous qui l'a le plus imité : il a puisé
» dans ce Poète, comme dans une vive source dont il a
» détourné chez lui un nombre infini de ruisseaux. Ja-
» mais, à mon avis, il n'eut répandu tant de grandes

» choses dans ses traités de philosophie, s'il ne fût venu,
» comme un nouvel athlète, disputer de toutes ses forces
» le prix à Homère, c'est-à-dire, à celui qui avoit déjà
» reçu les applaudissemens de tout le monde. »

Longin pouvoit ajouter que Platon lui-même a servi de modèle à Cicéron, et mettre Virgile au nombre des imitateurs d'Homère.

Le plus heureux génie, suivant l'ordre commun de la nature, a besoin de secours pour croître et se soutenir; il ne trouve pas tout dans son propre fonds : la meilleure plante ne produit pas des fruits vigoureux, si l'on n'a soin de ranimer le suc de la terre par le mélange d'une terre différente, et plus féconde en esprits; et l'âme ne peut concevoir ni enfanter une production mâle et généreuse, si elle n'a été comme inondée et rendue féconde par une source abondante de littérature. Nos efforts sont inutiles, si la nature ne nous a favorisés de ses dons; et nos efforts sont imparfaits, si l'art n'accompagne pas ces dons. C'est l'imitation qui les perfectionne; notre esprit seul ne peut suffire à tous nos desirs, il s'épuise bientôt, il se refroidit, il cesse même de penser ; mais un moment de lecture ranime une imagination languissante, et lui fournit de nouvelles idées, ou bien l'imagination saisit les mêmes idées qu'elle vient de recevoir ; elle les augmente, et les rend nouvelles : on diroit que l'esprit de l'auteur passe en nous. « Il y a beaucoup de
» personnes, dit Longin, que l'esprit d'autrui ravit hors
» d'eux-mêmes. Comme on dit qu'une sainte fureur sai-
» sit la prêtresse d'Apollon sur le sacré trépied ; de
» même ces grandes beautés que nous remarquons dans
» les ouvrages des anciens, sont comme autant de sour-
» ces sacrées, dont il s'élève des vapeurs heureuses qui
» se répandent dans l'âme de leurs imitateurs, et animent
» les esprits les moins échauffés, en sorte que dans ce
» moment

» moment ils sont comme ravis et emportés par l'en-
» thousiasme d'autrui. »

Tel étoit le sentiment des anciens sur l'imitation. Le célèbre Crassus, que Cicéron fait parler dans son dialogue de l'orateur, met au nombre des préceptes les plus importans, celui de choisir un modèle : *Hoc sit primum in præceptis meis, ut demonstremus quem imitemur.*

Nous avons perdu les trois livres que Denys d'Halycarnasse avoit composés sur l'imitation ; mais heureusement nous trouvons dans Quintilien un chapitre admirable où ce grand rhéteur nous en donne les règles les plus judicieuses.

Nos meilleurs écrivains ont tous mis ces règles en usage : ils nous ramènent l'esprit de Rome et d'Athènes. Le feu des anciens a passé en eux, et s'y est rallumé avec une ardeur plus vive : c'est en imitant qu'ils sont devenus nos modèles ; et qui n'imite point, disoit un bel esprit de l'Angleterre, ne sera jamais imité.

On opposera peut-être à ce que j'avance l'exemple de deux grands hommes qui n'ont point imité, Homère et Corneille. Homère, dira-t-on, s'est rendu grand par lui-même, et celui que tous les Poètes ont imité, n'en a point trouvé avant lui qu'il pût imiter. Corneille ne doit qu'à lui seul les chefs-d'œuvre qu'il a faits : il n'étoit point né pour marcher après les autres ; et en effet, il a été moins heureux dans les sujets qu'il a pris des anciens, que dans ceux qu'il a inventés : loin d'égaler Sophocle et Euripide dans l'Œdipe et dans la Médée, il est resté au-dessous de lui-même ; mais par un grand nombre de beautés, qui ne sont propres qu'à lui seul, il sera toujours le héros de notre théâtre.

Je répondrai premièrement à l'exemple d'Homère que nous n'avons aucune certitude qu'il n'ait point imité. Nous savons les noms de plusieurs Poètes qui ont existé avant lui, et nous ne pouvons douter qu'il n'y en ait eu beaucoup d'autres, dont le temps a enseveli les noms et les ouvrages. Si Homère eût été le premier, auroit-il pu porter tout d'un coup la Poésie à sa perfection? Les arts et les sciences ont une destinée différente : le temps de leur perfection est éloigné du temps de leur naissance. En second lieu, quand même Homère n'auroit point imité, il ne détruiroit pas par son exemple ce que j'ai dit sur l'utilité de l'imitation : il m'est facile d'opposer un exemple contraire. Virgile n'écrit presque rien qu'il n'imite : tantôt il suit Homère, tantôt Théocrite, tantôt Hésiode, et même les Poètes de son temps; et c'est pour avoir pris tant de modèles qu'il est devenu lui-même le modèle des autres. Enfin, je ne prétends pas soutenir ici que l'imitation soit d'une nécessité indispensable. Il peut arriver que des hommes plus favorisés du ciel que les autres, s'ouvrent d'eux-mêmes un chemin nouveau, et y marchent sans guides; mais de tels exemples sont si rares et si merveilleux, qu'ils doivent passer pour des prodiges. Corneille est certainement au nombre des prodiges; mais comme il est fort inégal, et qu'on lui reproche des fautes considérables, ses fautes ne prouvent-elles point ce que j'ai déjà avancé, que le génie le plus heureux a besoin de l'imitation pour se soutenir?

Je me suis contenté jusqu'ici de montrer en général l'utilité de l'imitation; mais il ne suffit pas de la connoître, il faut savoir encore quelles règles on doit suivre pour en retirer tous les avantages qu'elle est capable de procurer.

La première chose que nous devons faire, est le choix d'un bon modèle. Comme les mauvais guides sont en plus grand nombre que les autres, on a besoin de prudence pour discerner ceux auxquels on doit se livrer; et il est plus facile qu'on ne croit de se laisser surprendre par des guides dangereux. Quelquefois un auteur médiocre, mais rempli de pensées brillantes, nous séduit, et prend sur nous un empire fatal : ses fausses lueurs nous frappent ; nous les suivons, elles nous écartent du bon chemin, et nous entraînent dans les précipices. Sénèque et Pline le jeune ne nous ont pas été moins funestes qu'aux jeunes gens de leur siècle. Lucain a encore égaré plusieurs esprits ; et son traducteur qui a trouvé le secret d'enchérir sur lui, a eu la folle ambition de lui dérober la gloire du style ampoulé. On a remarqué que le même Lucain avoit gâté quelquefois les grandes qualités de Corneille : en effet, dans la tragédie de Pompée, Corneille semble avoir voulu le disputer à un Poète, qui ne méritoit pas l'honneur d'être son rival ; et l'envie de s'élever aussi haut que Lucain, l'a fait passer au-delà du vrai sublime, qui lui étoit cependant si familier.

Apprenons par ces exemples à ne prendre qu'un modèle excellent ; mais lorsque nous l'aurons trouvé, ne nous y attachons pas si entièrement qu'il nous conduise lui seul, et nous fasse oublier tous les autres : il faut voler de tous côtés, et s'enrichir du suc de toutes les fleurs. L'auteur le plus à imiter n'est pas le seul qu'on doive imiter. Zeuxis fit un tableau admirable d'Hélène, en y rassemblant plusieurs traits, qu'il prit séparément sur un grand nombre de femmes différentes : ainsi celui qui écrit rassemble de toutes parts ce qui lui convient ; et même les auteurs médiocres lui fournissent de quoi grossir son butin ; car tout sert à qui sait profiter de tout. Virgile trouve de l'or dans le fumier d'Ennius ; et celui qui peint Phèdre d'après Euripide, y ajoute encore de nouveaux traits que Sénèque lui présente.

Si le discernement est nécessaire pour choisir un modèle, il l'est encore plus pour choisir dans ce modèle les choses qu'on doit imiter. Il faut se défier sans cesse des auteurs qu'on estime davantage : les grands hommes ne sont pas toujours exempts des grands défauts, et leurs défauts nous séduisent aisément, *magnis cùm subeunt animos autoribus*. Il est impossible de trouver un guide incapable de nous égarer, et il est difficile que nous nous apercevions quand il nous égare : le respect que nous lui portons nous aveugle, et le grand nombre de ses vertus nous empêche de découvrir ses vices ; ce qui fait dire à Horace : *decipit exemplar vitiis imitabile*. On voit même de petits esprits qui croient atteindre de grands hommes en imitant leurs défauts : *Se abunde similes putant, si vitia magnorum consequantur*. Quintilien qui fait cette réflexion, parle de plusieurs écrivains qui, en coupant leurs phrases, et les rendant obscures, se vantoient de ressembler à Salluste et à Thucydide. Il parle aussi de quelques orateurs qui par des phrases longues et inutiles, pensoient imiter Cicéron, et croyoient sur-tout l'avoir égalé, lorsqu'ils avoient terminé leur période par un *esse videatur*. N'ambitionnons qu'une ressemblance honorable avec les grands hommes ; ne nous formons que sur leurs belles qualités ; et lorsque nous les imitons, que ce soit d'une manière noble, généreuse, et pleine de liberté.

Copier scrupuleusement un auteur, rendre ses pensées telles qu'il les a produites, le suivre pas à pas, comme un esclave, c'est le partage de ceux qui n'ont rien à produire d'eux-mêmes : une telle imitation est un vol et un larcin ; c'est vouloir se faire honneur du travail des autres, et retenir un bien dont la possession n'est pas légitime. Plusieurs versificateurs latins des derniers siècles se sont cru sur le Parnasse, pour avoir cousu ensemble les vers d'Horace et de Virgile. Quelques savans, par cet artifice, ont fait des vers dans toutes les langues, sans être Poètes dans aucune. La république des lettres devroit sur ce point adopter la loi des Lacédémoniens, qui pardonnoit les vols faits avec adresse, et punissoit les voleurs, quand par leur peu de subtilité ils se laissoient surprendre dans leur larcin. Cassius Severus comparoit les plagiaires à ceux qui après avoir dérobé de la vaisselle, en changent les marques, et la vendent sous leur nom. On leur peut encore appliquer le reproche d'Horace :

> O imitatores, servum pecus !

et ces vers de la Fontaine,

> Quelques imitateurs, sot bétail, je l'avoue,
> Suivent en vrais moutons le pasteur de Mantoue.

La bonne imitation est une continuelle invention ; il faut se transformer en son modèle, embellir ses pensées, et par le tour qu'on leur donne se les approprier; enrichir ce qu'on lui prend, et lui laisser ce qu'on ne peut enrichir. *Il faut*, disoit Boileau, *joûter contre son original*. On doit combattre contre celui qu'on imite, et tâcher de le vaincre. « C'est une chose, dit Longin, bien glorieuse » et bien digne d'une âme noble, de combattre pour » l'honneur et le prix de la victoire avec ceux qui nous » ont précédés, puisque dans ces sortes de combats, on » peut même être vaincu sans honte. » Celui qui se propose de surpasser son modèle, s'il ne le surpasse point, pourra du moins l'égaler ; mais celui qui ne songe qu'à le suivre, restera toujours au-dessous. Si nos fameux peintres s'étoient contentés de copier les morceaux de l'antiquité, la peinture ne se seroit pas perfectionnée. Si Virgile n'avoit point osé enchérir sur Homère, nous n'aurions point cette magnifique description des enfers, ni celle du bouclier d'Enée. Malherbe nous apprend par quel art on peut enrichir la pensée d'un autre. On admire ces vers d'Horace :

> Pallida mors æquo pulsat pede
> Pauperum tabernas,
> Regumque turres.

Mais on n'admire pas moins cette même idée sous une autre image :

> Le pauvre en sa cabane, où le chaume le couvre,
> Est sujet à ses lois ;
> Et la garde qui veille aux barrières du Louvre
> N'en défend pas nos rois.

Ajax, près de mourir, dit à son fils dans Sophocle :

> Ω παῖ, γένοιο πατρὸς εὐτυχέστερος,
> Τὰ δ' ἄλλ' ὅμοιος.

La même chose est dite par Virgile d'une façon différente :

> Disce, puer, virtutem ex me, verumque laborem,
> Fortunam ex aliis.

Et ce vers d'Andromaque,

> Plutôt ce qu'ils ont fait, que ce qu'ils ont été,

quoique plus simple, semble dire la même chose encore mieux que Sophocle et Virgile ne l'ont exprimée.

L'imitation nourrit et perfectionne les talens qu'on a ; j'ose même avancer qu'elle peut en quelque façon suppléer au génie. Une grande lecture des bons originaux donne le goût, ouvre l'imagination, forme le style. Un homme né sans talens, après un long commerce avec les excellens auteurs, peut acquérir quelque ressemblance avec eux, et la communiquer à ses ouvrages : tel que ce paysan dont parle Denys d'Halycarnasse, qui étant fort laid, et craignant que ses enfans n'héritassent de sa laideur, mit de beaux tableaux devant les yeux de sa femme : la vue de ces tableaux procura aux enfans une beauté qu'ils ne pouvoient recevoir de leur père.

Mais je prévois une objection qu'on pourroit faire contre tout ce que j'ai dit sur l'imitation. « Pour réussir,

» dira-t-on, il ne s'agit que d'imiter la nature : les an-
» ciens, il est vrai, l'ont bien représentée; mais ils n'en
» sont que les copies. Pourquoi chercher la nature dans
» leurs ouvrages? C'est l'original qu'il faut consulter. »

Je réponds à cette objection par l'exemple même de la peinture. Rubens et les peintres de l'école flamande, se sont appliqués uniquement à copier la pure nature; Raphaël, et les maîtres de l'école romaine ont joint à l'étude de la nature le secours de l'antique : ces derniers ont porté leur art à une élégance et un sublime dont les Flamands n'ont pu approcher, parce qu'il ne suffit pas d'imiter la nature, il faut l'imiter avec discernement. La nature nous montre le vrai, mais elle ne nous apprend pas à choisir l'excellent : c'est l'art qui nous apprend cet heureux choix; et c'est dans les anciens qu'on trouve les modèles de cet art si nécessaire, qui élève les grands peintres et les grands Poètes.

Ne rougissons donc point de consulter attentivement tous ceux qui avant nous ont bien connu la nature. Nous avons un grand nombre de guides habiles ; tout conspire à nous animer ; tous ceux qui nous ont précédés ont travaillé à nous instruire. L'antiquité nous offre ses modèles; le dernier siècle nous en fournit de nouveaux, dignes des anciens. Quoique les uns et les autres soient nos maîtres, regardons-les comme des modèles que nous devons imiter, et comme des rivaux que nous avons à combattre. La carrière où ils ont couru est encore ouverte; nous pouvons les atteindre, et peut-être les surpasser. La grande distance que nous voyons entr'eux et nous, ne doit point nous effrayer; nous avons plus de chemin à faire, mais nous avons plus de secours, et ce sont nos prédécesseurs qui nous les donnent; enfin, si nous ne les atteignons pas, du moins nous pouvons en approcher, et, après les grands hommes, il est encore des places honorables. Celui qui dans la guerre n'acquerroit pas la gloire d'Achille, se contenteroit de celle d'Ajax, ou de Diomède. Lucrèce n'a point empêché Virgile de paroître; et la gloire d'Hortensius ne rallentit pas l'ardeur de Cicéron pour l'éloquence. Ne nous décourageons jamais. Quel homme étoit plus capable de désespérer ses rivaux que Corneille? Il a cependant trouvé un égal; et quoiqu'un autre ait mérité la même couronne, la sienne lui est demeurée tout entière, et n'a rien perdu de son éclat.

CHAPITRE IX.

Examen du PARADIS PERDU, *Poëme de Milton.*

Après avoir parlé de la manière d'imiter les anciens, et d'un Poëte qui a heureusement imité Euripide, je parlerai d'un autre Poëte qui n'a pas si heureusement imité Homère, mais qui s'est rendu fameux en voulant l'imiter. On voit que Milton tâche d'échauffer son imagination auprès de celle d'Homère, qu'il a voulu prendre pour modèle. La grandeur de son sujet, la réputation qu'il s'est acquise dans sa patrie, rend son ouvrage digne de notre attention; et comme dans mes réflexions précédentes j'ai souvent, avec les noms des grands Poëtes, placé celui de Milton, et qu'on pourroit me soupçonner de le mettre au rang d'Homère et de Virgile, je crois devoir expliquer ce que je pense d'un Poëte, qui dans sa patrie est admiré des uns, et méprisé des autres : ce qui ne m'étonne pas, parce que son ouvrage est semé de beautés et d'extravagances.

On doit être timide quand on parle d'un Poëte dont on ignore la langue, puisque loin d'être en état d'en bien juger, on ne peut même se flatter de le connoître. Qui n'a lu Homère que dans la traduction de Madame Dacier, quelque belle que soit assez souvent cette traduction, ne connoît pas un Poëte qui enchante les oreilles par l'harmonie des vers, et par les charmes de l'expression. Mais la Poésie anglaise n'enchante pas ordinairement par ces deux qualités, suivant la décision d'un homme capable

d'en juger. * « Si Milton, dit-il, n'approche pas du sublime
» d'Homère, c'est moins la faute de son génie que la
» faute de sa langue. Un Poëme si divin, écrit en anglais,
» ressemble à un superbe palais bâti de brique : l'archi-
» tecture en peut être aussi belle que celle d'un palais
» de marbre; mais les matériaux sont plus grossiers. »

Il y a apparence que Milton a encore négligé le soin
de polir ces matériaux, puisque M. Addisson, son grand
admirateur, est obligé d'avouer que du côté de l'expression
ce Poëme a peu de partisans, parce qu'il est écrit dans
un style quelquefois dur et obscur. Ainsi les principales
beautés de cet ouvrage consistant dans l'architecture, et
non dans les matériaux, c'est-à-dire, dans l'ordonnance,
les pensées, les sentimens, les descriptions, et non dans
l'harmonie et dans l'expression, je me persuade que je puis
juger de ce Poëme sur la belle traduction que nous en
avons dans notre langue; et je vais hasarder quelques
réflexions, en les appuyant d'exemples que je n'aurai ni
peine ni gloire à mettre en vers : ** la prose du traducteur
est si poétique, qu'il suffit souvent d'y ajouter la rime.
Dans l'imitation de ces endroits, je me donnerai plus de
liberté que je n'ose m'en donner lorsque je veux rendre
en vers quelques passages des Poëtes grecs.

Je suis bien éloigné de souscrire au grand éloge qu'on
a fait de Milton, lorsqu'on a dit que la nature avoit réuni
en lui Homère et Virgile : il est vrai seulement qu'on
peut en quelques endroits faire remarquer qu'il imite
Homère. Il paroît qu'il étoit plein de l'écriture sainte et
d'Homère, et c'est dans ces deux sources qu'il a puisé la
grandeur de ses idées, et plusieurs de ses images. De là
vient, que nous trouvons souvent dans ce Poëme une
élévation qui approche du sublime.

* Spect. Disc. 48.
** M. Dupré de Saint-Maur.

SUR LA POÉSIE.

Par le sujet que Milton a choisi, il intéresse non ses seuls compatriotes, comme ont fait Homère et Virgile, mais tous les peuples de la terre; et en même temps il fait honneur à sa nation et à la Poésie. Il est glorieux pour elle qu'un des plus fameux Poëmes épiques, depuis ceux d'Homère et de Virgile, l'ait consacrée à la véritable religion, et ait attiré l'attention des hommes, sans le secours des fables et des peintures dangereuses pour les mœurs.

Avant que de remarquer les endroits qui m'ont le plus frappé dans ce Poëme, je parlerai de plusieurs défauts que j'ai cru y trouver.

Quoique Milton ait toujours aimé la Poésie, il ne s'y étoit pas uniquement livré. Plus connu pendant sa vie par des ouvrages d'érudition que par ses vers, il ne s'attacha particulièrement à la Poésie que dans un âge avancé. Elle lui servit de consolation quand il eut perdu la vue : ni son âge, ni sa santé, ni le climat dans lequel il vivoit, n'étoient favorables à son amour pour les vers qu'il ne se donnoit pas la peine de travailler, comme il l'avoue dans cet exorde du troisième Livre, d'où je retranche un détail inutile qu'il y fait des sujets frivoles que les Poëtes choisissent ordinairement :

> Soutiens-moi dans la route où tu m'as fait entrer,
> O Muse; à chaque pas tu m'y dois éclairer !
> De ma plume par toi ces vers coulent sans peine :
> Tu m'inspires, depuis que long-temps incertaine
> Mon âme s'est fixée à des objets si grands :
> Objets trop négligés des mortels ignorans.
> Que tout autre que moi pour charmer leurs oreilles
> S'amuse à répéter de frivoles merveilles;
> Les sentiers non battus sont ceux dont je fais choix,
> Aux plus sublimes airs je consacre ma voix.
> Mais, ô Muse, malgré l'ardeur qui me dévore,
> Dans ce déclin du monde où je me sens encore
> Engourdi par le froid du climat et des ans,
> J'épuiserois bientôt et ma force et mes chants,

> Si ta flamme un moment, divinité puissante,
> Cessoit de ranimer ma chaleur languissante !

On reproche à Milton plusieurs digressions dont quelques-unes en effet sont mal placées, parce qu'un Poète épique ne doit pas quitter sa narration pour s'arrêter dans de longues réflexions. Je ne crois pas cependant qu'on doive condamner l'endroit où Milton se plaint d'être aveugle. Quand la vivacité de sa plainte ne la rendroit pas intéressante, elle est amenée si à propos qu'elle ne paroît plus une digression. Il est naturel à un malheureux de parler de ses malheurs, et il semble que Milton soit engagé à parler des siens par son sujet même. Il a raconté dans les deux premiers livres ce qui s'est passé parmi les démons depuis leur chute du ciel; il n'est point sorti des enfers, et il va dans le troisième livre monter sur la terre. Aux approches des régions qu'éclaire le soleil, il se rappelle la beauté de cette lumière dont il ne jouit plus : perte cruelle pour tous les hommes, et surtout pour un Poète qui semble avoir plus à regretter qu'un autre le spectacle de la nature, si propre à inspirer des images riantes ! J'avoue néanmoins que la plainte de Milton est un peu longue; je vais l'abréger, et je ne craindrai pas d'en retrancher les noms de Thamyris, de Tirésias et de Phinée. C'est avec raison que Milton dans son triste état se compare à Homère, le prince des Poètes; mais les trois autres qui n'ont rien fait qui soit capable d'exciter sa jalousie, n'ont de commun avec lui que le malheur d'avoir été privés de la vue, et ce malheur fut pour tous trois un effet de la vengeance divine. Ce fut même par la punition des Muses que Thamyris en devenant aveugle perdit aussi l'esprit : comment donc Milton a-t-il pu le mettre au nombre de ces favoris des Muses qu'il veut imiter ? Doit-il dans son affliction, dont un accident naturel fut la cause, se comparer à ceux qui méritèrent la même affliction par un crime, et par un crime contre les Muses ? Cette seule remarque fait sentir ce qu'on doit penser de Milton. Voici sa plainte :

>Dans l'empire infernal trop long-temps arrêté,
>J'en sors, grâce au secours de la Divinité
>Qui daigne soutenir mes pas et mon courage.
>Je la suis, c'est sa main qui m'ouvrant un passage
>M'a fait descendre au sein des gouffres ténébreux,
>Et me fait remonter à cet empire heureux,
>O lumière du jour, qu'éclaire ta présence!
>Je t'approche, et déjà je sens ton influence.
>Mais inutile joie! O désirs superflus!
>A mes yeux affligés tu ne te montres plus.
>Ils te cherchent en vain, brillant flambeau du monde!
>Ils sont plongés ces yeux dans une nuit profonde.
>Cependant je parcours vos sentiers et vos bois,
>Soutenez donc mes pas, Muses, comme autrefois
>On vous vit par la main conduire votre Homère,
>Illustre compagnon de ma longue misère.
>Plein de ses entretiens, puissé-je comme lui
>Par de sublimes chants m'illustrer aujourd'hui!
>L'harmonieux oiseau qui ne se plaît qu'à l'ombre,
>Elève ainsi sa voix dans la nuit la plus sombre.
>   Tout meurt, et tout renaît. L'automne, tous les ans,
>Fait place au triste hiver que suit le doux printemps ;
>Les zéphirs en tous lieux ramènent la verdure ;
>Aux arbres dépouillés ils rendent leur parure;
>Et pour l'ordre constant d'une agréable loi,
>Tout revient, mais le jour ne revient pas pour moi.
>Fleurs, qui nous étalez vos peintures nouvelles;
>Roses, que du matin la fraîcheur rend si belles;
>Vous, filles de l'aurore, éclatantes couleurs,
>Vous ne pourrez donc plus m'adoucir mes malheurs!
>O troupeaux, que l'œil suit bondissant dans la plaine.
>Vos jeux ne pourront plus m'égayer dans ma peine!
>   Où vai-je dans ma perte étendre mes regrets,
>Lorsque de l'homme, hélas, je ne vois plus les traits!
>Je ne vois plus ce front, siège auguste, où Dieu même
>Fait briller un rayon de sa beauté suprême.
>Dans un affreux néant tout me semble abymé,
>Et pour moi la nature est un livre fermé.
>   Tandis que tout mortel à toute heure y peut lire,
>   Privé des doux transports que ce spectacle inspire,

Je n'ai plus devant moi que l'informe tableau,
Et que le plan confus d'un ouvrage si beau.
Etendus sur mes yeux, de funestes nuages
Y refusent l'entrée à toutes les images,
Et du soleil en vain j'implore le retour.
 Daigne allumer en moi l'éclat d'un nouveau jour,
Eternelle lumière, ô pure et sainte flamme,
Viens éclairer mon cœur, met des yeux dans mon âme.
Je veux, instruit par toi des secrets éternels,
Chanter ce que jamais n'ont vu les yeux mortels.

Si l'on critique Milton sur ses digressions, on peut aussi le critiquer sur une grande partie de ses comparaisons. Il n'est pas étonnant qu'elles soient au-dessous des objets auxquels il les veut appliquer. Les choses qu'il chante sont trop élevées au-dessus de tout ce que nous voyons, pour que la nature puisse lui fournir des objets proportionnés ; mais je désapprouve dans ses comparaisons une obscurité qu'il y jette souvent par son affectation à les remplir des termes d'une érudition inutile ; et je condamne surtout ces comparaisons tirées de la fable, qui sont si fréquentes dans son Poëme. Pourquoi comparer les démons aux chevaliers Bretons et Armoriques qui entourèrent le fils d'Uther; la matière du Soleil au vieux Protée desséché ; le Paradis Terrestre à la campagne d'Enna, où Proserpine fut enlevée ; Adam et Eve à Deucalion et Pyrrha ; la beauté d'Eve à celle de Diane, de Palès, de Pomone, de Cérès, etc.? Quand il représente Satan qui franchit d'un saut les remparts du Paradis terrestre, où il va pour séduire Adam et Eve, il a raison de le comparer à un loup carnassier qui s'élance dans l'enceinte où les troupeaux sont renfermés; mais peut-il le comparer encore aux mercenaires qui entrent sans mission dans l'Eglise? On trouve dans ce Poëme peu de comparaisons exactes, et presque toutes sont trop longues. Il faut excepter celle-ci qui est courte et hardie, par laquelle il veut peindre le trouble intérieur de Satan au moment qu'il entre dans le Paradis terrestre pour perdre le genre humain :

> Tout son forfait alors se présente à ses yeux ;
> Il s'arrête à l'aspect de ces aimables lieux.
> Sa rage en va troubler la demeure paisible ;
> Il s'émeut, et semblable à l'instrument terrible
> Qui recule au moment qu'il vomit le trépas,
> Il chancelle, il hésite, et recule d'un pas.

Milton est rarement heureux dans ses comparaisons, et presque toujours malheureux dans ses fictions. Il a cru devoir en inventer, parce que le Poëme épique doit vivre de fictions; et il est vrai que ce Poëme en doit vivre dans les sujets ordinaires, parce que le Poète y doit marcher de merveilles en merveilles. Mais comme tout est merveilleux dans le sujet que Milton avoit choisi, il n'étoit pas obligé d'y ajouter des merveilles de son invention. On est étonné de voir les démons, peu après qu'ils sont tombés dans le centre des tourmens, tandis que les flammes les dévorent, et que Méduse les empêche de boire dans le fleuve Léthé, s'amuser à des courses de chevaux, à des tournois, et à des concerts de musique; et d'autres plus graves faire dans des endroits écartés les philosophes et les théologiens, en raisonnant sur la Providence, la liberté, la prédestination, et la béatitude : on a peine à comprendre que la béatitude puisse être un sujet de controverse parmi les diables. On est peu curieux de l'architecture du *Pandæmonium*, parce que cette fiction est une puérilité. La voûte de cette salle est pleine de lampes qui répandent une lumière pareille à celle des cieux, et un moment auparavant le Poète a dit qu'il n'y a point de lumière en enfer. L'or est prodigué dans cette salle, « parce que, dit-il, la région de l'enfer mérite mieux » qu'une autre d'être infectée de ce poison; » et il a dit auparavant que les cieux étoient pavés d'or massif. Si

Milton étoit attaqué par des critiques aussi animés que ceux qui veulent détruire la réputation d'Homère, où en seroit-il ? Mais tout Poëte ne mérite pas la fureur des critiques comme Homère. Milton se contredit encore, quand après avoir représenté les portes du ciel qui sont ouvertes par les Heures, il les représente s'ouvrant d'elles-mêmes. Il dit que dans le ciel l'Aurore est éveillée par les Heures ; et en même temps il suppose un souterrain où la lumière et l'obscurité font une perpétuelle ronde qui cause l'agréable vicissitude du jour et de la nuit, pendant laquelle tout dort, excepté Dieu, et apparemment les anges qui sont de garde ; car il fait faire par eux dans le ciel une garde continuelle ; il y fait aussi dresser des tables où les anges boivent le nectar dans des coupes d'or. Il suppose qu'un ange, pour descendre du ciel dans le paradis terrestre, se coule rapidement sur un rayon du soleil. De pareils fictions, et celle du limbe de vanité prouvent que ce Poëme, comme je l'ai dit d'abord est rempli d'extravagances. La fiction dans laquelle il personnifie le péché et la mort, présente des images qui font horreur. Dans celle de cet abyme où règnent le chaos et la nuit, le Poëte a voulu peindre l'empire du désordre et de l'obscurité, et il nous égare si bien qu'on ne peut comprendre ce qu'il veut dire :

> Le prince des Démons que la vengeance anime
> Ose entrer dans le sein de cet antique abyme,
> Où la nuit primitive et le chaos affreux,
> De ce vaste univers, ancêtres ténébreux,
> Nourrissent dans l'horreur d'une longue anarchie
> Les guerres que toujours cause l'antipathie.
> Leur trône est soutenu par la confusion.
> Au chaos appartient toute décision,
> Roi sombre, dont la voix rend la nuit plus sinistre ;
> Prince dont le hasard est le premier ministre.

C'est à ce monarque que Satan adresse son discours ;

et le chaos, tout chaos qu'il est, y répond avec ordre et clarté. Lorsque Satan dans le paradis terrestre est prêt à combattre contre l'ange Gabriel, Milton suppose que l'Eternel prend ses balances d'or, car dans le ciel tout est d'or. L'imitation d'Homère est ici ridicule. Comment Dieu peut-il peser dans une balance un ange contre le diable ? Je m'étonne que la bataille des anges dans le ciel ait trouvé dans M. Addisson un admirateur. Quoique l'ange qui fait le récit, prévienne qu'il va donner des ombres corporelles aux choses spirituelles, quelles ombres épaisses ! On voit les anges rebelles tirer le nitre et le soufre des mines du ciel, pétrir le salpêtre, et forger des canons. Ces machines nouvelles étonnent la sainte armée, en troublent les bataillons, et font tomber ange sur archange ; l'épée de saint Michel qui fait tant de carnage, est comme la Durandal de Roland. Que servent toutes ces armes entre des combattans qui ne peuvent se détruire ? Ils sont immortels ; et l'on voit cependant un des mauvais anges fendu depuis la tête jusqu'à la ceinture ; on les voit arracher les montagnes du ciel, pour s'écraser à coups de rochers. Toutes les campagnes célestes sont ravagées, mais la présence du Messie rétablit tout :

> Armé de son tonnerre, au milieu des éclairs,
> Il vole à leur secours ; et son char fend les airs ;
> Il arrive, il paroît : le ciel change de face,
> Les monts déracinés retournent à leur place,
> Et de nouvelles fleurs les vallons sont couverts.

On a de la peine à comprendre dans le ciel, des montagnes, des vallons, des rochers, des fleurs, etc.

Je ne sais si je me trompe ; mais Milton que j'aime, quand il est dans l'enfer ou dans le paradis terrestre, me plaît beaucoup moins quand il se transporte dans le ciel, et qu'il veut faire parler Dieu et ses anges. Lorsque

Raphaël veut expliquer à Adam la nature de l'âme, ou que pour lui faire comprendre que les anges ont une nourriture, il lui dit que la terre nourrit la mer; que la terre et la mer nourrissent l'air; que le plus grossier des élémens nourrit le plus subtil, il est aussi peu philosophe que l'est Adam, quand il veut expliquer à Eve la nature des songes. Il me paroît encore que Milton fait prononcer des discours trop longs au Père Eternel, et qu'il lui fait répéter trop souvent cette vérité dont on ne peut douter, que les hommes ne tomberont que par leur faute, parce qu'ils ont reçu de lui tous les secours nécessaires pour pouvoir rester innocens. Il semble que le Père Eternel ait quelque reproche à craindre :

> J'ai créé l'homme libre; et pour l'être toujours
> Il a reçu de moi mes suffisans secours :
> S'il tombe, il n'aura point d'excuse légitime :
> Créé libre, à lui seul qu'il impute son crime.
> L'avenir m'est connu ; mais quand je le prévois,
> Ma science aux humains n'impose point de lois :
> Je le répète encor, j'ai créé l'homme libre.

Quand le Père Eternel recommande à Raphaël d'aller prévenir Adam et Eve que le démon songe à les perdre, il ajoute :

> Ils sont de leur bonheur les maîtres souverains :
> Après tous mes avis, leur sort est dans leurs mains,
> Ils n'allégueront point l'invincible ignorance.

Et lorsqu'il apprend que ce crime est arrivé, il dit aux anges :

> Des desseins de Satan j'ai prévu le succès :
> Je vous les ai prédits; cependant mes décrets
> N'ont point nécessité l'homme que j'ai fait libre :
> S'il est tombé, lui seul a rompu l'équilibre.

Dieu parle comme s'il avoit besoin de se justifier.

Milton est tombé dans les fautes que j'ai remarquées

en parlant de ses fictions, pour avoir voulu ajouter à son sujet des ornemens qui n'y étoient pas nécessaires. Il est presque toujours admirable, lorsque renfermé dans son sujet, il dépeint le trouble des enfers, la tranquillité de nos pères innocens, et leur confusion après leur chute. Ces trois objets qui nous mettent toujours devant les yeux l'horreur du crime, la félicité de l'innocence, et le malheur d'une créature qui a désobéi à Dieu, vont me fournir des exemples propres à faire connoître la beauté du génie de Milton.

L'action grande, une, et entière, qu'il va chanter, est préparée dès le commencement de son Poëme. Les démons précipités du ciel forment le dessein de se venger de Dieu sur ses nouvelles créatures destinées à remplir les places qu'ils ont perdues dans le ciel. Le récit du Poète commence au moment que ces anges foudroyés, étendus sur l'abyme, et d'abord évanouis, reviennent peu à peu de cet évanouissement, se reconnoissent, et examinent le lieu où ils se trouvent. Satan est le premier qui reprend ses forces et ses fureurs. Il lève la tête; et tournant les yeux de toutes parts, découvre l'étendue de son empire, quoique les flammes n'y répandent, suivant la bizarre expression du Poète, que des ténèbres visibles au lieu de lumière :

> A sa perçante vue il ne faut qu'un moment :
> Parcourant d'un coup d'œil l'empire du tourment,
> Centre de la douleur, où d'épaisses ténèbres
> Ne laissent échapper que des clartés funèbres,
> Il voit toute l'horreur de ce gouffre cruel
> Qui sera des remords le séjour éternel :
> Abyme qu'a creusé la céleste vengeance,
> Lieu terrible, où jamais n'entrera l'espérance !

Sur la porte de l'enfer, dit le Dante, sont écrites ces paroles :

> Lasciate ogni speranza voi ch'intrate.

La manière dont Satan quelque temps après prend possession de son nouveau royaume, fait connoître qu'il en est le digne roi :

> Puisqu'il me faut rester dans ces gouffres funestes,
> Adieu donc, champs heureux, et vous, plaines célestes.
> J'embrasse tes horreurs, fatal empire, et toi,
> Abyme ténébreux, accepte aussi ton roi.
> Je t'apporte un esprit que ta tristesse extrême
> Ne peut jamais changer, et qui seul en moi-même
> Fait de l'enfer un ciel, et du ciel un enfer.

Il fait espérer aux compagnons de sa chute que leur malheur n'est pas sans ressource, et que s'ils ont perdu la victoire, ils n'ont pas perdu le courage :

> Oui, du brillant séjour nous sommes tous chassés,
> Mon éclat est flétri, mes traits sont effacés ;
> Mais il me reste encore un cœur inébranlable,
> Une haine immortelle, un courage indomptable.
> Dieu nous a-t-il vaincus ? Non, non, tout son courroux
> Ne sauroit nous forcer à fléchir les genoux.
> Qui de nous lâche assez pour adorer un maître ?
> Comment pour souverain pourrions-nous reconnoître
> Celui qui nous a craints, et que j'ai vu trembler
> Sur ce trône éclatant que j'ai fait chanceler ?

Cet Esprit de mensonge et d'artifice ose tirer de l'horreur même de l'enfer une raison de consolation, et un motif pour encourager ses compagnons. Ils n'auront point entr'eux de sujets de jalousie ; et leur union dans cet affreux séjour va faire leur force contre Dieu :

> Choisi par vous, j'accepte un trône redoutable
> Qu'affermit des périls une foule innombrable.
> Nous pouvions dans le ciel, l'un de l'autre jaloux,
> Pour les honneurs du rang disputer entre nous,
> Mais quel seroit ici le sujet d'une guerre ?
> Je suis au plus haut rang le plus près du tonnerre.
> Je règne dans les lieux où règnent les tourmens,
> Et mon sceptre m'expose aux plus grands châtimens.

Qui voudroit m'envier ma dignité fatale ?
Quels yeux pourroit tenter ma couronne infernale ?
Tous d'accord malgré nous dans ce funeste lieu,
Nous y réunirons nos fureurs contre Dieu.

Quelque étonnante vivacité que Milton ait répandue dans les discours de Satan, et dans ceux des autres démons, pour dépeindre l'orgueil, l'envie, la vengeance et l'obstination, il n'a point épuisé dans cette peinture toute la force de son imagination. Il la ranime dans ce monologue où Satan forcé de se reconnoître criminel et malheureux, paroît saisi de quelques remords ; mais les remords de l'Esprit d'orgueil ne servent qu'à le rengager plus avant dans le crime et dans l'impénitence. En approchant de la terre il aperçoit le soleil, et il adresse ces paroles à cet astre qu'il voit pour la première fois, et qui ne peut que déplaire au prince des ténèbres :

Toi dont le front brillant fait pâlir les étoiles ;
Toi qui contrains la nuit à retirer ses voiles,
Triste image à mes yeux de celui qui t'a fait,
Que ta clarté m'afflige et que mon cœur te hait !
Ta splendeur, ô soleil, rappelle à ma mémoire
Quel éclat fut le mien dans le temps de ma gloire.
Elevé dans le ciel près de mon souverain,
Je m'y voyois comblé des bienfaits que sa main
Sans se lasser jamais versoit en abondance ;
Mais je me suis lassé de la reconnoissance ;
Et cependant de moi qu'exigeoit-il de plus ?
Hélas, je dois mes maux aux biens que j'ai perdus !
Ivre de ma grandeur jusqu'à me méconnoître,
J'ai cru que je pouvois m'égaler à mon maître.
Moins voisin de son trône, aurois-je osé tenter,
Aurois-je osé former le dessein d'y monter ?
Gloire pernicieuse, honneur, source de peine !
Amour d'un Dieu pour moi plus fatal que sa haine,
Sois maudit : ou plutôt sois toi-même maudit.
Déchiré de remords, et de honte interdit,
N'impute, malheureux, ton malheur qu'à toi-même.
Où pourras-tu cacher ton désespoir extrême ?

Et comment te sauver de ta propre fureur ?
L'enfer te suit partout, tu trouves en ton cœur
Un vuide plus immense, un plus affreux abyme,
Que ces gouffres profonds où t'a plongé ton crime.
Repens-toi, si tu peux encor te repentir ;
Change, si ta fierté veut bien y consentir.
Moi, que je me repente, et que je m'humilie !
Que Satan se soumette, et que Satan supplie !
Que diroient ces guerriers qui m'appellent leur roi ?
Ils suivent mes drapeaux, ils espèrent en moi.
Mais, hélas, au milieu d'une cour qui m'honore,
Que ce sceptre brûlant me pèse et me dévore,
Et que me coûtent cher mes terribles honneurs !
Si je suis le premier, je le suis en malheurs.
Eh bien, repens-toi donc : ose demander grâce ;
Tente de remonter à ta première place.
Ah, je rétracterois, je connois trop mon cœur,
Des sermens que m'auroit arrachés la douleur ;
J'attaquerois encore un Dieu que je déteste,
Et ma seconde chute en seroit plus funeste.
Non, non, point de pardon. Fuyez, crainte, remords,
De la seule fureur écoutons les transports.
Plus de paix, plus de grâce ; adieu toute espérance,
Je vais à l'Eternel opposer ma puissance.
Qu'il soit le Dieu du bien, je suis le Dieu du mal.
L'empire est partagé, je deviens son égal.
Je saurai soutenir une éternelle guerre,
Et j'aurai comme lui mes autels sur la terre.

Dans tous les discours de Satan, on admire avec raison la sagesse du Poète, qui en faisant parler cet esprit de fureur, à qui tout est permis, loin de lui faire vomir des blasphèmes capables de révolter les oreilles sages, trouve l'art de faire respecter la grandeur de Dieu, par les paroles même que la rage dicte à son ennemi. Satan laisse toujours connoître malgré lui combien il est convaincu de la puissance de celui qu'il ose braver, et combien il regrette la félicité qu'il a perdue par son orgueil.

On admire également la sagesse du Poète dans les

discours tendres qu'il met dans la bouche d'Eve et d'Adam. Il y sait unir la vivacité de l'amour avec la pureté de l'innocence; et tout paroît saint dans l'union de deux créatures si saintes. C'est par leurs portraits qu'il termine la description du Paradis terrestre :

> Ce lieu délicieux, ce paradis charmant,
> Reçoit de deux objets son plus bel ornement ;
> Leur port majestueux, et leur démarche altière,
> Semblent leur mériter sur la nature entière
> Ce droit de commander que Dieu leur a donné.
> Sur leur auguste front de gloire couronné,
> Du souverain du ciel brille la ressemblance ;
> Dans leur simples regards éclate l'innocence,
> L'adorable candeur, l'aimable vérité,
> La raison, la sagesse, et la sévérité
> Qu'adoucit la prudence, et cet air de droiture
> Du visage des rois respectable parure.
> Ces deux objets divins n'ont pas les mêmes traits :
> Ils paroissent formés, quoique tous deux parfaits,
> L'un pour la majesté, la force et la noblesse ;
> L'autre pour la douceur, la grâce et la tendresse :
> Celui-ci pour Dieu seul, l'autre pour l'homme encor.

Milton qui a voulu dépeindre la perfection de la nature humaine dans l'état d'innocence, nous fait voir que le caractère parfait d'une femme consiste dans la tendresse la plus vive pour son époux, accompagnée d'une soumission respectueuse, dont elle fait son bonheur. Quand l'ange vient les voir, c'est elle qui va préparer le repas, et qui les sert à table. Tandis que l'ange raconte la révolte des esprits orgueilleux, et la création du monde, elle écoute en silence, et n'interroge jamais. Lorsque le récit est fini, et qu'Adam interroge l'ange pour lui demander les secrets de la nature, elle se lève et se retire avec modestie, non qu'elle soit ennuyée de ses discours, mais elle veut se réserver le plaisir d'interroger Adam sur les mêmes questions, quand elle sera seule avec lui, pour recevoir de lui sa science, comme elle en reçoit ses lois. Quelle tendresse, et quel respect dans ces paroles qu'elle lui adresse :

> Souverain que le ciel a voulu me donner,
> C'est à moi d'obéir, c'est à toi d'ordonner.
> Le Seigneur est ta loi, tu dois être la mienne.
> Heureuse qu'avec moi mon époux s'entretienne,
> Je n'aime qu'à l'entendre ; et le son de sa voix
> Me rend indifférente à tout ce que je vois.
> J'oublie en t'écoutant tout ce que la nature
> Etale à mes regards de pompe et de parure :
> Ces étoiles sans nombre éparses dans les cieux,
> Cette terre féconde en fruits délicieux,
> Ces fleurs que du soleil les rayons font éclore ;
> Ces oiseaux dont les chants nous annoncent l'aurore ;
> Sans toi tous ces plaisirs ne seroient rien pour moi :
> A mes yeux, cher époux, rien n'est beau qu'avec toi.

Au matin lorsqu'elle se réveille, son premier mouvement est de se féliciter de ce qu'elle revoit son époux et le soleil :

> A l'époux qu'elle embrasse elle adresse ces mots :
> « O toi qui de mon âme est le parfait repos,
> » De toutes mes vertus admirable modèle,
> » Noble appui de ma gloire, et sa source immortelle,
> » De ta chère présence, et de l'astre du jour,
> » Quelle joie en mon cœur ramène le retour ! »

Il est naturel à deux créatures qui n'existent que depuis peu de temps, de s'entretenir des premières pensées qu'elles eurent au moment qu'elles sortirent du néant. Eve les raconte à Adam, et Adam les raconte à l'ange qui vient converser avec lui. Je vais rapprocher ces deux endroits, afin qu'en les comparant ensemble, on remarque de quelle manière Milton a su donner à Eve les premières pensées naturelles à la femme, et à Adam celles qui convenoient à l'homme. Voici ce que raconte Eve à son mari :

> Je me rappelle encore l'instant où la lumière
> Pour la première fois vint frapper ma paupière,

> Et fit ouvrir mes yeux éblouis de ses traits.
> Aux bords d'un bois charmant, sous un ombrage frais,
> Sur un tapis de fleurs mollement étendue,
> Ce fut sur moi d'abord que je jetai la vue.
> Quel trouble me saisit! Quels pensers sont les miens!
> J'ignore qui je suis, où je suis, d'où je viens.
> D'une grotte voisine un bruit se fait entendre;
> J'aperçois sur la plaine une onde se répandre.
> Sa tranquille surface est si belle à mes yeux,
> Que j'y crois retrouver la pureté des cieux.
> Je cours l'examiner; sur elle je m'incline.
> Une image sur moi se baisse et m'examine.
> Je tressaille et recule; à l'instant je la voi
> S'effrayer, tressaillir, reculer comme moi.
> Lorsqu'un charme inconnu me ramène vers elle,
> Vers moi ce même charme aussitôt la rappelle;
> Et d'une égale ardeur dans les mêmes momens,
> Toutes deux nous sentons les mêmes mouvemens.
> Une voix qui m'arrache à cet objet que j'aime,
> Me crie en cet instant: « Cette image est toi-même;
> » Une ombre fugitive amuse ici tes yeux.
> » Accours où tu m'entends, viens trouver dans ces lieux
> » Un objet dont toi seule es la parfaite image.
> » L'aimer, en être aimée, est ton plus doux partage.
> » Faits l'un pour l'autre, unis par un étroit lien,
> » Il fera ton bonheur, et tu feras le sien. »
> J'obéis; et cédant au charme qui m'entraîne,
> J'avance, et je te vois étendu sous un chêne.
> Tremblante à ton aspect, je recule, et je fuis.
> « Tu m'appelles, chère Eve, attends-moi, je te suis!
> » Que ma tendre moitié s'arrête et m'entretienne!
> » Que craint-elle?.... » A ces mots ta main saisit la mienne;
> Ton air majestueux m'imprime le respect,
> Je m'arrête, etc.

Il semble que ce soit avec raison que Milton ait donné à la femme au moment de sa création, pour premier soin, celui de se contempler, et de s'admirer dans un ruisseau; il donne à l'homme dans le même moment des pensées plus élevées. C'est ainsi qu'Adam les raconte à l'ange:

> Comme d'un long sommeil tout-à-coup arraché,
> J'ouvre les yeux, je vois que sur les fleurs couché,

D'un aimable gazon je presse l'herbe tendre.
Mais un objet plus grand vient bientôt me surprendre :
De ce ciel qui sur moi s'étend de toutes parts,
La voûte lumineuse attache mes regards ;
Et dans l'étonnement que sa grandeur m'inspire,
Vers elle je ne sais si quelqu'instinct m'attire.
Quoiqu'il en soit, pressé par un prompt mouvement,
Je me lève, et demeure immobile un moment.
Je découvre des prés, des côteaux, des montagnes,
Des arbres, des vallons, des forêts, des campagnes.
Je vois de tous côtés des animaux divers
Qui marchent sur la terre, ou volent dans les airs.
Dans un canal que borde une aimable verdure,
D'un pas majestueux s'avance une onde pure ;
J'entends autour de moi murmurer des ruisseaux,
Et je prête l'oreille au concert des oiseaux.
Enchanté de l'éclat que tant de fruits étalent,
Parfumé de l'odeur que tant de fleurs exhalent,
Je sens mon cœur saisi d'agréables transports.

 Je reviens à moi-même, et regarde mon corps.
Je veux marcher, courir, mes desirs s'accomplissent :
Je veux lever mes bras, et mes bras m'obéissent.
Qui peut régler en moi mes mouvemens, mes pas ?
Je commande à ce corps que je ne connois pas.
Ainsi que je l'ordonne, il s'avance ou s'arrête.
Je veux former des sons, ma langue est toute prête.
En mots articulés j'entends sortir ma voix.
Soudain donnant des noms à tout ce que je vois,
Je m'écrie : « O Soleil, adorable lumière !
» O terre, heureux séjour ! O fontaine, ô rivière,
» O vous, charmans vallons, à mes regards si doux !
» Animaux qui vivez, je vous appelle tous.
» Venez, et dites-moi, vous le savez peut-être,
» Comment, par quelle main, pourquoi j'ai reçu l'être.
» Non, non, je ne suis pas moi-même mon auteur,
» Et je sens que je dois bénir un Créateur.
» Je lui dois tout : il est mon bienfaiteur, mon maître.
» Terre qui me soutiens, fais-le-moi donc connoître. »
 Je m'éloigne à ces mots des lieux où le soleil
A de ses doux rayons éclairé son réveil,
Où depuis un moment, dans l'air que je respire,
J'adresse ainsi ma voix à tout ce que j'admire,
Et je quitte ces lieux où rien ne me répond.
J'avance : partout règne un silence profond.

Alors pour méditer je cherche quelque ombrage,
Et vais, en soupirant, m'asseoir sous un feuillage.
C'est là que le sommeil, pour la première fois,
M'approche, me saisit, m'enchaîne sous ses lois.
A sa douce langueur sans peine j'abandonne
Et mes sens, et mes yeux, qu'un nuage environne.
Je tombe; et crois déjà, prêt à m'anéantir,
Que je rentre en l'état d'où je viens de sortir;
Mais un songe qui m'offre un objet que j'ignore,
M'assure que j'existe, et que je vis encore, etc.

Je viens maintenant à ce moment fatal où l'action du Poëme arrive, et où le Paradis terrestre est perdu. Milton, pour montrer qu'Adam n'a péché que par complaisance pour sa femme, veut qu'Eve soit seule quand elle sera attaquée par le démon. Pour séparer deux personnes qui ne se quittent jamais, il suppose qu'Eve veut travailler seule à la culture des arbres. Elle prend pour prétexte, que quand elle y travaille avec Adam, trop occupés l'un et l'autre, ils se détournent continuellement, et leur ouvrage n'avance pas. Adam lui représente qu'il leur est dangereux de se séparer, parce qu'ils ont un ennemi qui cherche à les perdre, et qu'ils seront plus forts contre lui, s'il les trouve toujours ensemble. Eve lui demande s'il doute de la constance qu'elle aura toujours, quoique seule, à remplir ses devoirs. La réponse d'Adam est pleine de douceur et de tendresse:

« Veux-tu dans tes devoirs me prouver ta constance ?
» Rends-moi certain d'abord de ton obéissance.
» Je tremblerai pour toi si j'en suis séparé.
» Reste ici; toutefois restant contre ton gré,
» Hélas, tu n'en serois encore que plus absente !
» Si ma prière enfin, chère Eve, est impuissante,
» Va, pars, je ne sais pas te contraindre un moment :
» Oui, pars, si tu le veux ; mais reviens promptement. »
« Tu me le permets donc, cher époux, je te quitte, etc. »

Eve se hâte de prendre pour une permission un consentement donné par complaisance : elle le quitte, et s'écarte. Le serpent qui la voit seule s'approche d'elle, et pour en obtenir une audience favorable commence par faire l'éloge de sa beauté. Il sait de quelle manière on doit préparer l'attention d'une femme :

> Vous qui seule sur nous méritez de régner ;
> Vous qui seule en ces lieux devez tout étonner,
> Ne vous étonnez pas, souveraine du monde,
> Vous que de vos sujets l'humilité profonde
> N'adore qu'en tremblant, ne vous étonnez pas
> Si jusques à vos pieds j'ose avancer mes pas ;
> Et ne m'alarmez point par un regard sévère.
> Pourroient-ils s'allumer du feu de la colère
> Ces yeux pleins de douceur et de sérénité,
> Qui des cieux les plus purs surpassent la beauté ?
> Tout m'imprime déjà le respect et la crainte,
> L'auguste majesté sur votre front empreinte,
> Et cette solitude où j'ose vous troubler.
> Je n'approche de vous que pour vous contempler ;
> Et lorsqu'à ce dessein votre beauté m'anime,
> Si je suis criminel, vos charmes font mon crime.
> Nous adorons en vous le Dieu qui nous a faits.
> Sa plus brillante image éclate dans vos traits.
> Vous devez comme lui recevoir nos hommages ;
> L'Eternel vous soumet la terre et ses ouvrages ;
> Obéir à vos lois est leur plus grand honneur ;
> Contempler vos appas est leur plus grand bonheur.
> Non, non, vous ne pouvez être trop admirée.
> Cependant à regret je vous vois entourée
> D'animaux, troupe aveugle, et digne de mépris.
> D'un objet tout divin connoissent-ils le prix ?
> L'homme, je l'avouerai, dans ce lieu solitaire,
> L'homme qui le connoît semble fait pour vous plaire.
> Mais ne devez-vous donc charmer qu'un spectateur ?
> Tant d'attraits n'auront-ils qu'un seul adorateur ?
> Reine digne en effet de commander aux anges,
> Quand les verrai-je tous, célébrant les louanges,
> De l'objet qui nous charme, et qui doit les ravir,
> Se disputer entre eux l'honneur de vous servir ?

Un exorde si artificieux prépare au succès. Eve séduite

mange le fruit de cet arbre défendu, et en emporte une branche qu'elle offre à son époux, sitôt qu'elle le retrouve. Adam par complaisance se rend coupable comme elle. Tous deux contens, et sans réfléchir sur leur crime s'endorment. Mais après un sommeil agité ils se réveillent; et Adam reconnoissant le premier la faute qu'ils ont commise, dit à son épouse :

>Devois-tu donc ouvrir ton oreille et ton cœur
>Aux vains raisonnemens du monstre séducteur ?
>Que je vais payer cher un moment de foiblesse !
>Hélas, réservois-tu ce prix à ma tendresse ?
>L'imposteur disoit bien que nous serions changés.
>Dans quel état honteux nous nous trouvons plongés !
>Oui, le voile est rompu, sans doute nos yeux s'ouvrent.
>Mais quel funeste coup ? Quel désastre ils découvrent :
>Le bien que nous perdons, et le mal qui nous perd ;
>Le ciel pour nous fermé, l'enfer pour nous ouvert !
>Détestable savoir ! Fatale connoissance !
>Nud, dépouillé d'honneur, et vuide d'innocence,
>Je rougis de me voir, et je vais désormais
>Me cacher dans le sein des bois les plus épais.
>O cèdres, redoublez vos ombres favorables !
>O chênes, étendez vos branches innombrables !
>Puissé-je du soleil évitant la clarté,
>Rester enseveli dans votre obscurité !

Adam se rappelle alors la prière qu'il avoit faite à Eve de ne pas se séparer de lui. Ce malheur ne seroit point arrivé si elle ne l'eût point quitté, et il lui fait ce reproche sans aigreur :

>« Quand pour te retenir je te faisois entendre
>» Qu'un ennemi caché cherchoit à nous surprendre ;
>» Quand je te conjurois de ne me point quitter,
>» Un seul moment, hélas, devois-tu l'écarter ? »
>Eve rougit alors ; ce reproche la touche.
>« Ah, quel mot, lui dit-elle, est sorti de ta bouche !
>» Qu'eût produit ta présence ? En nous trouvant tous deux,
>» Crois-tu que le serpent eût été moins heureux ?
>» Il t'eût séduit toi-même, et le premier peut-être.
>» Mais tu me connoissois, n'étois-tu pas le maître ?

» Que ne m'ordonnoi--tu de rester près de toi ?
» N'avois-tu pas, cruel, tout empire sur moi ?
» Oui, sans ta malheureuse et lâche complaisance,
» Nous nous verrions encor tous deux dans l'innocence. »
« Ingrate, voilà donc l'amour que tu me dois,
» Dit Adam, courroucé pour la première fois.
» Je me vois ta victime, et c'est toi qui m'accuses, etc. »

C'est ainsi que Milton, sans tomber dans aucune puérilité indigne du Poëme épique, dépeint le caractère d'une femme, qui après avoir arraché de la complaisance de son mari un consentement qu'il ne vouloit pas donner, veut encore le rendre coupable de cette complaisance qu'il a eue pour elle, et loin d'avouer qu'elle a tort, rejette tout le tort sur lui. Milton suppose que la femme avoit déjà ce caractère dans le Paradis terrestre.

Lorsque le fils de Dieu leur a prononcé leur jugement, et leur a annoncé qu'ils vont être chassés du Paradis, et qu'ils mourront, Adam va seul s'abandonner à sa douleur, et s'écrie :

O d'un si beau séjour courtes félicités!
D'un Paradis charmant rapides voluptés!
Cruel et prompt revers! Je ne fais que de naître;
Et je vois pour toujours mon bonheur disparoître!
Peut-être en ma douleur je serois consolé,
Si de mon châtiment j'étois seul accablé.
Mais que je vous prépare un funeste héritage,
Infortunés enfans que de loin j'envisage !
Combien de fois, contraints par votre sort affreux,
Maudirez-vous l'auteur de vos jours malheureux!
Ah, si Dieu sur moi seul épuisoit sa colère !
Qu'as-tu dit, misérable ? O souhait téméraire!
Pourrois-tu soutenir, mortel audacieux,
Un fardeau plus pesant que la terre et les cieux !
. . . .
La nuit n'est plus pour lui ce temps où la nature
D'une tranquillité si charmante et si pure,
A son maître innocent ménageoit la douceur.
De cette nuit qu'il craint la lugubre noirceur

SUR LA POÉSIE.

Le plonge plus avant dans l'horreur de son crime.
Accablé de remords sous le poids qui l'opprime,
Il tombe; et sur la terre étendu tristement,
Du jour qui l'a vu naître il maudit le moment.
Il appelle la mort : « Eh pourquoi tarde-t-elle ?
» Hélas, que sa lenteur, disoit-il, est cruelle !
» Qu'elle tranche mes jours, et j'en souffrirai moins.
» De mes plaisirs passés vous qui fûtes témoins,
» Vous qui retentissiez de mes chants d'allégresse,
» Mes pleurs vont désormais sur vous couler sans cesse,
» Bois, fontaines, vallons, témoins de mes tourmens,
» Vous ne répondrez plus qu'à mes gémissemens. »

Le crime avoit commencé par rompre cette admirable union qui régnoit entre Adam et Eve. Le malheur les réconcilie; et lorsqu'après avoir entendu leur arrêt ils ont perdu toute espérance, Eve se repent la première; et rétractant ce que la vivacité lui avoit fait dire à son époux, elle reconnoît qu'elle a eu tort de lui désobéir, en se séparant de lui, lorsqu'il la prioit de ne le point quitter. Elle se jette à ses pieds, et lui adresse ces paroles si humbles :

Prends pitié, cher époux, de ma misère extrême.
J'en atteste le ciel qui sait combien je t'aime,
Et pour toi quel respect est gravé dans mon cœur :
J'ai cru par imprudence un mensonge flatteur ;
Mais pardonne une erreur que le remords efface.
Vois mes larmes couler sur tes pieds que j'embrasse.
Quand sur moi tant de maux fondent de toutes parts,
Me refuserois-tu tes consolans regards ?
Je n'espère qu'en toi dans ce moment funeste,
Voudrois-tu me priver du seul bien qui me reste ?
Désarme ton courroux; cesse de me punir :
Cher époux, l'un et l'autre il faut nous soutenir.
Passons en paix les jours qui nous restent à vivre;
Tu me verras partout t'écouter et te suivre.
Un ennemi commun rit de notre tourment;
Unissons contre lui notre ressentiment :
C'est moi que sa fureur rend la plus misérable.
Oui, de nous deux c'est moi qui suis la plus coupable :

Si tu l'es envers Dieu, tu l'es ainsi que moi ;
Mais pour comble de maux je le suis envers toi.
Hélas, si je pouvois détourner de ta tête
Tout le poids du courroux que ce Dieu nous apprête,
Je lui demanderois par mes cris, par mes pleurs,
Qu'il ne frappât que moi, source de tes malheurs :
Je suis le seul objet de sa juste colère.
    Elle attendrit enfin par cet aveu sincère,
Par son humble posture et ses ardens soupirs,
Adam, qui voit l'objet de ses premiers plaisirs,
Cette aimable compagne à ses pieds prosternée ;
Pleine de sa douleur, dans ses larmes baignée.
Il gémit, la relève, et pour la rassurer :
    Imprudente, dit-il, oses-tu desirer
Que sur toi seule éclate un si terrible orage ?
Contente-toi des maux qui seront ton partage.
Tu ne peux seulement soutenir mon courroux :
Et comment de ce Dieu soutiendrois-tu les coups ?
Je dirois, pour calmer sa fureur vengeresse,
Que j'ai trop exposé ton sexe et ta foiblesse ;
Je dirois que c'est moi qui suis seul criminel,
Si je pouvois changer son décret éternel.
Faut-il dans un malheur aussi grand que le nôtre,
Chercher à nous aigrir encor l'un contre l'autre ?
Non, non, vivons en paix, ne nous accusons plus :
Nous ne serons, hélas, que trop tôt confondus !

Quelque coupables qu'ils soient, ils paroissent à plaindre. Ce spectacle inspire la terreur et la pitié. Cette pitié que redouble leur sincère repentir, augmente encore au moment où l'archange vient leur annoncer qu'il faut sortir du Paradis terrestre pour aller vivre sur la terre, la demeure des criminels. Eve s'écrie alors :

Séjour des vrais plaisirs, ô tranquilles ombrages,
Agréables gazons, chers et rians bocages,
Faut-il que je renonce au bonheur de vous voir !
Vous que je visitois le matin et le soir ;
Vous qu'arrosoient mes mains de cette onde si pure,
Fleurs dont j'entretenois la charmante parure,
Qui toutes receviez de moi des noms si doux ;
Quelles mains désormais vont prendre soin de vous ?
Et toi, lit nuptial, objet de ma tendresse,
Berceau délicieux où j'apportois sans cesse

SUR LA POÉSIE.

>Les parfums les plus purs et les plus belles fleurs,
>Faut-il, en vous quittant, entrer dans les horreurs
>De cette terre inculte où règne la misère,
>Désert inhabité, séjour de la colère?

Adam quitte le Paradis terrestre avec les mêmes regrets; mais ses regrets ont des motifs plus relevés. Ce ne sont ni les bocages, ni les fleurs, ni le lit nuptial qui l'occupent :

>Je me soumets sans peine aux ordres de mon Dieu;
>Et lorsqu'en soupirant je quitte ce beau lieu,
>Je regrette un séjour qu'habitoit l'innocence,
>Et que de Dieu souvent honoroit la présence :
>Partout où je l'ai vu je l'aurois adoré.
>Un jour à mes enfans de respect pénétré,
>J'aurois dit : « Sur ce mont il fit briller sa gloire ;
>» Ici, (bonheur encor plus cher à ma mémoire !)
>» A l'ombre de ce chêne il vint m'entretenir :
>» Ah, mes fils, n'en perdez jamais le souvenir ! »

Les morceaux que je viens de citer de Milton suffisent pour donner une grande idée d'un Poëme qui étant si parfait dans l'ordonnance, est rempli des plus grandes images. Le génie de Milton étoit naturellement porté au sublime ; et dans le cours du Poëme on en trouve plusieurs autres exemples que je n'ai point encore rapportés, comme ceux-ci :

Au moment que le crime entre sur la terre, quand Eve succombe à la tentation de manger du fruit défendu,

>A peine elle eut touché ce fruit fatal au monde,
>Que la terre sentit sa blessure profonde ;
>Et par un long soupir jusqu'au ciel entendu,
>La nature annonça que tout étoit perdu.

Cette consternation redouble quand Adam succombe aussi :

>Aux nouvelles douleurs qui la viennent saisir,
>La terre qui s'émeut pousse un second soupir ;
>Le ciel même s'attriste, et répand quelques larmes :
>Le tonnerre en grondant répond à ses alarmes.

Quand le Messie part, et vient pour terrasser les anges rebelles :

> De son foudre vengeur, prêt à les accabler,
> Il s'avance, il se hâte ; et son char fait trembler
> Tout le ciel, hors le trône où l'Eternel réside.

Le Messie paroît, et sa présence répare tout le désordre que les combattans ont fait en déracinant les montagnes :

> Il arrive, il paroît, le ciel change de face,
> Les monts déracinés retournent à leur place.

Lorsqu'Adam, à qui l'ange découvre l'avenir dans une vision, aperçoit un homme mourant, il fait cette réflexion si naturelle, qu'il adresse à l'ange :

> De quel spectacle affreux tu me rends le témoin !
> Je connois donc la mort, et je la vois de loin :
> Est-ce ainsi que je dois retourner dans la poudre ?
> Le même sort m'attend, il faut donc m'y résoudre.
> Objet que sans horreur je ne puis contempler,
> Triste mort, de quel coup tu viendras m'accabler !

Et lorsque dans la même vision il entend le bruit d'un combat, étonné de la fureur des hommes, il s'écrie :

> Qu'entends-je ? Quelle horreur, et quel carnage affreux !
> Ministres de la mort, ils s'égorgent entre eux.
> Eh, comment pourroient-ils, ces monstres sanguinaires,
> Faire sentir leur rage à d'autres qu'à leurs frères ?

Enfin, l'on ne peut lire la description du triomphe du Fils de Dieu, lorsque dans toute sa gloire, il part du ciel pour aller tracer dans le chaos la circonférence de l'univers qu'il va créer, sans reconnoître dans le Poète un génie sublime, quoique l'image du compas ne plaise pas également à tout le monde, et quoiqu'on n'entende pas ce que le Poète veut dire par ces portes du ciel, ces flots, ces vents, etc. qui précèdent la création de l'univers.

Je rappelle ici cet endroit remarquable, où le Père Éternel ordonne à son Fils d'aller tirer l'univers du néant :

> Alors ce Fils paroît de rayons couronné,
> De puissance, d'amour, de gloire environné.
> La Sagesse le suit, sa compagne ordinaire,
> Et dans sa majesté brille en lui tout son Pere.
> Au-devant de son char accourent Chérubins,
> Anges, Trônes, Vertus, Puissances, Séraphins;
> Et du ciel, à l'aspect de ces saintes cohortes,
> Sur leurs gonds éclatans s'ouvrent les larges portes,
> Qui rendent en s'ouvrant un son harmonieux.
> Le roi de gloire arrive aux limites des cieux,
> Et voit l'affreux séjour du trouble et du ravage,
> Noir océan qu'agite un éternel orage,
> Royaume du désordre, empire du chaos,
> Où l'on entend gronder et les vents et les flots.
> Dans cet abyme obscur le Fils de Dieu s'avance :
> « Mer, suspends ta fureur; vous, flots, faites silence. »
> Il parle, tout se tait : il prend le compas d'or,
> Compas qu'il a tiré de l'éternel trésor ;
> Et tandis qu'un des pieds reste au centre immobile,
> L'autre dans le chaos tourne à sa main docile.
> « Vaste circonférence, étends-toi jusqu'ici :
> » C'est la tienne, Univers, que je décris ainsi. »
> Il dit; le ciel paroît, etc.

Par la magnificence des descriptions, et la grandeur des pensées, la lecture de Milton inspire à l'âme une élévation que la lecture du Tasse n'inspire point. Je ne songe point à les comparer ensemble ; mais ce que j'avois dit de l'imitation des anciens m'a engagé à parler de Milton; et je veux seulement faire remarquer qu'on trouve en lui une élévation qu'il doit à Homère dont il étoit rempli, et qu'il avoit pris pour son modèle. Il y a apparence que s'il eût commencé son Poëme plus jeune, il l'eût, avec plus de travail, rendu beaucoup meilleur; mais suivant les vers que j'ai cités, il écrivoit dans le déclin de sa vigueur, et il étoit alors

> Engourdi par le froid du climat et des ans.

La fortune de ce Poëme fut singulière. L'auteur eut beaucoup de peine à trouver un libraire assez hardi pour se charger de l'impression. La crainte des libraires étoit fondée, puisque l'ouvrage imprimé resta inconnu, et étoit encore comme dans l'oubli, lorsque plusieurs années après sa naissance, il en fut tiré par M. Addisson, qui en fit remarquer les beautés. Ce Poëme resta si long-temps dans l'oubli, ou parce qu'il n'attira point la curiosité par son sujet, ou parce qu'il ne charma point les oreilles par l'expression, ou enfin parce qu'on ne put reconnoître que fort tard les beautés véritables qui s'y trouvent comme noyées dans une mer de fictions ridicules.

CHAPITRE X.

Des causes de la décadence des esprits.

Lorsque nous entendons aujourd'hui des personnes avancées en âge se plaindre de ne plus trouver parmi nous, pour la Poésie, la Peinture, et tous les arts où l'on excelle par le génie, des hommes pareils à ceux qu'ils connurent autrefois, nous ne pouvons regarder leurs plaintes, ni comme une suite ordinaire des chagrins de la vieillesse, qui regrette l'ancien temps, ni comme une suite de la malignité humaine, qui ne loue le passé que pour rabaisser le présent dont elle est toujours mécontente. L'amour propre ne peut nous aveugler jusqu'au point de ne pas reconnoître la supériorité de nos pères sur nous. Ce n'est pas que notre siècle n'ait aussi ses hommes illustres; mais puisque c'étoit aux Achille même et aux Agamemnon que le Nestor d'Homère disoit : « J'ai fréquenté autrefois des hommes qui valoient » mieux que vous : non, je ne verrai jamais de si grands » personnages que Thésée, Pirithoüs, etc. » Si nous entendions dire de même à quelque Nestor : « Non, je ne » verrai jamais de si grands personnages que Corneille, » Molière, le Poussin, etc. » Ne serions-nous pas forcés de lui répondre, comme Agamemnon : « Sage vieillard, » vos paroles sont pleines de vérité? »

A ce même reproche les Romains eussent fait la même réponse peu de temps après la mort d'Auguste : ils ne pouvoient se cacher qu'ils avoient dégénéré, quand ils se rappeloient la gloire de leurs pères. Un de leurs écrivains * qui vivoit sous Tibère, déploroit déjà la décadence des esprits. Sénèque le rhéteur s'unissoit à lui pour faire la même plainte. Il regrettoit les beaux temps de Rome qu'il avoit vus dans sa jeunesse, et s'écrioit avec douleur, que les esprits décroissoient de jour en jour; que l'éloquence disparoissoit, et que Rome n'étoit plus reconnoissable.

Le même malheur arriva aux Grecs après la mort d'Alexandre. Les lettres qui sous ce prince et sous son père, avoient répandu un si grand éclat, s'obscurcirent bientôt, et peu de temps après on ne trouva plus un seul homme digne d'attirer les regards dans cette Athènes qui avoit été le domicile de tant de grands hommes, la source primitive du bon goût, et le théâtre de la gloire de l'esprit humain.

Telles ont été les révolutions des lettres parmi les nations qui les ont le plus aimées. Après avoir été long-temps à croître et à s'affermir, elles ont passé presque subitement à un point de grandeur dont la durée n'a pas été longue ; et le temps de leur chute a été plus court que le temps de leur élévation. Le soleil, après avoir été long-temps enveloppé de nuages, a brillé tout-à-coup dans son midi, et s'est ensuite précipité dans son couchant. On diroit que la nature se prépare long-temps à former les grands génies, qu'elle se hâte de les enfanter tous à la fois, et qu'ensuite épuisée d'un si pénible travail, elle n'ait plus la force de produire des fruits durables et vigoureux.

L'histoire des lettres et des beaux-arts est célèbre par quatre siècles de grandeur : celui de Philippe et d'Alexandre pour les Grecs, celui de César et d'Auguste

---

* Velleius Paterculus.

pour les Romains, celui de Jules II et de Léon X pour les Italiens, et enfin celui de Louis XIII et de Louis XIV pour les Français. Ces quatre siècles fameux ont été si également féconds, qu'il semble que les grands Poëtes, les grands Peintres, les grands Orateurs, les grands Philosophes, etc. se soient donné un rendez-vous pour se trouver tous ensemble, et se disputer à l'envi chacun dans leur genre la gloire de la perfection.

Suivant l'ordre des temps, et suivant l'ordre des génies, Descartes doit être mis à la tête de la nombreuse liste des hommes qui ont procuré à la France ce siècle si admiré. Que de noms illustres remplissent cette liste : Petau, Nicole, Arnaud, Pascal, la Rochefoucault, la Bruyère, le Sueur, le Poussin, le Brun, Mignard, Jouvenet, Girardon, Lully, Rohaut, Mallebranche, Fléchier, Bossuet, Fénélon, Bourdaloue, Massillon, Corneille et son rival, Molière, la Fontaine, Boileau, etc.! On pourroit ajouter encore plusieurs noms fameux à cette liste, et y comprendre aussi la brillante jeunesse de Rousseau. L'espace de temps qui a renfermé tous ces grands hommes n'est pas fort long, puisqu'un seul homme les a tous pu voir, et qu'en effet M. Huet, si illustre lui-même par sa science, avoit dans sa jeunesse vu Descartes, et est mort dix ans après Boileau.

Un Athénien auroit pu comme lui se rappeler dans sa vieillesse le souvenir de tous les grands personnages qu'il avoit connus. « Quels hommes, auroit-il pu dire, » ai-je vu dans ma jeunesse ! J'allois au théâtre prendre » parti entre Sophocle et Euripide. Apelle et Praxitèle me » prenoient pour leur juge. J'allois avec Platon étudier » la philosophie à l'école de Socrate. Je me suis souvent » délassé de mes travaux aux comédies d'Aristophane, » et à celles de Ménandre. »

Ovide dans une élégie se félicite d'avoir vu Horace,

Virgile, Tibulle, Properce et Gallus. Quelque Romain plus âgé que lui pouvoit ajouter qu'il avoit appris l'éloquence d'Hortensius et de Cicéron, et l'histoire de sa patrie, de Tite-Live et de Salluste.

Le même Italien qui aura vu Raphaël, le Corrége, Michel-Ange, aura pu voir encore l'Arioste, Sannasar, Bembe, Guichardin, le Tasse, etc.

Lorsqu'on envisage la gloire de ces quatre siècles, on demande pourquoi dans les nations qui ont cultivé les beaux-arts, ceux qui y ont excellé, ont presque tous été contemporains ; pourquoi ils sont tous venus à la fois, de manière qu'avant et après eux on n'en trouve presque point qui leur ressemble; en sorte qu'on pourroit dire que les grands hommes sont sans précurseurs et sans successeurs ?

Il est naturel d'en demander la raison; mais il est très-difficile d'en donner une qui satisfasse. Longin qui la cherche à la fin de son Traité du Sublime, parle d'une manière trop générale ; et d'ailleurs cet endroit de son ouvrage est défectueux.

Cicéron prévoyoit la chute entière de l'éloquence: « parce que, disoit-il, tel est le sort des choses humai- » nes : leur élévation annonce leur chute, et elles périssent » quand elles sont arrivées au point de leur grandeur. » Sénèque le rhéteur accuse une loi fatale et toujours constante du destin, qui ne permet pas aux choses élevées de rester long-temps dans leur élévation, et qui les en précipite plus promptement qu'elles n'y sont montées. Cette même jalousie du destin avoit hâté, suivant Lucain, la ruine de la grandeur romaine:

> Invida fatorum series, summisque negatum
> Stare diu.

Il est certain que nous devons toujours reconnoître

notre dépendance de cet Etre souverain qui prodigue et retire à son gré les lumières, et que la vicissitude des choses humaines doit nous rappeler sans cesse notre mortalité et notre néant; mais ce n'est point à un destin envieux qu'on doit attribuer cette vicissitude.

Velleius Paterculus qui a recherché les raisons de ces révolutions étonnantes des lettres, avoue que toutes celles qu'il en peut donner n'ont que l'apparence de la vérité, sans en avoir la certitude : *causas cùm semper requiro, nunquam reperio quas esse veras confidam, sed fortasse verisimiles.*

On a coutume d'attribuer l'heureuse fortune des lettres à la réunion de quelques circonstances favorables pour elles, dont la première est la protection des princes et des ministres. Les Mécène, dit-on, font les Virgile; la seconde est la grandeur d'un Etat : celle des lettres en est, dit-on, la suite ordinaire, parce que dans un Etat florissant où règne la tranquillité et l'abondance, ceux qui ont des talens les cultivent; ceux qui n'en ont pas rendent justice à ceux qui en possèdent, et admirent leurs productions, parce qu'ils ont le temps de se livrer à ce qui amuse agréablement. Le goût des lettres devient commun : ce qui répand cette noble émulation si utile aux grands génies toujours avides de gloire.

Ceux qui soutiennent ce sentiment croient trouver la réunion de ces circonstances dans les quatre siècles fameux pour les lettres.

Lorsque la Grèce, disent-ils, fut délivrée de la crainte que lui avoit long-temps causée la formidable puissance des Perses, elle ne songea plus qu'à jouir tranquillement du fruit de ses victoires jusqu'à la déroute arrivée en Sicile. Athènes florissante fut la maîtresse de la mer, et donnoit la loi à ses voisins. Les citoyens de cette ville n'eurent à s'occuper que du plaisir, et des beaux-arts que le plaisir enfante. Les Sophocle et les Socrate trouvèrent des auditeurs favorables; et comme les vertus sont fécondes dans les temps où leur prix est connu, Athènes fut pleine de génies qu'animoit la félicité de leur patrie, et le nombre de leurs admirateurs. Mais lorsqu'Antipater eut attristé toute la Grèce par ses cruautés, l'éloquence périt avec Démosthènes. La Poésie et la Peinture disparurent. Les sciences sérieuses furent encore cultivées quelque temps. Zénon et quelques stoïciens, Arcésilas et quelques philosophes de la nouvelle académie parurent; mais les graces ne répandirent pas sur leurs ouvrages cet agrément qu'elles avoient autrefois prodigué à Athènes.

Tandis que les Romains attaqués par des rivaux puissans eurent à combattre pour leur propre sûreté, ils ne s'occupèrent point des amusemens de l'esprit; mais après la ruine de Carthage, ils cherchèrent, comme dit Horace, ce qu'Eschyle et Sophocle avoient écrit d'agréable et d'utile. Enfin, quand les conquêtes de Pompée et de César eurent rendu Rome maîtresse de l'univers, les Romains disputèrent aux Grecs la gloire de l'esprit. Ce temps de leur repos ne fut pas long. La tristesse du règne de Tibère, et les cruautés de ses successeurs éteignirent toute vigueur. Lorsqu'on vit à Rome les assemblées du peuple interdites, les arts exilés, les philosophes bannis, d'illustres écrits jetés dans les flammes, et leurs auteurs condamnés à mort, dans cette consternation générale, les Romains, dit Tacite, perdirent la voix. Et quel esprit ne devoit être abattu sous des empereurs dont les favoris même toujours tremblans, annonçoient par leur pâleur la redoutable amitié de leurs maîtres? Les gens de lettres ressentent plus vivememt que les autres les malheurs de la tyrannie: quand ils ont à craindre qu'une parole innocente ne reçoive une maligne interprétation, et ne les rende criminels, ils n'osent se livrer à la vivacité de leur imagination ; et dans cette captivité, leur feu se refroidit et s'éteint.

L'Italie fut tranquille et opulente sous le pontificat de Léon X. Des guerres funestes survinrent après sa mort: Florence, l'Athènes de l'Italie, fut asservie, et Rome fut saccagée.

Lorsque le cardinal de Richelieu, après avoir dompté la Rochelle, tourna toutes les forces de la France contre la maison d'Autriche, le succès heureux de ses projets rendit son ministère agréable ; et l'on sait à quel nouveau point de gloire Louis XIV a élevé la nation.

Les raisons que je viens de rapporter ont quelque chose de spécieux ; cependant elles ne sont point les véritables. L'exemple seul de la France le prouve. Quand même elle auroit perdu l'espérance de revoir des Corneille et des Molière, elle peut bien dire que depuis leur mort, elle a toujours aimé, et quelquefois récompensé les beaux-arts, qu'elle est aussi florissante que sous Louis XIV, et que par les conquêtes de Louis XV elle est assurée que le temps de sa gloire n'est pas prêt à finir.

Il est vrai que la tranquillité d'un Etat et l'abondance qui y règnent, contribuent à la perfection des arts ; mais ce n'est pas toujours dans le temps le plus favorable aux arts que naissent ces génies supérieurs qui y excellent. Les fameux écrivains de Rome brillèrent avant les beaux jours du règne d'Auguste, qui ne furent des jours tranquilles qu'après la bataille d'Actium. Virgile fit sa première églogue à l'occasion du champ qui lui avoit été enlevé dans les guerres civiles ; et il écrivoit ses Géorgiques, comme il le dit lui-même, au milieu des fureurs de Mars,

Sævit toto Mars impius orbe.

La fin cruelle de Démosthènes et de Cicéron, qui fut le prix de leur éloquence, montre assez que la tranquillité ne regnoit pas dans leur patrie, et que ce n'est point à la tranquillité d'un Etat qu'on doit attribuer la fortune des lettres. On n'en doit pas non plus attribuer la décadence aux malheurs de l'Etat : les plus cruels tyrans de Rome n'ont point été les tyrans des lettres. Domitien confia l'éducation de ses enfans à Quintilien; et Martial eut part aux libéralités de ce même empereur. Perse railla impunément les vers de Néron. Sènèque et Lucain furent condamnés à mort comme complices de conspiration, et non point à cause de leurs ouvrages. Juvénal fut relégué, mais sous un prétexte honorable, et il n'est pas étonnant qu'un satirique aussi outré ait mérité quelque disgrace. Plusieurs empereurs voulurent être Orateurs et Poètes; cependant leur inclination pour la Poésie et l'éloquence ne ressuscita ni Cicéron ni Virgile. Vespasien avoit une si grande passion pour l'éloquence, qu'il mettoit une grande différence, dit l'auteur du Dialogue des Orateurs, entre tous ses courtisans et deux orateurs dont les noms cependant ne sont pas célèbres; parce que, disoit-il, la fortune lui attachoit ses autres courtisans, au lieu que ces deux orateurs, Marcellus et Crispus, avoient apporté à son amitié ce qu'ils n'avoient point reçu de lui, et ce qu'ils n'en pouvoient recevoir : *Marcellum et Crispum attulisse ad amicitiam suam quod non à principe acceperint, nec accipi possit.* Marc Aurèle, l'ami de tous les philosophes, ne fit point revivre Socrate ni Platon; et les récompenses destinées aux Poètes et aux Orateurs dans les jeux capitolins qu'institua Domitien, et qui durèrent si long-temps, ne réveillèrent aucun génie.

La protection des princes excite sans doute entre les hommes de lettres cette émulation, mère des beaux ouvrages : souvent même, sans les récompenses, d'excellens esprits n'auroient pas eu le loisir de cultiver les talens; mais la faveur des princes ne donne pas ces talens. Horace et Virgile ne furent point redevables de leur mérite à l'amitié d'Auguste, mais de l'amitié d'Auguste à leur mérite. La vue des récompenses ne fait point le génie : l'amour de Ptolomée Philadelphe pour les sciences ne ramena point le beau siècle d'Athènes.

François I, surnommé le père des lettres, trouva-t-il, si l'on excepte Marot, un Poète digne de ses libéralités? On sait que ce prince alla voir Léonard de Vinci mourant, et reçut ses derniers soupirs, en disant à ses courtisans, qu'il pouvoit faire de grands seigneurs comme eux, mais que Dieu seul pouvoit faire un Léonard de Vinci. Qu'eût-il donc dit s'il eût eu dans ses Etats un Raphaël? La fortune éclatante où Amiot fut élevé par son mérite, malgré son obscure naissance, n'excita parmi les gens de lettres qu'une stérile émulation. Charles IX qui le fit grand aumônier de France, avoit encore tant d'estime pour Ronsard, que ne voulant point aller sans lui à Amboise, il lui écrivoit :

> Il faut suivre ton roi qui t'aime par sur tous,
> Pour les vers qui de toi coulent braves et doux;
> Et crois, si tu ne viens me trouver à Amboise,
> Qu'entre nous surviendra une très-grande noise.

Ces vers, quels qu'ils soient, font honneur à un roi qui traitoit avec tant de bonté un Poète; et Charles IX méritoit bien mieux un Boileau qu'un Ronsard.

Ne regardons point le cardinal de Richelieu, quoiqu'il ait contribué beaucoup au beau siècle de la France, comme le père des grands hommes qui parurent sous son ministère. Plusieurs d'entre eux n'eurent point de part à ses bonnes grâces. Descartes ne les a jamais ni recherchées ni attendues; et les chagrins qu'il causa à Corneille, auroient pu nous priver des fruits de ce grand génie, si Corneille eût été plus timide. Ce n'est point au gré de ministres que le feu du génie s'allume ou s'éteint.

M. l'abbé du Bos, qui dans ses Réflexions sur la Poésie et la Peinture examine la question que je traite ici, contraint d'avouer que la réunion des causes morales auxquelles on attribue ordinairement la fortune des lettres, n'en est pas la véritable raison, a recours aux causes physiques : il croit que la différente température de l'air peut changer l'esprit d'une nation : en sorte qu'il arrive, suivant les conjectures qu'il explique, qu'il règne dans la même contrée pendant un certain temps, un air plus favorable aux esprits que l'air qui a précédé, et qui succède; et ainsi la génération qui aura respiré cet air, sera plus spirituelle que les autres générations, de même que les fruits d'une récolte sont d'une meilleure qualité que les fruits d'une autre récolte.

Si cette conjecture étoit véritable, toute la nation seroit donc plus spirituelle dans un temps que dans un autre, puisque l'impression de l'air est générale. Qui pourra se persuader que le peuple soit moins grossier dans un siècle que dans le siècle suivant ? D'ailleurs les siècles fameux par des écrivains excellens, ont aussi été féconds en mauvais écrivains. Sophocle et Euripide ont vu souvent que les couronnes qui leur étoient dues, leur étoient enlevées par d'indignes rivaux. Les Bavius et les Mœvius ont vécu du temps des Virgile; les Cotin et les Pradon du temps des Boileau. On ne peut nier que l'air ne contribue à la vivacité des esprits, mais ce n'est point cette vivacité qui fait les génies. Les Poètes fameux de la France ne sont point nés dans ces provinces, dont les habitans sont renommés par la vivacité de l'esprit; et ces peuples de l'Asie, qui vivent dans les plus beaux climats, et dans l'air le plus pur, ne se distinguent pas par les talens de l'esprit.

Enfin, pourquoi renfermer l'esprit d'une nation dans un certain espace de temps? Ne lisons-nous pas encore avec plaisir des écrivains qui ont précédé le beau siècle de la France? Croyons-nous que Marot, Montaigne, les hommes illustres dont M. de Thou a fait l'éloge, et M. de Thou lui-même, aient été nourris d'un air plus grossier, que l'air qu'on respira sous Louis XIII? Ils n'ont pas à la vérité atteint cette perfection où l'on est arrivé depuis. Et pourquoi y est-on arrivé? Quelle fut la cause de cet esprit de perfection qui se répandit tout-à-coup? J'ai jusqu'ici réfuté les sentimens des autres, ce que je trouve plus facile que de dire le mien; et j'avoue, comme Paterculus, qu'après avoir beaucoup examiné cette question, je trouve des raisons plus vraisemblables que certaines : voici celle qui me paroît la plus vraisemblable.

Les progrès de l'esprit humain sont lents, parce qu'avant que de trouver l'unique route qui conduit à la perfection, nous nous égarons dans les fausses routes qui sont en grand nombre. Nous allons chercher bien loin la beauté, parce que nous ne nous apercevons pas qu'elle est présente à nos yeux, puisqu'elle n'est que l'imitation de la nature. Nos aïeux élevoient de très-hauts bâtimens dont la hardiesse étonnante leur paroissoit une beauté admirable. Nous avons méprisé cette architecture, lorsque nous avons reconnu qu'elle étoit contraire à la simplicité de la nature. Il en a été de même de la Poésie, de la Peinture et de tous les arts dont l'imitation est l'objet. Nos anciens Poètes dramatiques n'avoient pas la moindre idée de cette imitation, et ne savoient pas qu'ils devoient rendre une action vraisemblable. Ils ignoroient même la nécessité de l'exposition du sujet. Une tragédie de Rotrou commence par ce vers :

Seigneur, de par le roi, j'arrête votre altesse.

Le spectateur voyoit d'abord un prince arrêté par ordre du roi, sans savoir qui étoit le roi, qui étoit ce prince, ni pourquoi il étoit arrêté. Quand Corneille entra dans la carrière, il ignoroit lui-même les règles du Poëme dramatique. La réflexion les lui fit connoître; et il saisit le vrai. Le succès d'un seul homme qui entre dans la bonne route, y conduit les autres, et même ceux qui travaillent dans des genres différens, parce que comme ils ont à travailler sur le même modèle, qui est la nature, ils se servent tous d'exemples les uns aux autres; ils se prêtent la main, et se forment par un secours mutuel. Descartes est celui qui a porté le flambeau dans toutes les sciences; et il a été parmi nous ce que Socrate disoit qu'il étoit à Athènes, l'*accoucheur des esprits*. En montrant la route qu'on devoit prendre pour raisonner, il nous y a conduits; le raisonnement s'est perfectionné, et en même-temps tous les beaux-arts : et quand les ouvrages d'esprit se perfectionnent, la langue dans laquelle ils sont écrits, se perfectionne aussi.

Voilà, selon moi, pourquoi les grands hommes sont presque tous contemporains; voilà la cause de leur émulation et de leur progrès. Cherchons maintenant la cause de la fatale révolution.

Lorsque d'excellens génies, imitateurs heureux de la nature, ont attiré pendant quelque temps l'admiration publique, ceux qui viennent après eux, voulant se faire admirer comme eux, aspirent bientôt à se faire admirer davantage; et dans cette ambition, ne voulant point marcher sur des traces connues, ils cherchent à se faire une route nouvelle. L'envie d'aller plus loin que leurs prédécesseurs les emporte trop loin; et dédaignant les beautés simples et naturelles, ils veulent éblouir par des beautés artificielles et fardées. De là vient l'amour des ornemens frivoles, des pensées brillantes, et de toutes ces graces affectées,

affectées, qui font perdre le goût des graces naturelles, de même que les meilleures viandes, quoique pleines d'un suc salutaire, paroissent fades à ceux qui se sont accoutumés à ces ragoûts piquans qui irritent l'appétit. De tout temps l'amour du bel-esprit a tout perdu : on sait combien il a été funeste à l'Italie. Long-temps auparavant il avoit perdu la Grèce. Démétrius de Phalère fut le premier qui s'attachant à plaire aux oreilles, plutôt qu'à toucher les cœurs, rendit en Grèce l'éloquence molle et efféminée, et préféra une fausse douceur à la véritable majesté.

Le malheur des Romains vint de la même source; et je m'arrête à eux, parce que nous ne pouvons douter des causes de leur prompte décadence. Leur style étoit déjà changé sous Tibère, leur langue n'avoit plus la même harmonie. Les orateurs, comme il est dit dans le dialogue sur ce sujet, ne se faisoient plus admirer que par des sentences courtes et brillantes. Ce faux éclat fut appelé la véritable beauté; et on commença à nommer l'éloquence de Cicéron une antiquité triste et sauvage : *tristem et impexam antiquitatem.* Pétrone, qui conservoit l'amour du bon goût, accuse l'éloquence de son temps de n'avoir plus de nerfs. On n'aime plus, disoit-il, que de petites phrases bien arrondies, pleines de sucre et de miel : *mellitos verborum globulos, et omnia dicta quasi papavere et sesamo sparsa.* Le goût du public se corrompt : on s'accoutume à des ragoûts piquans, après lesquels les nourritures saines et solides paroissent fades. Enfin, comme a dit Rousseau :

L'ennui du beau nous fait aimer le laid.

Un homme peut lui seul causer une si fatale révolution, lorsqu'il se fait un grand nombre d'imitateurs par des défauts aimables; et tout esprit qui plaît, obtient aisément le pardon de ses défauts : *nullum sine veniâ placuit ingenium.* Sénèque qui me fournit cette réflexion, fournit lui-même l'exemple qui en prouve la vérité. Son esprit qui étoit peu commun, le mit à la tête des écrivains de son siècle. Après avoir abandonné la route des grands modèles, qu'il avoit soin de décrier, il parvint à ce qu'il desiroit, à devenir un modèle nouveau, d'autant plus dangereux qu'il abondoit en vices aimables. La langue défigurée par lui, perdit toute l'harmonie que Cicéron lui avoit donnée.

Le luxe est encore une cause certaine de la décadence des esprits; et la mollesse du discours est la preuve de celle des mœurs. Cette mollesse, compagne inséparable du luxe, énerve les esprits. Les enfans ne sont plus élevés dans l'amour du travail. On ne lit plus les anciens, et on les décrie, parce qu'il est plus facile de les décrier que de les étudier. Ceux qui veulent plaire par des ouvrages d'un goût opposé à ces anciens, ont intérêt à les rendre méprisables. Sénèque ne parloit de Cicéron que pour le rabaisser; et l'acharnement de certains esprits parmi nous contre Boileau, n'a point d'autre cause. Boileau, par son exemple et par ses préceptes, a établi les lois du bon goût; ceux qui ne les veulent pas suivre voudroient les anéantir avec celui qui en est le modèle; semblables à ces hommes dont parle Corneille dans Cinna, qui troublent l'Etat, parce que la sévérité des lois les gêne, et qui désespérant de pouvoir arriver aux premières places par leur mérite,

Si tout n'est renversé ne peuvent subsister.

Que le malheur des Romains nous apprenne à éviter le nôtre. Ne reprochons point à la nature de n'enfanter que rarement des esprits propres à exceller : les esprits ne manquent pas, mais la bonne culture manque aux esprits; et de même qu'un enfant, s'il suce un lait corrompu, ne deviendra jamais sain et robuste, les hommes nés avec les talens les plus heureux, s'ils respirent l'air infecté du mauvais goût, resteront dans une langueur à laquelle la nature ne les avoit pas destinés. Nous n'accusons point les auteurs qui ont écrit depuis Auguste, d'avoir manqué d'esprit. Sénèque et Lucain n'en avoient que trop. L'esprit devient commun quand le génie devient rare; et l'esprit, pour suppléer au génie qui n'excelle que dans un seul genre, veut briller dans tous les genres. Sénèque orateur, historien, philosophe, moraliste et physicien, voulut aussi être Poète tragique. Virgile eût été peut-être un mauvais orateur, et l'on regarde Cicéron comme un mauvais Poète. Le cothurne qui étoit fait pour Corneille, n'eût point convenu à Molière, ni le brodequin à La Fontaine. Nous avons vu après ces grands hommes un Poète qui d'abord embrassant le genre lyrique, faisoit des odes dans tous les styles : style d'Horace, style anacréontique, style pindarique, tout lui étoit égal; il devint Poète épique en traduisant Homère; il voulut aussi être Poète dramatique, et même le rival de La Fontaine par des fables. Après tant de travaux poétiques, il écrivit contre la Poésie en faveur de la Prose, et l'on n'accusera aucun de ses ouvrages de manquer d'esprit. Mais quiconque dans les lettres aspire à la monarchie universelle, n'est propre à régner sur aucune partie.

Puisque cet esprit toujours ambitieux de briller, a de tout temps causé tant de désordres, ne nous laissons pas éblouir par son faux éclat : conservons ce bon goût qui a fait la gloire de nos pères. Loin de quitter leurs traces, faisons gloire de les imiter, et avec eux les anciens qu'ils ont si heureusement imités, comme je l'ai fait voir dans le chapitre VIII. Enfin, faisons en sorte par notre amour constant pour les beautés naturelles, que le siècle de la France, comparable par le nombre et le mérite des grands hommes aux siècles fameux de la Grèce et de Rome, les surpasse par sa longue durée.

CHAPITRE XI.

DE L'ESPRIT ET DU GÉNIE.

Lorsque j'ai dit à la fin du chapitre précédent, que l'*esprit devenoit commun quand le génie devenoit rare*, je n'ai rien dit qui ne soit avoué de ceux qui savent la différence qu'on doit mettre entre l'*esprit* et le *génie*. C'est cette différence que je vais tacher d'expliquer à ceux qui ne la sentent pas assez.

Nous attachons quelquefois dans notre langue les mêmes idées à ces deux mots. Nous disons également qu'un homme a peu d'esprit, ou qu'il a un foible génie; qu'il est un petit génie. Lorsque nous disons qu'il faut étudier le génie d'une nation, nous entendons alors par ce mot, l'humeur de la nation, son caractère et son goût. Quelquefois par ce même mot, nous entendons seulement la facilité qu'on a pour quelque chose; et Boileau s'en sert en ce sens lorsqu'il veut persuader que pour louer il ne peut trouver une rime, au lieu qu'il n'a pas besoin de les chercher pour médire. Alors, dit-il:

> Je sens que mon esprit travaille de génie.

L'auteur de Britannicus donne à ce même mot une signification toute particulière, quand pour exprimer la crainte de Néron devant Agrippine, il lui fait dire :

> Mon génie étonné tremble devant le sien.

Dans ce vers plus heureux que n'eût été celui-ci:

> Mon esprit étonné, etc.

l'auteur plein de la lecture des anciens, fait allusion à ce que rapporte Plutarque dans la vie d'Antoine. Le jeune Octave dans tous les jeux remportoit l'avantage sur Antoine, qui en étoit très-mortifié, et qui le fut encore davantage, lorsqu'un devin lui dit : « Evitez le plus que » vous pourrez ce jeune homme ; votre génie redoute le » sien. » Les anciens croyoient que chaque empire, chaque ville, et chaque homme, avoit son génie tutélaire.

Ce mot n'avoit pas dans leur langue le sens qu'il a dans la nôtre, et dans lequel je l'examine maintenant ; mais les anciens sentoient comme nous cette supériorité de talens, que nous appelons génie. Quand Horace définit un grand Poète : *Ingenium cui sit, cui mens divinior*, on sent ce qu'il entend par le *mens divinior*, de même que quand il dit : *Doctrina sed vim promovet insitam.*

En parlant des talens de l'esprit, nous attachons aussi des idées différentes à ces mots esprit et génie. Par l'un nous entendons seulement une imagination vive, heureuse, brillante, qui rend capable de réussir jusqu'à un certain point ; par l'autre, nous entendons cette force divine, cette inspiration secrète, appelée par Horace *mens divinior, vis insita*. Le génie est une lumière de l'ame, qui rend celui qui s'applique à un art, si supérieur à tous ceux qui ont cultivé le même art, qu'on ne lui dispute point la première place. La supériorité de Virgile est si généralement reconnue, que celui qui croiroit faire son éloge, en l'appelant un Poète plein d'esprit, seroit regardé comme un homme qui ignore la force des termes ; et cet homme ne seroit point repris, s'il faisoit le même éloge d'Ovide, parce qu'Ovide est en effet un Poëte plein d'esprit, au lieu que Virgile est un génie.

Il n'est pas étonnant que les génies soient rares; mais il est bien remarquable, comme on l'a vu dans le précédent chapitre, que chez les peuples qui ont brillé par les talens de l'esprit, les grands hommes en tous les genres, y soient venus dans un même siècle, et aient presque toujours été contemporains. S'il est difficile d'en rendre raison, il est bien plus difficile d'expliquer pourquoi dans tel genre aucun génie n'a paru dans une nation; pourquoi, par exemple, cette Rome qui, aux Démosthènes, aux Homère, aux Pindare, a opposé des Cicéron, des Virgile et des Horace, n'a rien disputé aux Sophocle et aux Euripide; et malgré sa passion pour la sculpture et la peinture, n'a pu opposer aucun de ses ouvrages à ceux des Phidias et des Apelles; et pourquoi la peinture qui depuis son règne dans la Grèce, fut oubliée si long-temps sur la terre, lorsqu'elle y reparut tant de siècles après, a choisi, pour le lieu de sa nouvelle naissance, cette même Rome qu'elle n'avoit pas daigné favoriser du temps d'Auguste, et y a brillé de manière que l'école romaine est le modèle des autres écoles. N'entrons point dans les questions qu'on ne peut résoudre: contentons-nous d'observer que la nature distribue, comme par caprice, ses dons qu'elle accorde rarement, et dont elle est si avare, que loin de donner à un seul homme le génie de plusieurs arts différens, à celui même à qui elle accorde beaucoup de génie pour un art, elle ne lui en accorde pas également pour toutes les parties de cet art. Molière, génie unique dans le sien, n'eût pas disputé le cothurne à Corneille; La Fontaine a été malheureux, quand il a voulu tenter un autre genre que celui pour lequel il étoit né. Les Teniers et les Bassan ne sont plus admirables quand ils veulent élever leurs pinceaux aux grands sujets historiques ; le peintre même né pour ces grands sujets, peut exceller par la composition poétique et par le dessin, et être foible dans le coloris.

De tous les dons de la nature qui font briller l'esprit de l'homme, ceux qui frappent le plus notre admiration, sont ceux que possèdent les grands capitaines, les grands ministres, les grands orateurs, les grands Poètes, les grands peintres, et les grands musiciens.

Dans cet ordre où je place les génies, je fais marcher d'abord les capitaines et les ministres, parce qu'ils doivent être plus remplis que les autres de cette lumière de l'esprit, qui choisit toujours le meilleur. Ils n'ont pas, comme les autres, le temps de délibérer pour choisir, ni le temps de corriger leurs fautes. Les capitaines l'ont encore moins que les ministres : ils ont souvent à choisir dans les momens les moins propres à la délibération; il faut qu'ils fassent usage de toute la force de leur ame, quand elle est le moins tranquille. Il est cependant à remarquer (et je ne sais si cette remarque est à l'honneur de l'homme), que l'art le plus difficile de tous, art funeste, et qui n'eût point été connu, si l'homme eût toujours été juste, est l'art le plus fécond en grands hommes, soit parce que les occasions qui les forment sont plus fréquentes, ou pour mieux dire, qu'elles ne finissent point, soit parce que la gloire des armes, plus brillante que toute autre gloire, excite plus d'émulation, ou soit que le général d'armée, toujours environné de spectateurs, ait plus d'attention sur lui-même. Presque toute nation a eu ses héros militaires. Quelle foule en présente le petit canton de la Grèce, et quelle foule nouvelle y peut opposer Rome, qui aima mieux céder à la Grèce la gloire des beaux arts, que celle des armes! A tant de héros guerriers, nous pouvons comparer les nôtres; et ils ne paroîtroient pas moins admirables, si comme ceux de la Grèce et de Rome, ils avoient été célébrés par d'habiles historiens. Un seul, mieux connu par la voix publique que par la plume des historiens, a si heureusement rassemblé en lui toutes les parties d'un grand général, qu'on les rappelle toutes quand on prononce le nom de Turenne.

Quoiqu'on puisse compter plusieurs fameux ministres, il semble que le nom de Richelieu rappelle de même toutes les qualités que doit avoir un grand ministre. Il est du nombre de ces hommes dont il n'est pas permis de louer l'esprit : il est reconnu généralement pour un génie; mais c'est à des personnes plus habiles que moi à faire connoître par quelles qualités de pareils hommes ont excellé : je me borne à parler de ceux qui ont excellé dans les beaux-arts.

Je n'entreprends point de décider lequel de ces arts prouve mieux la grandeur du génie qui y excelle. L'éloquence est sans doute le plus utile. Il conduisoit aux récompenses et aux honneurs à Athènes et à Rome. L'orateur n'a besoin que du discours ordinaire, qu'il fait valoir par la déclamation; il intéresse ses auditeurs, et il est animé par un sujet véritable. Cependant les grands orateurs ont été plus rares que les grands Poëtes et les grands peintres, qui n'intéressent que par des sujets feints. C'est d'une manière frivole, *inaniter*, comme dit Horace, que le Poëte tourne les cœurs à son gré; ce n'est qu'en les remplissant de fausses terreurs :

Pectus inaniter angit,
Irritat, mulcet, falsis terroribus implet.
Ep. 1, l. 2.

Le peintre, en présentant aux yeux un ouvrage muet, pénètre souvent dans les cœurs, dit Quintilien, plus intimement que l'orateur : *cùm pictura, tacens opus, et habitûs semper ejusdem, sic in intimos penetret affectus, ut ipsam vim dicendi nonnunquam superare videatur.* L'homme aime-t-il donc mieux briller par le mensonge que par la vérité, quoique les arts fondés sur le mensonge soient si difficiles ?

Pourquoi, dira-t-on, est-il si difficile de réussir dans ces arts qui ne consistent que dans l'imitation ? Il ne s'agit que d'imiter la nature ; la nature n'est-elle pas exposée à tous les yeux ? Sans doute ; *mais tout mortel n'a pas des yeux pour la connoître.* *

Il faut avoir ces yeux que Cicéron appelle *oculos eruditos*, qui découvrent toutes les beautés de la nature, et conduisent dans le choix qu'on en doit faire. La science de ces yeux vient de cette lumière de l'esprit que nous appellons génie : c'est par elle que quelques hommes sont si supérieurs, que quand on les nomme, on croit nommer l'art même dans lequel ils ont excellé, non pas qu'ils en aient atteint la perfection, il n'est jamais donné à l'esprit humain de l'atteindre, mais ce sont ceux qui en ont approché de plus près.

Démosthènes, suivant Quintilien, a été comme la loi de l'éloquence, *pœnè lex orandi fuit*. On peut en dire autant d'Homère et de Raphaël, et peut-être de Lully. Ces grands modèles de leur art en sont comme les maîtres et les législateurs. Ils peuvent avoir des rivaux presque aussi dignes qu'eux du premier rang. Ceux mêmes qui sont loin de ce premier rang sont aussi de grands hommes, parce que, comme dit Cicéron : *in præstantibus rebus, magna sunt ea quæ sunt optimis proxima.*

Dans la carrière poétique, Virgile est le second, mais plus près du premier que du troisième, comme le dé-

* Boileau.

cide Quntilien : *propior primo quàm tertio.* Tous les autres, pour parler encore après lui, ne le suivront que de loin : *cœteri omnes longè sequentur.*

Dans la carrière de l'éloquence, Cicéron est aussi plus près du premier que du troisième, mais après Démosthènes et Cicéron, on peut bien dire : *cœteri omnes longè sequentur.*

Dans la carrière de la peinture, Rubens suit Raphaël, comme Virgile suit Homère : *cœteri omnes longè sequentur.*

J'ignore si Lully a un pareil voisin dans sa carrière; et si on peut dire de même des autres qui le suivent: *cœteri omnes longè sequentur;* je n'ose parler d'un art que je n'ai point étudié.

Lorsqu'on jette les yeux sur ces différentes carrières, il est certain qu'on remarque d'abord dans chacune un chef qui marche à la tête des autres; il n'est pas si aisé de remarquer à quelle distance de lui sont ceux qui le suivent. Qui seroit assez hardi pour régler les rangs entr'eux ?

M. de Pilles qui a osé faire ce qu'il a appelé la balance des peintres, a calculé le poids du mérite de chaque peintre dans chaque partie de la peinture ; et suivant ce calcul, qui fait du moins connoître combien la nature est avare de ses dons, Raphaël est pour la composition à 17 degrés, Rubens à 18 ; Raphaël pour le dessin à 18, Rubens à 13 ; Raphaël pour le coloris à 12, Rubens à 17.

Qui voudroit faire de même la balance des Poètes, trouveroit l'entreprise très-difficile. Il n'est pas aisé de peser entr'eux des hommes qui avec des qualités très-différentes, ont quelquefois un égal poids de mérite. Combien de fois a-t-on comparé ensemble les deux maîtres de la tragédie française, sans les mettre dans une juste balance ? Ceux qui les ont voulu comparer, semblent n'avoir cherché qu'à faire briller leur esprit dans un parallèle orné de pointes et d'antithèses, comme je l'ai déjà observé. Je vais parler du dernier de ces parallèles, et en faisant voir par cet exemple jusqu'où on peut s'égarer lorsqu'on ose mettre dans la balance les grands hommes, je ferai voir aussi jusqu'où l'on s'égare, lorsqu'on ne court qu'après l'esprit.

Un orateur célèbre par l'esprit, ayant voulu orner un de ses discours prononcé il y a quelques années, par ce parallèle tant répété, qu'il crut rendre nouveau, compara d'abord le sublime Corneille à un aigle; et ne trouvant point pour opposer à l'oiseau de Jupiter volant au milieu des foudres et des éclairs avec grand bruit, d'oiseau plus convenable que celui de Vénus voltigeant au milieu des myrtes et des roses avec le seul bruit de ses gémissemens, crut faire briller son esprit, en disant : *Cornelius sublimè volans, inter fulgura et fulmina ludibundus, omnia fragore complet; Racinus ut Veneris columbulus, circùm rosaria et myrteta volitans, omnia gemitibus personat.* L'auteur de Phèdre est-il donc *Veneris columbulus?* L'orateur étoit cependant obligé d'avouer que ces deux rivaux marchoient d'un pas égal : comment se tirer d'embarras? Selon lui, la foible colombe obtint, à force de gémir, le partage de l'empire avec l'aigle foudroyante : *divisum imperium cum fulminante aquilá, gemens columbulus impetravit.* Je ne puis citer un exemple plus fort des égaremens où conduit l'amour de l'esprit.

Ce n'étoit pas sous de si fausses images qu'un célèbre Italien * représentoit ces deux mêmes Poètes dans le temple d'Apollon, dont il faisoit la description. Dans ce temple orné des figures des grands hommes,

> Cornelio alto colosso, cinto d'allor le chioma,
> Spira nel volto austero l'imagine di Roma.

* M. l'abbé Conti.

Racine porta in fronte la maestà è il dolore;
E i coturni gli affissa, con gran rispetto, Amore.
Infra Terenzio è Plauto, Moliere giganteggia,
E tra Fedro ed Esopo il Fontene festeggia.

Dans cette description on reconnoît aisément Molière, La Fontaine et Corneille, et l'on reconnoît tout d'un coup l'amour tragique, quand on voit ce Dieu attachant avec un grand respect le cothurne aux pieds d'un homme qui porte sur son front la majesté et la douleur; mais l'on ne reconnoît pas le même Poète dans le brillant discours de l'orateur latin, et voilà où conduit cet esprit qui devient commun, comme je l'ai déjà dit, quand le génie devient rare. Cet esprit éblouit quelque temps, et attire des admirateurs; mais, comme disoit Rousseau : « Je n'écris point pour les admirateurs. » Ceux qui se contentent de cette admiration passagère n'en mériteront jamais d'autre.

Lorsque par amour pour cet esprit qui ne cherche qu'à briller, on s'écarte de la nature, il n'est pas étonnant qu'on n'arrive point parmi les grands hommes, puisque même l'esprit sage et éclairé que soutient une longue étude n'y conduit pas toujours. Un homme né avec d'heureux talens pour un art, peut par l'étude et le travail parvenir à un rang honorable; mais il n'approchera pas des premiers rangs sans le génie auquel rien ne peut suppléer. Le Poussin a répandu dans ses ouvrages tant d'esprit, qu'il est appelé le peintre des gens d'esprit. Il étoit si amoureux de son art, auquel il consacra toute sa vie qui fut longue, qu'afin de le mieux cultiver dans la retraite, il choisit le séjour de Rome, pour y être plus à portée des grands modèles. Ni son esprit, ni son étude, ni son goût, ne l'ont élevé à ce point de grandeur où Raphaël, dans le peu de temps qu'il a vécu, a été porté par le génie. On estimera toujours les ouvrages du Poussin; mais on n'y admirera jamais, comme dans quelques tableaux de Raphaël, le miracle de l'art.

Quel homme eut plus d'esprit que Pline le jeune? Il joignit à d'heureuses dispositions une application infatigable à l'étude, et une passion démesurée pour la gloire. Il avoit toujours devant les yeux la postérité. Le souverain bonheur consistoit, selon lui, à faire des choses dignes d'être écrites, ou à en écrire dignes d'être lues, *aut facere scribenda, aut scribere legenda.* Les occasions de faire paroître son éloquence ne lui manquèrent pas. Il ne négligeoit rien pour perfectionner ses ouvrages: non content de les réciter à des juges éclairés, il les leur laissoit entre les mains, leur demandant une critique sévère; il savoit tout ce qu'il en doit coûter pour donner au public un ouvrage capable de toujours plaire, *cogito quàm sit magnum dare aliquid in manus hominum.... quod placere et semper et omnibus cupias.* L. 7. Ep. 17. Il n'a rien fait cependant qui lui ait mérité une place parmi les grands hommes; et le panégyrique qu'il a rempli de tant de fleurs et de tant d'agréables ornemens, paroîtra toujours l'ouvrage de l'esprit, au lieu qu'une oraison de Cicéron paroîtra toujours l'ouvrage de l'éloquence. Pline étoit un homme d'esprit, Cicéron étoit un génie. Ne pourroit-on pas penser de même en comparant M. Fléchier et M. Bossuet? En lisant les Oraisons funèbres du premier, on admire les pensées, l'arrangement des phrases, le choix des expressions; en un mot, l'esprit de M. Fléchier. Ce n'est pas à M. Bossuet qu'on pense en lisant ses Oraisons funèbres. Par celle de la duchesse d'Orléans, on est pénétré de la vanité des choses humaines, « et dans une seule mort, on déplore la mort » et le néant de toutes les grandeurs de la terre. » En lisant celle de la reine d'Angleterre, on oublie l'orateur pour suivre la reine d'Angleterre dans toutes les révolutions de sa fortune, et dans tous ses voyages. On passe, on repasse la mer avec elle, et lorsqu'on est poursuivi, on croit n'avoir comme elle, « ni assez de vent, ni assez » de voiles pour précipiter sa fuite. » L'Eloge funèbre du prince de Condé (les grands hommes étoient alors loués par de grands hommes) fut prononcé par M. Bossuet et par le P. Bourdaloue. On trouve, selon moi, dans le discours de M. Bossuet, une force de génie qui ne se trouve pas dans l'autre, où il paroît plus d'esprit et plus d'art.

Des orateurs ordinaires eussent cherché à briller, en comparant le grand Condé aux Alexandre et aux Césars. Le P. Bourdaloue ne laisse qu'entrevoir la comparaison, en disant que les journées de Fribourg et de Nortlingue peuvent être comparées à celles d'Arbelles et de Pharsale. Avec quelle éloquence M. Bossuet parle-t-il d'Alexandre ? Il n'en parle que parce qu'il ne peut s'en dispenser, et il en paroît fâché. Comme Dieu donne souvent à ses ennemis même les qualités qui procurent la gloire humaine, « cet Alexandre, qui ne vouloit que faire du » bruit dans le monde, y en fait plus qu'il n'auroit osé » espérer. » — « Il faut encore, dit M. Bossuet d'un ton » chagrin, qu'il se trouve dans tous nos panégyriques, et » il semble, par une espèce de fatalité, glorieuse à ce con- » quérant, qu'aucun prince ne puisse recevoir des louanges » qu'il ne les partage. » Cette réflexion qui fait voir la vanité de la gloire humaine, conduit l'Orateur à parler de plus grands dons que Dieu a faits au prince de Condé. Le père Bourdaloue, avant que de représenter ce prince portant les armes contre le Roi, remarque « qu'il » n'y a point d'astre qui ne souffre quelqu'éclipse, et » que le plus brillant de tous, qui est le soleil, est celui » qui en souffre de plus grandes. » Tout ce morceau fort long, et écrit avec beaucoup d'esprit, est-il compa-

rable au silence de M. Bossuet annoncé de cette manière:
« Et puisqu'il faut une fois parler de ces choses dont je
» voudrois pouvoir me taire éternellement......... disons,
» pour n'en parler jamais, que comme dans la gloire
» éternelle, les fautes des saints pénitens, couvertes de
» ce qu'ils ont fait pour les réparer, et de l'éclat infini de
» la miséricorde, ne paroissent plus; ainsi dans des fautes
» si sincèrement reconnues, et dans la suite si glorieuse-
» ment réparées, il ne faut plus regarder que l'humble
» reconnoissance du prince qui s'en repentit, et la clé-
» mence du grand roi qui les oublia. »

La mort des héros rappelle naturellement le néant des grandeurs humaines : c'est ce que déplore M. Fléchier à la fin de l'Oraison funèbre de M. de Turenne ; c'est ce que déplore aussi M. Bossuet à la fin de celle du grand Condé. M. Fléchier s'exprime ainsi : « Citoyens, étran-
» gers, ennemis, peuples, rois, empereurs, le plaignent
» et le révèrent; mais peuvent-ils contribuer à son vé-
» ritable bonheur?.... Un magnifique tombeau renfer-
» mera ses tristes dépouilles.... ses cendres seront mêlées
» avec celles de tant de rois; mais après tout, que leur res-
» tera-t-il à ces rois, non plus qu'à lui, des applaudisse-
» mens du monde, de la foule de leur cour, de l'éclat
» et de la pompe de leur fortune, qu'un silence éter-
» nel, une solitude affreuse, et une terrible attente des
» jugemens de Dieu sous ces marbres précieux qui
» les couvrent ? » J'ai rapporté cet endroit avec d'autant plus de satisfaction, qu'il est exempt de ces antithèses, dont cet orateur étoit si amoureux. On ne peut ici que louer M. Fléchier; mais sans songer à admirer M. Bossuet, on pleure sur le héros mort, sur les vanités du monde, et sur soi-même, quand l'orateur s'écrie en montrant la décoration lugubre de l'église, dans laquelle il parle : « Venez, peuples, venez maintenant ; mais
» venez

» venez plutôt, princes et seigneurs, et vous qui jugez
» la terre, et vous qui ouvrez aux hommes les portes du
» ciel, et vous plus que tous les autres, princes et
» princesses, nobles rejetons de tant de rois, lumières
» de la France, mais aujourd'hui obscurcies, et couvertes
» de votre douleur comme d'un nuage, venez voir le peu
» qui nous reste d'une auguste naissance, de tant de
» grandeur, de tant de gloire; jetez les yeux de toutes
» parts: voilà tout ce qu'a pu faire la magnificence et la
» piété pour honorer un héros, des titres, des inscrip-
» tions, vaines marques de ce qui n'est plus ; des figures
» qui semblent pleurer autour d'un tombeau, et de fra-
» giles images d'une douleur que le temps emporte avec
» tout le reste; des colonnes qui semblent vouloir porter
» jusqu'au ciel le magnifique témoignage de notre néant;
» et rien enfin ne manque à tous ces honneurs, que celui
» à qui on les rend. Pleurez donc sur ces foibles restes
» de la vie humaine; pleurez sur cette triste immortalité
» que nous donnons aux héros. » Ce n'est pas à un pareil
orateur quand il invite les autres à pleurer, qu'il faut dire:

> Si vis me flere, dolendum est
> Primum ipsi tibi.

Pénétré du néant du monde, il embrasse le parti de la retraite et du silence : on ne l'entendra plus prononcer de pareils discours ; il ne déplorera plus la mort des autres, il va se préparer à la sienne : « Heureux, dit-il en finis-
» sant, si averti par ces cheveux blancs du compte que
» je dois rendre de mon administration, je réserve au
» troupeau que je dois nourrir de la parole de vie, les
» restes d'une voix qui tombe, et d'une ardeur qui s'é-
» teint. » Tant de traits sublimes, dont les ouvrages de M. Bossuet sont semés, ne sont pas de ces brillans éclairs qu'on n'admire qu'un moment.

Pour prouver par les Poëtes la différence qu'on doit mettre entre l'esprit et le génie, les exemples ne manqueroient pas. Je ne comparerai pas ensemble les Fables de La Fontaine et celles de la Mothe; il suffit de remarquer leurs différentes destinées. La Mothe dans un style travaillé et plein d'esprit, a traité des sujets presque tous nouveaux et ingénieusement inventés; La Fontaine avant lui s'étoit contenté de rhabiller à sa mode, et avec une espèce de négligence, d'anciens sujets connus de tous les enfans. L'ouvrage de l'esprit n'a point vécu; celui du génie mettra toujours La Fontaine au nombre de nos plus illustres Poëtes. On est surpris que Boileau ne l'ait jamais nommé : il m'en a dit la raison; il ne regardoit pas La Fontaine comme original, parce que, me dit-il, il n'étoit créateur, ni de ses sujets, ni de son style, qu'il avoit pris dans Marot et dans Rabelais. « C'est pourquoi, » m'ajouta-t-il, quand j'ai parlé du style naïf, j'ai nommé » Marot :

» Imitez de Marot l'élégant badinage. »
ART. POET.

La Fontaine s'en avouoit le disciple, et dans une de ses lettres, après avoir dit que ses maîtres sont Marot, Rabelais, d'Urfé, Bocace, etc. il ajoute : « Voilà bien des » maîtres pour un écolier de mon âge! » Malgré son aveu et le sentiment de Boileau, je crois qu'un pareil écolier sera toujours regardé parmi nous comme un grand maître; et que dans la lecture de Marot et de Rabelais il s'est formé un style qui n'appartient qu'à lui, et le rend original.

Si l'on vouloit faire quelque comparaison entre Ovide et Virgile, il ne faudroit pas choisir ces morceaux si fréquens dans Ovide, où trop amateur de son esprit, *nimium amator ingenii sui**, il s'y abandonne entièrement. Pour

---

* Quintilien.

faire plus d'honneur à Virgile, on choisiroit les endroits qu'Ovide a traités sagement, comme la fable d'Orphée, dans laquelle il eût encore été plus sage, s'il n'eût pas entrepris de faire parler devant Pluton celui dont la voix suspendit les tourmens du Tartare. C'est avec une perfection bien plus grande que cette même fable est racontée par Virgile : ce n'est pas un récit, c'est une peinture ; et par la seule harmonie tout y devient sentiment.

Dans les paroles qu'Ovide fait prononcer à Ajax, avant qu'il se jette sur son épée, et dans celle qu'il fait dire à Thisbé avant que de se percer le sein, on ne reconnoît le langage ni de la colère, ni de la douleur, c'est toujours Ovide qui parle ; mais c'est Didon qui parle quand elle est sur le bûcher, parce que Virgile ne lui fait dire que ce qu'elle a dû dire, de même qu'Euripide ne fait dire à Alceste mourante que ce que la nature a dû lui inspirer dans ces derniers instans. Ce morceau est admirable, et j'en vais tenter une traduction en vers, dans laquelle je voudrois pouvoir ne point m'écarter de cette simplicité si touchante de l'original. Ceux qui la connoissent savent combien il est difficile de l'imiter dans notre langue, surtout en vers, puisque même nos traducteurs en prose, en voulant orner leur style, donnent presque toujours aux anciens plus d'esprit qu'ils n'en vouloient avoir.

Pour instruire le chœur et les spectateurs de ce qui se passe dans le palais, une des femmes d'Alceste en sort, et vient raconter au chœur ce qu'elle a vu. Quel spectacle ! Alceste qui voit que son heure fatale approche, se lave, se pare, va devant l'autel de la déesse Vesta, et lui adresse cette prière :

« Dans le royaume sombre aujourd'hui je descends,
» Pour la dernière fois recevez mon encens :
» Tandis qu'à vos genoux je puis prier encore,
» C'est pour des orphelins que ma voix vous implore.

» Déesse, protégez mes enfans malheureux,
» Soyez après ma mort une mère pour eux ;
» Procurez à mon fils une épouse fidelle ;
» Choisissez pour ma fille un époux digne d'elle.
» Puissent-ils, consolés par d'aimables liens,
» Couler des jours plus doux et plus longs que les miens ! »
Tour à tour aussitôt, elle offre ses hommages
Aux Dieux dont ce palais renferme les images,
De Myrtes et de fleurs elle les va parer ;
On ne l'entend alors gémir ni soupirer.
L'approche de la mort n'altère point ses charmes,
Et même sur ses yeux on ne voit point de larmes.
Elle aperçoit enfin l'objet de ses douleurs.
« Je puis donc maintenant laisser couler mes pleurs :
» Oui, dit-elle, sur toi je gémis, je soupire,
» O lit, où j'ai reçu celui pour qui j'expire !
» Je ne puis t'accuser, je ne puis te haïr.
» Je meurs ; mais je le veux : devois-je te trahir ?
» Aurois-je dû manquer à cette foi sacrée,
» Qu'ainsi qu'à mon époux mon cœur t'avoit jurée ?
» Reçois donc, lit cruel, l'adieu que je te doi.
» Ah ! quelqu'autre viendra l'occuper après moi.
» Hélas, tu lui seras peut-être moins funeste !
» Mais elle n'aura point plus de vertu qu'Alceste ! »
Elle veut s'arracher à ce fatal objet ;
De son appartement elle sort à regret ;
Son amour l'y ramène ; elle y rentre ; et sans voix,
Sur ce lit elle tombe une seconde fois.
Ses enfans étonnés partagent ses alarmes,
S'attachent à sa robe, et la baignent de larmes.
La mère qui se hâte en ces derniers momens,
Les presse tour à tour dans ses embrassemens.
Ses esclaves épars courent pleurer loin d'elle ;
De sa mourante voix la reine les rappelle,
Prononçant tous leurs noms dans ses tendres adieux.
Ah, quel sera le deuil qui va couvrir ces lieux,
Et qu'évitant la mort Admette se prépare !
O ciel, de quelle épouse il faut qu'il se sépare !
Il vivra ; mais, hélas ses jours infortunés
D'un triste souvenir seront empoisonnés !

Dans cette peinture tout est touchant, parce que tout est vrai. A quiconque sait goûter ces beautés simples, que tout ce qu'on appelle *esprit* paroît frivole !

Dans les ouvrages des grands génies, on remarque une grande simplicité. Ils ne vont point chercher des ornemens inutiles à leur sujet; mais ils savent tirer de leur sujet tout ce qu'il faut pour le rendre intéressant. Je vais en donner un exemple pris de la peinture.

Un de nos peintres, digne d'estime, a représenté la pêche miraculeuse rapportée dans saint Luc; et Raphaël a traité le même sujet, qui fait un de ces dessins dont le roi d'Angleterre conserve les originaux. Dans le grand tableau de Jouvenet, où l'on compte jusqu'à dix-neuf personnages, on n'est occupé que de la prodigieuse quantité de poissons qu'on porte de tous côtés dans des paniers. Dans le dessin de Raphaël, on voit seulement deux petites barques dont les bords sortent à peine de l'eau, comme il est dit par saint Luc, *impleverunt ambas naviculas, ita ut penè mergerentur.* Deux hommes dans l'une de ces barques s'efforcent à retirer leurs filets, ce qui rappelle encore ces mots de l'Evangile, *rumpebatur rete eorum.* Jésus-Christ est assis tranquillement dans l'autre barque. Deux hommes sont devant lui; l'un est près de se jeter à ses genoux; l'autre y est déjà; et, dans la posture humiliée de cet homme, dans la vivacité avec laquelle il étend ses bras, et joint les mains, on reconnoît saint Pierre frappé de la puissance de celui qui vient d'opérer ce miracle, et qui se trouvant indigne de paroître devant lui, est dans la disposition de lui dire : *exi à me quia homo peccator sum.* Cette figure fait mieux connoître le sujet et la grandeur du miracle que toutes celles dont le tableau de Jouvenet est rempli.

La simplicité qui règne dans les ouvrages des grands génies, fait croire à ceux qui ne les approfondissent pas, que ce que ces hommes ont fait, étoit aisé à faire. Tout ce qu'Homère fait dire à ses acteurs, on se persuade aisément qu'on le diroit dans les mêmes circonstances, parce que ce n'est pas seulement par l'éclat de sa versification qu'Homère a mérité seul le nom de Poète, comme le dit Paterculus, *fulgore carminum solus Poeta appellari meruit*, il mérite encore ce titre par la vérité de ses pensées : c'est par un exemple tiré de ce maître de la Poésie, que je finirai de montrer ce que c'est que le génie.

Priam, au comble du malheur et sans espérance, se résout cependant à traverser le camp ennemi pendant la nuit, pour aller redemander le corps d'Hector à Achille. A qui va-t-il parler ? A celui qui tous les matins attache à son char le corps d'Hector, et le traîne trois fois autour du tombeau de Patrocle, en disant :

> Mon cher Patrocle, enfin je puis me contenter :
> Ce que je t'ai promis je vais l'exécuter.
> Quoique dans les enfers, sois sensible à la joie :
> Des chiens et des vautours Hector sera la proie.

Sera-ce par les larmes et les prières, ou par les présens, qu'il attendrira ce cœur féroce ? Depuis la mort de Patrocle, il est devenu inexorable ; un des fils de ce malheureux Priam lui avoit demandé la vie, et lui avoit offert en pleurant une rançon considérable ; Achille lui avoit répondu :

> Tu parles de rançon : crois-tu par ta prière
> Retenir ma vengeance et ma main meurtrière ?
> Tu pleures : de pitié peux-tu me soupçonner ?
> Quand Patrocle vivoit j'aimois à pardonner.
> Il n'est plus aujourd'hui de voix qui m'attendrisse.
> Que tout fils de Priam, que tout Troyen périsse.
> Meurs : Patrocle est bien mort. Moi qui vais t'immoler,
> Moi qui seme l'horreur et qui fais tout trembler ;
> Oui, moi fils de Thétis fille du Dieu suprême,
> Ici dans peu de jours je dois mourir moi-même.
> Meurs donc, etc.

C'est à cet homme barbare qui profite du peu de temps qui lui reste à vivre, pour assouvir sa vengeance, que

Priam va parler. Que lui dira-t-il? Il ne songe pas à lui faire une prière; il ne songe qu'à réveiller en lui les sentimens de la nature. Il entre : quelle surprise pour Achille de voir le père de toute cette famille qu'il a immolée, et quel objet pour Priam, que le meurtrier de sa famille! Tous deux se regardent sans parler; enfin,

> Priam rompt par ces mots ce silence terrible :
> « Souviens-toi de ton père, ô mortel invincible!
> » Lorsqu'accablé de maux je gémis devant toi,
> » Lui-même chargé d'ans, peut-être comme moi,
> » D'ennemis insolens redoutant la furie,
> » Sans secours.... Mais que dis-je? Il te sait plein de vie;
> » Il sait (combien de maux soulage un tel espoir!)
> » Qu'un fils, que chaque jour il s'attend à revoir,
> » Fait partout de son bras redouter la puissance;
> » Et moi dans mes malheurs je suis sans espérance.
> » J'ai vu dans mon palais briller cinquante fils,
> » L'impitoyable Mars me les a tous ravis.
> » Reste de ma famille, un seul faisoit ma joie,
> » Hector étoit l'amour et le rempart de Troie :
> » Tu viens de m'en priver; de son corps à tes yeux
> » C'est la rançon que j'offre : Achille crains les Dieux.
> » Quand je baise tes pieds, et tes mains triomphantes,
> » Du sang de mes enfans ces mains encore fumantes,
> » Songe à ton père, et vois en quel état cruel
> » L'impérieux destin peut réduire un mortel! »
> Ce discours, qui d'Achille étouffe la colère,
> Retrace en son esprit l'image de son père,
> Il soupire; et par lui repoussé doucement,
> Priam quitte les pieds qu'il baisoit humblement.
> Un triste souvenir, dans les mêmes alarmes
> Plonge alors ces deux rois qui se livrent aux larmes.
> Plein d'Hector, dont l'image est toujours dans son cœur,
> Lorsque Priam le pleure aux pieds de son vainqueur,
> Un père chargé d'ans, et Patrocle sans vie,
> D'Achille tour à tour frappent l'âme attendrie, etc.

Le voilà donc attendri ce cœur impitoyable, et voilà tout ce que souhaitoit Priam. Ce n'est pas par des prières qu'il l'a touché, il ne lui demandoit rien d'abord; mais les premiers mots qu'il a prononcés, *souviens-toi de ton père*, l'ont frappé par contre-coup. Cet Achille qui sait que son père ne le reverra jamais, s'est imaginé de voir le vieux Pélée après sa mort réduit au même état où Priam est réduit après la mort d'Hector. Ce n'est point Priam qui désarme Achille, c'est la nature; et c'est aussi dans la nature, et non dans les préceptes de la rhétorique, qu'Homère a puisé cette éloquence. Homère pouvoit bien dire de lui-même ce que dit le chantre qu'il fait paroître dans l'Odyssée, l. 22 : Αυτοδίδακτος εἰμι; *je n'ai de maître que mon génie.*

L'admiration que j'ai pour Homère ne m'empêche pas de reconnoître en lui ces fautes, dans lesquelles tombent les grands génies, lorsqu'occupés du grand, ils négligent les petites choses, comme Longin le remarque dans son Traité du Sublime. M. Bossuet semble quelquefois languir, et il se réveille pour foudroyer. Les génies qu'emporte l'enthousiasme ne marchent pas d'un pas égal, ils tombent même de temps en temps. Les corps les plus robustes sont sujets comme les autres aux infirmités humaines, et sont quelquefois frappés des plus violentes maladies. Les esprits robustes font quelquefois de grandes fautes; ils succombent à la fatigue, comme dit Quintilien : *labuntur aliquando, oneri cedunt, et non nunquam fatigantur.*

Si lorsque l'homme est dans sa plus grande force, son esprit a de la peine à se soutenir, comment se soutiendra-t-il dans cet âge où tout commence à s'affoiblir ? Il ne doit plus s'exposer à tomber, lorsqu'il n'est plus en état de se relever d'une manière qui fasse oublier sa chute. Quintilien recommande à l'orateur de prévoir les dangers de l'âge, et de retourner de bonne heure au port, afin d'y ramener son vaisseau sain et entier : *antequam in has ætatis veniat insidias, receptui canet, et in portum integrâ nave perveniet.* Il est encore plus nécessaire de donner cet avis aux Poètes qui ont toujours besoin de toute la force de leur imagination ; mais il est plus aisé de donner cet avis que de le suivre. On ne songe pas ordinairement à l'heure de la retraite, parce qu'on ne s'aperçoit pas qu'on vieillît : ce qui fait que plusieurs Poètes ne sont pas rentrés dans le port *integrâ nave.* Puisqu'il est si difficile à certaines femmes de s'apercevoir du changement que le temps apporte sur leurs visages, quoique leur miroir les en avertisse tous les jours, il nous est bien plus difficile de sentir les changemens que le temps apporte à la vigueur de notre esprit. Quel ami osera nous les annoncer ? Qui sera assez hardi, pour nous dire que nous vieillissons ? Le grand Corneille tomba dans ces surprises de l'âge, *in has ætatis insidias.* Quoique chargé de lauriers, il ne vouloit pas croire que l'heure de la retraite fût arrivée pour lui, et il prit en mauvaise part ces deux vers de l'Art Poétique de Boileau :

> Que Corneille pour lui ranimant son audace
> Soit encor le Corneille et du Cid et d'Horace.

« Ne le suis-je pas toujours, disoit-il ? » Il le fait entendre dans l'épître qu'il adresse au roi, en lui demandant son suffrage pour ses dernières tragédies :

> Ces derniers vers n'ont rien qui dégénère,
> Rien qui les fasse voir enfans d'un autre père ;
> Et ton choix montreroit qu'Othon et Suréna
> Ne sont pas des cadets indignes de Cinna....
> Le peuple, je l'avoue, et la cour les dégradent :
> Je foiblis, ou du moins ils se le persuadent ;
> Pour bien écrire encor, j'ai trop long-temps écrit,
> Et les rides du front passent jusqu'à l'esprit.
> Mais contre cet abus que j'aurois de suffrages,
> Si tu donnois les tiens à mes derniers ouvrages.....
> Tel Sophocle à cent ans charmoit encore Athènes ;
> Tel bouillonnoit encor son vieux sang dans ses veines.

On voit par ces vers que le vieux sang de Corneille bouillonnoit encore; mais l'exemple qu'il cite ne conclut rien en sa faveur. Sophocle, accusé de démence par ses enfans qui vouloient le faire interdire, parut devant les juges, apportant pour sa défense cette raison : « Si je suis » Sophocle, je n'ai pas perdu l'esprit. » Pour prouver qu'il l'étoit encore, il lut la tragédie d'Œdipe à Colonne qu'il venoit d'achever. Il prouva bien qu'il n'étoit pas en démence; mais il ne prouva pas qu'il fût encore le Sophocle, auteur de la tragédie intitulée *Œdipe Roi*. L'une est le chef-d'œuvre du Poëme dramatique; l'autre est, comme dit Cicéron, *diserti senis compta et mitis oratio*. L'éloquence sage et douce d'un vieillard ne rend pas admirable un ouvrage poétique. Cette maturité de l'esprit est cependant une raison que Ménage apporte pour défendre ses vers faits dans la vieillesse :

> Tu vatem ne sperne senem. Matura senectus
> Culta magis condit carmina, docta magis.
> Dulcior occidui fulget lux candida Phœbi;
> Dulcius et cantat mox moriturus olor.

Le même Ménage a parlé différemment dans les vers suivans :

> Frondibus æternis canos ornare capillos
> Ipse cupit flavis pulcher Apollo comis....
> Turpe senex miles, turpe Poeta senex.

Malherbe se croyoit favorisé du ciel depuis l'enfance jusqu'à la vieillesse.

> Les puissantes faveurs dont Parnasse m'honore,
> Non loin de mon berceau commencèrent leur cours.
> Je les possédai jeune, et les possède encore
> A la fin de mes jours.

De tous ceux que les travaux de l'esprit ont occupés,

il semble que ce soient les Poètes à qui la retraite ait toujours le plus coûté : ils ne peuvent se résoudre à sortir de leur carrière. A-t-elle donc pour eux de si grands charmes? A-t-elle tant d'attraits? C'est ce que je vais examiner dans le chapitre suivant.

CHAPITRE XII.

SI LES MUSES RENDENT HEUREUX CEUX QUI S'ATTACHENT A ELLES.

Quand Horace, qui appelle sa lyre * *la douce consolation de tous ses travaux*, assure ** qu'*un ami des Muses ne connoît ni la tristesse, ni les craintes*, et que charmé de sa fortune, qui ne se borne pas à l'honneur *d'approcher de près les Dieux de la terre* ***, il se trouve si comblé de leurs bienfaits qu'il n'a plus rien à leur demander ****, *parce qu'ils lui ont donné plus qu'il ne vouloit*, qui ne seroit tenté de croire que les Muses procurent à ceux qui s'attachent à leur service, et surtout à ceux qu'elles aiment, le contentement de l'esprit, l'amitié des grands, les richesses et la gloire ? On croiroit aussi qu'elles ne sont pas moins favorables aux peintres qu'aux Poètes, lorsqu'on entend dire que Rubens comblé d'honneurs, de dignités et de biens par tous les princes de l'Europe, vivoit lui-même en prince.

Il est en effet naturel de penser que ceux qui s'appliquent à ces deux arts, trouvent d'abord le contentement

---

* O laborum dulce lenimen.
　　　　　Od. 26, *l.* 1.
** Musis amicus tristitiam et metus, etc.
　　　　　Od. 23.
*** Deos quoniam propiùs contingis
　　　Auctiùs atque.
**** Di meliùs fecere, bene est, nil ampliùs oro.

de leur esprit dans leurs agréables occupations, et le trouvent encore dans les applaudissemens et les récompenses. Le philosophe et l'orateur s'attirent quelquefois de cruels ennemis. On n'ignore pas la fin tragique de Socrate, de Démosthènes et de Cicéron ; mais quels ennemis peuvent rencontrer ceux qui veulent plaire à tout le monde ? Les peintres et les Poètes veulent satisfaire les yeux et les oreilles des hommes, il est donc de l'intérêt des hommes d'encourager et de récompenser quiconque ne travaille que pour leur procurer du plaisir.

Voilà ce qu'il est naturel de penser, et ce que contredit cependant l'opinion commune, puisque lorsque nous voulons donner l'idée d'une grande misère, nous la comparons ordinairement à celle d'un peintre, et que les Poètes ne donnent pas eux-mêmes une idée plus avantageuse de leur fortune. Ce même Horace n'est si content de la sienne que parce qu'il connoît le prix de la médiocrité (*). « C'est à cet état qu'il doit la liberté d'aller
» jusqu'à Tarente sur un mulet écourté, avec sa valise
» sur la croupe : sa table n'est couverte que (**) d'herbes
» et de légumes ; il ne boit chez lui que (***) le vin le
» plus commun : les domaines qu'il possède ont fort peu
» (****) d'étendue ; enfin sa richesse consiste à n'être
» point (*****) dans l'importune pauvreté. »

Tous les Poètes n'ont pas estimé de même la médiocrité, puisqu'ils se sont plaint si souvent de leur fortune.

*   Nunc mihi curto
Ire licet mulo, vel si libet, usque Tarentum
Mantica cui lumbos onere ulceret, atque eques armos.
                                  Sat. 6, *l.* 1.

**   Inde domum me
Ad porri et ciceris refero, laganique catinum.
                                       Ibid.

*** Vile potabis modicis Sabinum, etc.
**** Mihi parva rura.
***** Importuna tamen pauperies abest.

Je ne parle pas ici des grands hommes : de pareilles plaintes ne sont jamais sorties de leur bouche, et l'on n'en trouve aucune preuve dans leurs écrits ; mais comme le nombre des grands hommes est fort petit, on pourroit faire un ample recueil des plaintes des Poètes sur l'ingratitude de leur siècle. Si l'on en croit plusieurs d'entre eux, ou l'on n'a point rendu justice à leurs ouvrages, ou on ne les a récompensés que par des éloges stériles. Peut-être n'ont-ils été mécontens, que parce qu'ils ne se rendoient pas justice à eux-mêmes. L'amour propre qui règne sur tous les hommes, exerce encore un plus grand empire sur ceux qui croient exceller par les talens de l'esprit ; ils s'estiment aisément plus qu'ils ne valent. Je vais examiner si leurs plaintes ont toujours été justes, en recherchant quelle a été leur fortune, et celle de leurs ouvrages.

ARTICLE PREMIER.

De la fortune des Poètes.

QUAND même dans la recherche que je vais faire de la fortune des Poètes, je la trouverois toujours médiocre, je n'appellerois point malheureux les amis des Muses, puisqu'ils reçoivent d'elles ordinairement un présent plus grand que les richesses, qui est l'amour de la médiocrité. Boileau nous apprend quel il devint, sitôt qu'il embrassa la profession de Poète :

Dès-lors à la richesse il fallut renoncer ;
Ne pouvant l'acquérir, j'appris à m'en passer.

Il est vrai que comme la médiocrité est la fortune de ceux qui ne veulent que vivre tranquilles, les Poètes seroient à plaindre si on les trouvoit toujours dans une cruelle indigence ; mais je vais faire voir, ou qu'ils n'y ont jamais été que par leur faute, ou que ce qu'on a dit de leur misère, n'a pas été exactement vrai. Il semble que de tout temps on ait pris plaisir à outrer cette matière, et qu'on ait voulu s'égayer sur un si triste sujet.

Pétrone introduit sur la scène un vieillard si maigre et si mal vêtu, que dès qu'il paroît on le reconnoît, dit Pétrone, pour un de ces hommes de lettres, dont les riches font peu de cas : *ex hâc notâ litteratorum quos odisse divites solent.* On lui demande quel est sa profession : il répond qu'il est Poète, et ajoute modestement qu'il ne se croiroit pas un Poète méprisable, s'il jugeoit de son mérite par ses couronnes; mais quel fonds peut-on faire sur des couronnes que la faveur donne souvent à ceux qui les méritent le moins : *ego sum Poëta, et, ut spero, non humillimi spiritus, si modo coronis aliquid credendum est, quas etiam ad imperitos deferre gratia solet.* On lui demande encore pourquoi avec un talent si estimable, il est réduit à porter de si mauvais habits : « Pour cela » même, répond-il. La profession de bel-esprit n'a jamais » enrichi personne.... La pauvreté est la sœur du mérite : » *propter hoc ipsum. Amor ingenii neminem unquam divitem fecit..... nescio quomodo bonæ mentis soror est paupertas.*

Il semble que Pétrone ait pris pour modèle de ce personnage de fiction, le plus ancien et le plus grand des Poètes. On ne sait d'une manière certaine aucune particularité de la vie d'Homère ; mais il paroît certain qu'elle a toujours été errante et pauvre. Il alloit, dit-on, de ville en ville réciter ses vers pour être reçu à la table de ceux à qui ses vers avoient le bonheur de plaire. On prétend qu'ayant promis à la ville de Cumes de la rendre à jamais célèbre, pourvu qu'elle se chargeât de le nourrir le reste de ses jours, sa requête fut rejetée, parce qu'un des magistrats représenta que si la ville faisoit un pareil marché, elle seroit bientôt accablée d'aveugles. Les malheurs du père des Poètes ne prouvent point que la Poésie ait toujours été méprisée, ni que la sienne soit méprisable, puisqu'un de ses Poëmes, si mal récompensé du peuple dont il a immortalisé les villes et les héros, a, tant de siècles après, fait la gloire et la fortune de celui qui l'a fait connoître par une traduction, à un peuple qui ne prend aucun intérêt aux héros de la Grèce. La traduction de l'Iliade en vers anglais, a valu 200 mille livres à M. Pope.

Ceux qui veulent décourager les amateurs des Muses, contraints d'excepter l'Angleterre, où depuis un certain temps aucun mérite littéraire ne reste sans récompense, et où les récompenses ne sont pas médiocres, soutiennent que partout ailleurs les Poètes ont été pauvres, et apportent pour preuves les exemples suivans.

Ce Plaute, dont on a dit que les Muses auroient parlé le langage, si elles avoient voulu parler le langage des hommes, étoit réduit pour vivre, à tourner la meule chez un boulanger. Térence mourut dans la misère. Tibulle nous fait connoître sa fortune par ce vers :

> Me mea paupertas vitæ traducat inerti.

Et Ovide, quoiqu'il vécût comme Tibulle dans le siècle d'Auguste, siècle si vanté par les Poètes, dit dans son Art d'Aimer, qu'il ne parle point aux riches qui n'ont pas besoin de ses préceptes, mais à ceux qui aiment comme il a aimé, n'ayant point de présens à offrir :

> Pauperibus vates ego sum, quia pauper amavi :
> Cum dare non possem munera, verba dabam.

Lorsque Stace annonçoit une lecture de sa Thébaïde, on y accouroit en foule, et Stace après avoir enchanté le public, mouroit de faim, au rapport de Juvénal :

> Lætam fecit cum Statius urbem,
> Esurit, etc.

Martial

Martial loge à un troisième étage fort élevé :

> Scalis habito tribus sed altis!

Et c'est là qu'il a vieilli, malgré les pompeux éloges qu'il a donnés à son Domitien:

> Factus in hâc ego sum jam regione senex.
> *Lib.* 1. *Ep.* 128.

Les louanges dont l'Arioste accabla la maison d'Est, ne lui furent point payées par le cardinal de ce nom, à qui il avoit dédié son Poëme, et dont il perdit peu de temps après les bonnes grâces. Le Tasse ne trouva point dans cette maison d'Est de plus solides protecteurs. Il étoit si pauvre, que dans un de ses sonnets, il prioit sa chatte de lui prêter la lumière de ses yeux pour écrire pendant la nuit, n'ayant pas de quoi acheter une chandelle. La fortune du Virgile de Portugal a été encore plus cruelle que celle du Virgile de la moderne Italie, puisque le Camoens mourut dans un hôpital. L'écrivain qui par la beauté de son génie fait la gloire de l'Espagne, l'auteur de don Quichotte n'a pas eu un sort plus heureux. C'est du père de notre Poésie française, c'est de notre Malherbe, dont Gombaut finissoit ainsi l'épithaphe:

> Il est mort pauvre; et moi je vis comme il est mort.

Tristan, que Quinault avoit servi, ne put, comme Elie à son serviteur, lui laisser un manteau, suivant cette épigramme:

> Tristan qu'on mit au tombeau
> Plus pauvre que n'est un prophète,
> En laissant à Quinault son esprit de Poète,
> Ne put lui laisser un manteau.

Le manteau n'est pas commun chez les Poètes, suivant Regnier:

> Phébus et son troupeau,
> Nous n'eûmes sur le dos jamais un bon manteau.

Ce même Regnier parle de son habit, comme Scarron a parlé depuis de son *pourpoint noir, percé par le coude après six ans de* service :

> Pour moi, si mon habit partout cicatrisé,
> Ne me rendoit du peuple et des grands méprisé, etc.

Le Poète dont parle Boileau dans sa première Satire,

> Passoit l'été sans linge, et l'hiver sans manteau.

Saint-Amand suivant le même Boileau, n'étoit pas beaucoup plus riche :

> L'habit qu'il eut sur lui fut son seul héritage ;
> Un lit et deux placets composoient tout son bien.

La Fontaine, ni Rousseau, n'avoient pas plus de meubles, et l'on n'en vit jamais de magnifiques chez le grand Corneille, ni chez Boileau. Comment les Poètes, dit-on, auroient-ils des meubles ? Ils n'ont pas même une chambre, suivant Benserade ; et, bien différens d'Amphion qui bâtissoit une ville au son de sa lyre,

> Nos Amphions sont en chambre garnie :
> S'ils n'y sont pas, c'est qu'ils couchent dehors.

Ils n'ont même ni rideaux de lit, ni bonnet de nuit, suivant Chapelle :

> Jamais auteur n'eut tour de lit,
> Et qui plus est, jamais ne mit,
> Dans le froid le plus incommode,
> Qu'un laurier pour bonnet de nuit.

Enfin Benserade étoit si pénétré de la misère des Poètes, qu'il en parle encore, en rapportant la naissance de Pégase :

> Ce docte cheval,
> De la richesse ennemi capital,

>   Qui d'Hélicon fit naître la fontaine,
>   Tout d'une traite et presque d'une haleine
>   Porte souvent son homme à l'hôpital.

Loin d'y porter Benserade, il le conduisit à la cour, où il fut long-temps le Poète à la mode *, dans une fortune très-opulente.

Ce seul exemple nous apprend combien peu l'on doit ajouter foi à tout ce qu'ont dit sur le même sujet plusieurs Poètes, et combien leurs plaintes ont été injustes, puis qu'on peut aux exemples des Poètes pauvres, opposer celui de Benserade, celui de Ronsard, et celui de Desportes, qui n'étant plus connu depuis long-temps par ses Poésies, sera toujours fameux par les dix mille écus de rente qu'elles lui valurent.

Quoique je convienne avec Balzac que l'exemple de Desportes est un écueil contre lequel doit se briser l'espérance de dix mille Poètes, je soutiens qu'aucun d'eux, quand il a eu un mérite véritable, n'a eu à se plaindre de l'ingratitude de son siècle, et qu'il est faux que la pauvreté soit la sœur du mérite ; puisque, si l'on excepte Homère et Cervantes, qui furent malheureux, l'un, parce que de son temps les vers ne trouvoient point encore d'oreilles capables de les entendre ; l'autre, parce qu'il tourna en ridicule par son ingénieux roman, le goût dominant de sa nation, et vécut sous un ministre ennemi déclaré des lettres, jamais génie admirable n'a été entièrement oublié. J'avoue qu'on peut nommer quelques Poètes fameux qui ont été pauvres ; mais ils l'ont presque toujours été par leur faute.

Si l'on doit plaindre et admirer la pauvreté de ceux qui, par une noble indifférence pour les richesses, n'ont jamais

---

* Voyez son article dans l'Histoire de l'Académie française de M. l'abbé d'Olivet.

songé à les chercher, on ne doit pas plaindre ceux qui n'étant point indifférens pour elles, ont été incapables de les acquérir, ou incapables de les conserver; et l'on doit plaindre encore moins ceux qui, par une conduite imprudente, se sont attiré des disgraces. Voilà les fautes qu'on peut reprocher à un grand nombre de Poètes malheureux.

Le plaisir de la vengeance, et l'envie de déchirer son ennemi par un trait satirique, en a perdu plusieurs. Le Dante, dont on pilla les biens, et qui fut exilé de sa patrie, mérita ses malheurs pour n'avoir point épargné dans ses vers la faction contraire à la sienne, et pour avoir pris parti dans les troubles de Florence.

Lorsque Rousseau étonné dans sa jeunesse du nombre d'envieux qui l'environnoient, et dégoûté en apparence du talent qui les lui attiroit, disoit aux Muses : « Tenez, » voilà vos pinceaux, vos crayons, reprenez tout; » il eût mieux fait alors, pour la tranquillité du reste de sa vie, de les leur rendre que de se réconcilier avec elles, en leur disant : « Adieu Muses, jusqu'au revoir, » lorsqu'elles lui promettent de venir à son secours contre ceux qui l'attaquoient.

Souvent un homme livré uniquement aux charmes de la Poésie, déteste toute occupation plus sérieuse, et devient incapable de la moindre affaire. Parce que l'or ne prolonge pas la vie, Anacréon conclut qu'il vaut mieux boire que d'amasser des trésors. Plaute avoit perdu son bien, et Tibulle avoit dès sa jeunesse dissipé des richesses immenses. Un homme qui ne pouvant se résoudre à un voyage qui l'auroit écarté de ses plaisirs, s'écrie qu'il aime mieux voir périr toutes les richesses du monde, n'étoit pas un homme propre à en amasser :

O quantum est auri pereat, potiùsque smaragdi
Quàm fleat ob nostras ulla puella vias!

Marot qui se plaint de ses créanciers, *qui de dixains n'ont cure*, recevoit des libéralités de François I, puisqu'elles furent cause que sa bourse *avoit grosse aposthume le jour qu'il fut volé par son valet*; mais Marot n'étoit pas homme à thésauriser. Il ne faut pas demander pourquoi La Fontaine, né dans une fortune honnête, vécut pauvre. Il a eu soin de nous apprendre que *Jean*

> Mangea le fonds avec le revenu,
> Jugeant trésors chose peu nécessaire.

Quelquefois les Poëtes, trop libres dans leurs manières, et trop accoutumés à parler d'amour, se sont oubliés dans ces maisons, où de quelque façon qu'on soit reçu, on ne s'oublie jamais impunément. La hardiesse que l'amour n'excuse pas, causa les malheurs d'Ovide et du Camoens, et peut-être aussi du Tasse, qui devint, dit-on, éperdument amoureux d'une princesse sœur du duc de Ferrare.

L'honneur d'approcher les grands, d'être admis à leur table, et d'être les compagnons de leurs plaisirs, persuade quelquefois les Poëtes qu'ils en sont aimés; et ils perdent leur temps auprès d'eux, sans songer qu'ils n'y sont que pour les amuser. Telle fut la cause du malheur de Térence, suivant ces beaux vers d'un ancien Poëte :

> Dum lasciviam nobilium, et fucosas laudes petit,
> Dum Africani voci divinæ inhiat avidis auribus,
> Dum ad Furium se cœnitare, et Lælium pulchrum putat,
> Dum se amari ab hisce credit, crebro in Albanum rapi
> Ob florem ætatis suæ, ad summam inopiam redactus est.

Si la vanité engage quelques Poëtes trop avant dans le commerce des grands, souvent une timidité, qui poussée trop loin est un défaut, et même assez souvent une vanité déguisée, les éloigne trop de ce commerce toujours dangereux, mais souvent nécessaire. M. de Fontenelle, après avoir dit de Corneille, dans sa Vie, que les affaires les plus légères lui causoient de l'effroi et de la terreur, ajoute ces paroles : « Son âme fière et indépen- » dante, qui le rendoit très-propre à peindre la vertu » romaine, le rendoit très-peu propre à faire sa fortune : » il n'aimoit point la cour, où il n'apportoit qu'un visage » presqu'inconnu, et un mérite qui n'étoit point le mérite » de ce pays-là. »

Le cardinal de Richelieu n'avoit pas contribué à la lui faire aimer. Tout le monde sait les chagrins qu'il causa à Corneille; il lui fit aussi quelque bien : mais ce ministre, qui mettoit au nombre des pensionnaires de l'Etat Maître Adam et l'Etoile, qui donna six cents livres à Colletet pour six vers, et qui une autre fois lui donnant cinquante pistoles pour les deux vers sur *la canne qui s'humecte dans la bourbe de l'eau*, assura le Poète que le roi n'étoit pas assez riche pour payer toute la pièce, n'étoit pas toujours si favorable. Il ne fit jamais rien pour l'infortuné Mainard, dont la fameuse plainte, écrite en vers si naturels : *Armand, l'âge affoiblit mes yeux*, ne put l'attendrir.

On a vu des ministres très-indifférens pour les lettres; on en a vu qui les aimoient sans les récompenser; on en a vu aussi qui les récompensoient : mais il arrive souvent que ces derniers n'accordent leurs grâces qu'à ceux qui les leur surprennent par la flatterie, ou les leur arrachent par de fortes sollicitations, ne faisant pas réflexion que ceux qui les méritent, loin de savoir les surprendre, ni les arracher, ne savent pas même les demander, souvent par une sincère modestie, et souvent aussi parce qu'ils contractent dans le cabinet une certaine roideur de caractère qui les rend incapables de se plier au moindre devoir de courtisan.

Jour bien favorable pour tous les gens de lettres, jour

glorieux pour l'Etat, pour le roi, et pour son ministre; jour unique dans l'histoire des lettres, où M. Colbert n'ayant en vue que la gloire de son maître, présenta à Louis XIV la liste des hommes connus non-seulement dans la France, mais dans l'Europe, par les talens de l'esprit ou par l'érudition, et obtint des pensions pour soixante, dont quinze étoient étrangers! Ce qui fit dire à Boileau :

>Est-il quelque vertu dans les glaces de l'Ourse,
>Ni dans ces lieux brûlans où le jour prend sa source,
>Dont la triste indigence ose encore approcher,
>Et qu'en foule tes dons d'abord n'aillent chercher? etc.

Boileau cependant n'avoit point été mis sur cette liste. Peu d'années après, sans autre appui que son mérite mieux connu, il fut également favorisé, et s'écria aussitôt:

>C'en est trop, mon bonheur a passé mes souhaits :
>Qu'à son gré désormais la fortune me joue,
>On me verra dormir au branle de sa roue.

Ce bonheur qui passoit ses desirs, et le mettoit à l'abri des coups de la fortune, étoit une pension de deux mille livres; richesse considérable pour un homme qui y avoit renoncé :

>Vatis avarus
>Non temere est animus : versus amat, hoc studet unum;

parce que, comme dit le même Horace, les âmes souillées par cette rouille, ne sont pas celles qui enfantent des ouvrages immortels :

>Hæc animos ærugo, et cura peculî
>Cùm semel imbuerit, speramus carmina fingi
>Posse linenda cedro, etc.
>   ART. POËT.

Pindare est en effet le seul des Poëtes fameux qu'on

ne puisse justifier de cette honteuse passion. Il parle souvent de l'or, et toujours avec des transports d'admiration: les richesses lui paroissent la preuve infaillible de la bienveillance des Dieux. Il trouve juste que les Poètes retirent un tribut de leur travail. La libéralité est la vertu qu'il a grand soin de recommander à ceux à qui il adresse ses odes, dont il ne rougit pas de demander le salaire. Après avoir remarqué dans la seconde isthmique, que les Muses qui au bon vieux temps n'étoient pas mercenaires, se sont depuis conformées à cette maxime : *les biens, les biens font l'homme*; il dit à celui à qui il adresse son ode : *Vous m'entendez, je parle à un homme éclairé.* Il craignoit apparemment que Hieron ne fût pas assez habile pour entendre un langage si clair, puisque dans l'ode qu'il lui adresse il lui déclare nettement qu'il la lui envoie, *comme les Phéniciens font partir un vaisseau, dans l'espérance du gain, parce qu'il fait commerce de vers.* Ce que Ronsard a osé répéter :

> Prince, je t'envoie mon Ode,
> Trafiquant mes vers à la mode
> Que le marchand baille son bien,
> Troc pour troc. Toi qui es riche;
> Toi, roi des biens, ne sois pas chiche
> De changer ton présent au mien :
> Ne te lasse point de donner;
> Et tu verras comme j'accorde
> L'honneur que je prétends sonner
> Quand un présent dore ma corde.

Voilà des sentimens qu'un Ronsard peut imiter, mais que déteste un Horace. Il n'avoit qu'à demander, il étoit certain d'obtenir. Il le dit à Mécénas : *Nec si plura velim, tu dare deneges;* mais il n'avoit rien à demander, parce qu'il ne desiroit rien. Quelques écrivains modernes ont avancé sur la foi d'une ancienne Vie de Virgile, dont l'auteur est inconnu, que Virgile possédoit des trésors et des palais ; ce qui n'est pas vraisemblable, puisque Juvénal, en montrant que les Poètes ne doivent pas languir dans l'indigence, se contente de dire que si Virgile n'eût point eu les commodités de la vie, il n'eût point eu l'imagination si riche en fictions :

> Nam si Virgilio tolerabile desit
> Hospitium, caderent omnes à crinibus hidri.

Eût-il ainsi parlé de la fortune d'un homme qui eût possédé des palais et des trésors ? Le caractère simple, modeste et timide de Virgile, n'est pas celui d'un avide courtisan ; et plusieurs endroits de ses ouvrages font connoître son mépris pour les richesses.

Tous les grands Poètes ont dans ces sentimens imité Horace et Virgile. Pétrarque, après le grand jour de son triomphe à Rome, prit le parti de la retraite, renonçant aux dignités que le pape et l'Empereur lui promettoient. L'Arioste, content d'une vie tranquille, écrivit ce distique sur la porte de la maison qu'il s'étoit fait bâtir :

> Parva, sed apta mihi, sed nulli obnoxia, sed non
> Sordida, parta meo sed tamen aere domus.

Lorsqu'on le plaisantoit sur la petitesse de la maison d'un Poète qui avoit bâti en vers tant de palais magnifiques, il répondoit qu'il étoit plus aisé d'arranger des mots que des pierres ; et il ajoutoit qu'il aimoit mieux se contenter du peu qu'il avoit, que d'aller à la cour pour en avoir davantage. Notre célèbre Rousseau, né sans biens, a témoigné beaucoup d'indifférence pour en acquérir. On lui procura un emploi dans la finance, sur lequel l'abbé de Chaulieu lui écrivoit :

> Il ne manque à tes agrémens,
> Rousseau, qu'un peu plus d'abondance.
> Mais il est honteux à la France
> Que ton esprit et tes talens

> Ne la doivent qu'à la finance....
> Adieu, monsieur le directeur,
> Non directeur de conscience,
> Dont je suis bien moins serviteur
> Que d'un directeur de finance.

L'abbé de Chaulieu, dans la même pièce, lui conseille de s'appliquer peu à son emploi :

> Fais lever matin tes commis :
> Pour toi, passe les nuits à table
> Entre Bacchus et tes amis.

Il y a apparence que Rousseau pratiqua ce conseil. Il garda peu cet emploi, qui lui faisoit dire qu'on voyoit l'*Elève de Clio sedentem in telonio*. Lorsqu'il perdit, dans les actions de la compagnie d'Ostende, l'argent que lui avoit rapporté l'édition de ses ouvrages faite à Londres, il perdit tous les fruits de ses travaux passés, et il ne lui resta

> Que ses lauriers d'épine, enveloppés,
> Et que la foudre a si souvent frappés.

Cependant quoiqu'il se plaigne souvent, dans ses ouvrages, de ses malheurs, il ne se plaint jamais de sa fortune. Je fus témoin en 1742, lorsqu'il vint à Paris, des services que dans ce voyage, qui fut un nouveau malheur pour lui, le généreux M. Aved lui rendit.

Le sort d'un illustre Poète sans biens, qui trouve un asile chez un peintre, m'engage à comparer la différente fortune que procurent ces deux arts, et je ne crains point d'avancer que de tout temps la fortune des peintres comparée à celle des Poètes a été très-brillante, malgré l'opinion toute contraire qu'en donne l'espèce de proverbe en usage dans notre langue.

Polygnote fut si honoré dans la Grèce, que par un décret des Amphyctions il étoit logé et nourri dans toutes les villes quand il voyageoit. Parrhasius et Zeuxis ne paroissoient en public que revêtus de superbes ornemens. Apelle trouva dans Alexandre un admirateur libéral, et Aristide dans Attale un prince assez riche pour donner cent talens d'un tableau. La mort prématurée de Raphaël l'enleva à la fortune qui lui étoit promise. Quel seigneur a jamais craint de recevoir chez lui un Poète par la même raison que le duc de Bragance craignit de recevoir Rubens? Quand il apprit que Rubens, qu'il avoit demandé, et qui étoit alors en Espagne, étoit parti pour venir en Portugal dans un équipage à six chevaux, suivi de plusieurs domestiques, craignant qu'un pareil hôte ne lui causât de trop grands frais, il envoya promptement le contremander, avec ordre qu'on lui offrît cinquante pistoles pour le dédommager du chemin qu'il avoit déjà fait. « J'en apportois deux mille pour les dépenser chez lui, » répondit Rubens, qui retourna sur ses pas, en refusant ces cinquante pistoles. Le Poussin est le seul des peintres célèbres qui ait vécu sans fortune, parce qu'il n'en voulut point. Il poussoit le désintéressement jusqu'à rendre la plus grande partie de ce qu'on lui envoyoit, trouvant toujours qu'on vouloit trop payer ses tableaux.

Quoique les Poètes se vantent d'élever des monumens plus durables que le marbre et le bronze, ils ne sont jamais payés comme les peintres: premièrement, parce que la satisfaction d'être seul possesseur d'un ouvrage admiré de tout le monde, fait monter les excellens tableaux à un prix excessif; secondement, parce qu'un prince est plus flatté de son portrait fait par une habile main, que de tout l'encens des Poètes. Charles-Quint, qui disoit que le Titien lui avoit donné trois fois l'immortalité, parce qu'il l'avoit peint trois fois, n'eût pas dit la même chose de trois odes faites à sa louange. Les Princes sont bien convaincus que la postérité ne croira pas aveuglément tout ce que les Poètes auront dit d'eux; mais ils espèrent que leurs portraits, en conservant la mémoire de leurs traits bien imités, leur donneront une espèce d'immortalité; et ils ne sont pas moins prodigues pour les sculpteurs que pour les peintres. Le cavalier Bernin, que Louis XIV avoit fait venir d'Italie pour le dessin du Louvre, passa six mois à Paris, et y fit en marbre le buste de ce prince, qui lui donna son portrait enrichi de diamans, une gratification de cinquante mille écus, une pension de six mille livres pour lui, une autre de quinze cents livres pour son fils, et qui lui fit encore payer le temps de son séjour et de son voyage à raison de cent livres par jour. *

Que les plus grands Poètes ne s'attendent jamais à de pareilles récompenses. Il est vrai qu'ils sont souvent honorés des bienfaits des princes; mais il semble aussi que tous les princes aient pensé à leur égard, comme Charles IX, qui, quoique libéral pour les gens de lettres, disoit qu'il falloit traiter les Poètes comme les chevaux dont on veut tirer un bon service, les bien nourrir, et ne les point engraisser. Ils savent que ces grandes âmes ne sont sensibles qu'à la gloire; et quelle gloire plus grande pour elles que celle de recevoir de leur maître des marques de son estime? J'ai parlé des transports de Boileau quand il reçut une pension; son zèle à louer Louis XIV brille dans tous ses ouvrages. Le grand Corneille a fait éclater la même ardeur par plusieurs pièces de vers. Le successeur de Corneille, plus heureux que lui à la cour, estimé et recherché des grands, favorisé du généreux Colbert, attaché par une charge et par des faveurs particulières à la suite du roi, qu'il avoit l'honneur d'accompagner à l'armée en qualité de son historiographe, a laissé à sa famille une fortune dont il fut toujours

* C'est ce que rapporte M. Titon du Tillet dans son livre intitulé : *Essai sur les Honneurs,* etc.

attentif économe, et qui m'engage à soutenir ce que j'ai déjà avancé, que les princes jettent toujours des regards favorables sur les hommes qui ont quelque talent; mais que les amis des Muses, quand ils ont l'honneur d'approcher des Dieux de la terre, n'ambitionnent, comme Horace auprès des Auguste et des Mécénas, que la gloire d'en être estimés, parce que toujours contens de ce qu'ils ont, ils connoissent le prix de cet état que le même Horace appelle, *auream mediocritatem*. Hors de cet état, un homme est incapable d'enfanter des productions immortelles; et le fardeau de l'opulence pèse encore plus sur l'âme que le fardeau de la pauvreté.

ARTICLE SECOND.

De la fortune des Ouvrages Poétiques.

Ceux qui renoncent aux richesses pour l'amour des Muses, devroient recevoir d'elles, pour première récompense, cette tranquillité d'esprit, compagne ordinaire de l'état médiocre, et cette satisfaction qu'on goûte dans les occupations qu'on aime. Quelle est cependant la vie d'un excellent Poète? *Sapere*, et *ringi*, dit Horace en ces deux mots que Rousseau confirme par ce vers:

Ecrire en sage, et vivre en hébété.

Rousseau ne songe point à mériter les lauriers d'Euripide, parce qu'il seroit obligé d'aller comme lui s'enfermer dans une caverne obscure. Il faudroit, dit-il,

Sublime misantrope,
Fuir les humains pour suivre Calliope,
A tous plaisirs constamment renoncer,
Le jour écrire, et la nuit effacer;
Sécher six mois sur les strophes d'une ode....
Passer ma vie en d'éternels accès;
Toujours troublé de fureurs convulsives,
De mon plancher ébranler les solives.

Boileau ne nous fait pas une peinture plus riante de sa vie :

> Tous les jours, malgré moi, cloué sur un ouvrage,
> Retouchant un endroit, effaçant une page....
> Si j'écris quatre mots j'en effacerai trois....
> Sans ce métier fatal au repos de ma vie,
> Mes jours pleins de loisirs couleroient sans envie, etc.

Quand ses ouvrages ont été bien reçus du public, Boileau est-il content ? Il s'écrie :

> Dix ans sont écoulés depuis le jour fatal
> Qu'un libraire imprimant les essais de ma plume,
> Donna pour mon malheur un trop heureux volume, etc.

Puisque les amis des Muses renoncent pour elles aux richesses, aux plaisirs, à la tranquillité de la vie, à la société même, quel bonheur en peuvent-ils attendre, si ce n'est le chimérique bonheur d'être admirés, et de remporter cette préférence que donnent les talens de l'esprit ? Comme ils s'enivrent de fumée, il semble aussi qu'on ait voulu ne les repaître que de fumée. On leur a prodigué des honneurs frivoles, des couronnes de laurier, de lierre, et d'olivier : la Grèce leur en distribuoit dans les jeux olympiques, et dans les spectacles d'Athènes. Les couronnes et les statues ne leur manquoient pas à Rome. « Rendez-vous dignes, leur disoit Juvénal, vous qui » faites de si grands ouvrages dans de si petites chambres, » d'un lierre ou d'une maigre image; voilà tout ce que » vous avez à espérer. »

> Qui facis in parvâ sublimia carmina cellâ
> Ut dignus venias hederis et imagine macra :
> Spes nulla ulterior.

Caligula leur destinoit des couronnes dans les jeux d'esprit qu'il avoit établis à Lyon, de même que Néron dans ceux qu'il avoit établis à Rome, et dans lesquels il se crut honoré d'une de ces couronnes, qu'il eût été dangereux pour les juges de ne lui pas décerner. Dans les jeux capitolins institués par Domitien, et qui durèrent très-long-temps, une couronne ornée de feuilles d'or étoit le premier prix de Poésie, et une couronne d'olivier le second prix.

Lorsque les lettres reparurent en Italie après leur longue éclipse, Pétrarque qui réconcilia la Poésie avec les grâces, la réconcilia aussi avec les honneurs. Jamais Poète n'eut dans sa vie un si beau jour que celui où ce fameux amant de Laure fut conduit dans Rome au son des trompettes jusqu'au Capitole. Il y reçut la couronne poétique qu'il alla suspendre à l'église de Saint-Pierre. La même cérémonie fut préparée pour le Tasse; mais le Tasse, toujours malheureux, mourut la veille du jour destiné à son triomphe. Les Poètes qu'on couronnoit ainsi publiquement, furent appelés *Poètes laureats;* mais loin que cet honneur les ait immortalisés, l'Allemagne qui a tant prodigué de ces couronnes, ne peut dans la liste si nombreuse de ses Poètes laureats en trouver un digne d'être nommé.

Voilà donc les amis des Muses troublés encore dans le seul bonheur qu'ils attendent. Les honneurs qui leur sont destinés sont souvent accordés à ceux qui ne les méritent pas. Il est vrai que Pétrarque a eu un beau jour dans sa vie; mais toute la vie de Ronsard fut un triomphe, qui prouve la vanité de la gloire poétique. Ce ne fut pas par une couronne de lauriers que Ronsard fut récompensé. Aimé de son roi, chéri de la cour, admiré de tous les savans, et accablé des éloges les plus pompeux, son oraison funèbre fut prononcée par le fameux du Péron, à ce service magnifique où l'affluence du peuple empêcha des cardinaux et des princes de trouver place. Le temps dissipa les honneurs de Ronsard plutôt que sa cendre; mais les honneurs qui ont suivi Ronsard jusqu'au tombeau ont rarement accompagné les bons Poëtes pendant leur vie. L'ignorance, la faveur, et d'aveugles caprices ont de tout temps adjugé les couronnes. Corinne enlevoit celles qui étoient dues à Pindare. « N'as-tu pas honte des vic- » toires que tu remportes sur moi, » disoit Ménandre à un médiocre Poëte qui avoit été souvent son vainqueur? Euripide humilié plus d'une fois par d'indignes rivaux, et rebuté des chagrins qu'il essuyoit à Athènes, imita l'exemple d'Eschyle, et se retira comme lui chez les étrangers où il finit ses jours. Ceux qui font des ouvrages admirables ne doivent pas s'attendre à les voir admirer, parce que le peuple, comme dit Horace, n'admire que ce qui est éloigné de son siècle et de ses yeux :

>Nisi quæ terris semota, suisque
>Temporibus defuncta videt, fastidit, et odit.

Et comme dit Martial : *vivis fama negatur*. On leur accordera ce qu'ils ont souhaité, sitôt qu'ils ne seront plus. A la nouvelle de la mort d'Euripide, Athènes prit le deuil, et en envoya par une ambassade redemander les os, qui ne lui furent pas rendus. La Grèce éleva des statues à Homère mort; et plusieurs villes se disputèrent l'honneur d'avoir donné la naissance à celui qu'elles n'avoient pas daigné nourrir. Les critiques en fureur déchiroient les pièces de Molière vivant;

>Mais sitôt que d'un trait de ses fatales mains,
>La Parque l'eut rayé du nombre des humains,
>On reconnut le prix de sa Muse éclipsée.

Cette tardive satisfaction d'un public long-temps injuste, ne fut pas même accordée à Cicéron, aussitôt après sa mort. Je cite ici Cicéron comme un des plus grands amateurs de la gloire humaine, et comme un exemple de la vanité de cette gloire. Quand il eut été la victime de la proscription,

proscription, ceux qui de son vivant avoient décrié son éloquence, la décrièrent encore ou par haine ou par envie, ou pour faire leur cour à Auguste. Sous Tibère, et surtout sous Néron, le parti de Sénèque, si à la mode, accabloit de tous côtés celui qui ne pouvoit plus se défendre. C'est ce que nous apprenons de Quintilien : *Qui oderant, qui invidebant, qui œmulabantur, adulatores etiam præsentis potentiæ, non responsurum invaserunt.* Ce ne fut que chez la postérité reculée que le temps fit rendre justice à Cicéron.

Le temps qui détruit les caprices de l'opinion, et confirme les jugemens de la nature, est le seul dispensateur des véritables couronnes. Quiconque travaille pour les mériter, travaille pour une récompense qui ne lui sera assurée que par ceux qu'il ne verra jamais. Qu'il n'attende chez ses contemporains que l'envie et les cabales : les cabales poétiques ont été de tous les temps. « Savez-vous, disoit Horace, pourquoi le lecteur injuste » déchire en public mes ouvrages qu'il lit en secret avec » plaisir ? Je ne vais point acheter les suffrages d'un » peuple inconstant, je ne fais point de brigues, etc. »

> Scire velis, mea cur ingratus opuscula lector
> Laudet, ametque domi, premat extra limen iniquus ?
> Non ego ventosæ plebis, etc.
>
> *Ep.* 19, *l.* 1.

Ces cabales, qui s'élèvent toujours contre ceux qui n'ont d'appui contre elles que le mérite, rendent quelquefois douteuse la fortune de leurs ouvrages, et tiennent le public en balance. On sait que la tragédie de Phèdre ne fut victorieuse qu'avec peine d'une méprisable rivale ; mais sans parler ici de ces jugemens bizarres, qu'on porte sur les ouvrages de théâtre dans le temps des premières représentations, parce qu'ils ne sont encore jugés que dans un tribunal tumultueux, je citerai un exemple plus convaincant.

Tous les connoisseurs paroissent d'accord aujourd'hui sur le mérite de la tragédie d'Athalie. Le temps a enfin jugé cette pièce; mais il ne l'a jugée qu'après un examen si long, que l'auteur, qui n'a pu voir la fin de cet examen, n'espéra jamais que le jugement lui fût favorable. Athalie fut reçue du public très-froidement. Les critiques qui, sans avoir égard aux applaudissemens que la tragédie d'Esther avoit reçus dans les représentations faites à Saint-Cyr devant la cour, rabaissoient tous les jours cette pièce, ne se réconcilièrent avec elle, lorsqu'Athalie parut, que pour dire qu'Esther valoit encore mieux. Athalie n'ayant point été représentée publiquement, ne pouvoit être connue que par la lecture. Les gens du monde en furent peu curieux : « C'étoit encore, disoient-ils, un sujet » de dévotion destiné à amuser les enfans : un prêtre et » un enfant en étoient les principaux objets. » Il n'en fallut pas davantage pour se persuader que cette pièce n'étoit bonne que pour les couvens. Quelques amis même de l'auteur donnoient aussi la préférence à la sœur aînée: ils appeloient ainsi Esther. Boileau tint bon contre eux : il osa soutenir qu'Athalie étoit le chef-d'œuvre et du Poète et de la tragédie, et que le public tôt ou tard y reviendroit. Il fut seul de son avis; et malgré sa prédiction, l'auteur mourut persuadé qu'il avoit manqué son sujet, parce que la froideur du public pour cette tragédie lui fit croire qu'il n'avoit pas su la rendre intéressante.

Comment ce public, juge désintéressé, peut-il rester long-temps sans reconnoître le mérite d'un ouvrage d'esprit ? Le beau plaît toujours; et puisque le beau consiste dans le vrai (comme je l'ai prouvé ailleurs), ce qui est vrai ne doit-il pas être aisément distingué de ce qui ne l'est pas ? Cette distinction se fait tout d'un coup dans les ouvrages dont les yeux sont les juges. Le détail des perfections ou des défauts d'un tableau n'est remarqué d'abord que par les connoisseurs ; mais ceux mêmes qui ne sont pas connoisseurs, ne prennent jamais un excellent tableau pour un mauvais tableau. La beauté générale n'est jamais méprisée dans la peinture. Il n'en est pas de même de celle qui se trouve dans les ouvrages dont l'esprit est juge. L'esprit ne peut juger qu'après un examen attentif ; et son attention est troublée par bien des causes.

Le grand nombre ne fait point d'examen : c'est pourquoi le Poète dont l'ouvrage est reçu froidement du public, lorsqu'il est certain du suffrage de quelques vrais connoisseurs, peut se rassurer, en disant : *Me raris juvat auribus placere*. Il doit être, suivant le conseil d'Horace, *contentus paucis lectoribus* ; mais il n'auroit pas lieu d'être toujours content s'il n'avoit jamais qu'un petit nombre de lecteurs. C'est pour le grand nombre qu'il a écrit ; et si son ouvrage est bon, il sera enfin estimé par le grand nombre. Avec le temps, les connoisseurs et le peuple sont toujours d'accord. * « Le grand orateur dit Cicéron, » doit paroître grand orateur au peuple ; les connoisseurs » et le peuple ne sont point partagés sur son mérite. » On en peut dire autant du Poète : il doit plaire au public ; mais il faut du temps pour que son mérite en soit connu ; et il n'est pas étonnant que le public et les connoisseurs ne soient pas tout d'un coup d'accord, puisque les connoisseurs même ne donnent pas tout d'un coup leur approbation.

Je n'appelle point ici connoisseurs les gens de l'art. Je ne dirai pas, comme Saint-Jérôme, que pour bien juger d'un Poète, il soit nécessaire de savoir faire des vers : *Poëtam non potest nosse, nisi qui versus potest struere.* Les personnes qui jugent bien, sont celles qui ont reçu de

* Est summi oratoris, summum oratorem populo videri... nunquam de bono et malo oratore, doctis hominibus cum populo dissensio fuit. Orat.

la nature ce goût délicat et sûr qui distingue toujours le vrai d'avec le faux; mais ces personnes même qui ont des yeux savans et des oreilles rares, n'osent quelquefois décider du mérite d'un ouvrage dans le moment de sa naissance, surtout lorsqu'il est vivement critiqué. Ce n'est pas le mal qu'elles en entendent dire qui les prévient. « Les ouvrages certainement mauvais, disoit Boi-
» leau, sont ceux dont on ne parle point. » Lorsqu'un ouvrage est décrié par les uns, et vanté par les autres, ceux qui sont dépouillés de ces préventions qu'inspire le nom de l'auteur, ou de certains sentimens à la mode, l'examinent, et, pendant ce bruit confus de critiques et d'éloges, craignant de se tromper, retardent leur décision. Les vrais connoisseurs ne consultent point dans leur examen certains goûts à la mode, parce que tout ce qui n'est que mode est passager.

Ils ne consultent que le vrai; et plus ils sont éclairés, plus ils sont en garde contre la première impression que la lecture de cet ouvrage fait sur eux. Ils savent que les pièces les plus parfaites ne sont pas celles qui frappent le plus d'abord, et qu'on peut appliquer aux chefs-d'œuvre de l'esprit, ce qu'un voyageur a dit du chef-d'œuvre de l'architecture. « Il faut, suivant Misson, retour-
» ner plus d'une fois à Saint-Pierre de Rome, parce qu'on
» n'y trouve rien d'abord qui paroisse fort étonnant.
» La symétrie et les proportions bien observées de l'ar-
» chitecture, ont si bien mis chaque chose en son lieu,
» que cet arrangement laisse l'esprit dans sa tranquillité;
» mais plus on considère ce vaste bâtiment, plus on se
» trouve engagé dans la nécessité de l'admirer. » Un excellent Poëme est conduit si naturellement, la proportion de toutes les parties est si exacte, et chaque chose y est si bien mise à sa place, le vrai enfin y est partout si vrai, qu'il ne frappe pas d'abord. La première lecture de Vir-

gile laisse l'âme dans une tranquillité où ne la laisse pas la première lecture de Lucain. Sa Pharsale, traduite par Brebœuf, eut d'abord parmi nous un succès éclatant, comme on en peut juger par les éditions qu'on en fit en peu de temps, et par ces vers de Boileau :

> En tous lieux cependant la Pharsale approuvée,
> Sans crainte de mes vers va la tête levée.

De pareilles beautés qu'on admire dans le premier moment fatiguent à la fin, au lieu que les beautés simples et naturelles, sans paroître d'abord admirables, et sans éblouir, rappellent continuellement, et, en rappellant toujours, mettent enfin dans la nécessité d'admirer.

Cicéron, dans ses Offices, dit que la beauté du corps charme par l'agréable accord qui se trouve entre toutes les parties : *Pulchritudo corporis delectat hoc ipso, quod inter se omnes partes cum quodam lepore consentiunt.* C'est ce qu'on doit dire aussi de la beauté des ouvrages d'esprit ; mais comme cet agréable accord ne se trouve point dans les ouvrages médiocres, on y est quelquefois frappé par des endroits qui paroissent brillans, et qui ne brillent que parce que la médiocrité du reste les fait saillir. Dans les ouvrages parfaits rien n'éblouit, parce que rien n'est saillant, tout est à sa place ; et les lecteurs peu éclairés croient n'y rien trouver d'admirable, au lieu qu'ils se sentent quelquefois saisis de transports d'admiration en lisant des ouvrages très-médiocres.

Voilà, selon moi, la cause des révolutions étonnantes des ouvrages d'esprit. L'un, malgré une brillante naissance, et l'appui d'une cabale puissante, tombe peu-à-peu dans l'oubli. L'autre, qui est né sans protection, s'élève au milieu des contradictions, et arrive peu-à-peu à une constante fortune. S'il n'y arrive pas du vivant de l'auteur, l'auteur n'a pas vécu assez long-temps pour en être témoin. Soyons toujours certains que la postérité rend à chacun ce qu'il mérite, comme dit Tacite : *Suum cuique decus posteritas rependit.*

Les ouvrages de peinture ne sont point exposés à de pareilles révolutions. Le Dominiquin est, je crois, le seul des peintres fameux qui n'ait jamais vu le public lui rendre justice. A peine pouvoit-il trouver un prix raisonnable des tableaux qui ont été chèrement vendus après sa mort. Ses malheurs lui faisoient dire : « C'est pour ma » satisfaction que je travaille, et pour la perfection de » mon art. » Je ne connois que cet exemple d'un habile peintre toujours persécuté par l'envie. Un peintre n'a point à percer, comme un Poète, un nombre infini de rivaux. Il laisse bientôt les siens derrière lui. Un barbouilleur ne formera pas en sa faveur un parti contre un Raphaël ou un Rubens : peu de gens se mêlent de la peinture, et peu de gens osent hasarder leur jugement sur toutes les parties d'un tableau ; mais tout le monde juge des vers, et même en veut faire : *scribimus indocti doctique Poëmata passim.* En fait de vers, comme dit Rousseau,

> Tous s'estiment docteurs :
> Bourgeois, pédans, écoliers, colporteurs,
> Petits abbés, qu'une verve insipide
> Fait barboter dans l'onde Aganippide ;

enfin, tous ceux que le même Poète appelle dans un autre endroit des *Barbets d'Hippocrène.*

Quelques peintres, enivrés de la passion de leur art, osent l'élever au-dessus de la Poésie. Il procure, disent-ils, un plaisir plus prompt, il frappe le plus vif des sens ; et pour en être ému, il suffit d'avoir des yeux. On peut leur répondre qu'un art qui agit non-seulement sur les sens, mais qui, comme la Poésie, agit sur toute l'âme, et l'enlève, est aussi divin que l'âme même ; que si la peinture est la volupté des yeux, la Poésie est celle de l'esprit : volupté capable de consoler celui qui a perdu les yeux du corps ! Mais il est inutile de discuter ici cette question.

Eh pourquoi les peintres veulent-ils chercher de faux avantages pour triompher des Poètes? N'en ont-ils pas déjà assez sur eux? Mieux récompensés par la fortune (si cet avantage doit être compté), ils sont aussi mieux récompensés par la gloire. Ils en jouissent pendant leur vie ; et cette gloire a bien plus d'étendue que la gloire poétique, puisqu'ils parlent un langage entendu dans tous les lieux et dans tous les temps ; au lieu qu'un Poète ne travaille que pour plaire à un seul peuple, par l'harmonie d'un langage sujet aux vicissitudes, et au milieu d'une foule de rivaux, qui se croient inspirés tous par Apollon.

Ce n'est pas seulement par les peintres que les Poètes sont humiliés : ils le sont encore par les orateurs, qui prétendent que l'art de l'éloquence est plus utile et plus admirable. Cette question est traitée avec beaucoup d'agrément dans le dialogue *sur les Orateurs*, qu'on a coutume de joindre aux ouvrages de Tacite, et d'attribuer, sans aucune preuve, à Quintilien. La dispute sur ce sujet s'élève entre un Orateur et un Poète.

« S'il faut juger d'un art par l'utilité, dit l'Orateur dont
» je ne fais qu'extraire les raisons sans en traduire les
» paroles, qu'y a-t-il de plus noble que l'éloquence qui
» rend un homme le soutien de ses amis, la terreur de
» ses ennemis, le secours de tous les opprimés ? Est-il
» une plus grande satisfaction que celle de voir sa maison
» pleine de personnes les plus distinguées, devenir l'o-
» racle d'une ville? Que cet Orateur sorte de sa maison,
» et aille au barreau, le premier mot qu'il y prononce
» impose silence à une auguste assemblée, et attache sur
» lui tous les yeux : il éclaire, il instruit, il dispose des

» cœurs à son gré ; et lorsqu'il retourne chez lui, il y
» retourne comme en triomphe, au milieu d'une foule
» d'admirateurs. On ne peut parler de l'utilité de la
» Poésie, on ne peut que vanter le plaisir qu'elle procure;
» mais quel est ce plaisir ? Un plaisir court et infruc-
» tueux, *voluptatem brevem, laudem inanem et infruc-*
» *tuosam.* Qui a besoin d'un Poète ? Voit-on quelqu'un
» courir au-devant de lui, et lui demander un moment
» d'audience ? C'est lui au contraire qui va demander au-
» dience au public : après tant de jours et de nuits
» consumés sur un ouvrage, il retient un jour pour le
» réciter; il va mendier des auditeurs, et paie le prix des
» chaises. Que produit son récit ? De vains applaudisse-
» mens, un moment rapide de joie, *clamorem vagum,*
» *voces inanes, et gaudium volucre.* Voilà donc toute la
» récompense de cet homme, qui pour y parvenir a re-
» noncé à tout plaisir, à toute société, et s'est retiré dans
» les bois : quelqu'habile qu'il soit, il sera toujours peu
» connu, parce que peu de personnes connoissent les
» bons Poètes, et l'on ne connoît jamais les médiocres :
» *mediocres Poëtas nemo novit, bonos pauci.* »

Le Poète attaqué si vivement ne défend sa cause qu'en
Poète: « Il avoue qu'il se retire dans les bois, et à la
» campagne; mais c'est, comme Virgile, par amour pour
» les Muses, *me verò primum dulces ante omnia Mu-*
» *sœ, etc.... flumina amem, sylvasque, etc.* Il aime mieux,
» dit-il, être dans cette solitude que de vivre dans le
» tumulte du barreau, au milieu des cris et des larmes.
» La paix est le partage des Poètes. Le siècle d'or étoit
» rempli de Poètes, et ne connut point les Orateurs : il
» n'en avoit pas besoin. On n'y connoissoit ni l'injustice
» ni le crime. Cette éloquence meurtrière et mercenaire
» est le fruit des temps malheureux : *Lucrosæ hujus et*
» *sanguinantis eloquentiæ usus, recens et malis moribus*
» *natus.* »

J'avoue que dans cette dispute ingénieuse l'Orateur défend mieux sa cause que le Poëte; et sans vouloir être leur juge, je me contente de conclure qu'un médiocre Orateur est toujours plus utile qu'un médiocre Poëte. Il ne faut pas s'en étonner, puisque même un mauvais peintre est plus utile qu'un médiocre Poëte : « Comme
» les marchands, disoit Boileau, ont besoin de mettre
» des enseignes à leurs boutiques, un mauvais peintre
» est bon à quelque chose ; mais un Poëte médiocre n'est
» bon à rien. »

Les Poëtes humiliés par les peintres et par les orateurs, le sont encore par les savans. A l'inventaire de M. l'abbé de Longuerue, si célèbre par son étonnante érudition, on remarqua qu'il ne se trouva dans sa bibliothèque aucun volume de Poésie. Ce n'étoit point qu'il n'eût lu les Poëtes : que n'avoit-il point lu ? Mais il ne les estimoit pas assez apparemment pour leur donner place dans sa bibliothèque. Mon amour pour les vers eut beaucoup à souffrir dans une visite que je lui rendis étant encore jeune. La conversation tomba sur les Poëtes : il les fit tous passer en revue, anciens et modernes, et en parla toujours avec mépris, comme d'écrivains frivoles, qui n'apprennent rien. Il ne me parut épargner que l'Arioste : « Pour ce fou-là, me dit-il, il m'a quelquefois amusé. » Je sortis de cette visite, persuadé que les savans et les Poëtes n'étoient pas portés à s'admirer mutuellement : que le savant regardoit un Poëte comme un homme d'imagination, qui ne sait que ranger des mots; et que le Poëte regardoit un savant comme un homme de mémoire, qui ne sait que discuter des faits.

Conclusion.

Il est aisé maintenant de répondre à la question qui m'a servi de titre, *si les Muses rendent heureux ceux qui s'attachent à elles.* On doit en écarter tous ceux qui espèrent par elles trouver la fortune, et leur adresser ces vers de Boileau :

> Si l'or seul a pour vous d'invincibles appas,
> Fuyez ces lieux charmans qu'arrose le Permesse :
> Ce n'est point sur ses bords qu'habite la richesse.

A quiconque cherche à se faire un grand nom par les vers, on peut avec raison adresser ces paroles du Songe de Scipion, qui semblent dites pour les Poètes : « Consi- » dérez dans quelles étroites limites votre gloire veut » s'étendre : *Quibus in angustiis vestra gloria se dilatari* » *velit.* » Elle sera renfermée dans la nation pour laquelle vous écrirez, et qui sera seule capable de vous juger et de vous admirer, mais qui vous refusera long-temps son admiration, *quibus in angustiis!* Et quand votre gloire viendra à s'étendre dans cet espace si borné, vous ne serez plus. Montaigne que flattoit peu cette gloire qui ne vient qu'après la mort, en parle ainsi dans ces termes énergiques : « Si j'étois de ceux à qui le monde doit » hommage, je l'en quitterois pour la moitié, et qu'il » me la payât d'avance ; qu'elle se hâtât, et s'amoncelât » autour de moi, plus épaisse qu'alongée, plus pleine » que durable, et qu'elle s'évanouît quand et ma connois- » sance, et quand ce doux son ne flattera plus mes » oreilles. » Personne ne peut faire ce marché avec le public. Il commence par disputer les dettes les plus certaines, et laisse accumuler les arrérages des premières années. Quand la dette est reconnue, il s'acquitte envers l'ouvrage, et rarement l'auteur est en état de profiter du paiement.

Le souhait que fait Montaigne d'une gloire *plus épaisse qu'alongée, plus pleine que durable,* n'est pas le souhait d'un homme qui ne travaille que pour la postérité ; mais il est celui d'un homme qui voudroit jouir du fruit de son travail. Quel parti prendre? Travailler pour être utile au public, sans attendre la récompense des louanges, et sans espérer *ce doux son qui flatte les oreilles.*

Nous nous imaginons que ce doux son retentissoit toujours aux oreilles de Corneille, de Molière, de La Fontaine, etc. Le respect que nous avons pour les grands hommes nous fait croire qu'ils étoient encore plus respectés par leurs contemporains que par nous. Nous nous persuadons qu'on s'empressoit de les voir, qu'on recherchoit leur conversation, et qu'on les écoutoit avec admiration. Martial dit qu'Homère [*] fut méprisé de son siècle, et que du vivant de Virgile on ne lisoit qu'Ennius. La gloire de La Fontaine est aujourd'hui constamment établie parmi nous; elle ne lui fut point disputée, même pendant sa vie : il n'eut point de rival, il n'en a point encore; et l'on doit croire que ses ouvrages ne mourront point; mais comment a vécu l'auteur? Tout le monde sait quelle eût été sa misère, s'il n'eût trouvé un asile dans la maison d'une dame qui avoit pour lui plus d'amitié que d'admiration. Quelle étoit sa gloire alors? Il passoit seulement pour un faiseur de fables; et ces fables, dont il a pu dire ce que Phèdre a dit des siennes :

> Rara mens intelligit
> Quod interiore condidit cura angulo,

n'étoient pas encore connues; on n'avoit point eu le temps d'y découvrir tant de grâces cachées qui font tous les jours croître sa gloire, parce qu'on en découvre tous les jours de nouvelles. Jamais auteur ne fut moins propre à inspirer du respect par sa présence. Il étoit l'objet des railleries de ses meilleurs amis, qui, à cause de sa sim-

---

[*] Ennius est lectus salvo tibi Roma Marone,
    Et sua riserunt sæcula Mœonidem.

plicité, l'appeloient *le bon-homme.* Le souper chez Molière, dont il est parlé dans l'Histoire de l'Académie française, par M. l'abbé d'Olivet, m'a été raconté par des personnes qui devoient en être bien instruites ; mais elles m'ont rapporté différemment le mot de Molière. Les illustres convives que nomme M. l'abbé d'Olivet attaquèrent si vivement leur ami La Fontaine, qui se défendoit mal, que Molière ayant pitié de lui, dit tout bas à son voisin : « Ne nous moquons pas du bon-homme, il vivra
» peut-être plus que nous tous. »

De cet exemple, et de tant d'autres, on peut conclure que tous ceux que la passion de la fortune et de la gloire dominera, quelque talent qu'ils aient pour la Poésie, seront toujours à plaindre. Ceux-là seulement seront heureux, qui ne chercheront dans leurs travaux que la satisfaction d'être utiles aux hommes. Voilà ceux que Virgile place dans l'Elysée, au milieu des héros qui ont versé leur sang pour la patrie, et de ceux qui par l'invention des arts, et d'autres éclatans bienfaits, se sont rendus recommandables.

Heureux ces Poètes religieux qui n'ont chanté que des sujets dignes d'Apollon, comme le dit Virgile: *quique pii vates et Phœbo digna locuti ;* mais éternellement malheureux, quelque fortune qu'ils aient pu faire, et quelque gloire qu'ils aient pu acquérir, s'ils n'ont pas réparé leur crime par de sincères larmes, ceux qui ont voulu plaire aux hommes en leur inspirant des passions dangereuses. Je ne puis mieux faire connoître leur malheur qu'en citant ces paroles d'un des plus fameux orateurs de la chaire, qui, avec sa vivacité ordinaire, fait sentir combien funeste est le talent * « de présenter le poison sous
» un appas doux et agréable, et de le rendre immortel
» dans ces ouvrages où jusqu'à la fin des siècles un au-

---

* Massillon, Sermon de l'Epiphanie.

» teur infortuné prêchera le vice, corrompra les cœurs,
» inspirera à ses frères des passions déplorables, verra
» croître son supplice et ses tourmens, à mesure que le
» feu impur qu'il a allumé se répandra sur la terre, aura
» l'affreuse consolation de se déclarer contre Dieu, même
» après sa mort, de lui enlever encore des âmes qu'il
» avoit rachetées, d'outrager encore sa sainteté et sa puis-
» sance, de perpétuer sa révolte et ses désordres jusqu'au-
» delà du tombeau, et de faire, jusqu'à la consommation
» des siècles, des crimes de tous les hommes, ses crimes
» propres. »

CHAPITRE XIII.

DES LOUANGES QUE DONNENT LES POÈTES.

J'ai fait remarquer dans le précédent chapitre, que les Poètes qui avoient essuyé des disgrâces de la fortune, les avoient presque toujours attirées sur eux par leur faute. Lorsque la Poésie, toujours admirable et respectable par elle-même, ne paroît pas admirée et respectée comme elle le devroit être, lorsqu'on la voit dans une espèce de disgrâce, on peut bien dire aussi que les Poètes l'ont attirée sur elle : les uns par des vers licencieux l'ont rendue méprisable; les autres par des vers satiriques l'ont rendue odieuse; et presque tous l'ont avilie par une profusion d'encens qui fatigue jusqu'à ceux qu'ils encensent.

Les vers licencieux ont ordinairement un prompt succès qu'ils doivent à la corruption du cœur humain ; mais les lecteurs même qui font leurs délices de ces vers, en respectent peu les auteurs. Le monde, quoiqu'amateur du vice, en méprise les prédicateurs, et n'estime jamais ces écrivains,

>Qui de l'honneur, en vers infames, déserteurs,
>Trahissant la vertu sur un papier coupable,
>Aux yeux de leurs lecteurs rendent le vice aimable.
>   BOILEAU.

Ovide qui dans la seconde élégie de ses Tristes, se met avec raison au nombre de ces criminels, et en témoigne du repentir, représente à Auguste, dont il implore la clémence, que du moins il n'a jamais blessé personne d'un trait envenimé : *non ego mordaci destrinxi carmine quemquam.* Il a toujours détesté ce sel que le fiel accompagne : *candidus à salibus suffusis felle refugi;* sa Muse n'a été funeste qu'à lui seul : *quem mea Calliope læserit unus ego.* Heureux du moins de pouvoir dans son malheur trouver cette consolation !

C'est encore à la corruption du cœur humain que les vers satiriques doivent leur prompt succès. Nous écoutons avec plaisir le mal qu'on nous dit des autres; mais nous n'aimons jamais ceux qui nous le disent. Quand le Poète capable d'attaquer quelqu'un dans ses mœurs ne seroit pas puni par la manière dont il se voit craint et méprisé, il est toujours puni par sa conscience. Et quels remords ne doit-il pas éprouver, puisque celui même qui se croit innocent, parce qu'il n'attaque que les productions d'esprit des auteurs, ne doit pas être sans inquiétude? Je ne puis lire sans peine ce qui est rapporté dans l'Histoire de l'Académie française, à l'article de l'abbé Chassagne. Il étoit nommé pour prêcher devant le roi, lorsqu'il trouva son nom dans une satire de Boileau : il en fut si mortifié qu'il n'osa paroître à la cour. Quelque temps après il tomba dans la mélancolie, son esprit s'affoiblit, et il mourut.

Ceux qui prennent la dangereuse liberté de critiquer les auteurs vivans, prétendent qu'ils sont des censeurs non-seulement utiles, mais nécessaires, parce qu'ils séparent le bon or du faux. Pourquoi se pressent-ils ? Le temps fera toujours cette séparation. Le bon or ne sera jamais négligé, et l'or faux n'éblouira qu'un moment. Le public est quelquefois enchanté d'une tragédie ou d'une comédie aux premières représentations. On entend alors les admirateurs s'écrier en sortant du spectacle, que Corneille ou Molière n'ont pas été si loin. Ces transports à la vérité font souffrir un homme de goût; mais qu'il prenne patience : quelques mois après il n'entendra plus parler de ces pièces victorieuses de Corneille et de Molière.

Il est aisé de concevoir qu'il est dangereux de critiquer les vivans, puisqu'il est dangereux de les louer, lorsque même on croit en avoir de justes sujets. Rousseau, que son caractère ne portoit point à prodiguer les éloges, se repent d'en avoir trop donnés, et par une raison qu'on ne peut désapprouver :

> Tant que son âme à son corps est soumise,
> Un demi-dieu peut faire une sottise,
> Et tout d'un temps ses éloges vantés
> Se convertir en contre-vérités.
> Puis vous voilà, messieurs les faiseurs d'odes,
> Jolis mignons ainsi que vos pagodes.
> Quant est de moi, je n'ai pris tel essor :
> J'ai peu loué. J'aurois mieux fait encor
> De louer moins, etc.

Lorsqu'on n'a à se reprocher que les éloges qu'on a donnés par une admiration précipitée, on n'a à se repentir que d'une légère faute ; mais on doit toujours rougir de ces éloges que dictent si souvent l'esprit d'intérêt et la basse adulation.

Quand le diable dont parle La Fontaine, vint sous la figure humaine s'établir à Florence, et y vivre en grand seigneur,

> L'un des plaisirs où plus il dépensa
> Fut la louange. Apollon l'encensa ;
> Car il est maître en l'art de flatterie :
> Diable n'eut onc tant d'honneurs en sa vie.

La Fontaine, dans sa simplicité ordinaire, nous fait assez entendre que les Poëtes louent ceux qui les paient. Le père de la Poésie ne leur a point donné cet exemple : on ne voit point qu'Homère, quoique dans sa malheureuse fortune il eût besoin de tout le monde, ait songé

à

à louer les princes de son temps. Pindare est le premier qui ait donné cet exemple aux Poètes ; et j'ai déjà remarqué qu'il étoit le premier qui leur eût donné l'exemple de demander le paiement de ses vers. L'encens de Pindare étoit au plus offrant, et n'a pas rendu immortels ceux qui l'achetoient.

On n'a point eu assez de respect pour la mémoire de Corneille, lorsqu'on a rappelé dans les dernières éditions de ses Œuvres, l'épître dédicatoire de la tragédie de Cinna : elle est adressée à un homme connu alors par ses richesses, et en qui Corneille trouve une grande ressemblance avec Auguste : « Auguste eût été moins clément
» envers Cinna, s'il eût été moins libéral ; et il eût été
» moins libéral, s'il eût été moins clément. » Ce n'est point l'adulation qui fait parler Corneille : « J'ai vécu,
» dit-il, si éloigné de la flatterie, que je pense être en
» possession de me faire croire quand je dis du bien de
» quelqu'un, et lorsque je donne des louanges ; ce qui
» m'arrive rarement. » Quoique si éloigné de la flatterie, il ne peut se dispenser, en finissant son épître, de revenir à la comparaison d'Auguste, qui lui paroît si juste : « Je
» dirai seulement un mot de ce que vous avez particuliè-
» rement de commun avec Auguste ; c'est cette géné-
» rosité, etc. » En lisant cette épître dédicatoire on est tenté de dire ces deux vers du même Corneille :

> J'en ai rougi moi-même ; et me suis plaint à moi
> De voir là Ptolomée, et n'y voir point de roi.

Je ne parlerai pas davantage des éloges mercenaires ; je vais parler de ceux que les Poètes s'imaginent donner par devoir. Accoutumés à remplir leur style amoureux des plus grandes hyperboles, ils répandent avec la même profusion les hyperboles dans les vers qu'ils adressent aux princes, et à tous ceux qui sont dans les grandes places. Rien n'est si ennuyeux, suivant Rousseau,

> Qu'un fade auteur qui dans ses vers en prose
> A tous venans distille son eau rose,
> Toujours de sucre et d'anis saupoudré.

Quand la louange est fade, elle n'est point dangereuse; mais lorsque donnée avec art, elle charme celui qui la reçoit, le pénètre, le persuade, et va insensiblement *chatouiller de son cœur l'orgueilleuse foiblesse,* c'est alors qu'elle peut avoir des suites funestes. La louange qui est l'aiguillon de la vertu, devient le poison de l'âme, lorsqu'au lieu de s'adresser à la vertu, elle flatte les passions dangereuses. Les poètes qui se bornent à louer les princes sur les vertus qui font le bonheur des peuples et la tranquillité des Etats, n'ont point de remords à craindre. Il n'en est pas de même quand ils nourrissent en eux l'amour des conquêtes : ils doivent alors louer sobrement, et n'avoir jamais en vue que le bien public et la vérité.

Le premier hommage qu'on doit aux rois est la vérité; et l'on est aussi coupable, suivant une belle réflexion du Père Massillon dans son petit Carême, lorsqu'on attente à la bonne foi des rois, que lorsqu'on attente à leur personne sacrée; « lorsqu'on manque de vérité à leur égard, » que quand on manque de fidélité : et l'on auroit dû » établir les mêmes peines pour l'adulation que pour la » révolte. » Si ces peines eussent été établies, de grands Poètes eussent servi d'exemple, et n'eussent point été plaints, parce que, suivant le beau mot de Tacite, les plus cruels ennemis sont ceux qui louent, *pessimum inimicorum genus laudantes.* Ne peut-on pas appeler en ce sens les Poètes, *pessimum inimicorum genus?*

Ils épuisèrent leur art pour empoisonner Auguste. Ce prince, dont l'esprit étoit borné, la vanité démesurée, et dont la clémence, tant vantée par Horace et Virgile, étoit appelée quelques années après par Sénèque une cruauté fatiguée, *lassa crudelitas;* cet homme qui se croyant fils d'Apollon, voulut bien permettre qu'on lui bâtît des temples, qu'on lui offrît des sacrifices, qu'on instituât à son honneur des fêtes et des prêtres, et qui ayant réduit les Romains en esclavage, ne les trouvoit pas encore assez esclaves, étoit cependant, suivant les Poètes, le dieu qui ramenoit le siècle d'or. Pardonnons à Ovide de le comparer à Jupiter, et de jurer par ce dieu visible et présent, * comme par les trois grands dieux de l'univers: Ovide, alors parmi les Sarmates, demandoit à Auguste irrité contre lui un exil plus doux. Pardonnons encore à Horace de dire aux Romains qu'ils croient un Jupiter dans le ciel, parce qu'ils l'entendent tonner; mais qu'Auguste ** est un dieu visible sur la terre. Horace a permis à Jupiter de rester dans la première place, *** parce qu'Auguste se contentoit de la seconde; mais Virgile partagea l'Empire dans ce vers qu'on lui attribue : *Divisum Imperium cum Jove Cæsar habet.* Virgile est excusable, lorsque dans l'enthousiasme poétique il dépeint ce temple qu'il doit élever, et dont Auguste sera le dieu : *In medio mihi Cæsar erit, templumque tenebit;* mais comment l'excuser lorsqu'il offre à ce prince les places occupées depuis si long-temps par les dieux ? Il ne lui offre pas celle de Pluton. L'empire des morts ne le flatteroit point; mais s'il veut être le dieu de la mer, Thétis de toutes ses ondes

---

*   Per mare, per terras, per tertia numina juro,
      Per te præsentem, conspicuumque Deum.
                                    TRIST.

**   Cœlo, tonantem credidimus Jovem
      Regnare : presens divus habebitur
      Augustus, etc.

***   Tu secundo
      Cæsare regnes.

achetera un gendre si honorable pour elle ; s'il veut être au nombre des astres, déjà le Scorpion se retire, et va se mettre à l'étroit pour laisser à Auguste une grande place dans le ciel : *Ipse tibi jam brachia contrahit Scorpius , etc.* Un prince qui recevoit de pareilles louanges étoit-il donc celui dont Horace disoit : *Cui malè si palpere, recalcitrat?*

Malgré toute l'horreur des crimes commis dans la guerre civile, et malgré tant de sang répandu dans les champs de Pharsale, si c'étoit à ce prix, suivant Lucain, que Rome un jour devoit avoir Néron pour maître, tous ces crimes ont fait le bonheur des Romains :

> Scelera ipsa, nefasque
> Hâc mercede placent.

Lucain chargé, comme Virgile, de faire les honneurs des places des dieux, les offre aussi à Néron. Qu'il choisisse celle qu'il veut :

> Tibi numine ab omni
> Cedetur.

Si Néron veut prendre celle du soleil, la terre ne s'apercevra pas du changement de lumière; mais qu'il n'aille pas se placer sur l'un des pôles, l'univers ne seroit plus dans l'équilibre :

> Ætheris immensi partem si presseris unam,
> Sentiet axis onus.

Toute la terre doit le regarder un jour comme un dieu; il en est déjà un pour le Poète, *tu mihi jam numen.* Martial a rendu les mêmes hommages à la divinité de son Domitien.

Un de nos ministres fameux, étonné des éloges qu'il recevoit dans un discours public, prononcé en sa présence, demanda tout bas à son voisin ce qu'il pensoit de l'orateur. Cet ami lui répondit : *Aut stultus est, aut te stultum putat.* Comme les beaux esprits de Rome ne seront pas accusés d'imbécillité, il falloit qu'ils crussent leurs empereurs bien imbécilles.

Nos fameux Poètes n'ont peut-être pas été assez sobres dans les louanges, mais ils ont du moins assez estimé nos princes pour ne leur en vouloir donner que de délicates. Boileau, qui répète si souvent que son talent n'est pas celui de louer, a su plus finement qu'un autre louer Louis XIV. On a reproché à Quinault de remplir les prologues de ses opéras des louanges du roi. Ces louanges sont données cependant par des fictions ingénieuses : c'est le Temps, c'est la Renommée, c'est Astrée, c'est la Paix que le Poète introduit. Quelle heureuse allégorie que celle que contient le prologue de l'opéra de Cadmus, qui fut représenté dans le temps de la guerre contre la Hollande ! Le serpent Python, né du limon de la terre échauffée par les rayons du soleil, ose sortir de ses marais bourbeux, et, animé par l'envie, s'élève contre le soleil auteur de sa naissance : pour le détruire, le soleil ne fait que paroître.

L'habitude que les Poètes ont prise d'encenser toujours, les a portés à s'encenser eux-mêmes. Pindare leur a le premier donné cet exemple ; et les mauvais exemples commencent toujours par Pindare. Il se nomme « un » Poète formé par la nature ; il est au milieu de ses ri- » vaux, comme un aigle au milieu des corbeaux ; ses » ennemis veulent en vain le submerger, il surnagera » toujours. » Ennius est certain de ne pas mourir tout entier. Ovide laisse un ouvrage que ni le ciel en courroux, ni le fer, ni le feu, ni les temps ne pourront détruire. Horace qui prédit l'immortalité de ses ouvrages, se voit changer en cygne, et Ronsard attend la même métamorphose ; faux prophète en ce point, comme bien d'autres :

> Toujours, sans que jamais je meure,
> Je volerai cygne par l'univers,

> Pour avoir joint les deux harpeurs divers
> Que j'ai rendus Vendômois par mes vers
> Au doux babil de ma lyre d'ivoire.

A quel excès Malherbe et Racan n'ont-ils pas porté la même confiance ! Malherbe annonce au roi qu'il va l'orner d'une couronne que jamais roi n'a portée :

> Et ton front, cette fois,
> Sera ceint de rayons qu'on ne vit jamais luire
> Sur la tête des rois.

Le bonheur de Louis XIII d'avoir un Malherbe pour témoin de ses hauts faits, est la preuve de l'amour que le ciel a pour lui :

> Mais que de si hauts faits vous m'ayez pour témoin,
> Connoissez-le, mon roi, c'est le comble du soin
> Que de vous obliger ont eu les destinées !
> Tous vous savent louer, mais non également :
> Les ouvrages communs vivent quelques années ;
> Ce que Malherbe écrit dure éternellement.

Les Poëtes espèrent ordinairement vivre jusqu'au dernier jour du monde : le P. Vavasseur, à la fin de son Poëme sur les miracles de Jésus-Christ, porte plus loin ses espérances. Les flammes au dernier jour consumeront les ouvrages d'Hésiode, d'Homère, de Virgile, de Tibulle, etc. ; mais la Muse du P. Vavasseur sera sauvée des ruines de l'univers ; Jésus-Christ se doit à lui-même ce dernier miracle. Je rapporte ces vers, parce qu'ils sont fort beaux :

> Has tristes inter naturæ operumque ruinas
> Ascræi senis, et longe florentis Homeri
> Occiderint monimenta, et quos vitaverat olim,
> Tunc Maro pertulerit, fatis pejoribus, ignes.
> Te mellite Catulle, feros te, docte Properti,
> Egerit in cineres cum culto flamma Tibullo.
> Nasoni nec profuerit grave condere carmen
> Heroum, non obfuerit rude linqüere carmen.

> Incomptos, comptos dederit sors æqua labores
> Exitio, et formas postremùm verterit omnes.
> Sola tot ex scriptis, leto indignante, superstes
> Æternum (scio, materies sic te tua poscit,
> Atque extrēma sibi hæc Christus miracula debet)
> Musa Vavassori servabere, tempore et igni
> Major, et ipsa tuum mox servatura Poëtam.

Par l'usage où l'on est de tout permettre aux Poëtes, on ne leur a pas fait un crime de leur vanité : on a voulu même leur en faire une vertu, qu'on a nommée confiance légitime, noble fierté, inspiration, enthousiasme, ivresse divine; mais quelqu'épithète qu'on donne à cette ivresse, est-il permis de s'enivrer de soi-même? Pourquoi la modestie qui est la vertu des grands hommes, ne sera-t-elle pas aussi celle des grands Poëtes ? Homère ne parle jamais de lui. Virgile se glorifie seulement d'être le premier qui introduise les Muses dans sa patrie, et il tente un chemin pour s'élever de terre, *tentanda via est quâ me quoque possim tollere humo*. Loin que Boileau promette l'immortalité à Louis XIV, comme Malherbe la promettoit à Louis XIII, il lui dit modestement :

> Je n'ose de mes vers vanter ici le prix :
> Toutefois, si quelqu'un de mes foibles écrits,
> Des ans injurieux peut éviter l'outrage,
> Peut-être pour ta gloire il aura quelque usage.

Rousseau se livre dans ses odes à tout l'enthousiasme poétique, sans se louer jamais.

La vanité a régné également sur les hommes dans tous les temps ; mais lorsque dans les mœurs il régnoit moins de politesse, les hommes moins habiles à déguiser leurs sentimens, avouoient naturellement combien ils s'estimoient eux-mêmes, et combien ils méprisoient ceux qu'ils n'aimoient pas. Dans Homère et dans Euripide, les rois et les héros, comme je l'ai fait remarquer, s'accabloient mutuellement d'injures grossières. Nous avons vu, et ce temps n'est pas éloigné, nos savans imiter parfaitement en ce point les héros de l'antiquité. Ecrivoient-ils les uns contre les autres sur quelque point de littérature peu important : les torrens d'injures couloient de leur plume. Vouloient-ils louer un ami : ce n'étoient pas des fleurs qu'ils lui jetoient à la tête, ils renversoient sur lui toute la corbeille. Dans la préface d'un écrit de Balzac sur une tragédie de Heinsius, on est étonné de lire ces paroles : « Les tentations ne sont pas en la puissance des » fidèles; dans l'âme la plus soumise il s'élève des mou- » vemens de blasphème, et des pensées involontaires, » qui font que quelquefois elle se méfie de la divinité » même en qui elle croit. Mes objections sont peut-être » de cette nature. » Où tendent ces grands mots ? A excuser la hardiesse de M. Balzac, qui va faire quelques objections à M. Heinsius, et qui a quelques doutes sur la perfection de sa tragédie. Lorsque Balzac donnoit de pareilles louanges, il espéroit qu'on les lui rendroit : il les aimoit au point, que Costar, surpris d'avoir perdu son estime, disoit : « Cependant j'avois toujours l'encen- » soir à la main, et je le remplissois de parfums exquis, » tantôt plus délicats, tantôt plus forts, ayant éprouvé » qu'il les aimoit de toutes les sortes. » Balzac, qui nous a fait connoître le premier l'harmonie de notre Prose, mérita de son temps sa réputation; mais il en fut trop persuadé. Attaqué par un critique, il n'en pouvoit attribuer la témérité qu'à la jalousie, dont il se plaint en ces termes : « Ne pouvant souffrir cet éclat qui me rend plus » visible que je ne veux, et cette réputation incommode » que je changerois de bon cœur avec le repos de ceux » qui ne sont connus de personne, il s'est résolu de me » le faire perdre. Il a entrepris de supprimer un nom » dont on lui rompt la tête, de parler plus haut que la

» Renommée, et d'obliger tout un royaume à se dé-
» dire. »

J'opposerai à un homme de ce caractère, deux hommes d'un caractère bien différent, et je ne résisterai point au plaisir de rapporter un bel exemple de modestie. Un étranger qui voyageoit en France, cherchoit à y connoître les savans fameux, et demanda à qui il devoit s'adresser pour s'instruire de l'ancienne histoire de France. On lui indique M. du Cange; il va le trouver, et lui apprend l'objet de sa visite. M. du Cange, qui disoit toujours que pour faire des ouvrages tels que les siens il ne falloit que des yeux et des doigts, répondit à cet étranger : « La matière sur laquelle vous venez me consulter n'a
» jamais fait l'objet de mes études ; je n'en sais que ce
» que j'ai retenu en lisant des ouvrages dont j'avois be-
» soin pour composer mon Dictionnaire de la basse lati-
» nité : pour trouver ce que vous cherchez, allez voir
» le P. Mabillon. » L'étranger le croit, va trouver le bénédictin, et dans sa première visite en eut une réponse à-peu-près pareille : « On vous a trompé quand on
» vous a adressé à moi ; cette matière n'a point été celle
» de mes études. Je n'en sais que ce que j'en ai appris
» en lisant les ouvrages dont j'avois besoin pour composer
» l'histoire de mon Ordre. Pour trouver un homme
» capable de vous satisfaire, allez voir M. du Cange. »
« C'est lui-même qui m'envoie à vous, dit l'étranger. »
« Il est mon maître, répliqua l'humble Mabillon : si pour-
» tant vous m'honorez de vos visites, je vous commu-
» niquerai le peu que je sais. » L'étranger continua à les voir l'un et l'autre, et fut surpris de trouver tant de lumières dans ces deux hommes, qui prétendoient tous deux ne rien savoir.

Personne n'ignore quelle étoit la modestie de l'homme qui a *fait l'honneur de l'homme.* Lorsqu'on demandoit à

M. de Turenne pourquoi dans telle occasion il n'avoit pas été heureux : « Par ma faute, répondoit-il. » Il tâchoit de le prouver : il faisoit remarquer certaine circonstance qu'il n'avoit pas prévue, et que, selon lui, il eût dû prévoir.

Après de pareils exemples, pourquoi excuseroit-on la vanité dans les Poètes? Si elle pouvoit être jamais permise, ce seroit aux hommes médiocres qu'il faudroit la permettre : ils ont besoin d'annoncer leur mérite; mais celui des grands hommes est tout annoncé. C'est pour cette raison qu'on les voit presque toujours modestes. La raison qui règne sur eux plus que sur les autres, leur dit à tout moment, que, quelques talens que nous ayons, tout l'homme n'est rien, *totus homuncio nil est.*

CONCLUSION

De tout cet Ouvrage.

Je n'ai pas prétendu dans cet ouvrage apprendre à devenir Poète : celui qui a le génie, en sait plus que moi, et n'a pas besoin de préceptes ; je n'ai prétendu qu'apprendre à bien juger des vers, en rappelant les principes du goût que les grands maîtres nous ont donnés.

Je n'ai point examiné les différentes espèces de Poésie ; je n'ai eu jusqu'à présent pour objet que la Poésie en général. L'amour que j'ai toujours eu pour elle, m'a engagé à la justifier d'abord devant ces personnes trop sévères qui la condamnent comme dangereuse, ou la méprisent comme frivole. Pour faire connoître la beauté d'un art qui peut être si utile, j'ai cherché par quels charmes il plaisoit. C'est dans la nature que j'ai trouvé son essence, son langage, son usage des figures et des images, les lois même de la versification, qui, quoique différentes suivant les langues, prennent leur même origine dans la même source, dans l'amour de cette harmonie, à laquelle la nature a rendu toutes les oreilles attentives. J'ai montré que ces agrémens particuliers qui varient suivant les temps et les peuples, conspiroient tous à la beauté invariable, celle qui est indépendante des temps, des modes et des langues; et cette beauté est le vrai dans l'imitation.

Comme les anciens ont été les premiers imitateurs de la nature, et l'ont copiée fidellement, j'ai avancé qu'ils étoient après la nature les modèles sur lesquels nous devions nous former : ce que j'ai prouvé par l'exemple de quelques-uns de nos Poètes célèbres, qui ayant pris les anciens pour modèles, sont devenus eux-mêmes des modèles pour ceux qui les suivront.

Il ne suffit pas pour la gloire de la Poésie de parler de sa beauté, il est important d'en faire sentir toute la difficulté; elle seroit plus estimée et plus honorée, si tant d'écrivains sans talens n'avoient pas fatigué le public, qui confond aisément les Poètes avec les Versificateurs. Il est utile que tout le monde se forme le goût, et acquierre la connoissance de la Poésie; mais peu de personnes doivent en faire leur occupation. Pour y réussir, le goût, l'esprit et l'étude ne suffisent pas, il faut le génie. J'ai tâché de faire sentir ce que c'étoit que le génie, et j'ai surtout fait connoître combien il étoit rare, et avec quelle avarice la nature avoit dans tous les temps distribué ses présens les plus précieux. J'ai étalé tous les obstacles que trouve dans la carrière poétique, celui même qui y entre avec ce génie, et combien il lui est difficile de mériter cette gloire dont il ne jouit presque jamais, et qu'après sa mort le temps assure à ses ouvrages; de manière que la plus solide récompense qu'il doive attendre de ses travaux, est la satisfaction d'être utile aux hommes.

Quoique j'aie appuyé toutes mes réflexions d'exemples tirés des grands Poètes, surtout d'Homère, et quoique j'ai puisé mes principes dans Cicéron, Horace, Quintilien, Boileau, etc., comme dans les matières de goût on est ordinairement porté à juger suivant son goût particulier, et suivant ses préjugés, je puis m'être souvent trompé. Je ne prétends pas que sur toutes ces matières on doive toujours être de mon sentiment. Je souhaite seulement que tout le monde pense comme moi sur l'obligation où sont les Poëtes de ne jamais faire servir leur art qu'à l'utilité publique, et qu'on reconnoisse ce que j'ai répété souvent, qu'ils ne sont admirables qu'autant qu'ils sont estimables; que, soit qu'ils instruisent par des préceptes, ou qu'ils amusent par des fictions, l'objet de leurs préceptes et de leurs fictions doit toujours être de rendre les hommes meilleurs. Quand ils attaquent les vices, qu'ils épargnent les personnes, suivant la règle que veut se prescrire Martial: *parcere personis, dicere de vitiis*. Qu'ils ne louent que ce qui est louable: quand ils aimeront la vérité ils ne seront jamais prodigues de louanges. Qu'ils songent qu'ils doivent être les soutiens de la pureté des mœurs: c'est ce que de sages païens leur ont recommandé; et cette vérité doit être bien certaine, puisqu'elle a frappé Plaute. Ce Poëte qui pour plaire à son siècle corrompu, a si peu ménagé la pudeur, se félicite cependant à la fin de sa comédie des Captifs, d'avoir traité un sujet utile à la pureté des mœurs, *ad pudicos mores facta hæc fabula est;* et ce sujet lui paroît d'autant plus heureux, que même les bons y deviennent meilleurs. Les Poëtes, selon lui, trouvent peu de pareils sujets pour faire des comédies:

> Hujusmodi paucas Poëtæ reperiunt comœdias,
> Ubi boni meliores fiant.

Ils ne les ont point cherchés. S'ils eussent aimé à les traiter, ils ne les eussent pas trouvés rares: leur devoir cependant est de les chercher. C'est ce que je pourrois leur prouver par l'autorité de Platon; mais celle de Plaute me suffit. Puissent-ils ne donner jamais que des ouvrages qui inspirent l'horreur du vice et l'amour de la vertu, et qui tendent toujours à rendre les hommes meilleurs, même ceux qui sont déjà vertueux : *ubi boni meliores fiant!*

FIN DU TOME SECOND.

TABLE EXPLICATIVE
DES MATIÈRES

CONTENUES DANS CE VOLUME.

Lettre de l'auteur aux libraires............Pag. 3
Ode 1... 5
Ode 2... 9
Ode 3... 13
Ode 4... 16
Ode 5... 21
Ode 6... 26
Ode 7... 32
Avertissement sur les deux épîtres suivantes......... 41
Epître 1 sur l'âme des bêtes...................... 51
Epître 2 sur l'âme des bêtes...................... 65
Avertissement sur l'épître suivante................ 75
Epître à M. de Valincour, sur l'abus que les poètes font de la poésie............................... 77
Avertissement sur l'épître suivante................ 87
Epître à M. Rousseau.............................. 89
Avertissement sur les deux épîtres suivantes........ 105
Epître 1 sur l'homme, à M. le chevalier de Ramsay. 111
Epître 2 sur l'homme, à M. le chevalier de Ramsay. 122
Préface des réflexions sur la poésie............... 137
Chapitre Ier. Des réflexions sur la poésie ; défense de la poésie.................................... 139
Première accusation contre la poésie : elle corrompt les cœurs par des peintures dangereuses........ 141
Seconde accusation contre la poésie : elle nourrit l'esprit de fables et de fictions frivoles............. 144
Article premier. Réponse à la première accusation ; la poésie peut plaire sans corrompre les cœurs par des peintures dangereuses...................... 149

Article second. Réponse à la seconde accusation : la poésie peut plaire sans nourrir l'esprit de fables et de fictions. . . . . Pag. 159
Conclusion. 169
CHAPITRE II. De l'essence de la poésie. 172
CHAPITRE III. Du style poétique. 190
Article premier. Du langage figuré. 191
De la périphrase. 198
De la métaphore. 200
De la comparaison. 205
Le style figuré est nécessaire à toute poésie. 209
Article second. De la langue poétique. 212
Observations sur le livre intitulé : *Notes grammaticales sur les tragédies de Racine*, et sur la réponse à ce livre, intitulée : *Racine vengé*. 225
CHAPITRE IV. De la versification. 233
Article premier. De l'harmonie mécanique. 237
De la rime. 239
Article second. De l'harmonie imitative. 245
Si notre langue a une véritable harmonie. 253
Si nous pouvons juger de l'harmonie des langues mortes, et si nous devons faire des vers dans ces langues. 257
Article troisième. Que tout poète, dans une traduction en prose, n'est rendu qu'imparfaitement, et qu'il n'y a point de poésie en prose. 262
CHAPITRE V. De l'imitation des mœurs et des caractères. 269
Article premier. Des mœurs de la jeunesse. 272
Mœurs de la jeunesse. 273
Mœurs de la vieillesse. 274
Mœurs des femmes. 276
Mœurs de la condition. 280
Des mœurs des pays. 281
Mœurs des temps. 284
Article second. Des caractères. 292
CHAPITRE VI. Du vrai dans la poésie. 308
Article premier. De la nécessité du vrai idéal dans

TABLE DES MATIÈRES.

les sujets les plus simples. . . . . Pag. 311
Article second. Le vrai simple est le fondement de
  l'imitation dans les plus grands sujets. 316
CHAPITRE VII. Sur la poésie didactique. 334
De l'uniformité qu'on reproche aux poëmes didac-
  tiques. 343
De l'affliction dans les poëmes didactiques. 349
Conclusion 354
CHAPITRE VIII. 357
Article premier. 358
Article second. Sur Iphigénie. 368
Article troisième. Sur Phèdre et Hippolyte. 380
Article quatrième. De l'utilité de l'imitation et de la
  manière d'imiter. 397
CHAPITRE IX. Examen du Paradis perdu, poëme
  de Milton. 409
CHAPITRE X. Des causes de la décadence des esprits. 437
CHAPITRE XI. De l'esprit et du génie. 453
CHAPITRE XII. Si les Muses rendent heureux ceux
  qui s'attachent à elles. 476
Article premier. De la fortune des poètes. 478
Article second. De la fortune des ouvrages poétiques. 493
Conclusion. 505
CHAPITRE XIII. Des louanges que donnent les poètes. 510
Conclusion de tout cet ouvrage. 522

FIN DE LA TABLE DU DEUXIÈME VOLUME.

www.ingramcontent.com/pod-product-compliance
Lightning Source LLC
Chambersburg PA
CBHW070944240426
43669CB00035B/1856